SIGNS
SIGNS
SIGNS

Stefan Kämpfen wurde 1976 in Luzern, Schweiz, geboren. Bereits als Kind liebte er es, mit der deutschen Sprache zu experimentieren, was ihn später dazu veranlasste, sich zum Werbetexter und Fachjournalisten ausbilden zu lassen. Stefan Kämpfen arbeitet als Print- und Online-Redaktor für die Wochenzeitung *Luzerner Rundschau* und ist als Webseiten-Texter aktiv. Er schrieb für das Online-Magazin *Zentralplus*, die Wochenzeitung *WoZ*, die Reisemagazine *Hin & Weg* sowie *Reise & Preise*, und er verfasste Rezensionen für das *Kulturmagazin 041*. Ebenso fertigte er Werbetexte für diverse Online-Händler und -Reiseführer. Vom Autor erschienen ferner die Romane *Flucht aus Babylon* und *Machos, Macheten & Mojitos*. Wenn der passionierte Schreiberling nicht gerade an Texten feilt, erkundet er fremde Länder und Kulturen auf allen Kontinenten. Egal, ob er mit dem Helikopter über die Berge von Kaua'i fliegt, auf einem Kutter zu den Galapagos-Inseln segelt, mit dem Heißluftballon über die Pagoden von Bagan schwebt oder mit Weißen Haien in Südafrika taucht – es gibt fast nichts, was der Globetrotter nicht schon ausprobiert hätte. Die Erfahrungen in über sechzig besuchten Staaten nehmen in seinen Büchern eine wichtige Rolle ein.

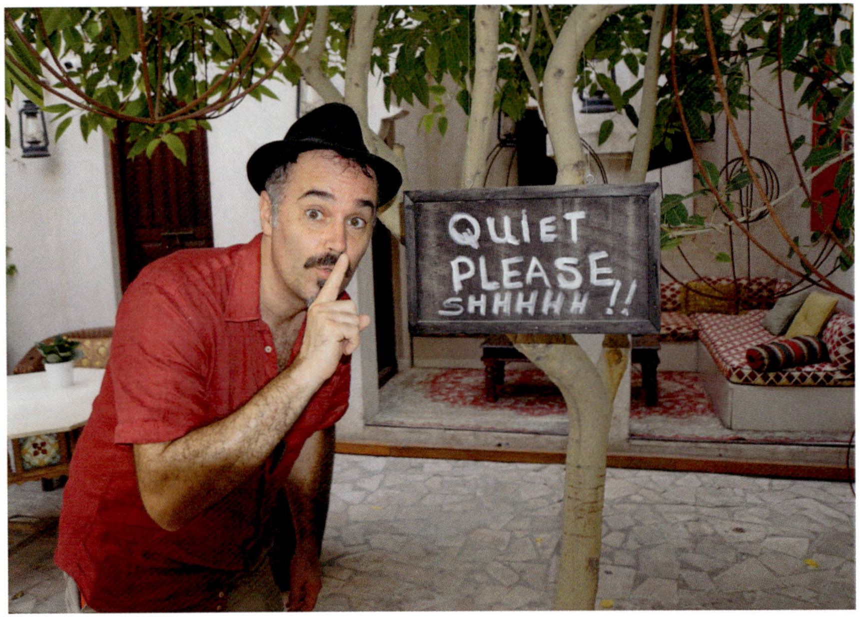

Mehr über den Autor und seine Bücher unter:
www.stefan-kaempfen.jimdo.com

Stefan Kämpfen

SIGNS SIGNS SIGNS

Eine Weltreise durch das Schilder-Universum

verlag am park

Für:
Meinen Vater Toni und meine Schwester Petra

Aus Gründen der Lesbarkeit wurde im Text die männliche Form gewählt, nichtsdestoweniger beziehen sich die Angaben auf Angehörige aller Geschlechter.

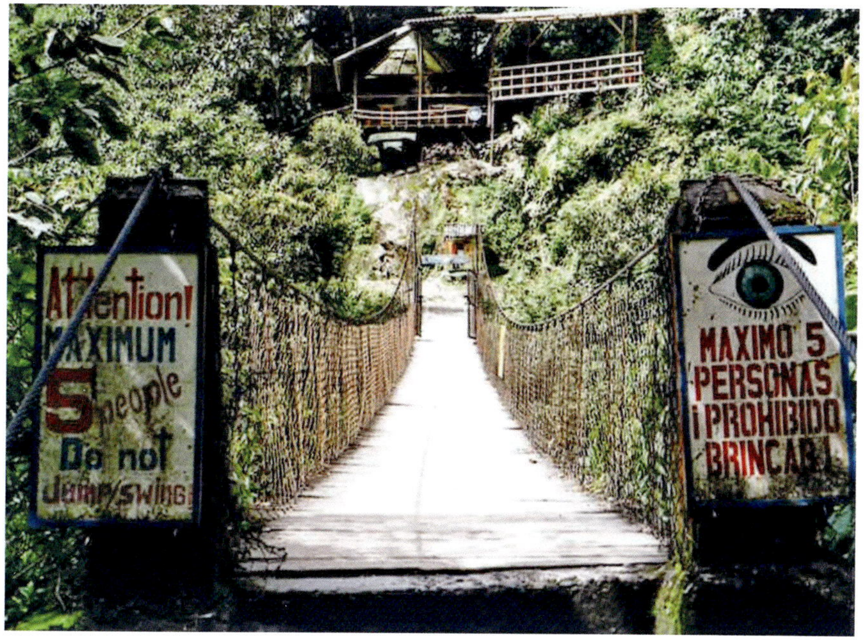

Vorwort des Autors

Angefangen hat es mit diesem Foto, – aufgenommen 2004 mit einer analogen Konica Minolta Dynax 40 –, auf dem Weg zum Wasserfall »El Pailón del Diablo« (Teufels-Schlucht) in Ecuador. Die alte, klapprige Hängebrücke aus morschen Holzlatten, auf der sich nicht mehr als fünf Personen gleichzeitig bewegen dürfen und auf der schaukeln und springen verboten ist, hat eine Leidenschaft in mir geweckt, die mich seither nicht mehr loslässt. Mein Interesse an speziellen, eigenartigen, seltenen, schrägen sowie witzigen Schildern war fortan nachhaltig geweckt und ich sollte auf meinen vielen Exkursionen durch deutschsprachige Gefilde und meinen Reisen in über 60 Länder noch oft die Möglichkeit erhalten, an ganz rare Exemplare zu gelangen, die Otto Normalverbraucher nie zu Gesicht bekommen würden. Die besten 246 Stück aus insgesamt rund 136 500 durchkämmten Reise- und Ausflugs-Fotos haben nun den Weg in dieses kleine, schmucke Buch gefunden. Die Palette reicht querbeet von Warnungen über exotische Tiere, stupiden Hinweisen von Immobilienverwaltern, über seltsam anmutenden Wandbeschriftungen, drollig-komischen Speisekarten-Texten sowie ulkigen Schildern auf Flughäfen, Hotelaufzügen und Straßenkreuzungen, bis hin zu völlig irrationalen Verboten in Toiletten, Internetcafés, an Stränden oder in Restaurants. Ich wünsche Ihnen viel Spaß auf der Weltreise durch das Schilder-Universum!

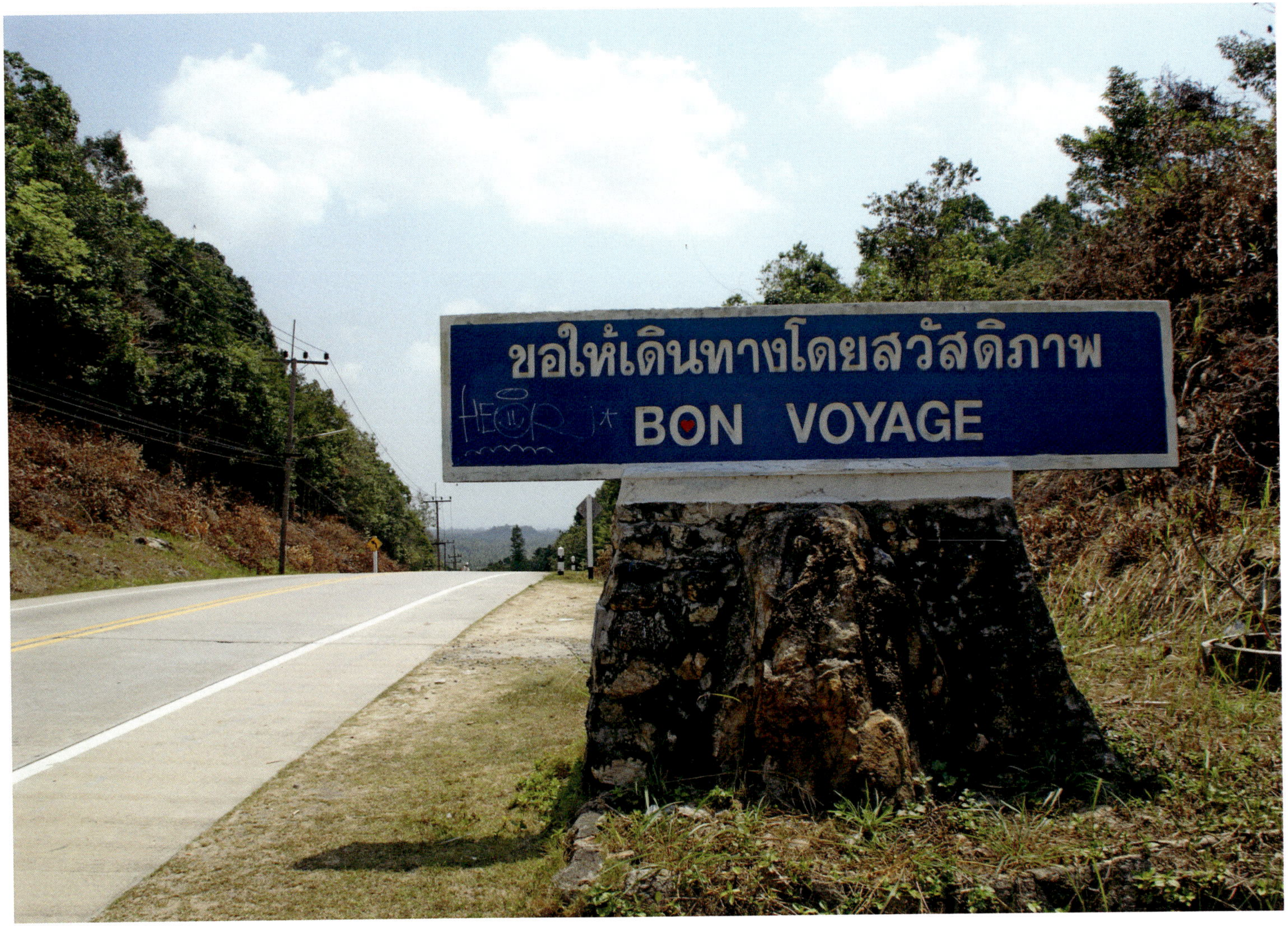
ขอให้เดินทางโดยสวัสดิภาพ
BON VOYAGE

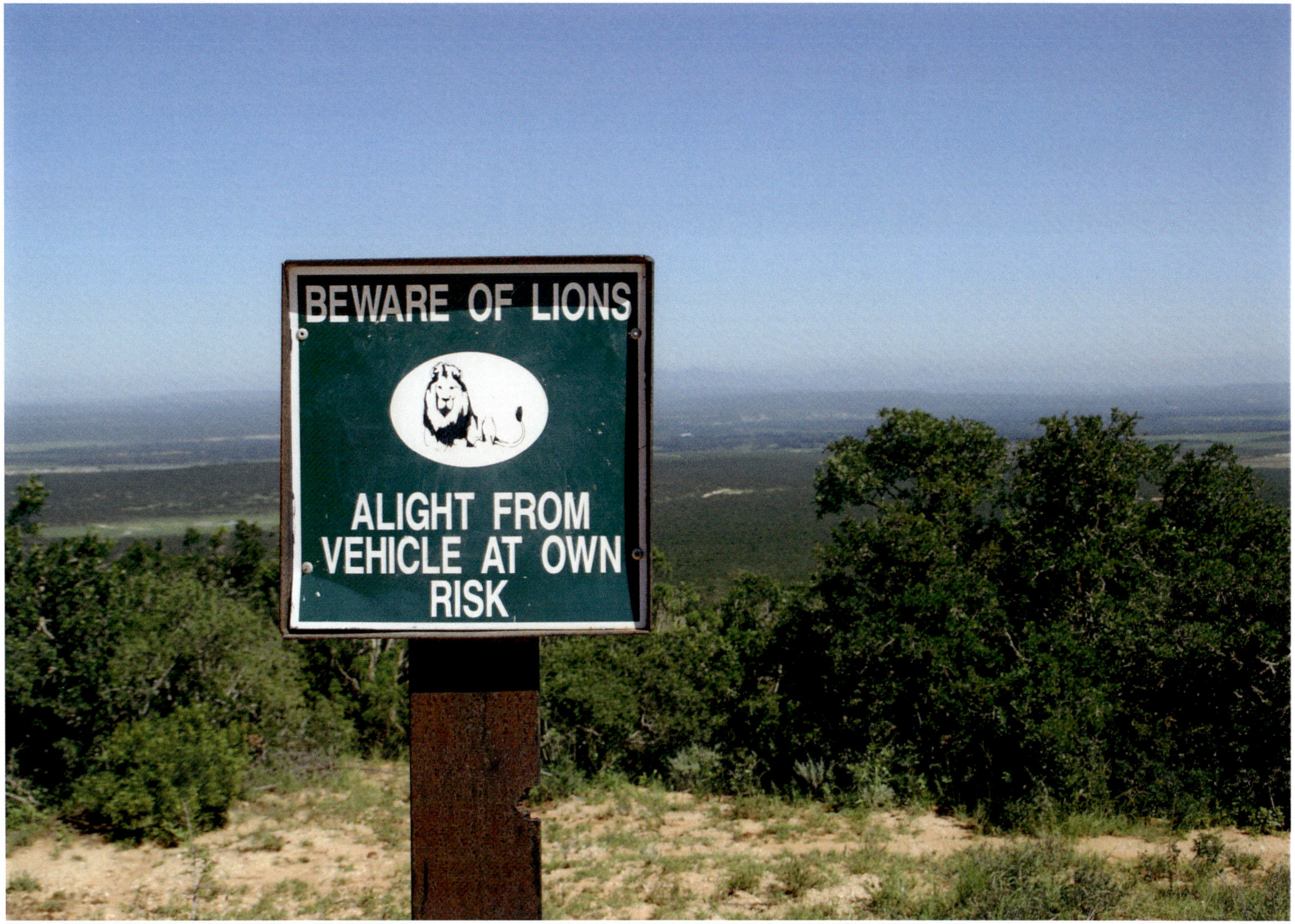

Heute bei den Löwen auf der Speisekarte beim Aussichtspunkt im südafrikanischen Addo Elephant Park:
gut klimatisierte Wildpinkler.

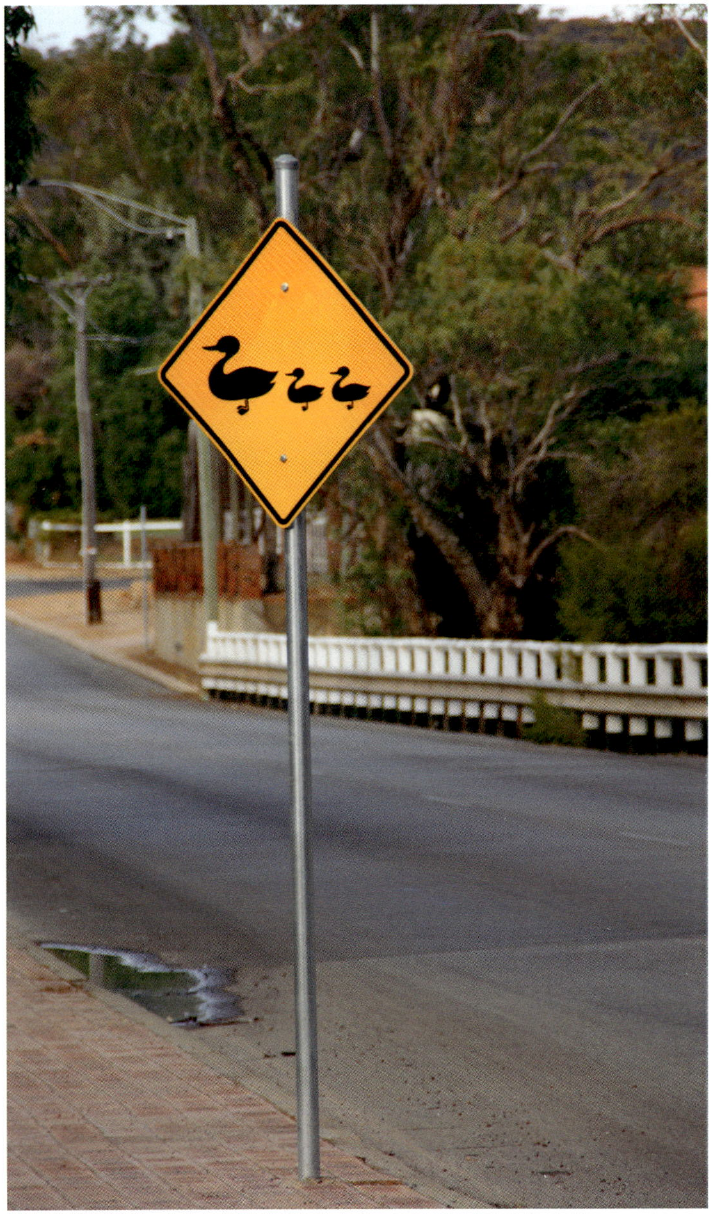

Wenn die gemeine Stockente oder der niederträchtige Kurzschnabeligel australische Straßen quert, haben Road Trains (Sattelzugmaschinen mit bis zu 50 Meter langen und bis zu 130 Tonnen schweren Anhängern) das Nachsehen.

(in Down Under gäbe es noch so possierliche Tierchen wie Würfelquallen, Steinfische, Trichternetzspinnen, Todesotter, Bulldoggen-Ameisen, Blauringkraken, Taipan-Schlangen, Salzwasserkrokodile und Weiße Haie, aber bei so vielen gefährlichen und giftigen Tieren, ist bei der richtigen Priorisierung der Vorsichtsmaßnahmen etwas Nachsicht geboten)

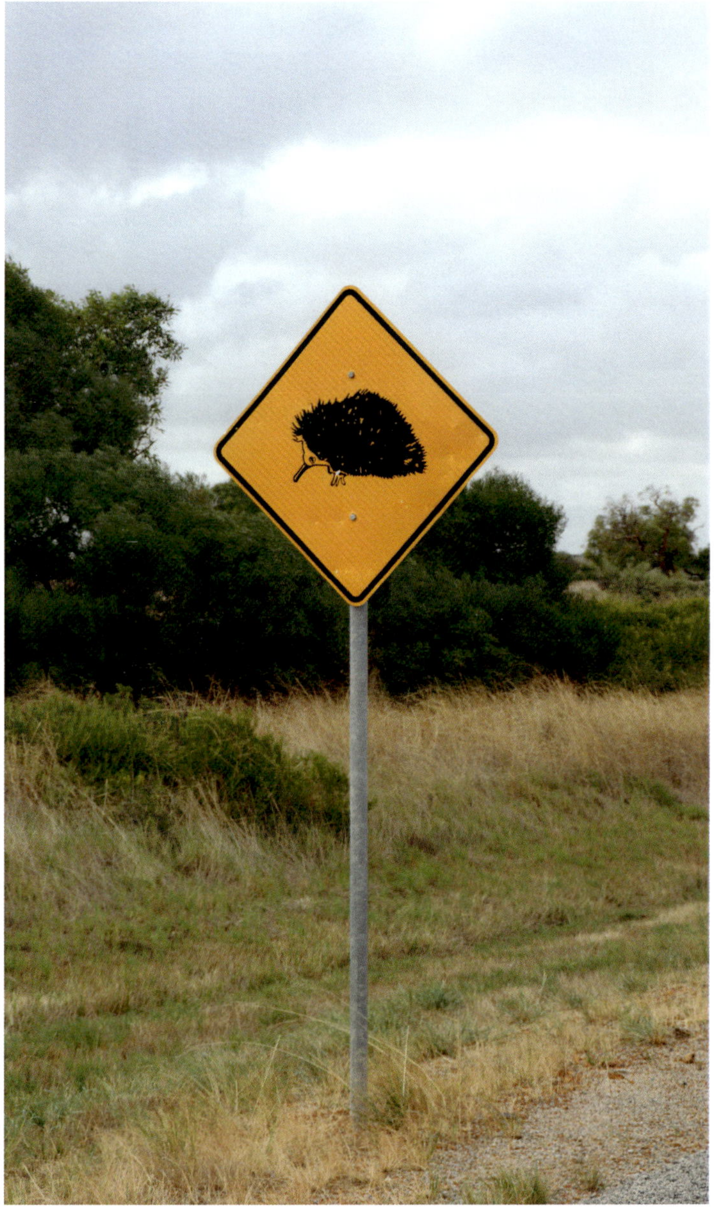

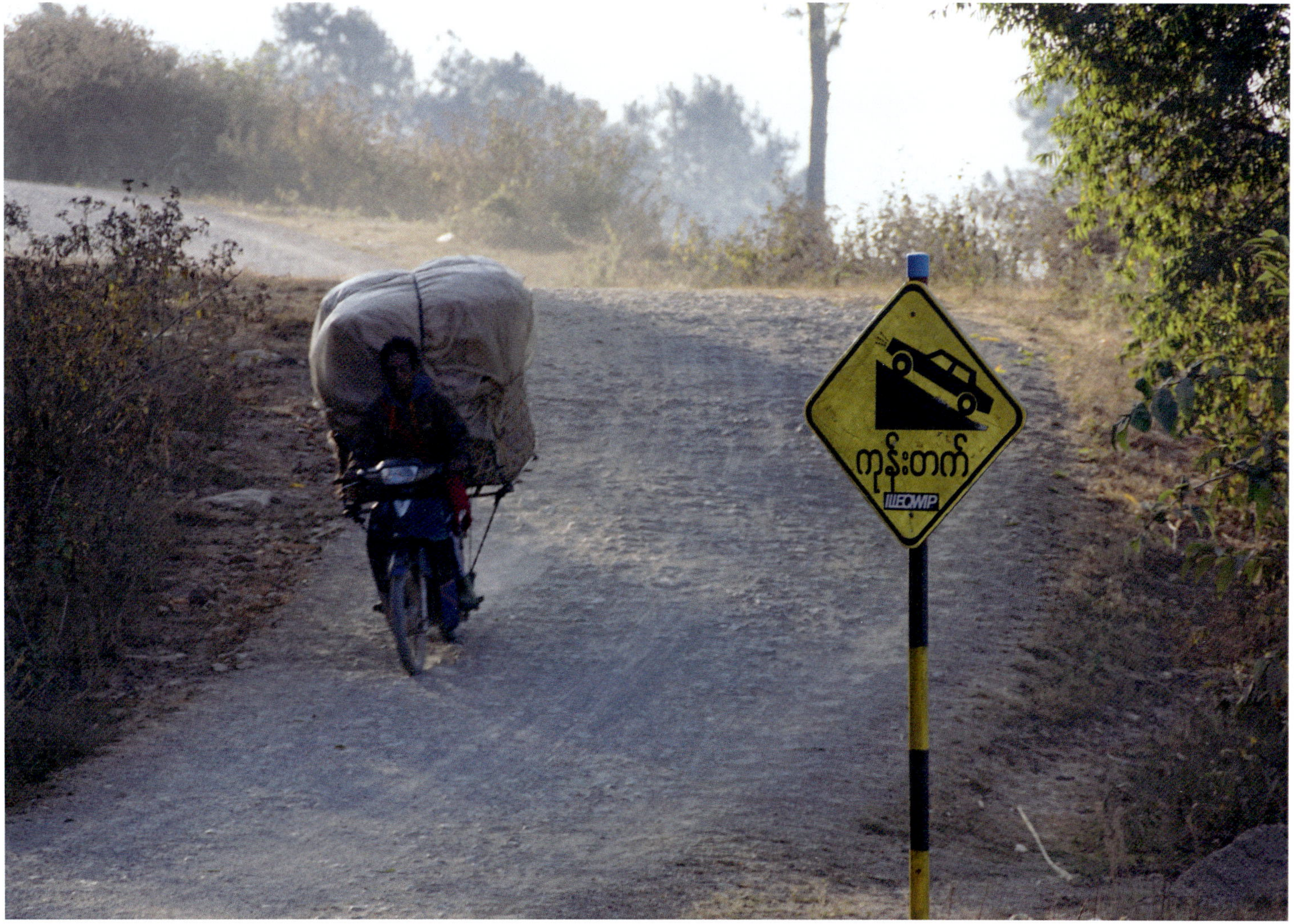

Tief beeindruckt und auch ein wenig eingeschüchtert standen wir vor diesem Warnschild, bis der teilnahmslos aus der Wäsche schauende Motorradfahrer um die Ecke bog …

(Paradebeispiel, wie man einem Schild den Wind aus den Segeln nimmt, auf der Strecke zwischen Kalaw und dem Inle See in Myanmar)

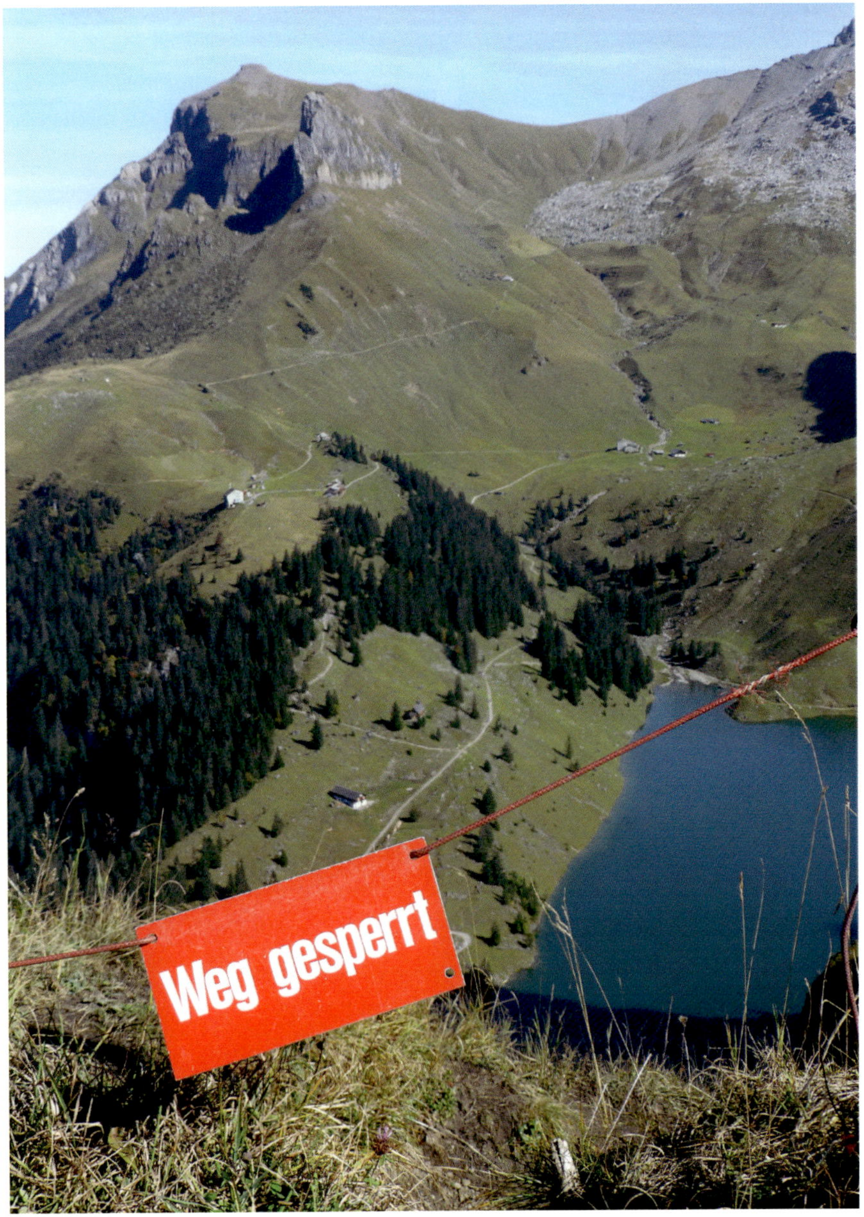

Vorher stand drauf:
»Lerne fliegen«.

(Für die Art von Abkühlung ist selbst der Bannalpsee in der Schweiz zu wenig tief)

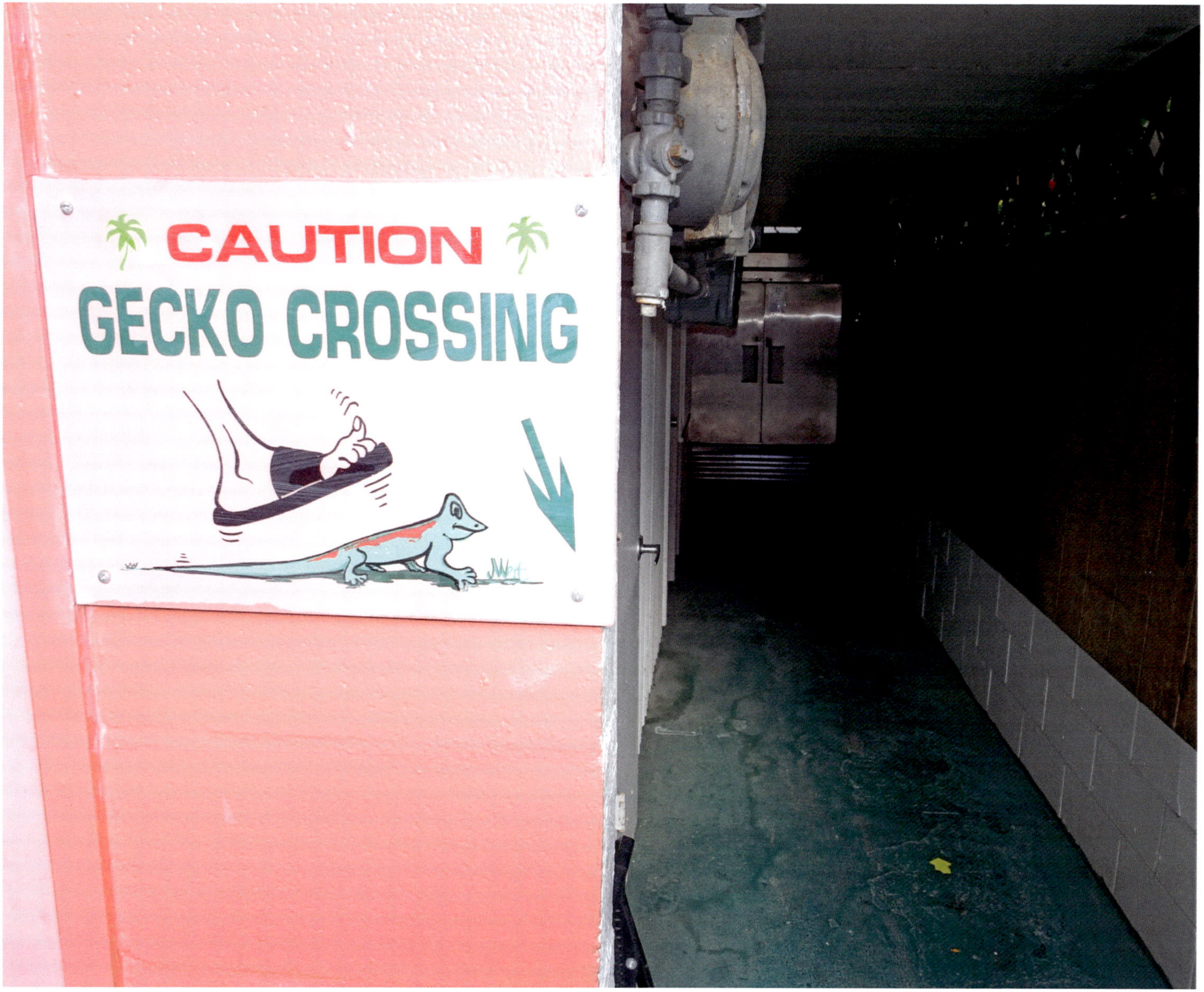

Vielleicht hätte der Immobilien-Heini dieses Appartementblocks im hawaiianischen Waikiki bei der Wahl der Farbe für den Fußboden nicht auf Gecko-Grün setzen sollen …

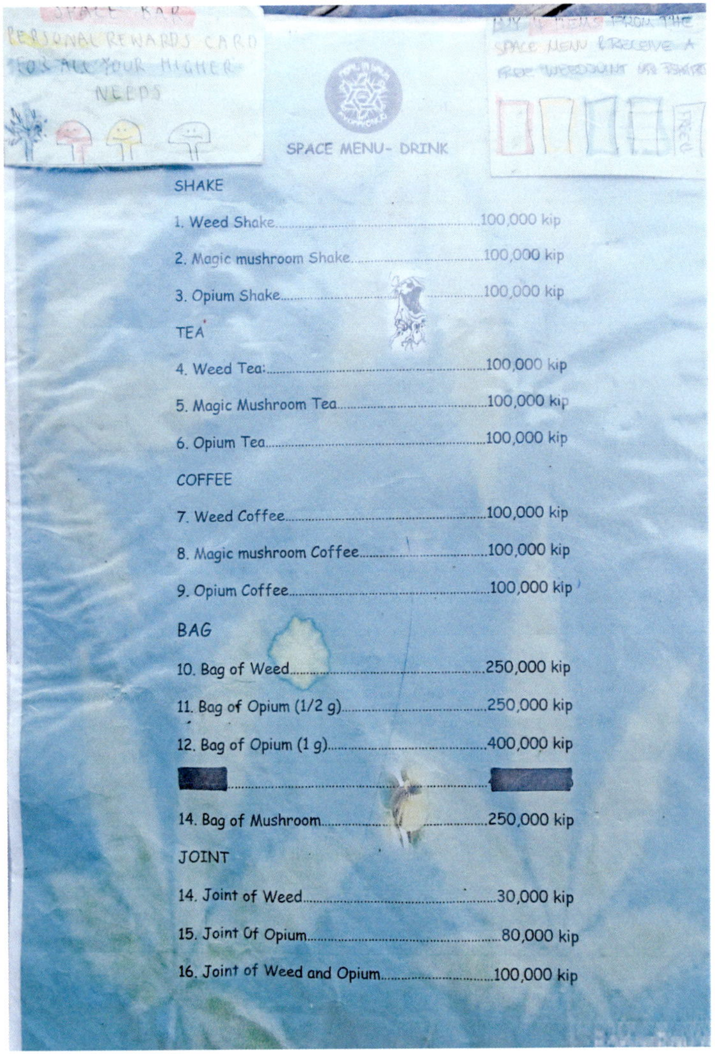

Die Menükarte der Space Bar in Vang Vieng (Laos) liest sich spannender als das Tagebuch von Iggy Pop …

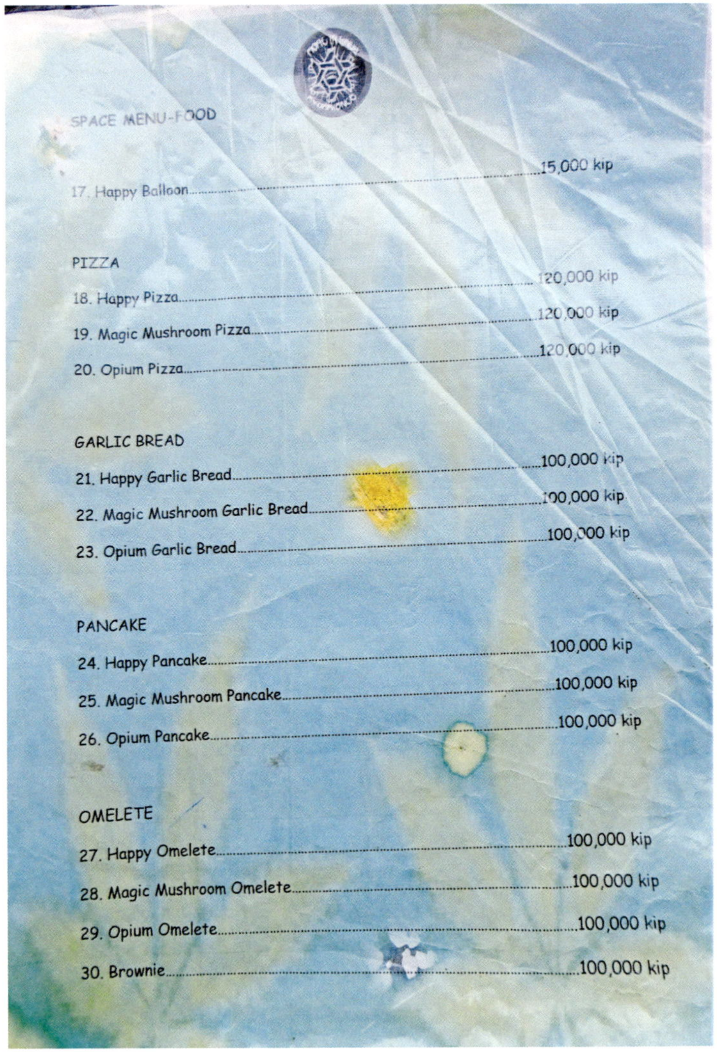

Hintergründiges …

Die laotische Kleinstadt Vang Vieng liegt in einer malerischen Umgebung voller Karst-Formationen und Monsunwald. Doch nicht alle Besucherinnen und Besucher kommen, um sich von der wunderbaren Umgebung auf natürliche Weise berauschen zu lassen. Um die Jahrtausendwende herum sorgte das Provinznest vor allem wegen seiner ausufernden Drogen- und Alkohol-Exzesse für internationale Schlagzeilen. Vor allem bei jungen Backpackern war und ist der Ort beliebt für die zahllosen Bars, in denen mit Marihuana, Opium oder halluzinogenen Pilzen versetzte Drinks oder Speisen erhältlich sind (ein Opium-Pancake kostet umgerechnet den Preis eines Bieres). Besonders gefährlich ist der Mix von Alkohol und/oder Drogen mit dem sogenannten »Tubing«, – wenn sich zugedröhnte Personen auf einem aufgeblasenen Autoreifenschlauch auf dem Fluss Nam Song treiben lassen und verschiedene Bars am Flussufer dafür sorgen, dass ihr Rausch-Pegel keine Einbrüche erleidet. Auf diese Weise wurde die nur wenige Kilometer lange Strecke, für die man mit einem Gummireifen in der Regel mehrere Stunden braucht, zum tödlichen Abenteuer. 22 Urlauber starben gemäß offiziellen Angaben im Jahr 2011 im Zusammenhang mit der Kombination aus Rauschmitteln und »Tubing«. In dieser Zeit wurden täglich fünf bis zehn Backpacker mit Verletzungen aller Art ins örtliche Spital eingeliefert. Bis August 2012 kamen nochmals sechs Unfalltote dazu, bis die laotischen Behörden reagierten und 24 Bars schlossen. Auch wenn tödliche Ereignisse mittlerweile selten geworden sind, so kommen Reisende immer noch sehr leicht an Rauschmittel heran und auch das »Tubing« gehört noch zum gängigen Bild in Vang Vieng.

Auch nicht ganz so helle Kerzen auf der Torte schlagen immer wieder erfolgreiche Laufbahnen ein. Auch hier gilt: Keine Regel ohne Ausnahme ...

(Dem Wirt dieses Diners im australischen Perth wurden offenbar die permanenten Überstunden zum Verhängnis)

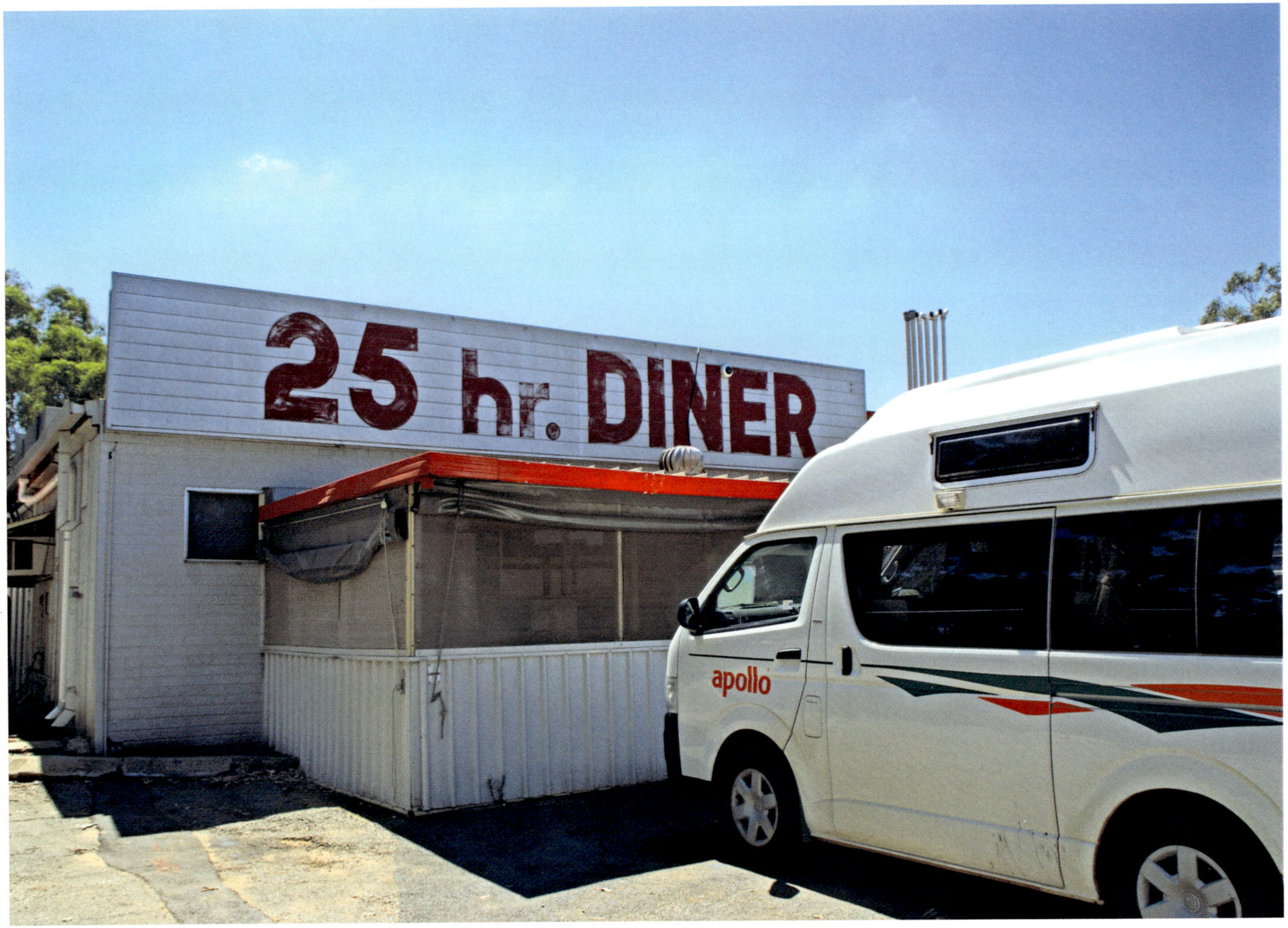

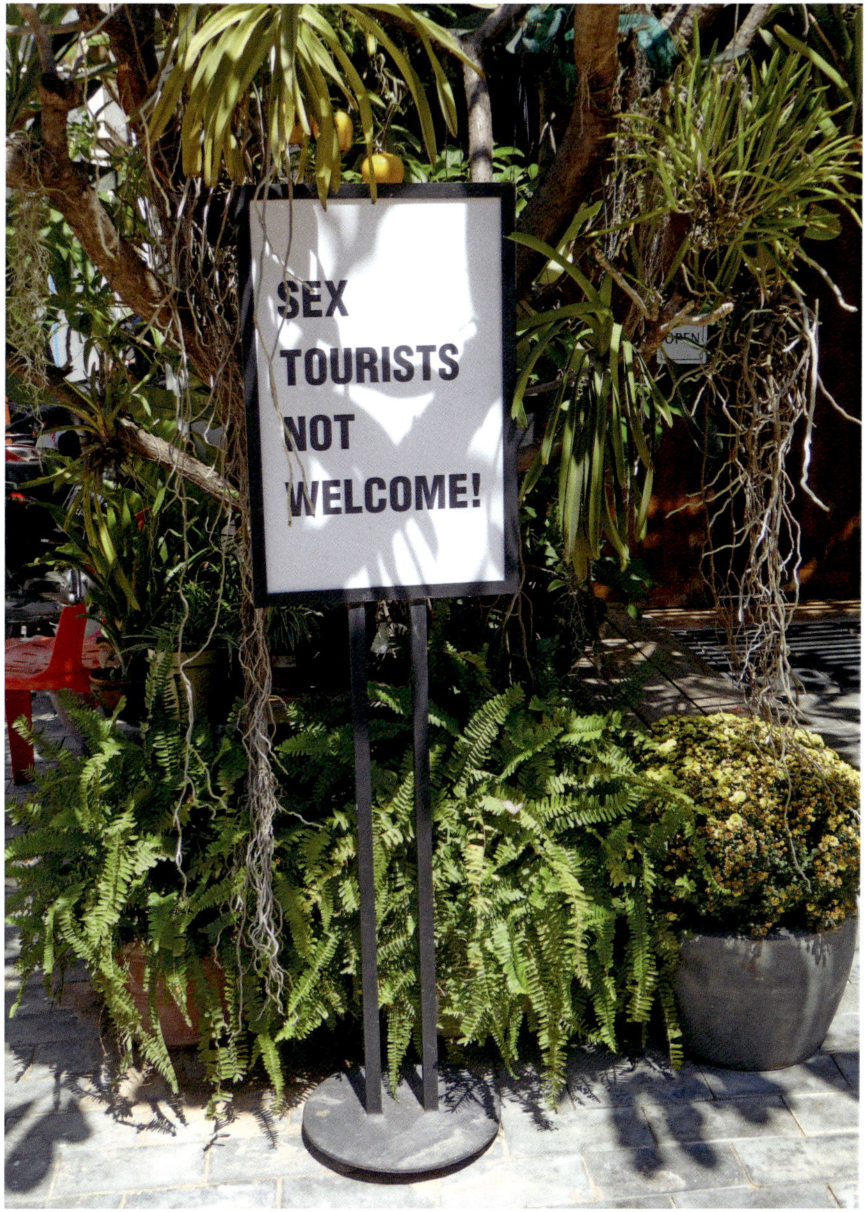

Als bereits der zehnte schmerbäuchige Rentner mit Bild-Zeitung unter der Achselhöhle, verschleiertem Blick und wenig Platz in der Hose auf den Massagetisch zusteuerte, musste die Salon-Leitung reagieren.

(In der kambodschanischen Stadt Siem Reap und im laotischen Luang Prabang sind die Grenzen zwischen weichen und harten Faktoren oftmals verschwimmend ...)

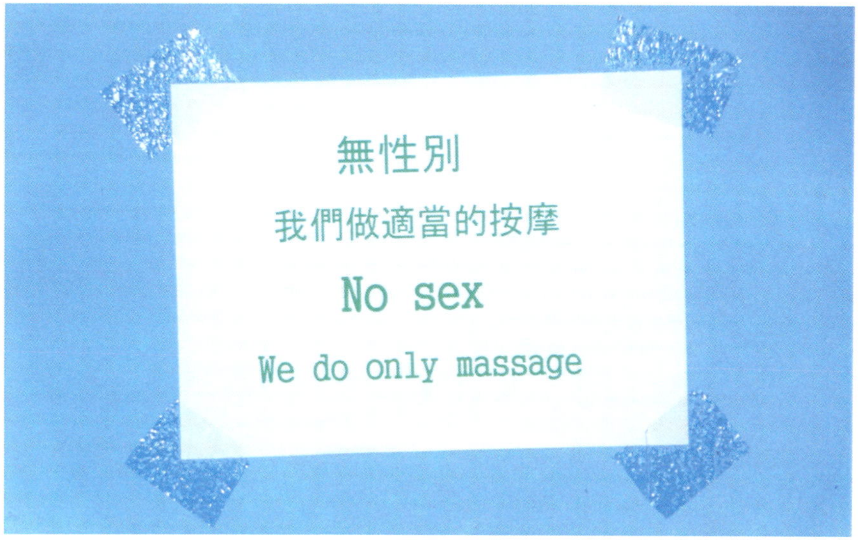

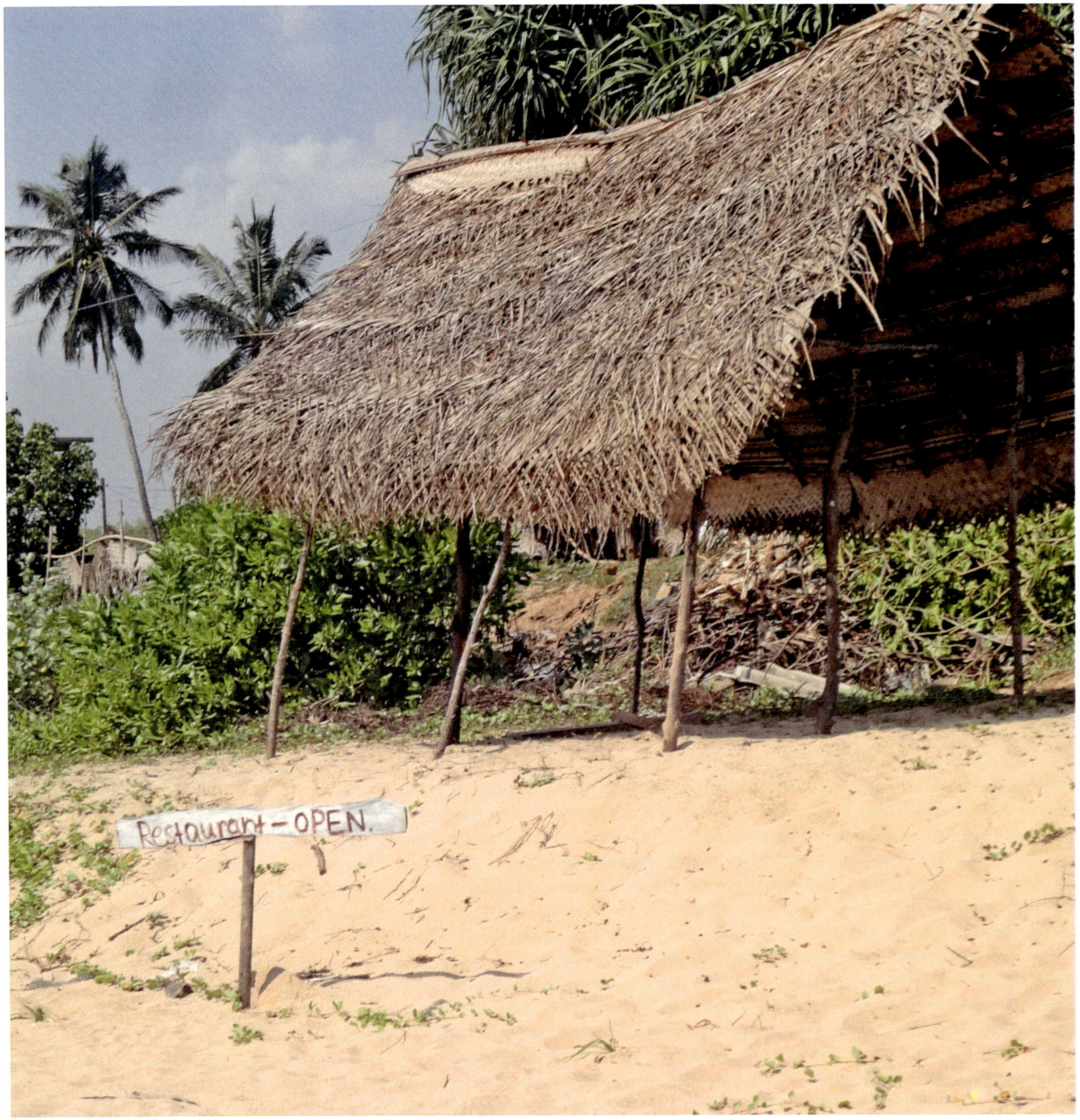

Im Fachjargon spricht man bei diesem Schild aus Sri Lanka auch von einer Interpendenz oder einer wechselseitigen Abhängigkeit. Der eine Begriff ist irrelevant, da selbsterklärend (offen) und der andere zwingend notwendig, da unglaubwürdig (Restaurant).

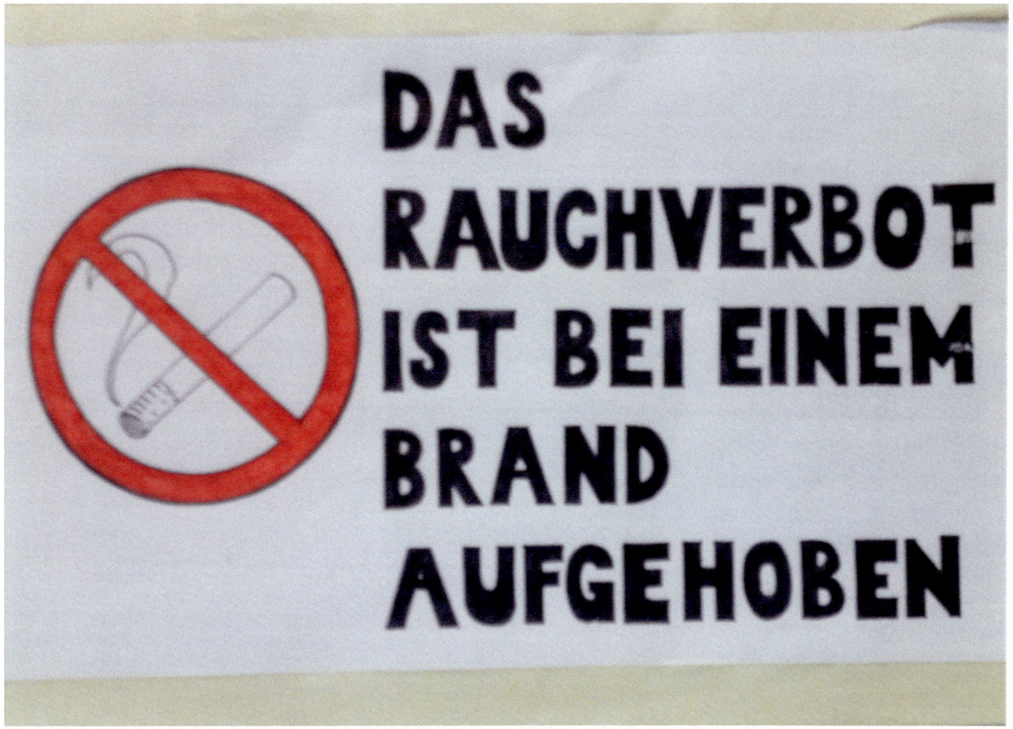

Man sieht es förmlich vor sich, wie ein paar entspannte »Dudes« im Flammen-Inferno die Tüte Gras herumreichen.

(in sich recht logische Regel des Kultur- und Musik-zentrum Sedel, Luzern, Schweiz)

Jaaa, klaaaaar! Gaaanz selten sind sie geworden, die armen Marienkäfer ...

(Man schaue auf das Wort »schwieriger« ...)

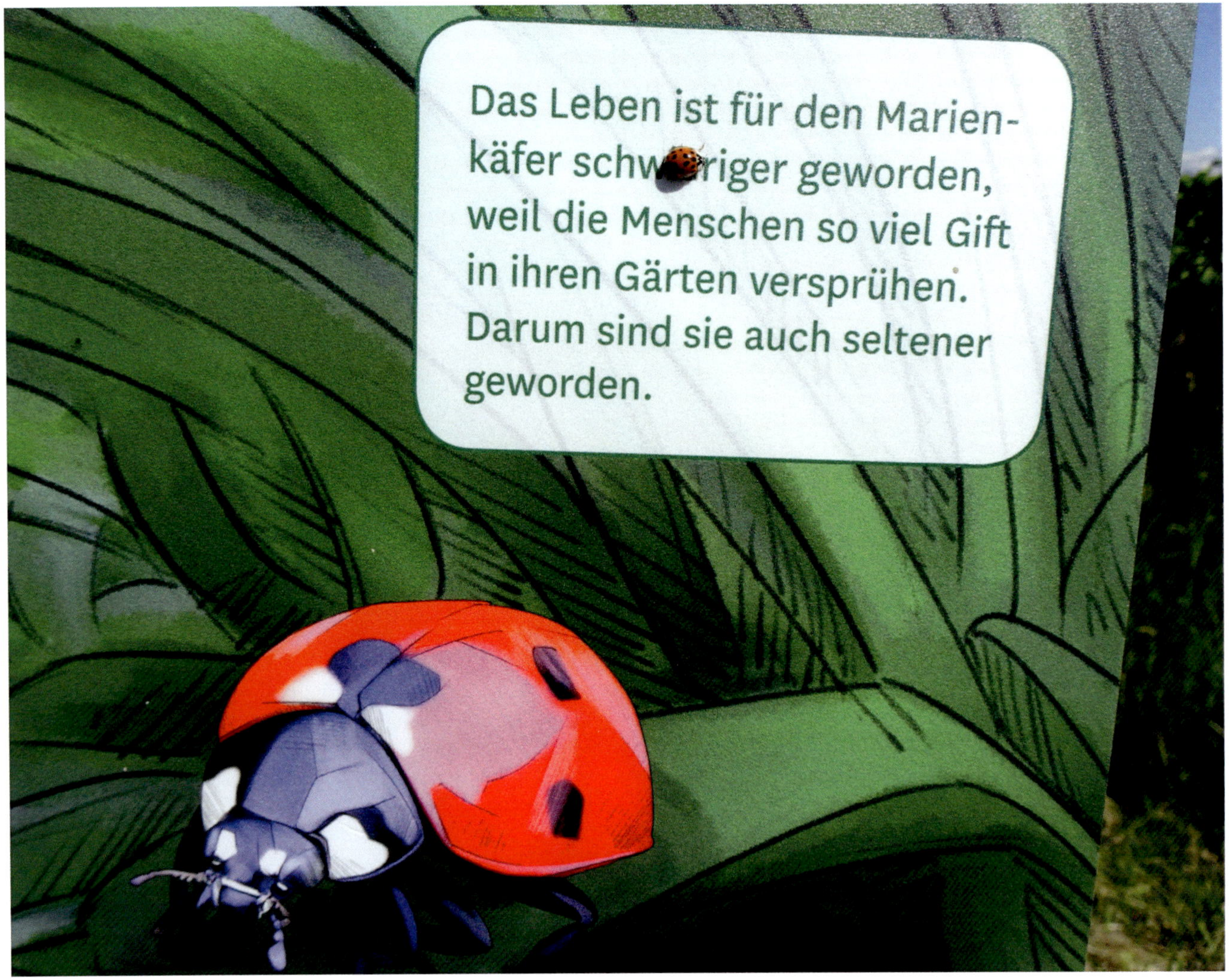

Hier wird einem vor Augen geführt, was Wissenschaftler der Duke University in Durham in einer Studie aufzeigten: Menschen handeln Bitten anderer völlig unbewusst zuwider, weil sie das Gefühl haben, diese Wünsche würden ihre Autonomie bedrohen. Oder wie es der Volksmund in einem Wort und auf gut Deutsch zusammenfassen würde: Trotzköpfe!

(Wand im ehemaligen Gefängnis S-21 der Roten Khmer und heutigen Tuol-Sleng-Genozid-Museum in Phnom Penh, Kambodscha)

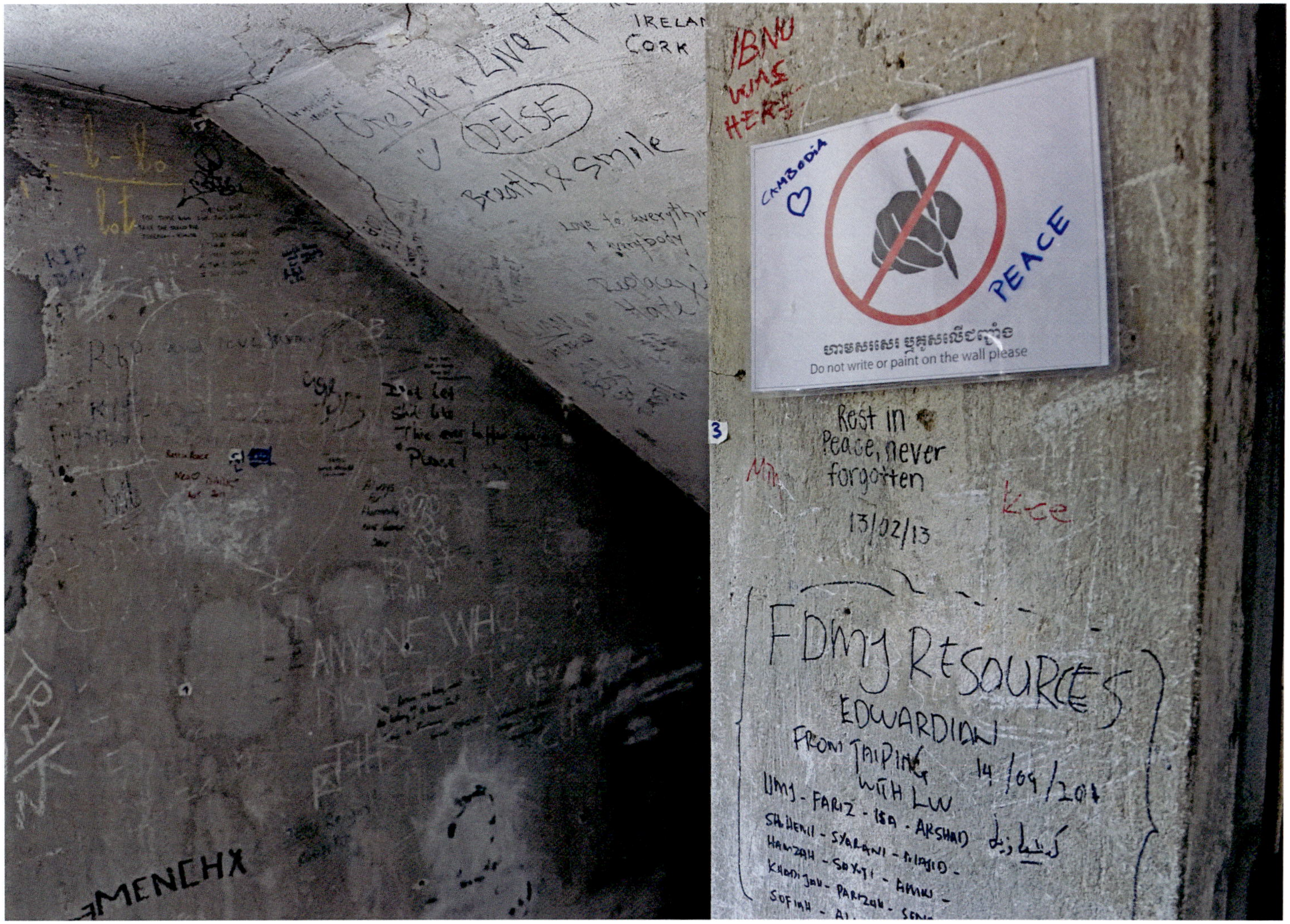

Gespaltene Zungen munkeln hinter vorgehaltener Hand, dass der italienische Capo dieses »ristorantes« in Rimini gar kein Freund von Gästen aus dem Norden sei, weshalb es sich beim Begriff »Schweine mit Bier« weder um ein bestehendes Gericht noch um einen Rechtschreibfehler handle …

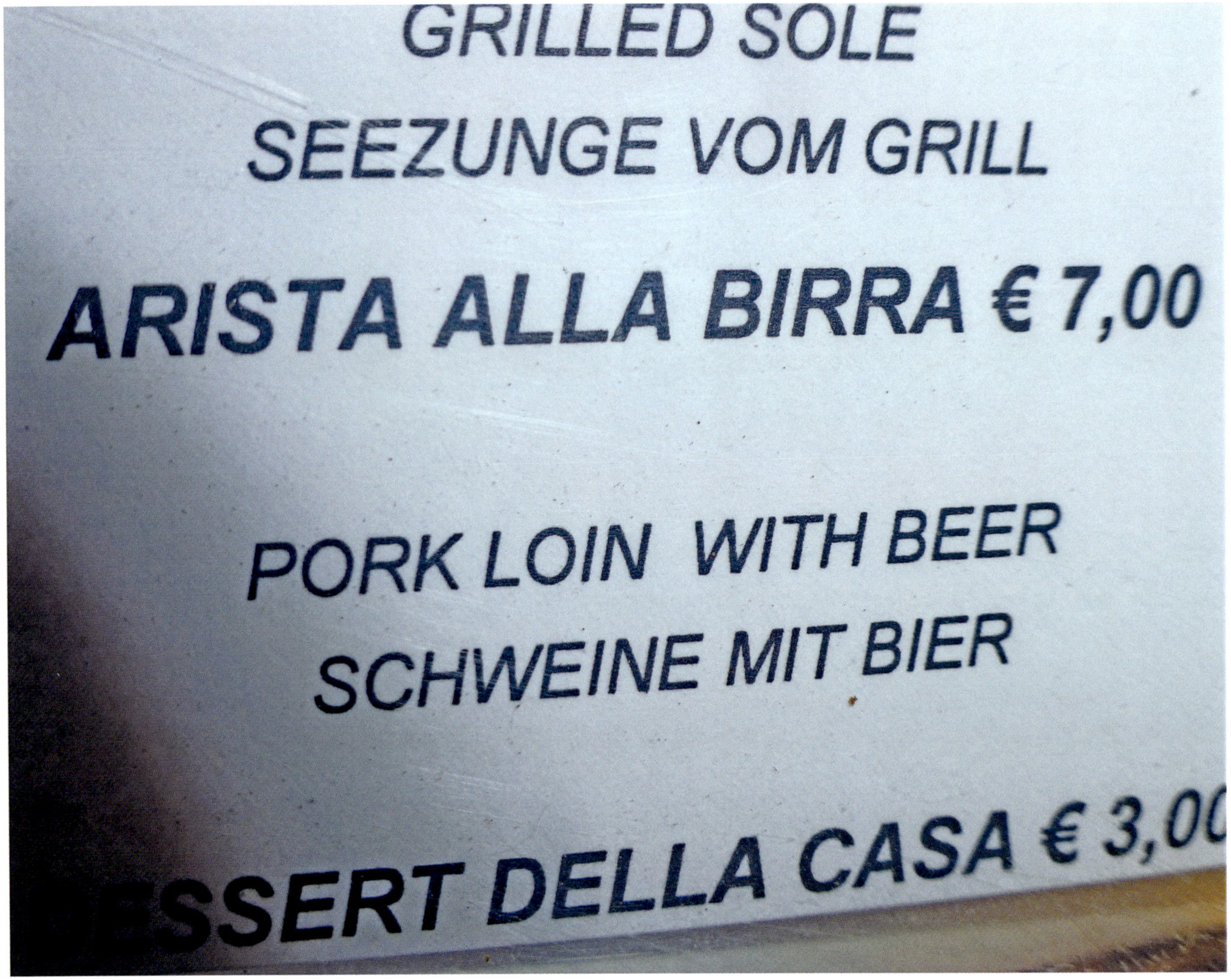

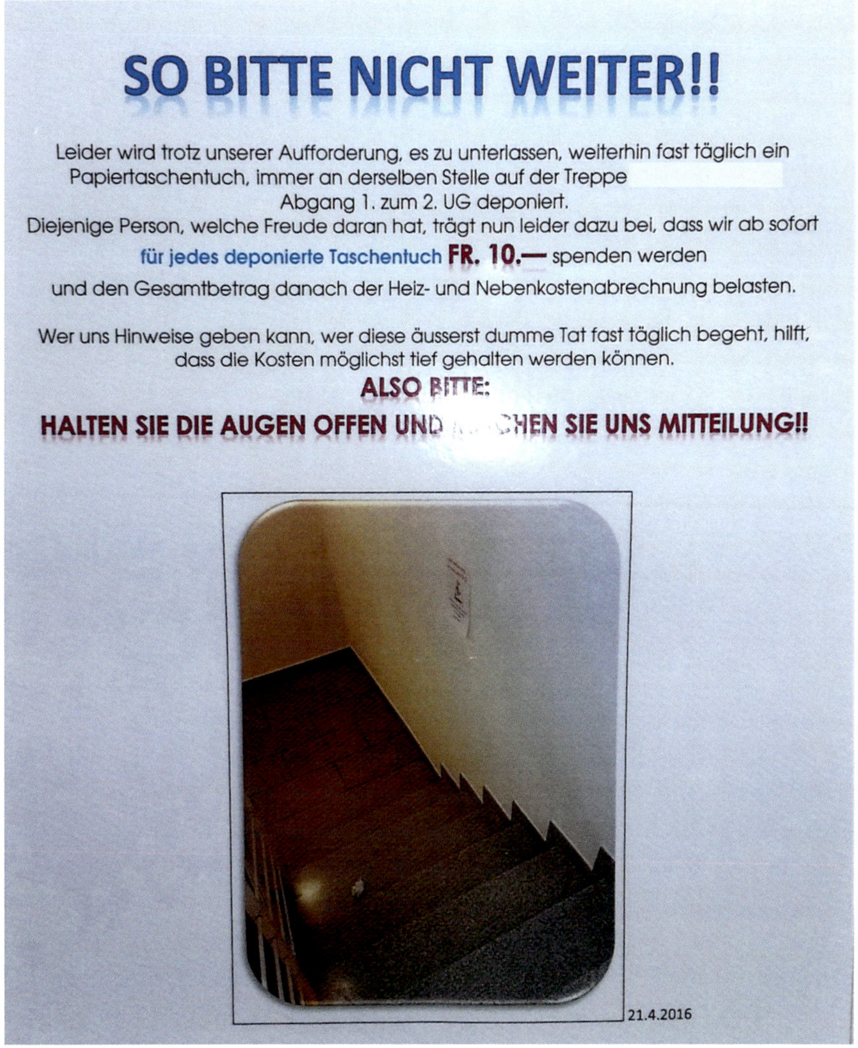

Schweizer Reinlichkeit, gepaart mit der Gabe, aus nichts Geld zu machen, scheint sich auch bei helvetischen Immobilienverwaltungen durchzusetzen …

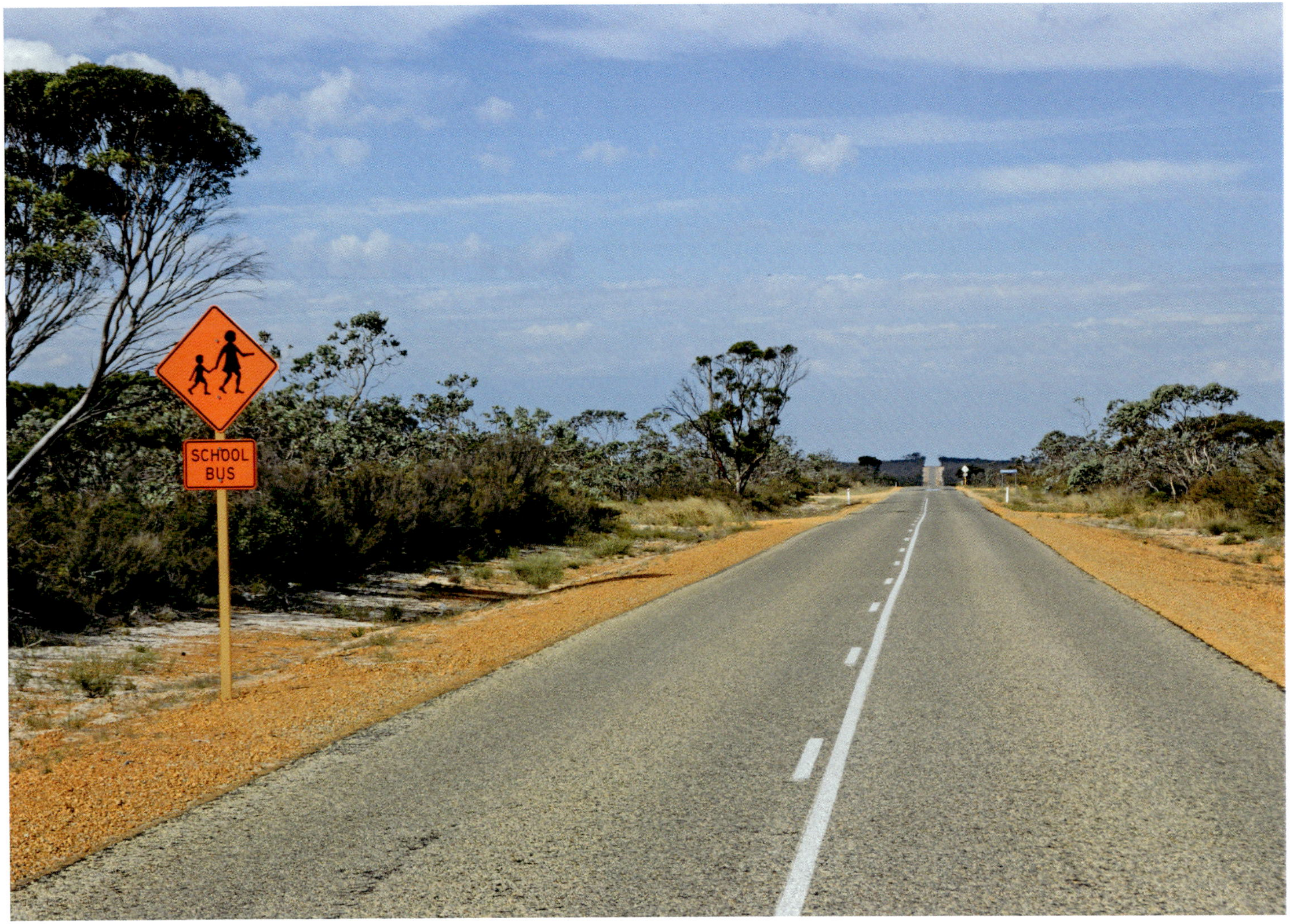

Die Schüler aus dem australischen Ravensthorpe gelten gedanklich als äußerst kombinationsstark. Ihre Formel zum Schule-Schwänzen:
1 Bus pro Tag + 1 zu langer Schulweg für Schusters Rappen + 1 Mal zu spät an der Haltestelle aufkreuzen = 1 Tag schulfrei.

(Freilich machen die Drückeberger aus Down Under die Rechnung ohne den Wirt, da kaum australische Eltern ohne eigenen fahrbaren Untersatz existieren)

Vorsicht vor den Kindern des Dorfes Paul auf der kapverdischen Insel Santo Antão! Sie werfen sich manchmal vor fahrende Autos, schmeißen mit Steinen oder schwemmen Erwachsene in den Fluten des Meeres!

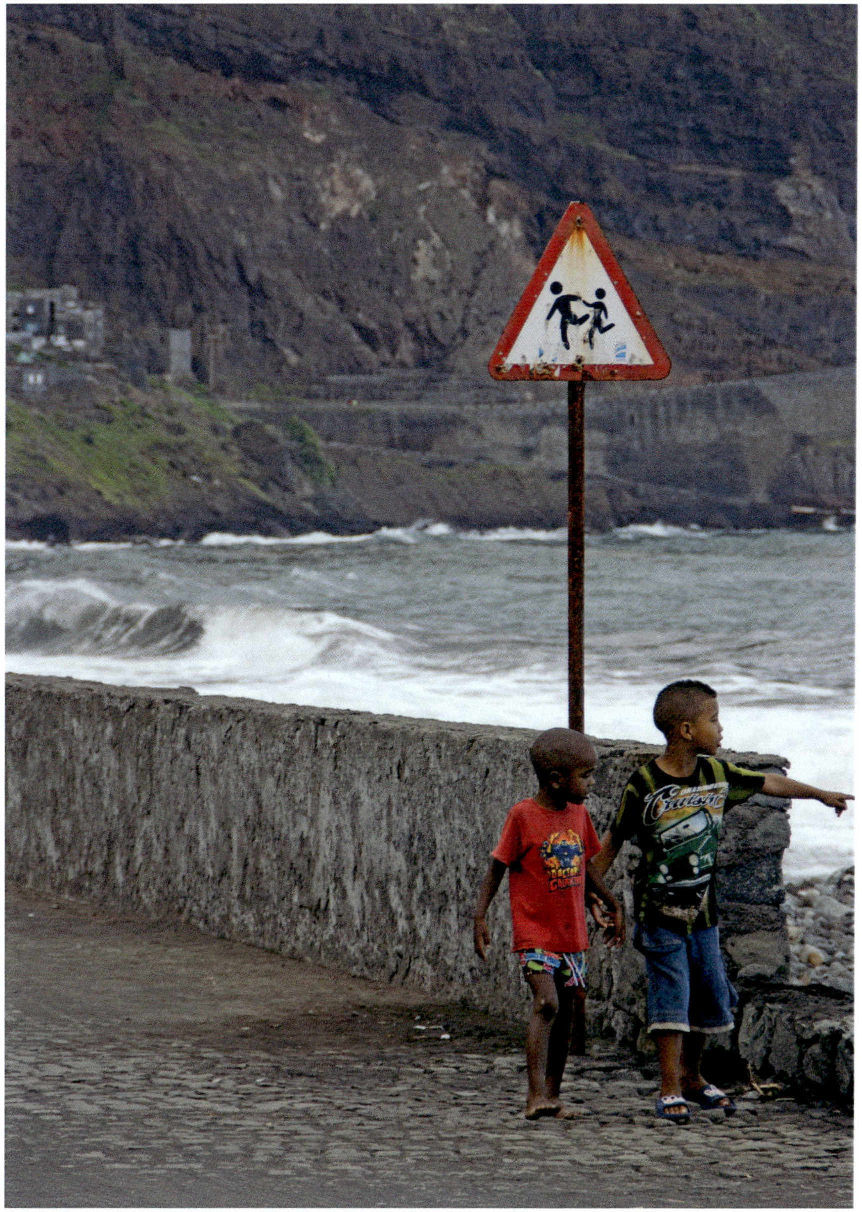

Erhältlich mit kleinen Zahnstein-Entferner-Bohrköpfchen, Sprühnebeldüsen zum Weißeln und sich selbst auflösenden Duftkapseln in den Geschmacks-Varianten Minze, Lavendel und Maulbeerblatt.

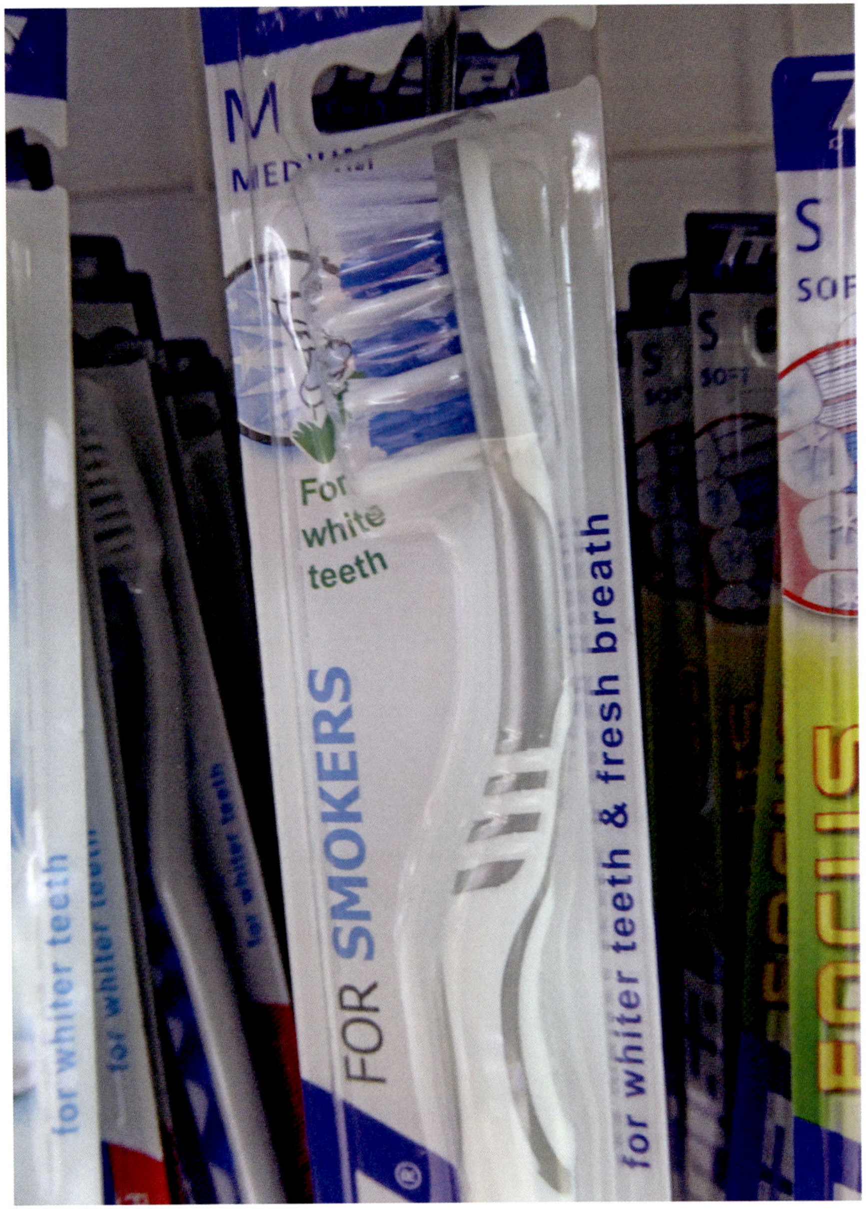

Das Traurige daran ist, dass dieses Schild nötig wurde, weil irgendwann, irgendwer, irgendwie durch irgendwen dabei erwischt worden ist, wie sie oder er genau das praktizierte, was nun verboten ist.

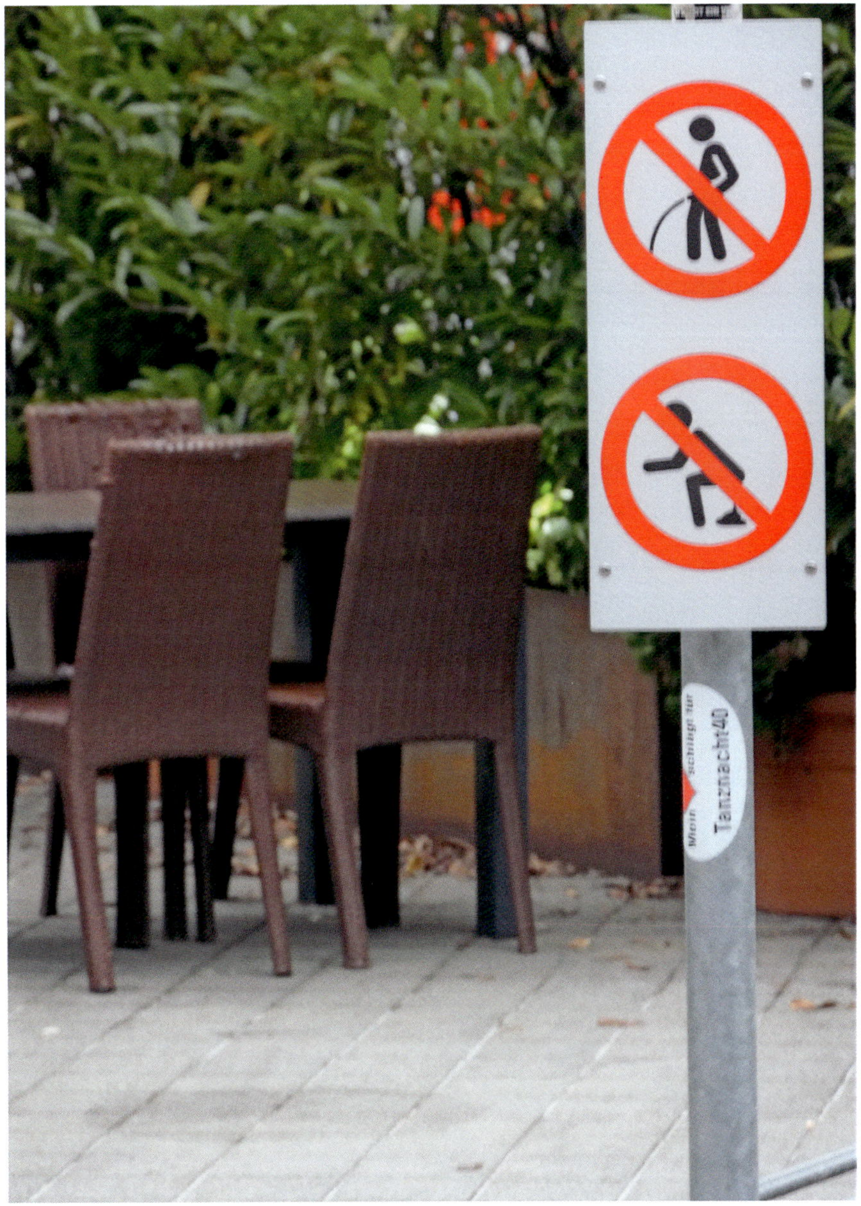

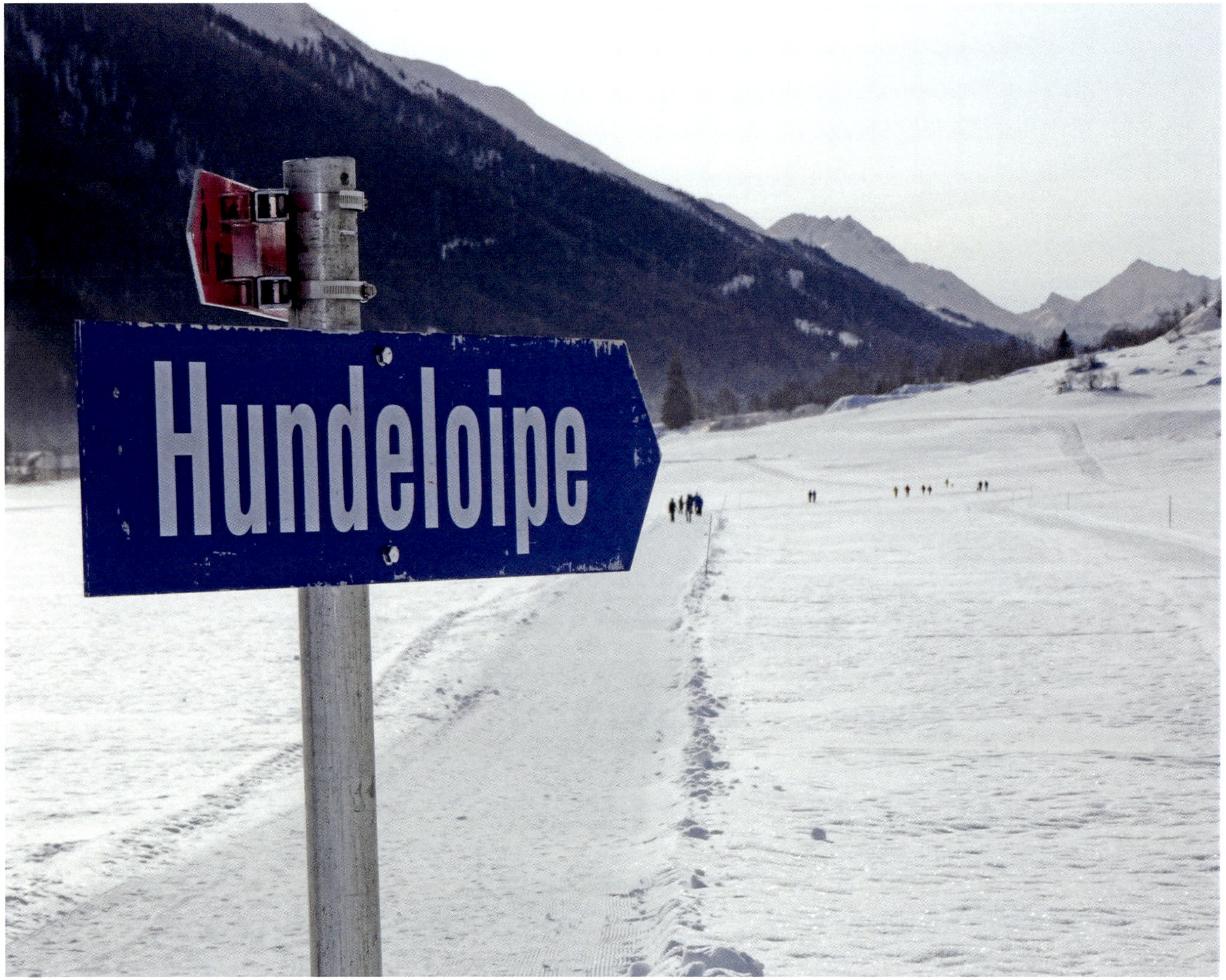

In der Gemeinde Obergoms (Schweiz) wird Tier-Emanzipation großgeschrieben. Damit es Fiffi und Lumpi nicht immer so langweilig wird, wenn sich Frauchen und Herrchen auf der Loipe abrackern, können sportliche Vierbeiner gleich selbst zu den Langlauf-Skis greifen.

Es ist, als hätte man das Bernsteinzimmer gefunden, darf es aber nicht betreten … Wer dem Noordhoek Beach in Südafrika einen Besuch abstatten will, betritt das Gelände am besten nur mit einer Badehose und/oder einem Handgranaten-Gürtel bewaffnet …

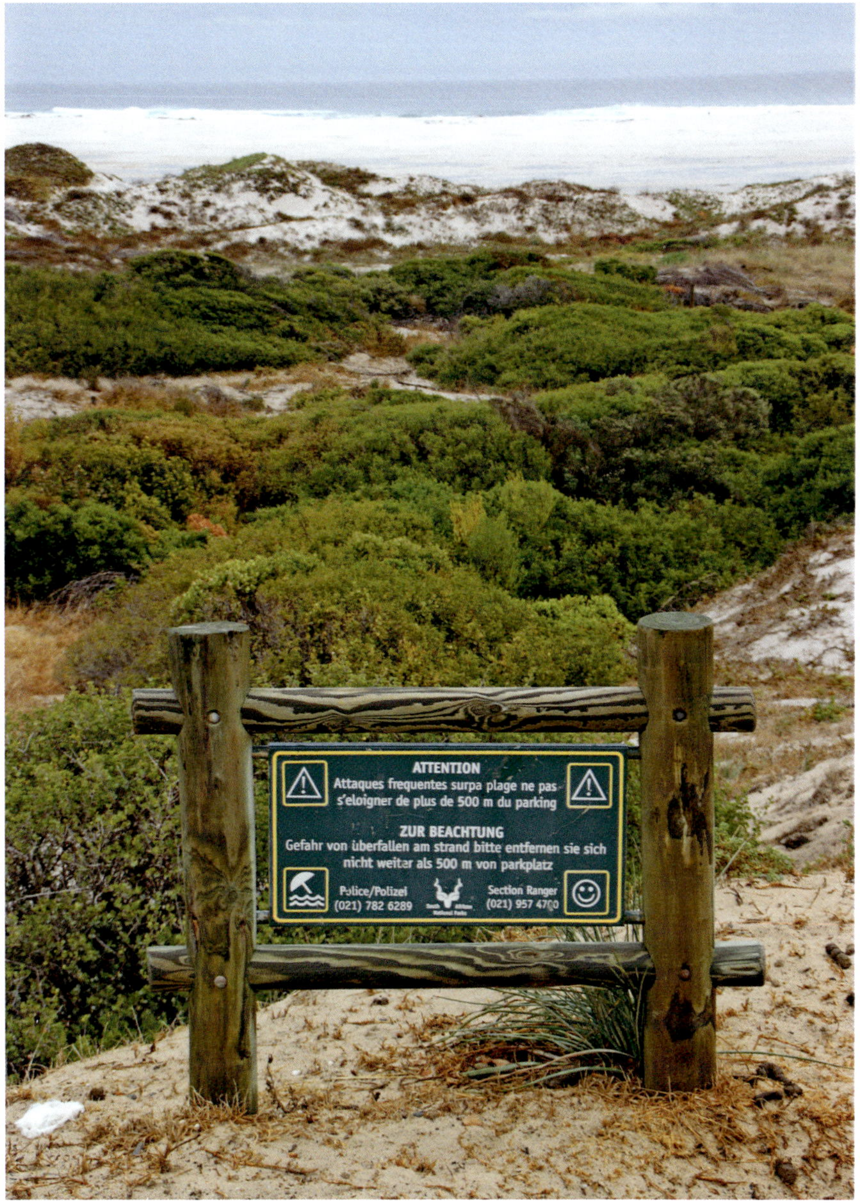

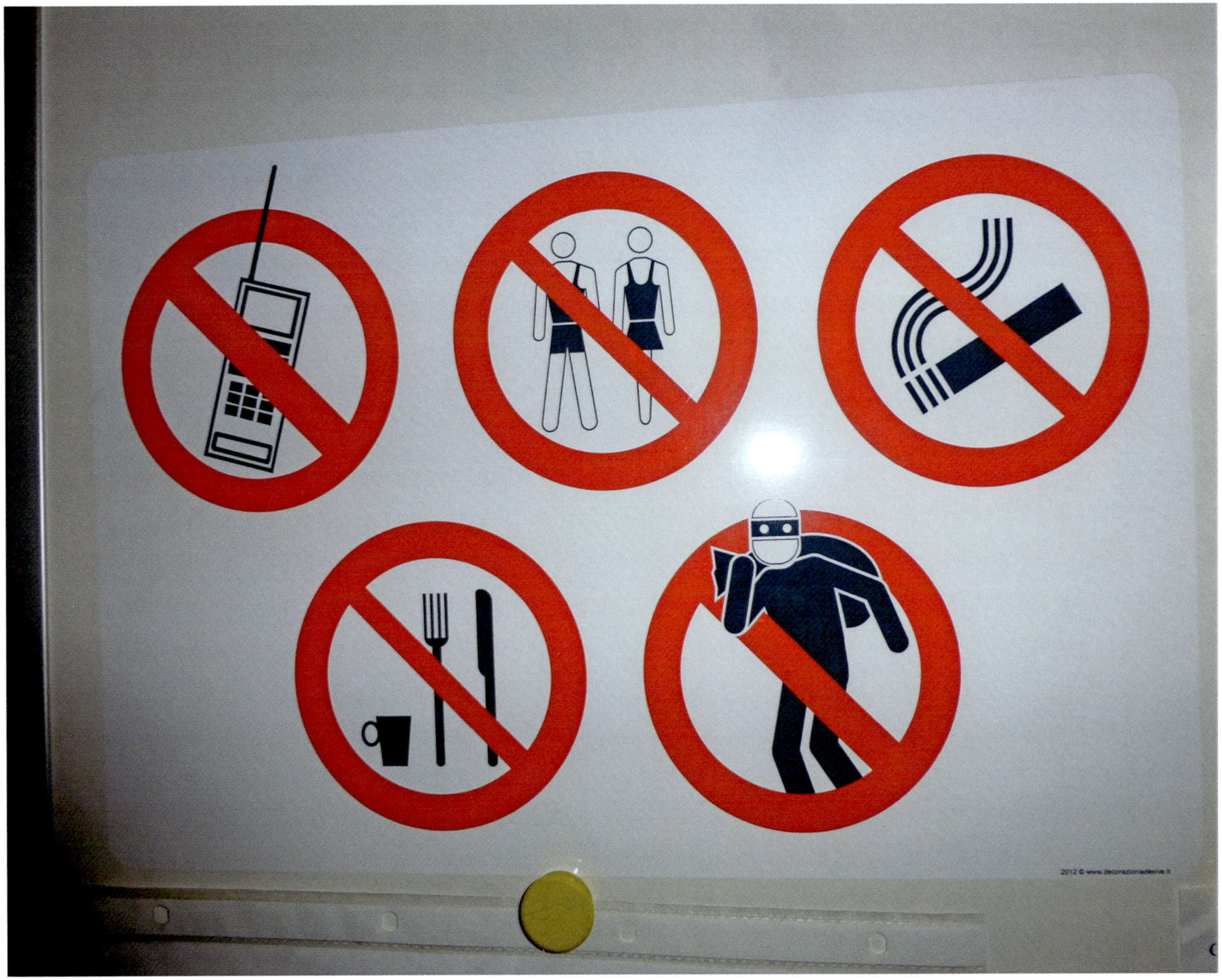

Funkgeräte, einbeinige Frauen und Superhelden sind in diesem italienischen Laden für selbstklebende Dekorationen, Beschilderungen, Büro- und Schreibwaren sowie für Schmuckkästchen und Schaufensterpuppen nicht erlaubt!

Der Nationalzirkus der Karibik-Insel St. Lucia ist nach einschlägig gemachten Erfahrungen überzeugt, dass es sich bei Kindern von Yachtbesitzern um verweichlichte, dickköpfige und verzogene Blagen handelt, weshalb er die Hafen-Aufsicht von Marigot Bay dringend dazu anhielt, Schilder dieser Art sofort zu demontieren.

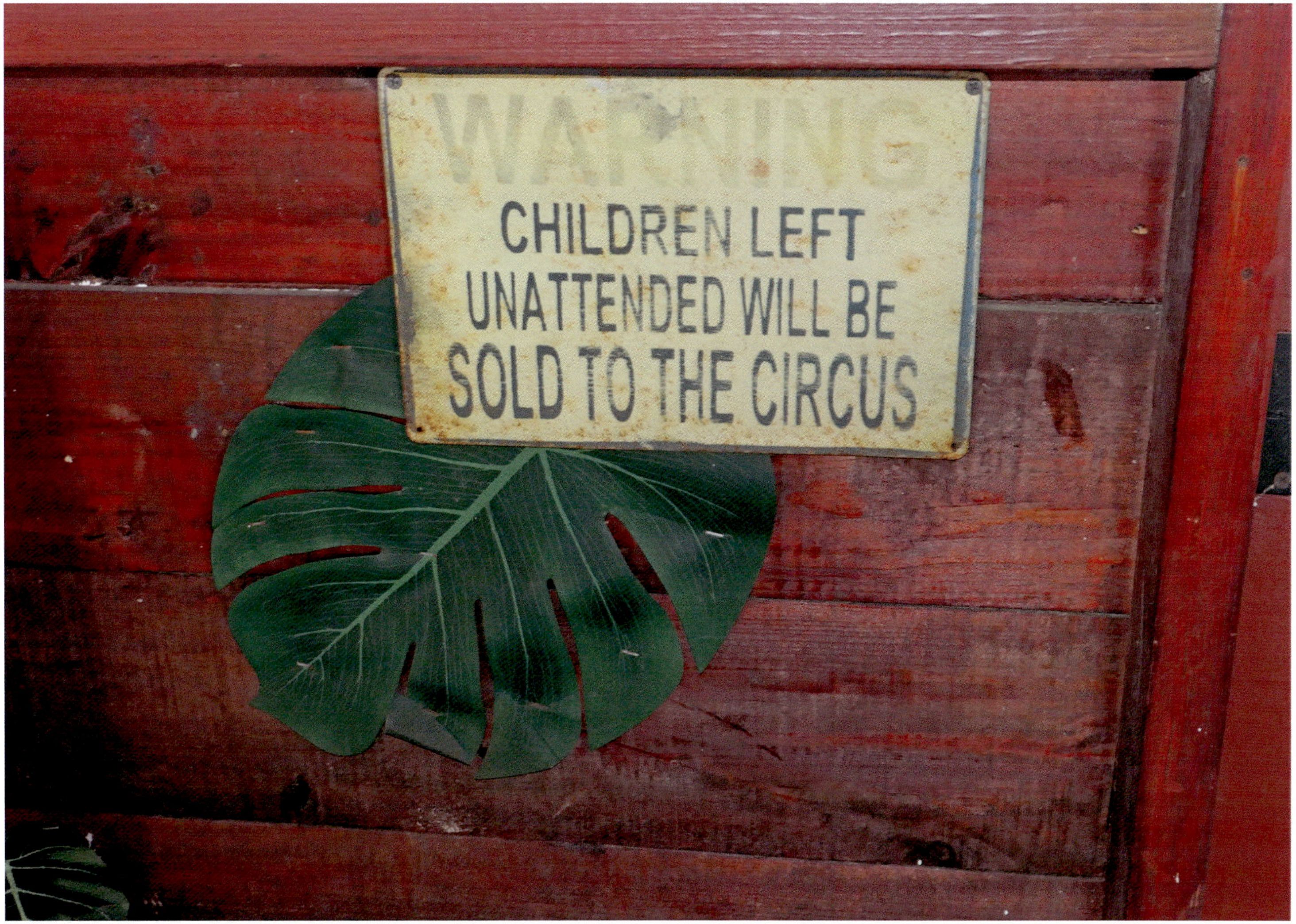

Hoffnung stirbt zuletzt? Womöglich nicht, wer auf dem Little Adam's Peak in Sri Lanka erschöpft, halb verdorrt und dem Hungertod nahe an dieses Schild gelangt …

(Wer an der Weggabelung des Lebens aufs richtige Pferdchen setzt, hat halb gewonnen …)

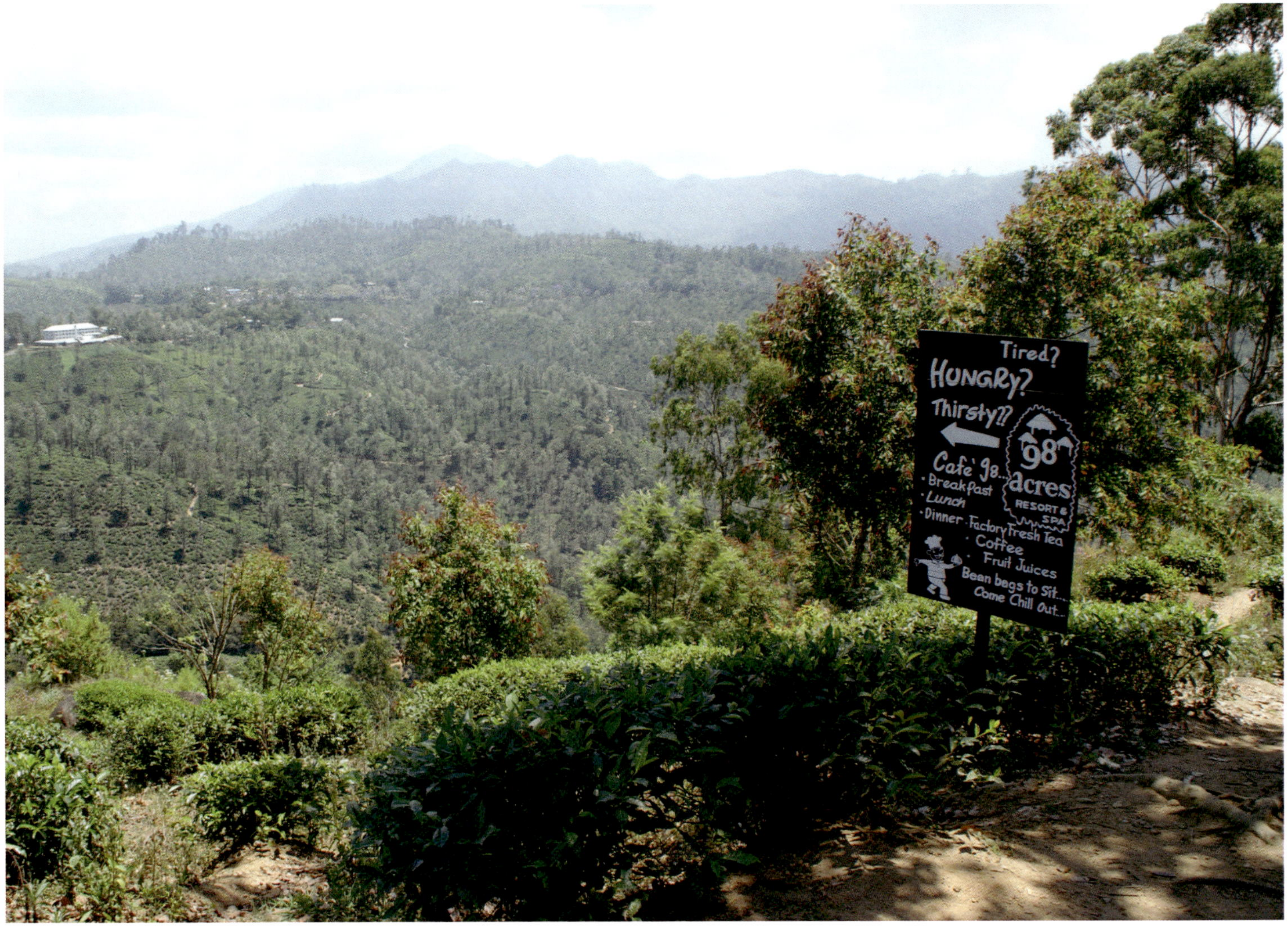

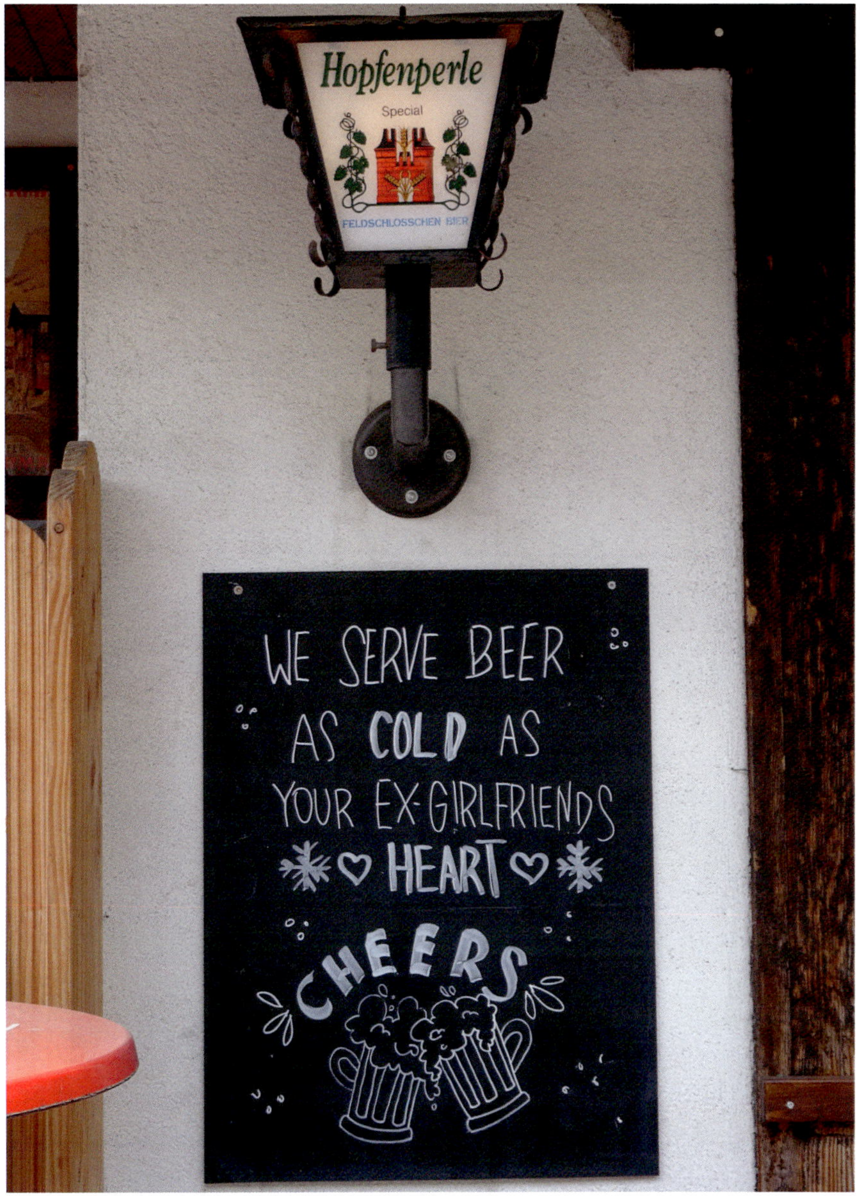

Dieser Wirt in Lauter-
brunnen (Schweiz) weiß,
wovon er spricht …

Zum Glück gibt's in Kuala Lumpur so viele Gucci-, Prada- und Yves Saint Laurent-Shops, dann kann man sich im Falle eines Kriminalfalles wieder eine neue Handtasche besorgen …

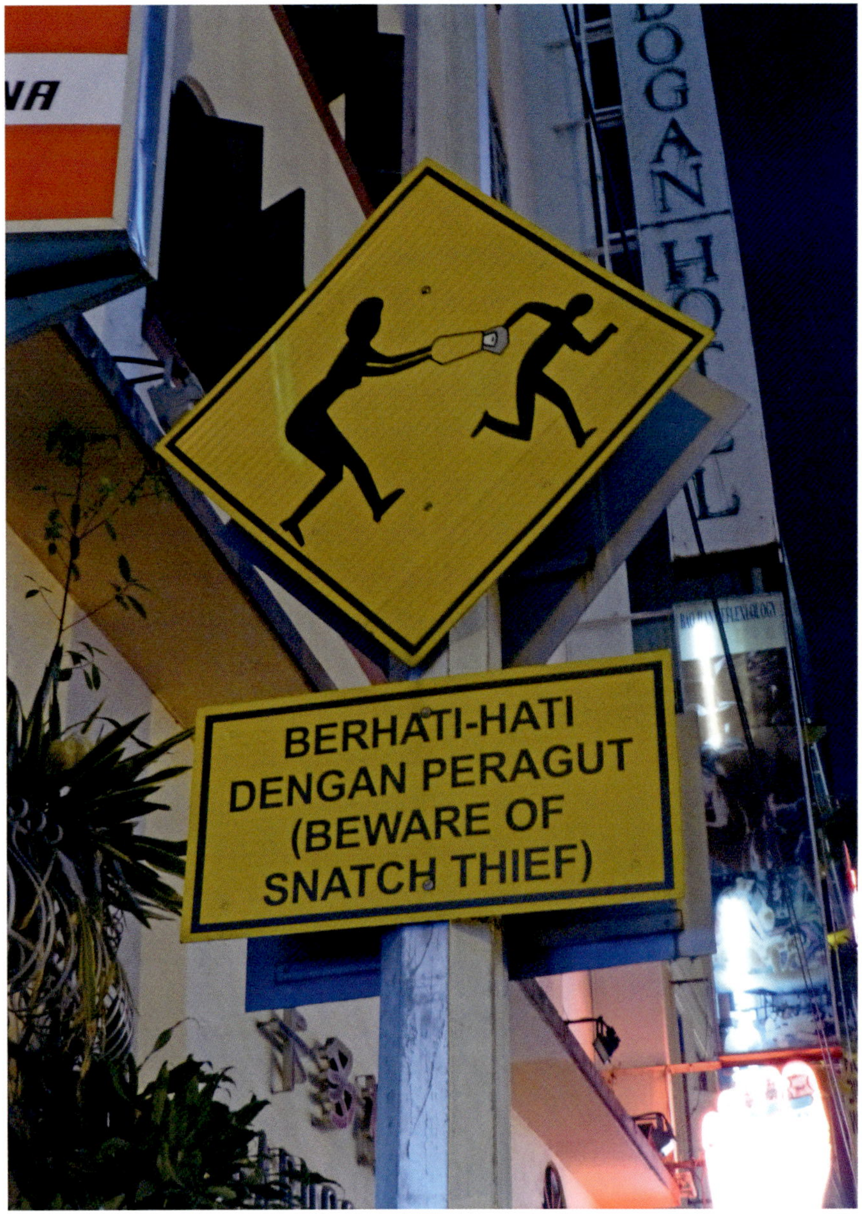

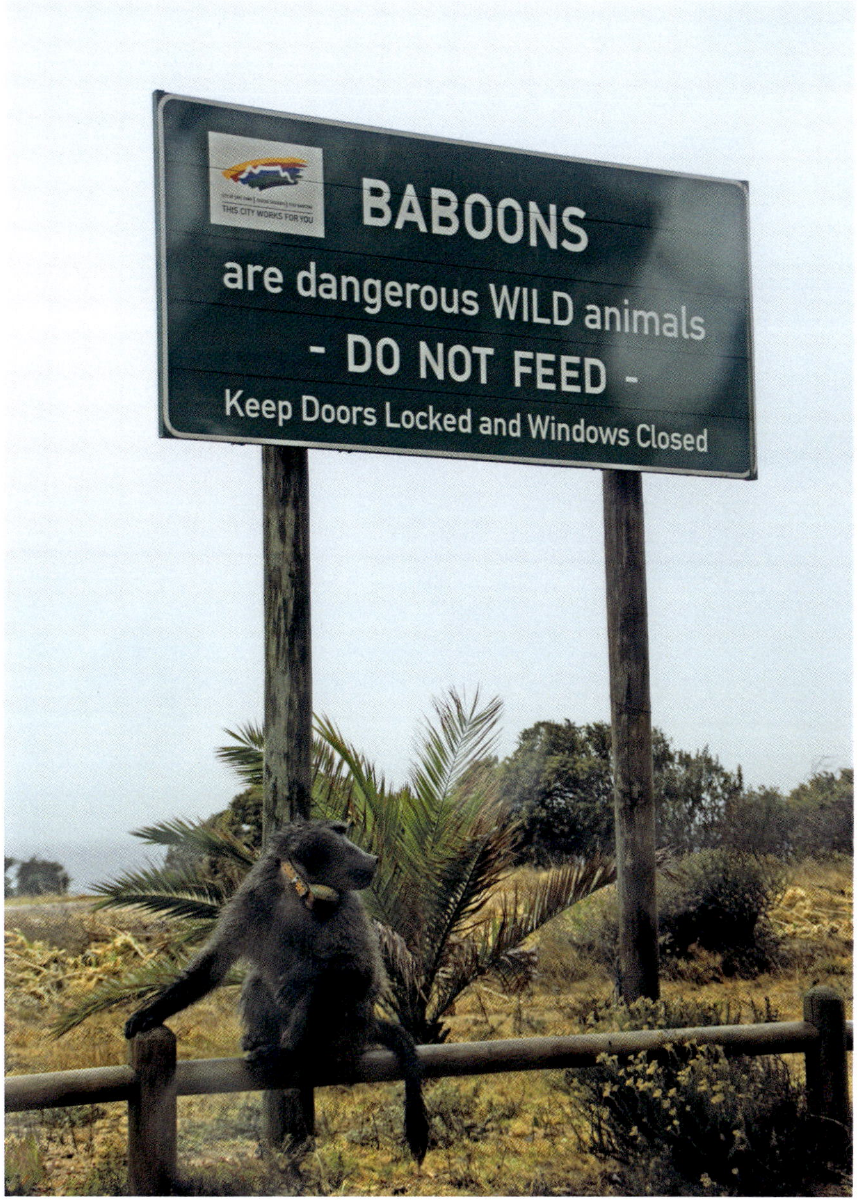

Die Affenbande rund um die südafrikanische Kap-Halbinsel haben ihr Vorzeige-Modell mit dem süßen Glöckchen um den Hals vorgeschickt, um in deeskalierender Weise Image-Werbung in eigener Sache zu betreiben.

Hintergründiges …

In und um Südafrikas Kapstadt leben ungefähr 400 Paviane (auch »Baboons« oder »Bobbejane« genannt), die vor allem auf der Kaphalbinsel anzutreffen sind. In Horden von fünf bis über 100 Tieren streifen sie auf Nahrungssuche durchs Gelände und kommen oft mit ahnungslosen Touristen in Berührung. Normalerweise ernähren sich die Affen mit ihren charakteristischen roten Gesäßschwielen und ihren langen Schnauzen von Insekten, Mäusen, Eidechsen, Würmern, Beeren und Wildfrüchten, doch inzwischen sind sie auf den Geschmack von menschlicher Nahrung gekommen. Immer wieder werden Paviane – die einzig geschützte Population dieser Spezies in ganz Afrika – von vorbeiziehenden Menschen gefüttert, obwohl das strengstens verboten ist. In ihrer sozialen Rangordnung gilt nämlich, dass die Ranghöchsten zuerst fressen dürfen. Menschen, die Paviane füttern, werden von den Tieren folgerichtig als Rangniedere eingestuft, weshalb die Affen auf Nahrungsverweigerung aggressiv reagieren. Ganze Affenbanden brechen in Häuser oder Autos ein, attackieren Touristen oder plündern Mülltonnen. Mittlerweile haben sich die »Baboon Monitors« gebildet, eine Pavian-Polizei, die von 7 bis 18 Uhr gegen die »organisierte Affen-Kriminalität« im Einsatz ist. Deshalb gilt für Südafrika-Besucher, wenn sich Paviane in der Nähe aufhalten: Autofenster geschlossen halten, keine Lebensmittel auspacken, das Auto nicht unverschlossen stehen lassen und bereits von einem Pavian Gestohlenes nicht zurückerobern wollen.

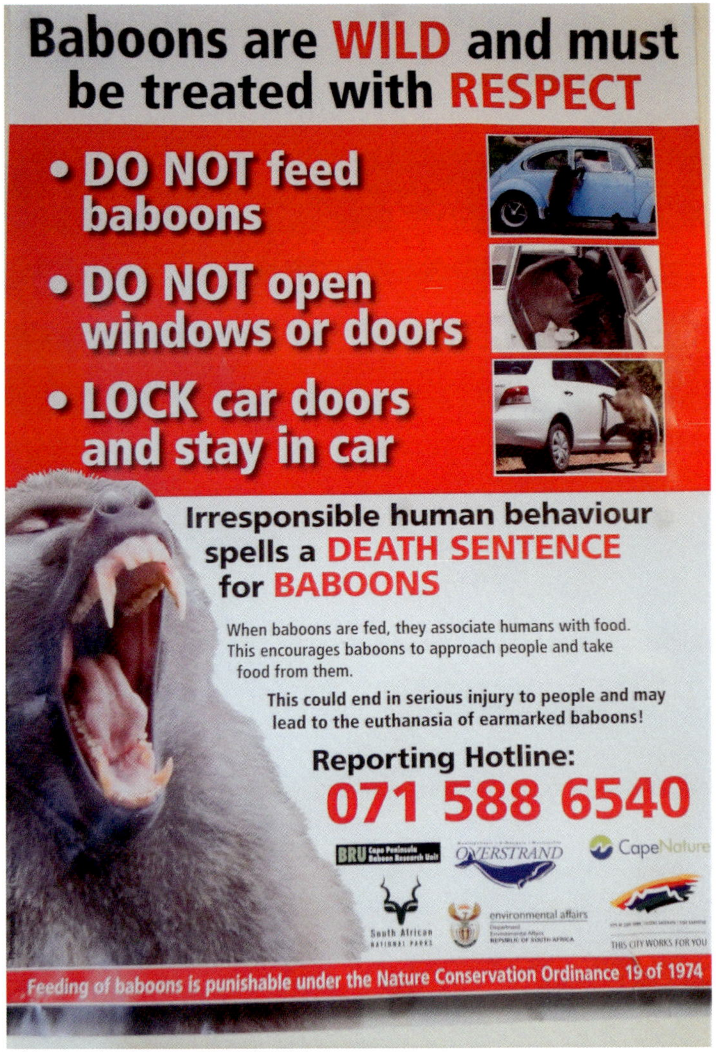

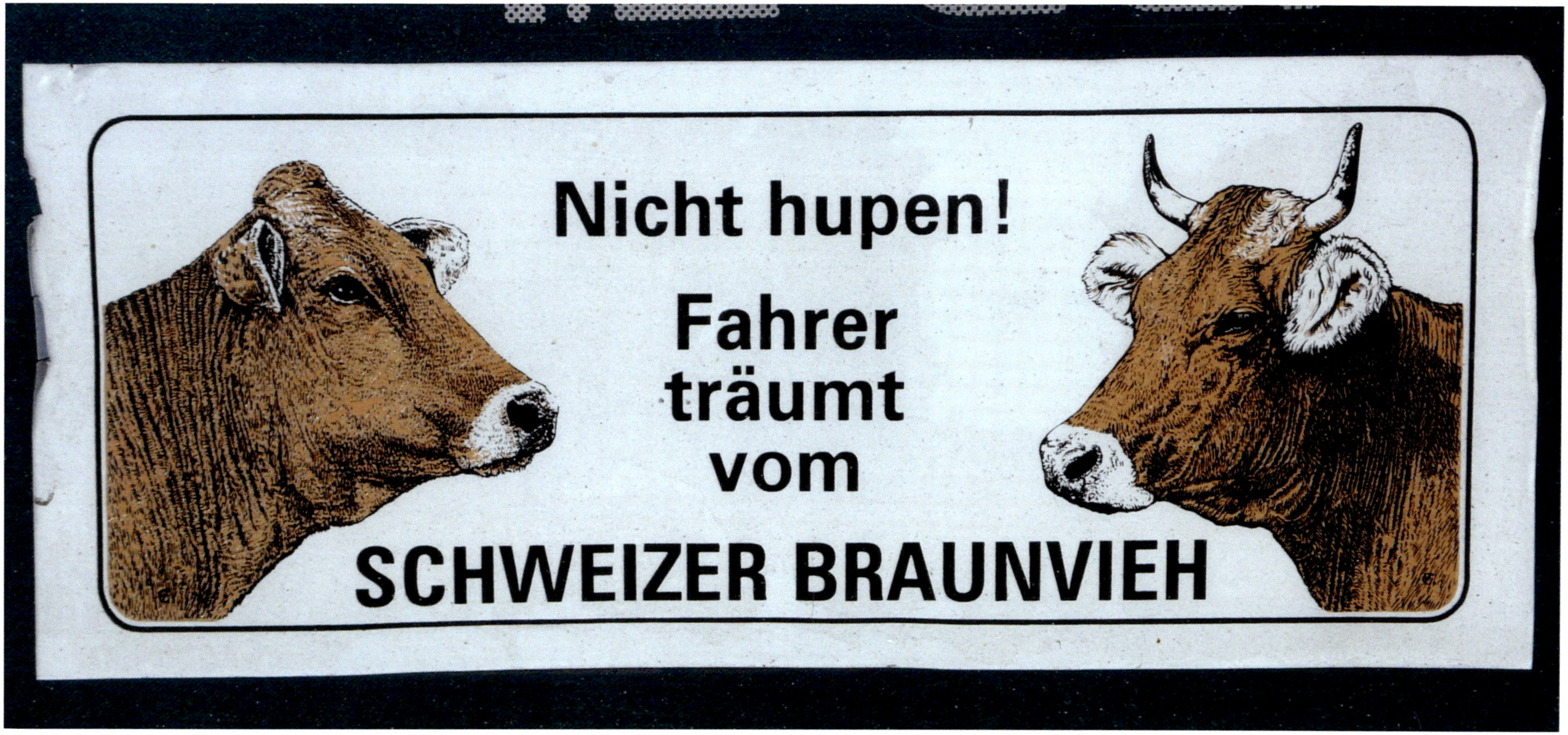

Bei zirka 1,5 Millionen Kühen in einem Land mit etwa 8,5 Millionen Helvetier gibt es auf Schweizer Straßen so einiges zum Träumen. Die Verantwortlichen der hiesigen Straßenverkehrsämter sprechen in solchen Fällen auch von Rindviechern ...

(man munkelt, dass jene hinter den Lenkrädern gemeint sind ...)

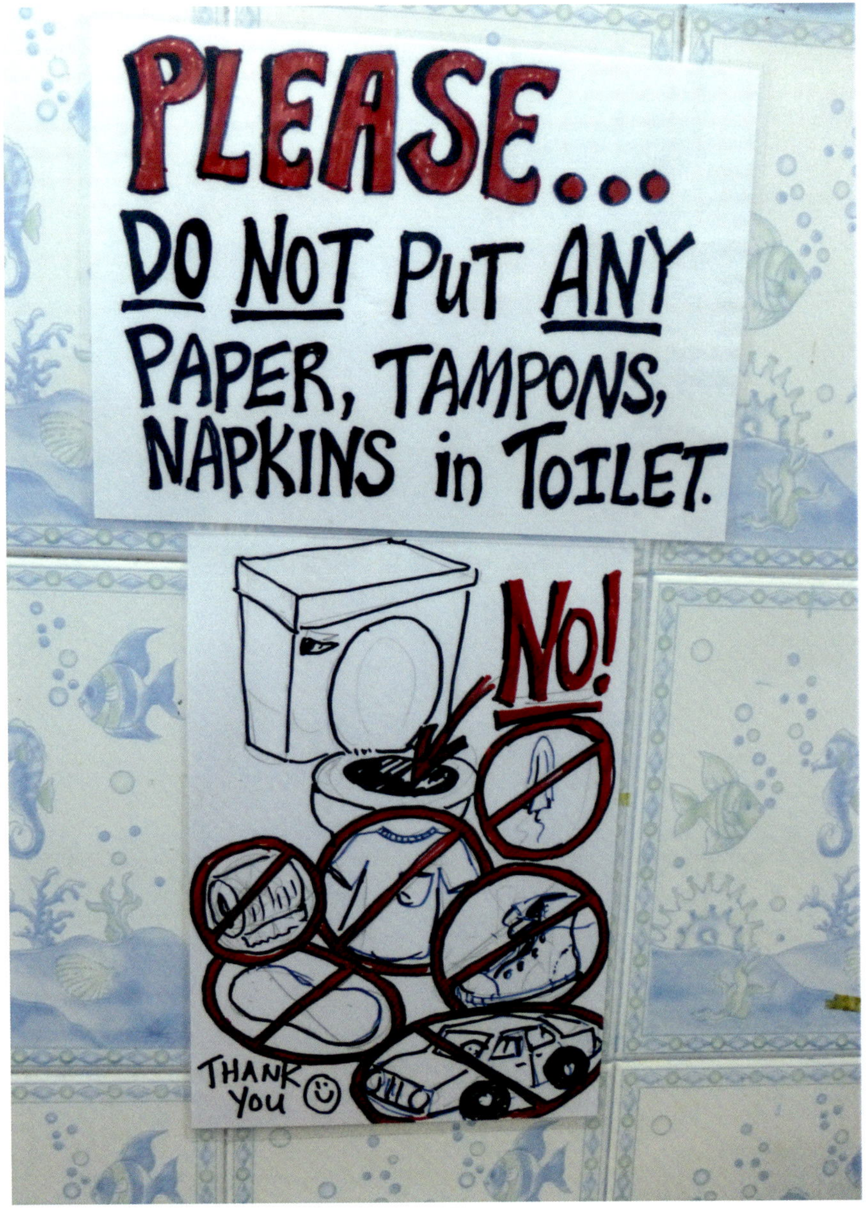

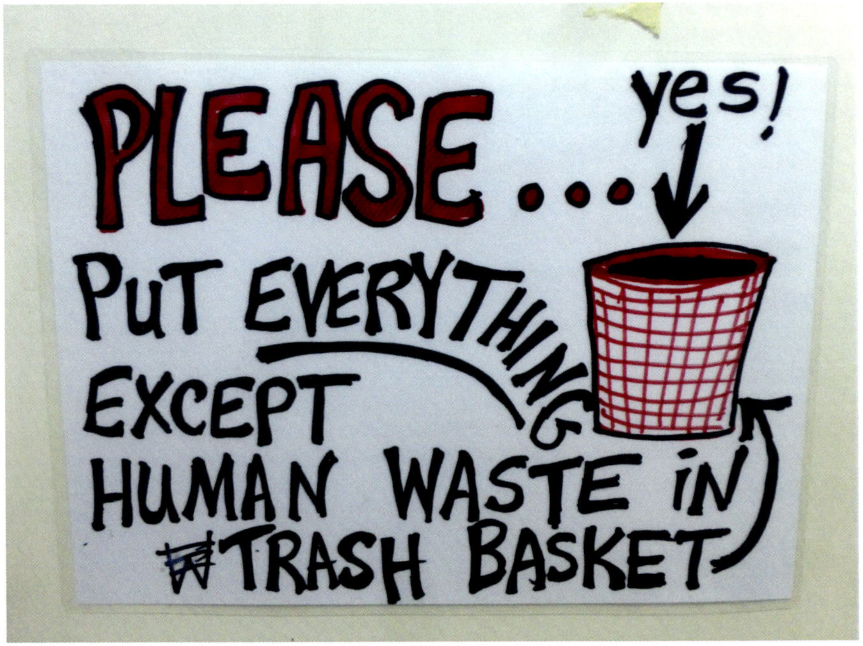

In Thailand scheint es manchmal nicht so einfach zu sein, eine Toilettenschüssel von einem Abfallkorb zu unterscheiden. Wenn irritierte Touristen ihre Ausscheidungen wieder einmal im Abfall-Eimerchen platzieren und versuchen, Schuhe, T-Shirts und Spielzeugautos in die Kanalisation zu spülen, reicht bloße Nachsicht leider nicht mehr …

(in einer Toilette in Krabi)

Beim Elektrofachmarkt-Händler meines Vertrauens stimmt das Gesamtpaket: Attraktive Ladengestaltung, einnehmende Auslage und Mobiltelefone der allerneusten Generation.

(Telefon-Reparateur in Ifaty, Madagaskar)

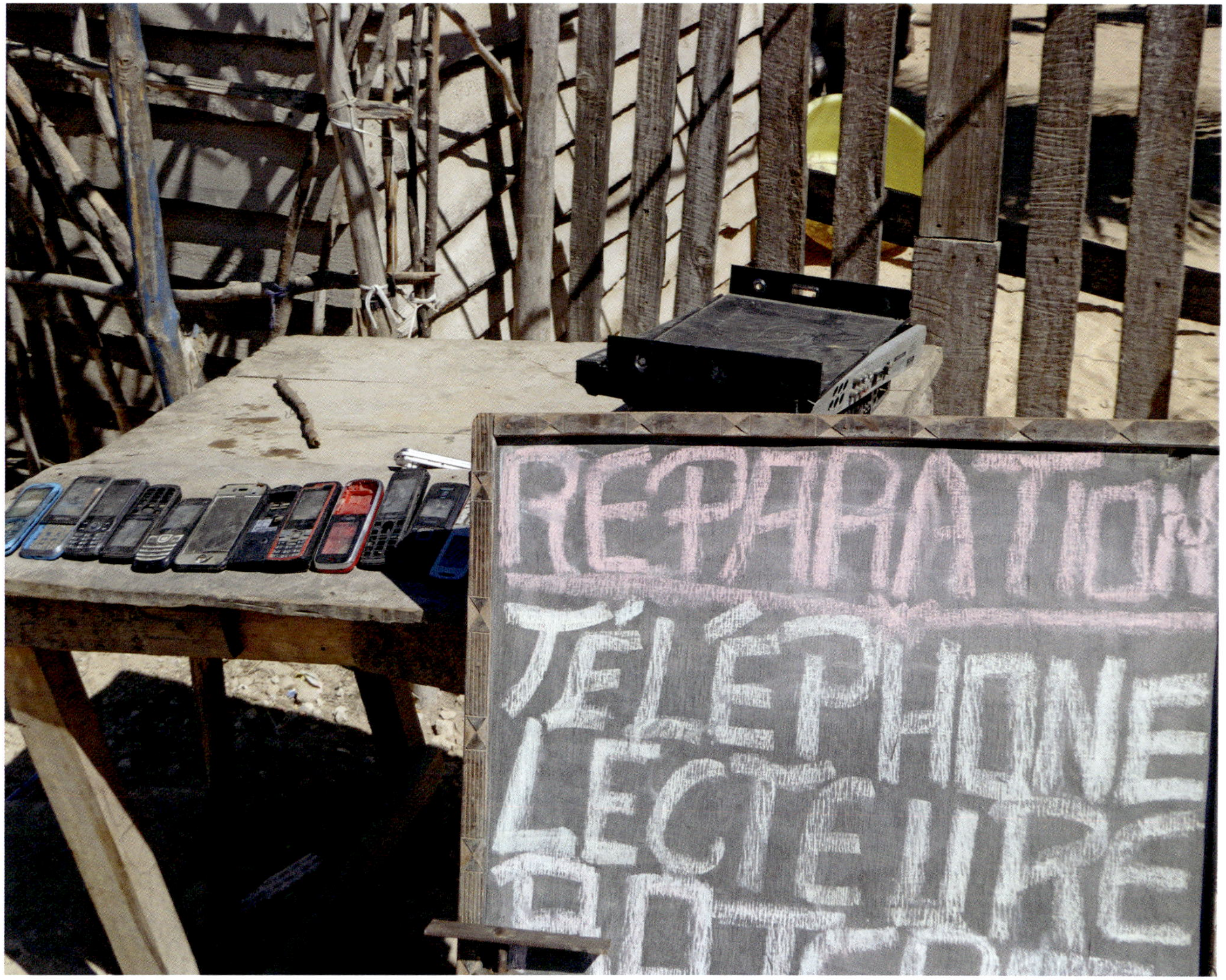

Solche Informationen im Lift sorgen vor allem bei Klaustrophoben für Sicherheit, Vertrauen und wohlige Ruhe ...

(Sollte das Worst-Case-Szenario am Morgen eintreten, räumen sie einem im Grand Central Hotel in Mandalay, Myanmar, immerhin genügend Zeit für das Frühstück ein)

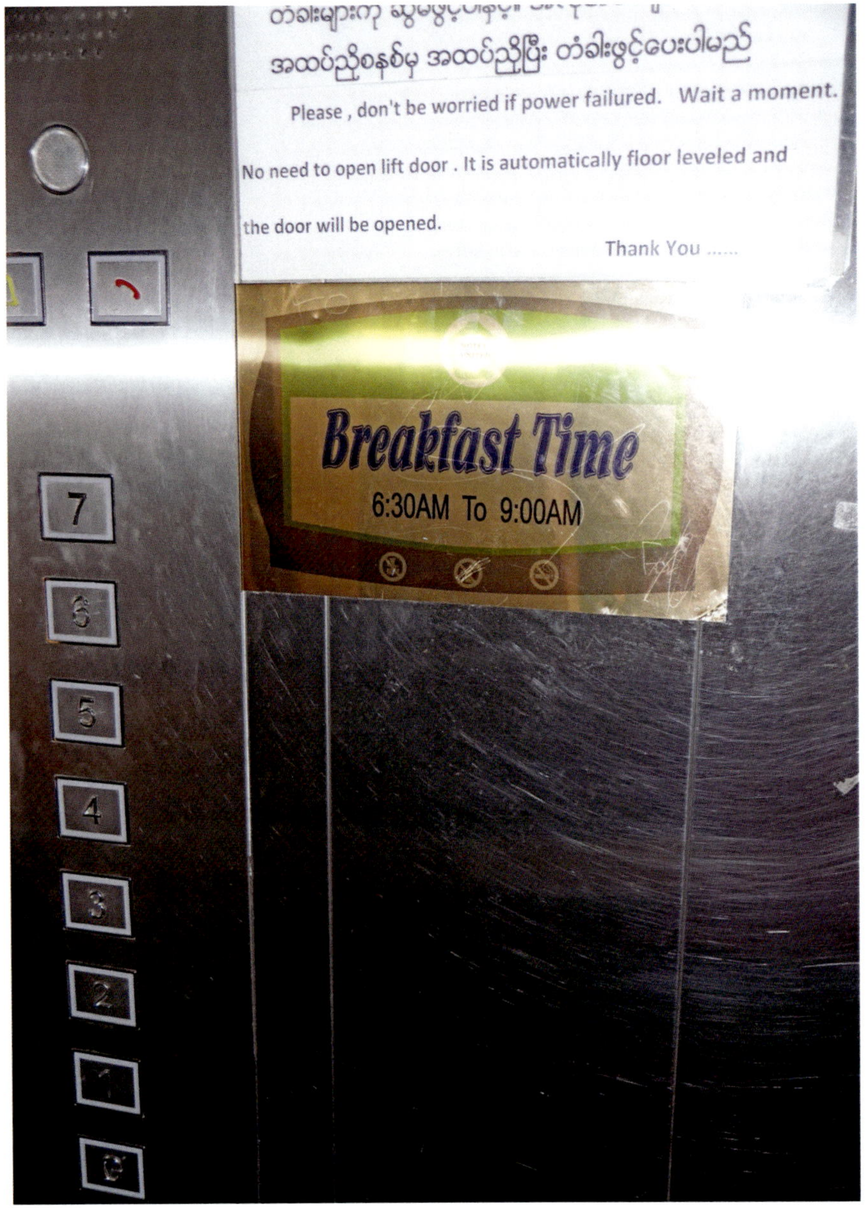

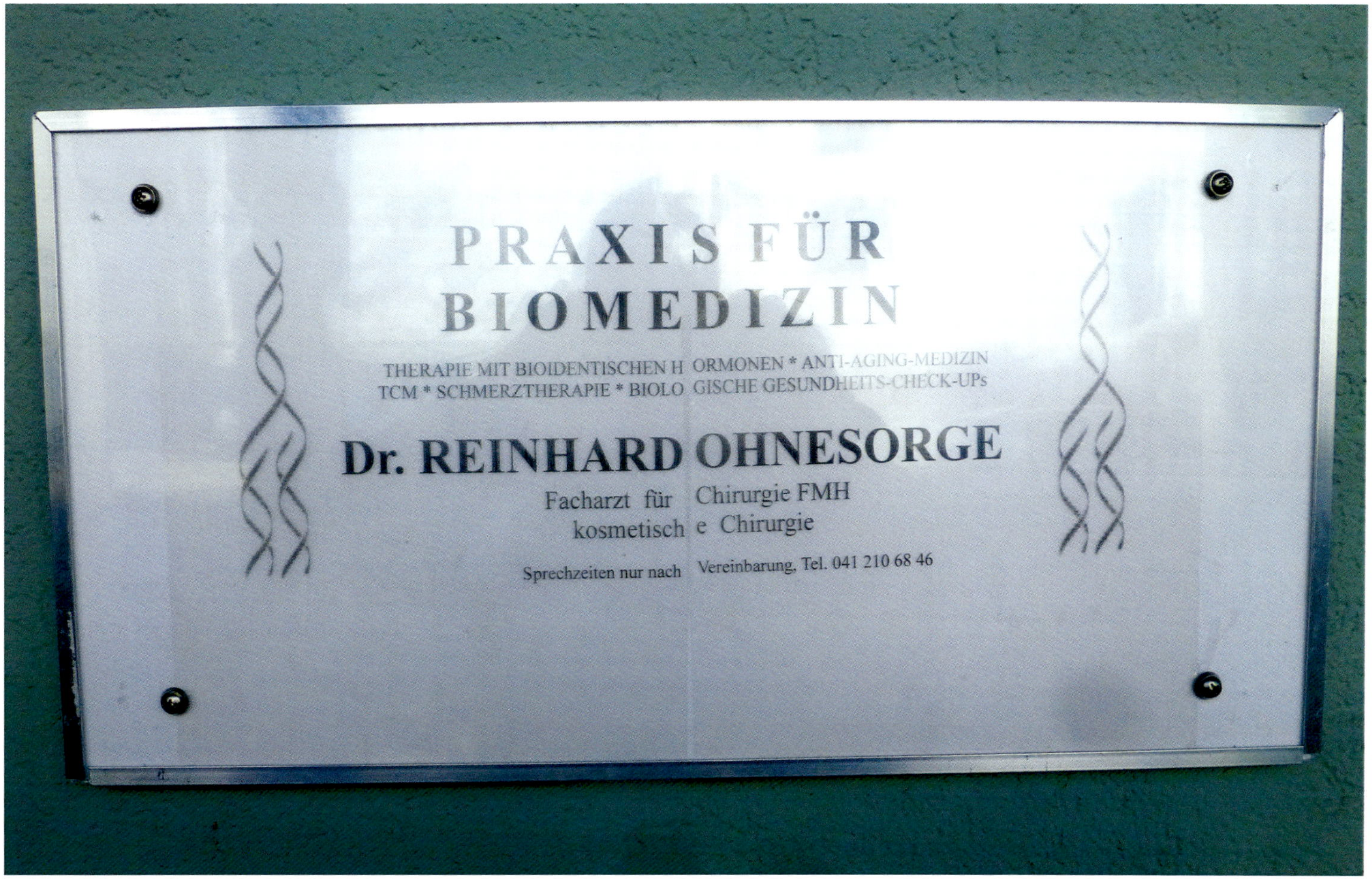

Nomen est omen! Ein Versprechen an die Kundschaft
und im Namen inkludierte Gratis-Werbung für den Biomediziner.

Von wegen folg- und sittsam! Diese Vietnamesen zeigen der uniformierten Obrigkeit – ganz nach dem Motto: im Vorteil dank Überzahl – die kalte (sozialistische) Schulter.

(beim Ho Chi Minh Mausoleum in Hanoi)

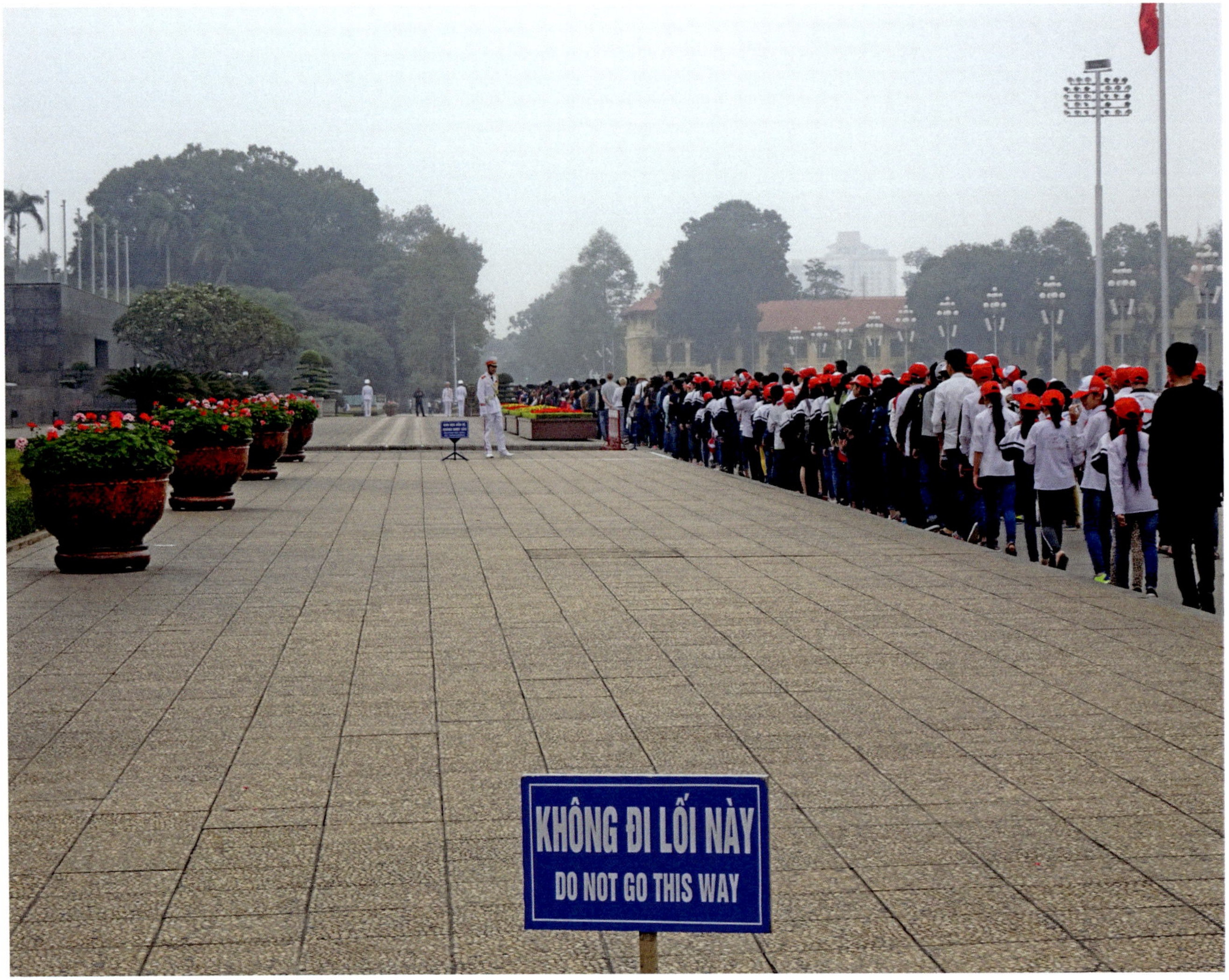

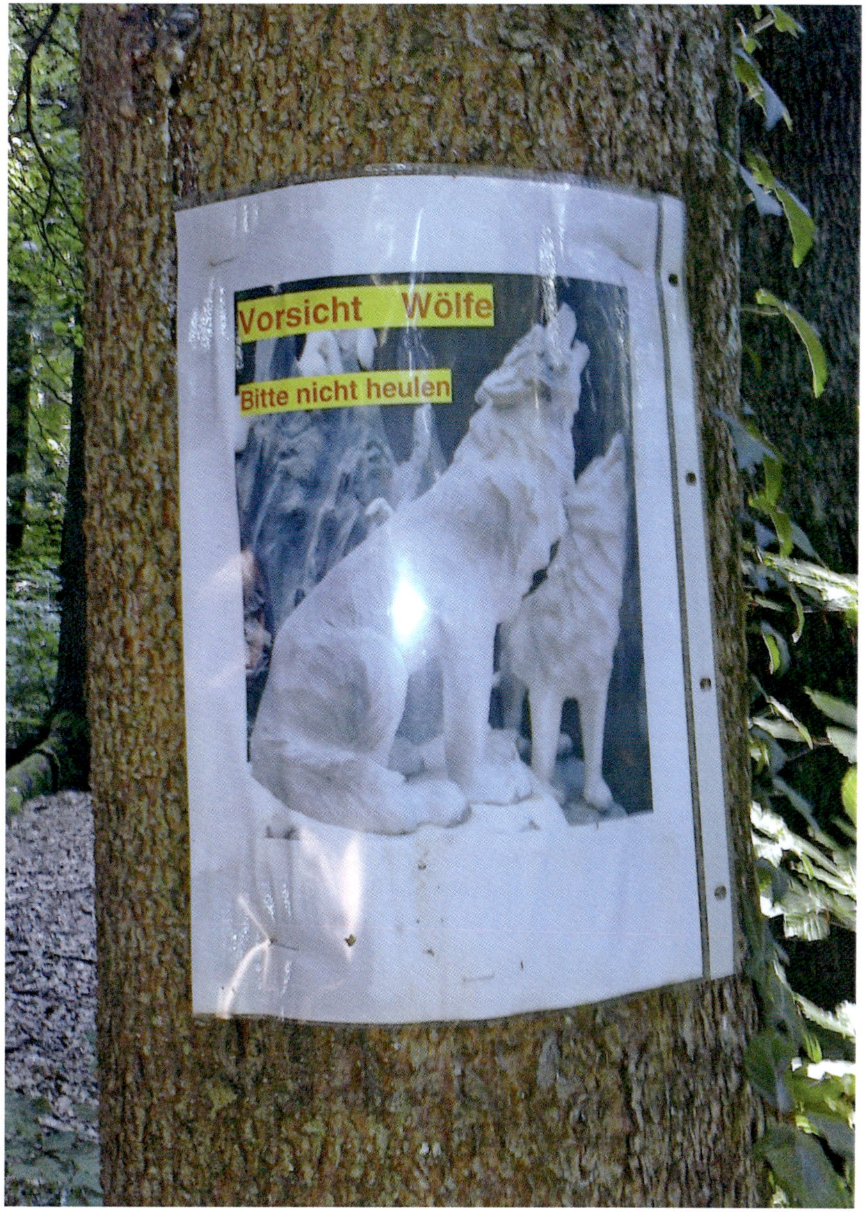

Wer dachte, Waldspaziergänge können höchstens im fernen Ausland gefährlich werden, sei hiermit eines Besseren belehrt. Da ist einem vor lauter Angst fast zum Heulen zumute …

(Warnung einer, zu gesteigerter Angstvorstellungen neigenden, Privatperson in einem Schweizer Wald)

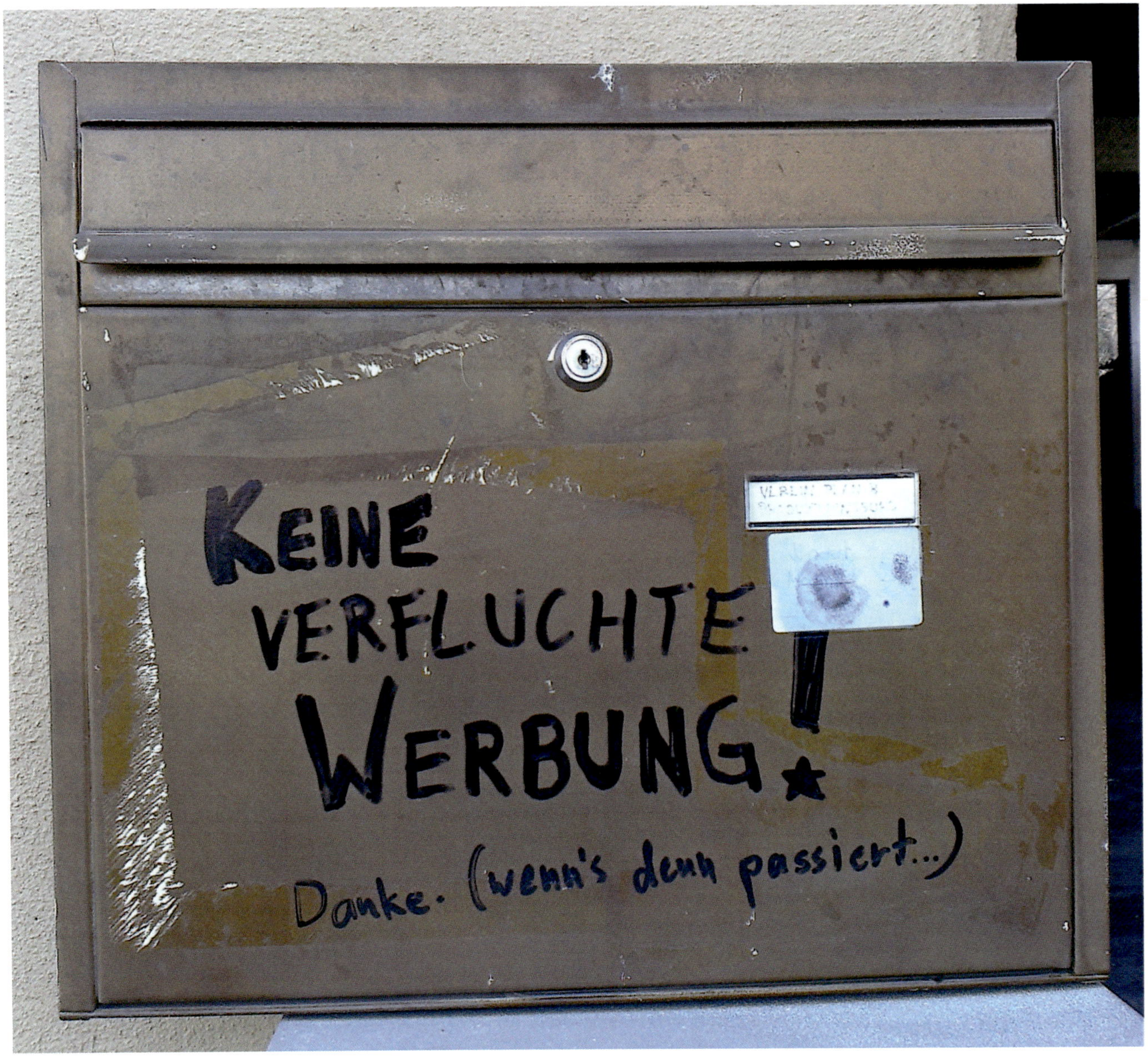

Das ist aber jammerschade! Gerade jetzt wären Flyer mit Top-Angeboten für neue, hochmoderne Briefkästen zu Spotpreisen in Umlauf.

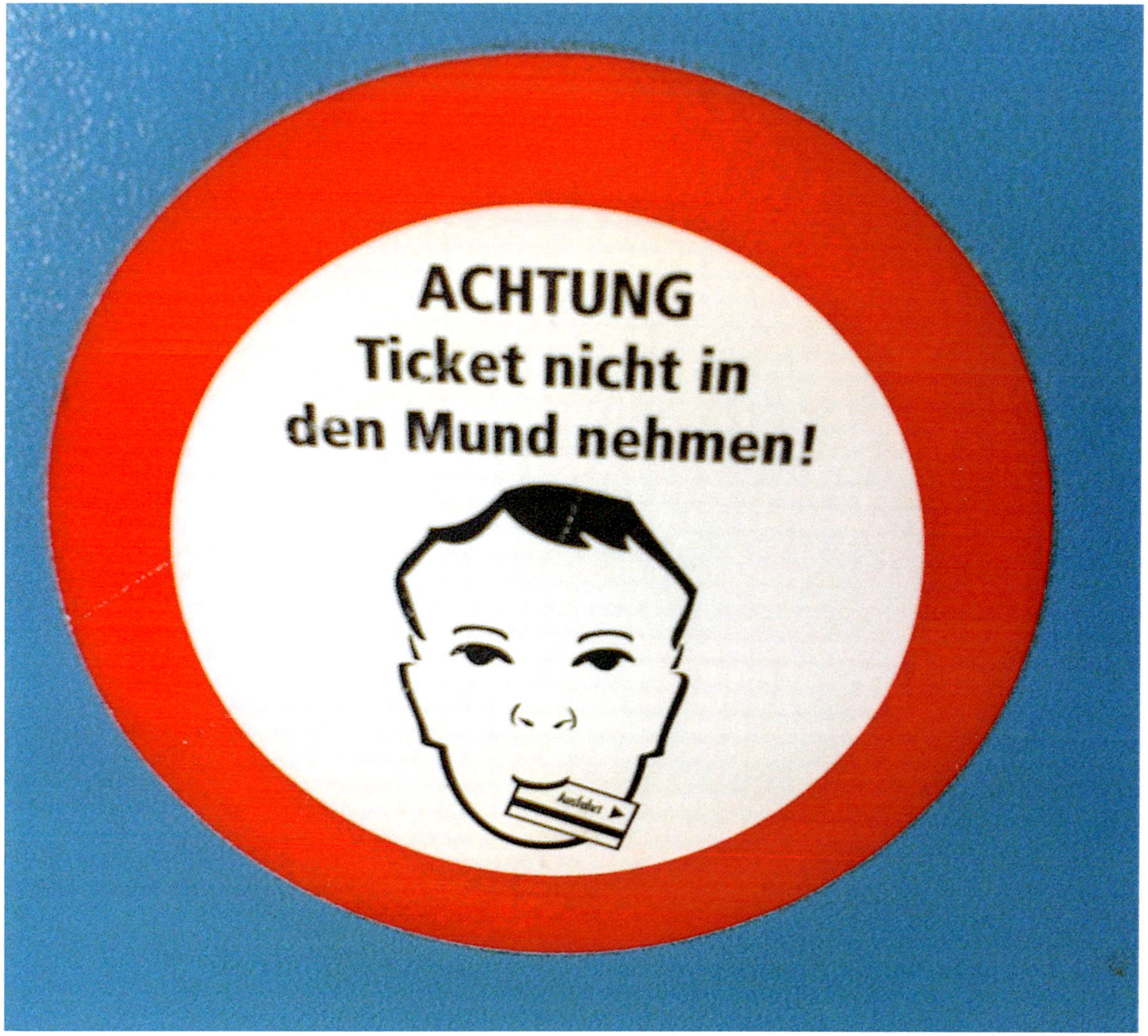

Was hier vor allem bemerkenswert ist: Dieses Schild wurde sieben Jahre vor Ausbruch der Corona-Pandemie aufgenommen …

Graffiti-Motive werden oft von äusseren Umständen beeinflusst. Bei dieser Hundetoilette spielten wohl olfaktorische Gegebenheiten eine wesentliche Rolle. Gut, sind Hundekotbeutel multifunktional einsetzbar …

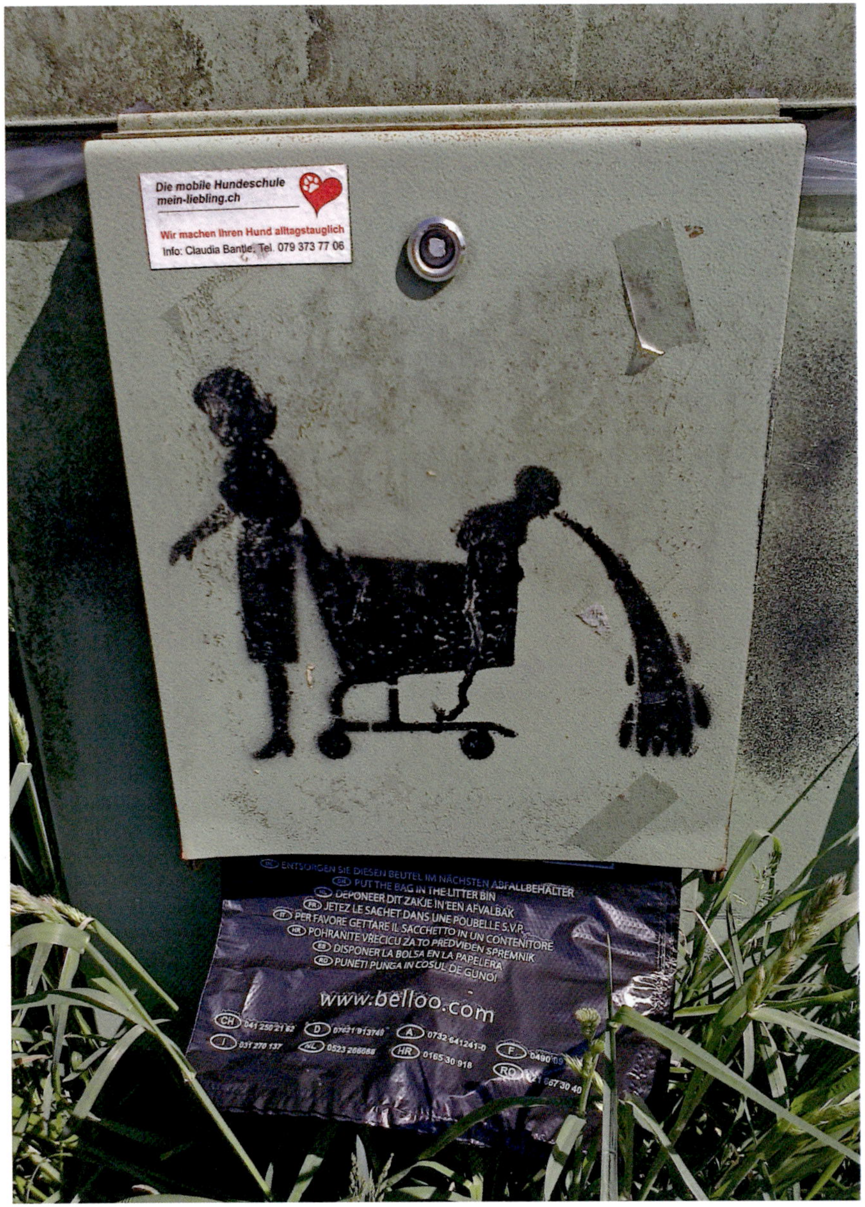

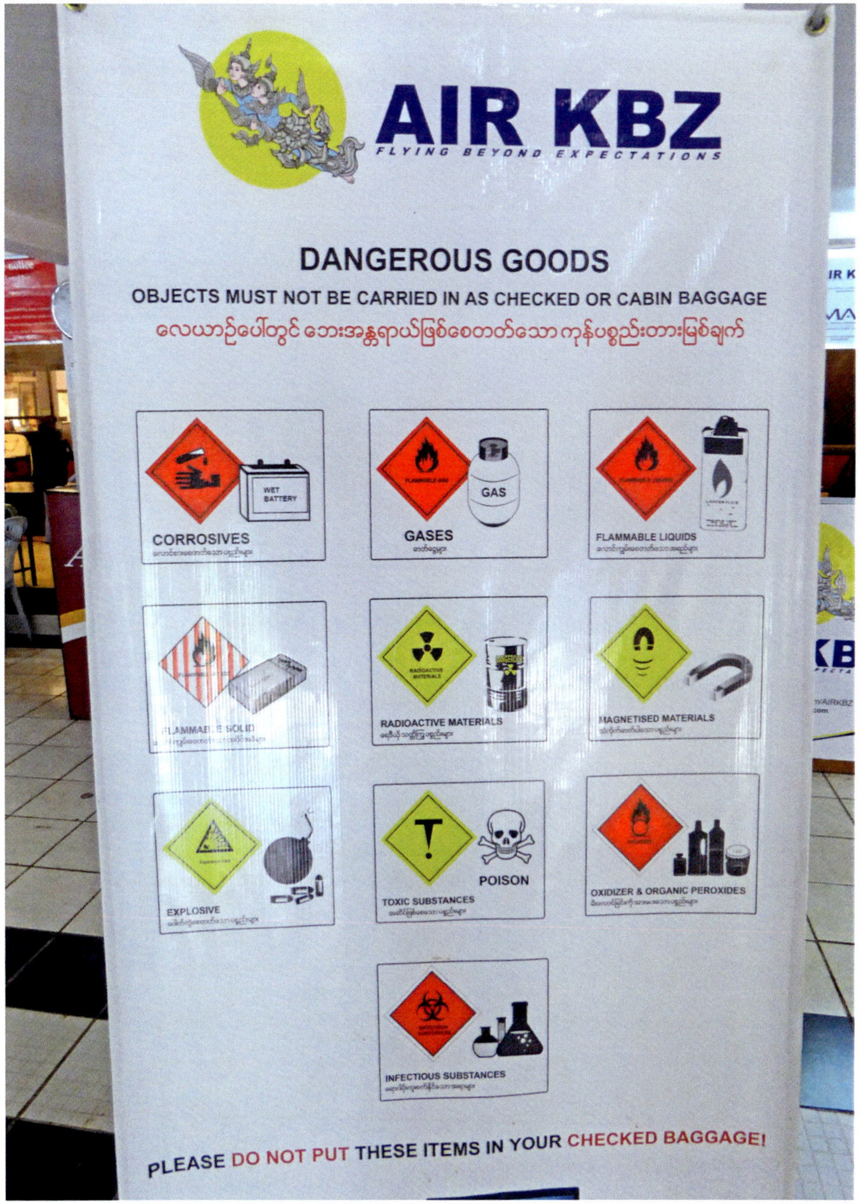

Oh Mist! Jetzt habe ich das ganze Mitbringsel für nichts gekauft! Dabei hätten sich die Daheimgebliebenen so über den Schierlingsbecher, den Batteriesäuren-Flakon und die AKW-Brennstäbe gefreut …

(Verbotsschild der myanmarischen Fluggesellschaft Air KBZ im Flughafen Heho in Nyaungshwe)

Vorsicht vor den Alten! Wenn sie urplötzlich aus den Büschen auftauchen und über herannahende Autos herfallen, dann gnade einem Gott!

(Warntafel in der Nähe von Plockton, Schottland)

Eine Frage beschäftigt einem beim Anblick dieser Benimm-Regel für die korrekte Abdeckung intimer Körperregionen für Bade-Urlauber auf den Philippinen: Was passiert, wenn der String-Tanga-Stoff-streifen grösser ist, als beim Verbot und kleiner, als erlaubt?

(Mittelmässigkeit ist relativ; auch in San Juan, auf der Insel Siquijor)

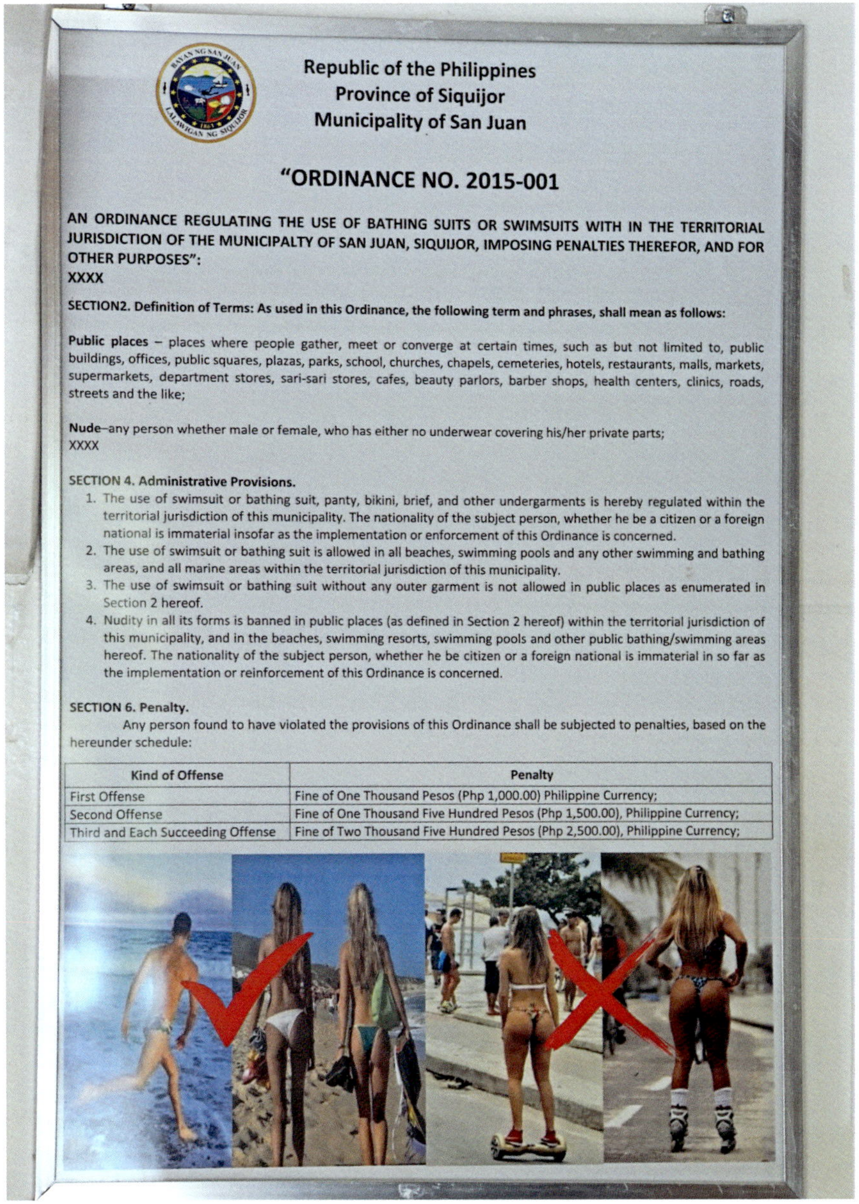

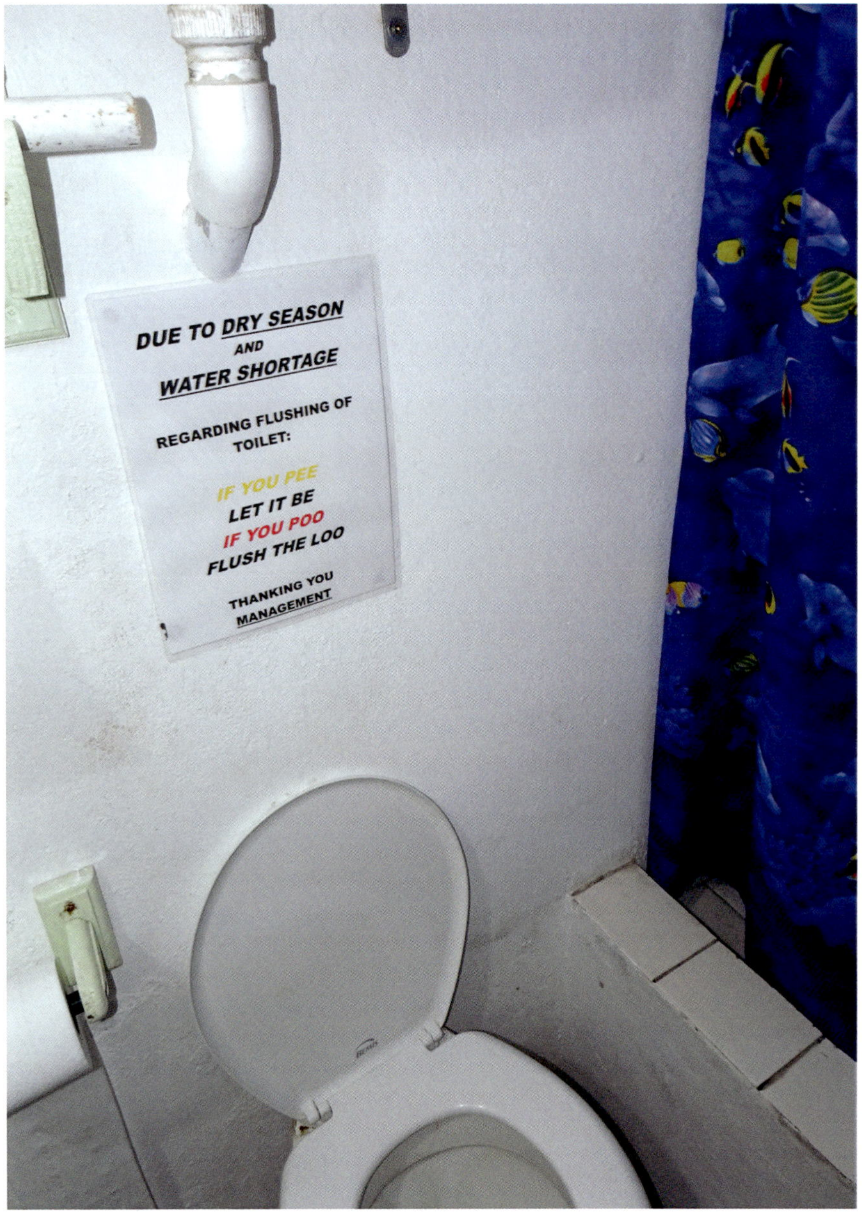

Die Betreiber einer kleinen Bar auf der Karibik-Insel Carriacou (Grenada) haben schon längst eine genauso einfache, wie patente Lösung parat, wenn es darum geht, der Wasserknappheit in der Trockenzeit Herr zu werden.

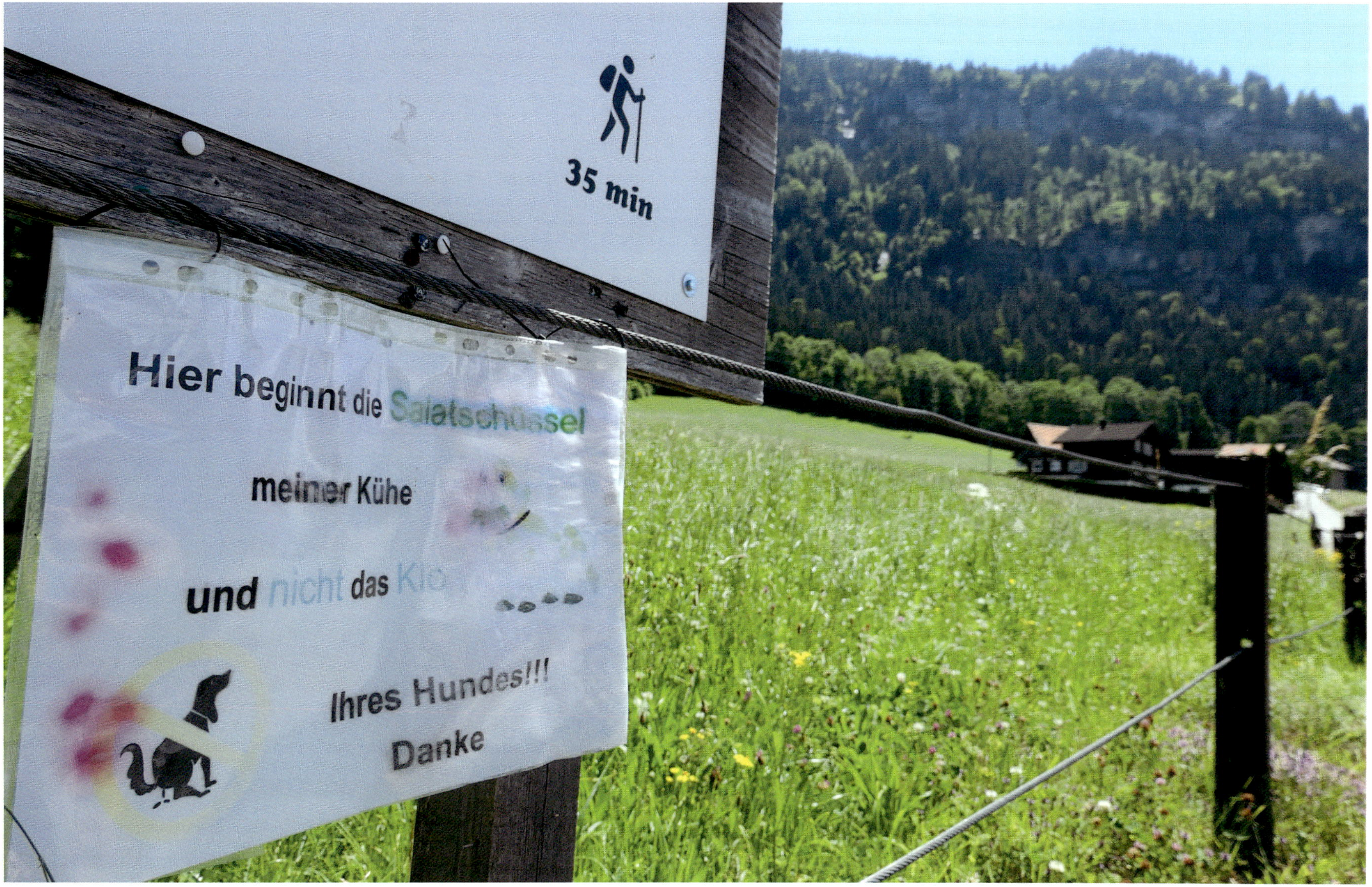

Auf dem schweizerischen Brünigpass reagieren Bauern mit Kreativität und einer Brise Humor auf die zunehmende sanitäre Verwahrlosung inkontinenter Vierbeiner.

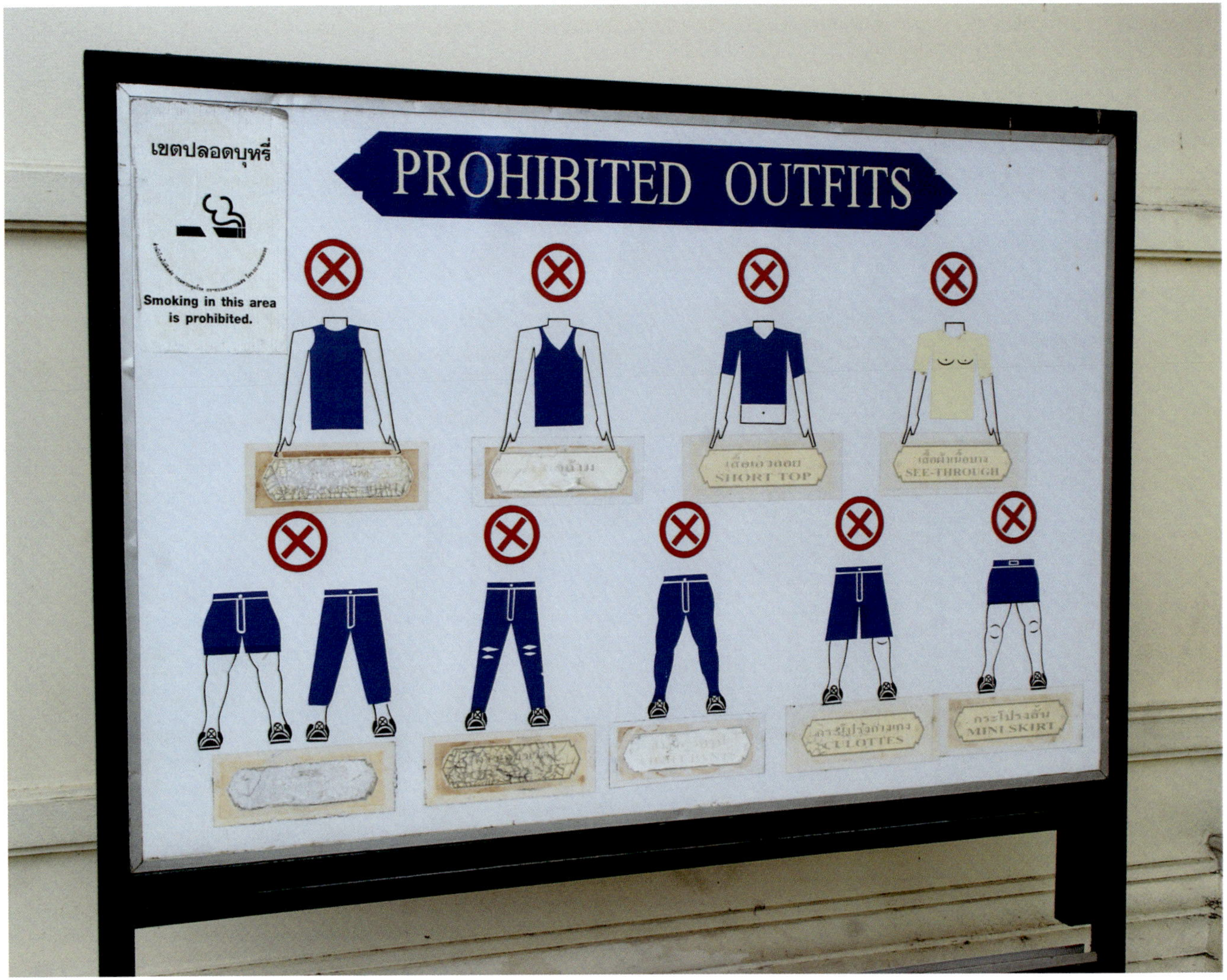

Die Tourismusverwaltung in Bangkok zerbricht sich seit Jahren den Kopf, weshalb der schmucke Königspalast und ehemalige Sitz von thailändischen Königen kaum eine Menschenseele besucht …

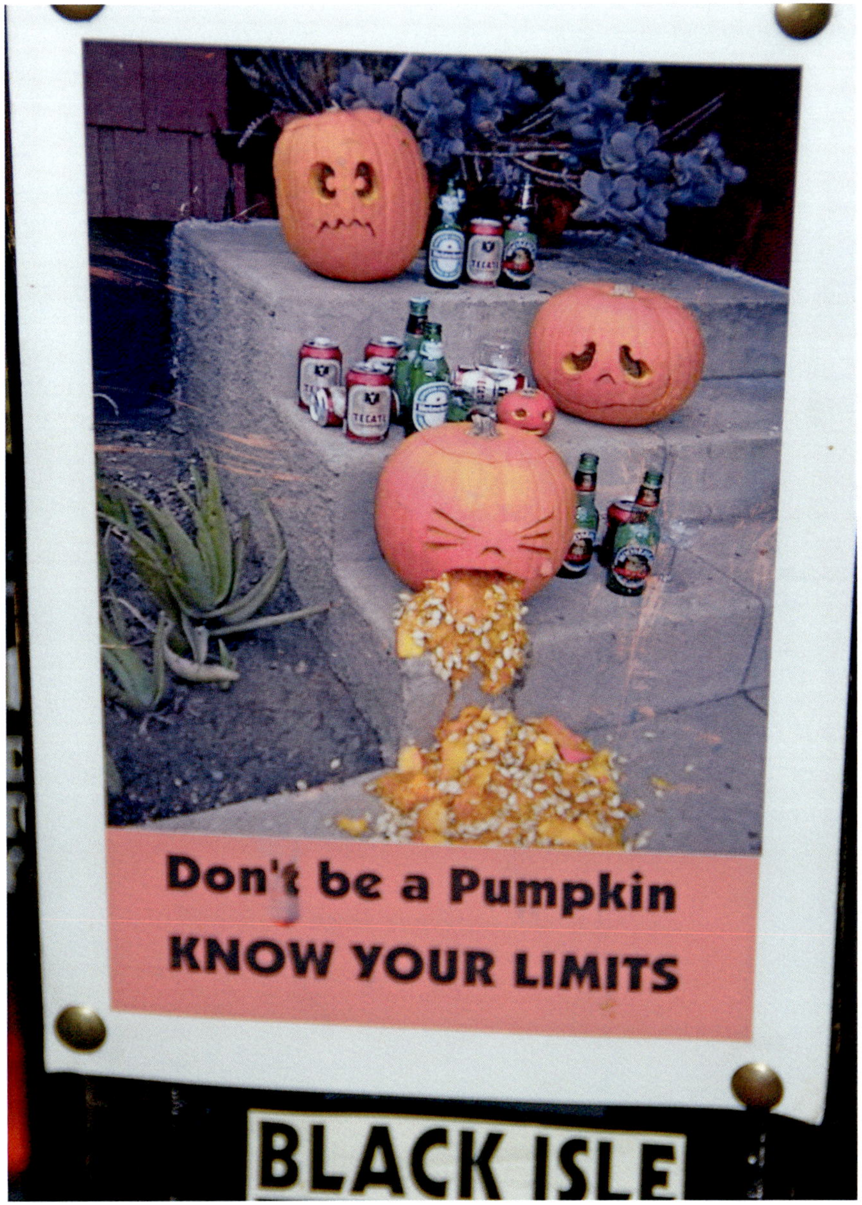

Diese Warntafel von der Black Isle bekräftigt gespaltene Zungen in ihrer vorgefassten Meinung, dass es sich bei der schottischen Bevölkerung um äusserst trinkfreudige Gesellinnen und Gesellen handle.

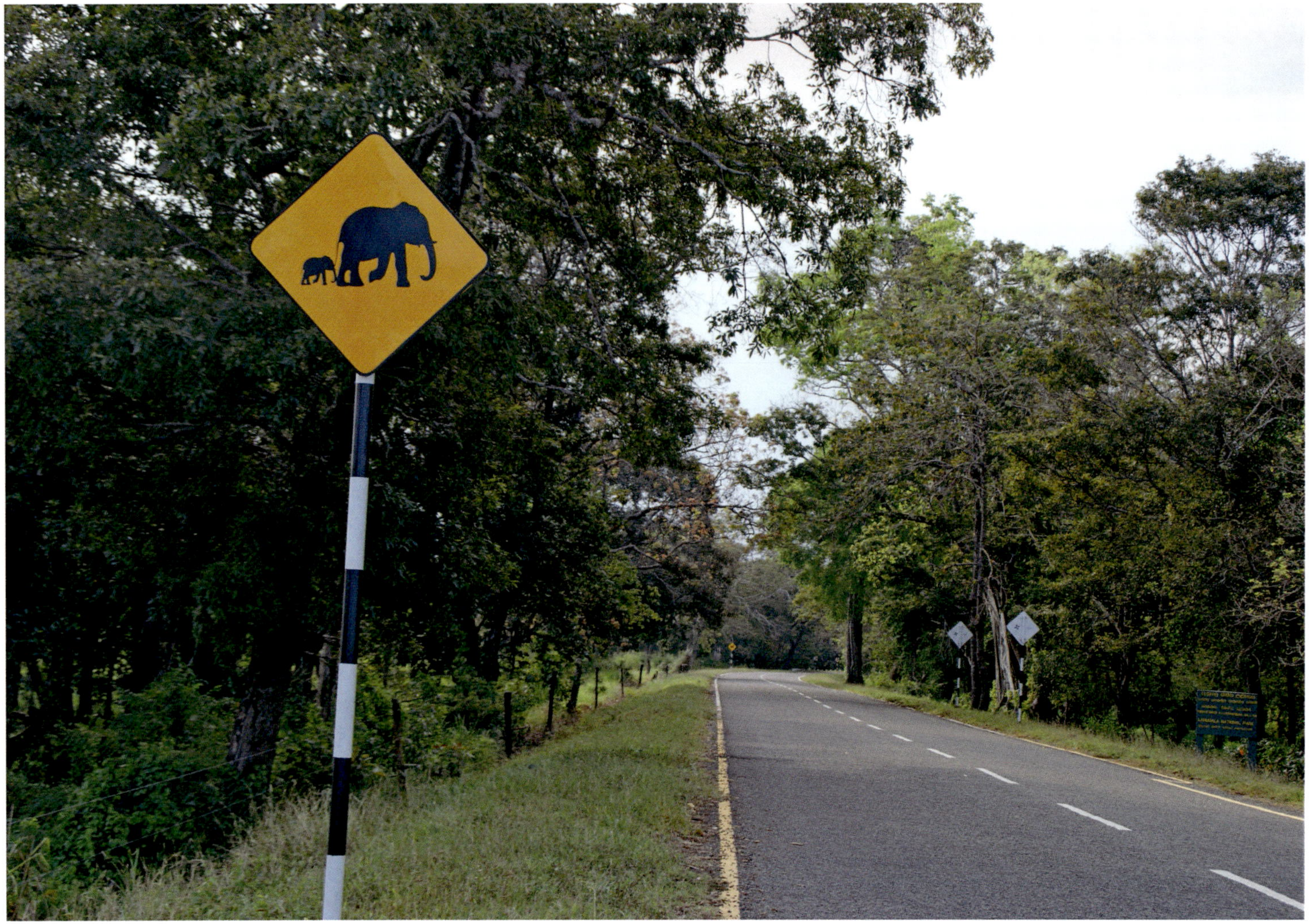

»Vorsicht Wildwechsel« auf sri-lankisch.

(Warnschild in Arugam Bay, Sri Lanka)

Wer am Ägerisee (Schweiz) in bester Lage nach einer bezahlbaren Wohnung sucht, muss mit monumentaler Standfestigkeit gesegnet sein. So, wie der fast schon bemitleidenswerte Zürcher Reformator Huldrych Zwingli (1484–1531), der wohl besser einfach eine Runde Monopoly gespielt hätte …

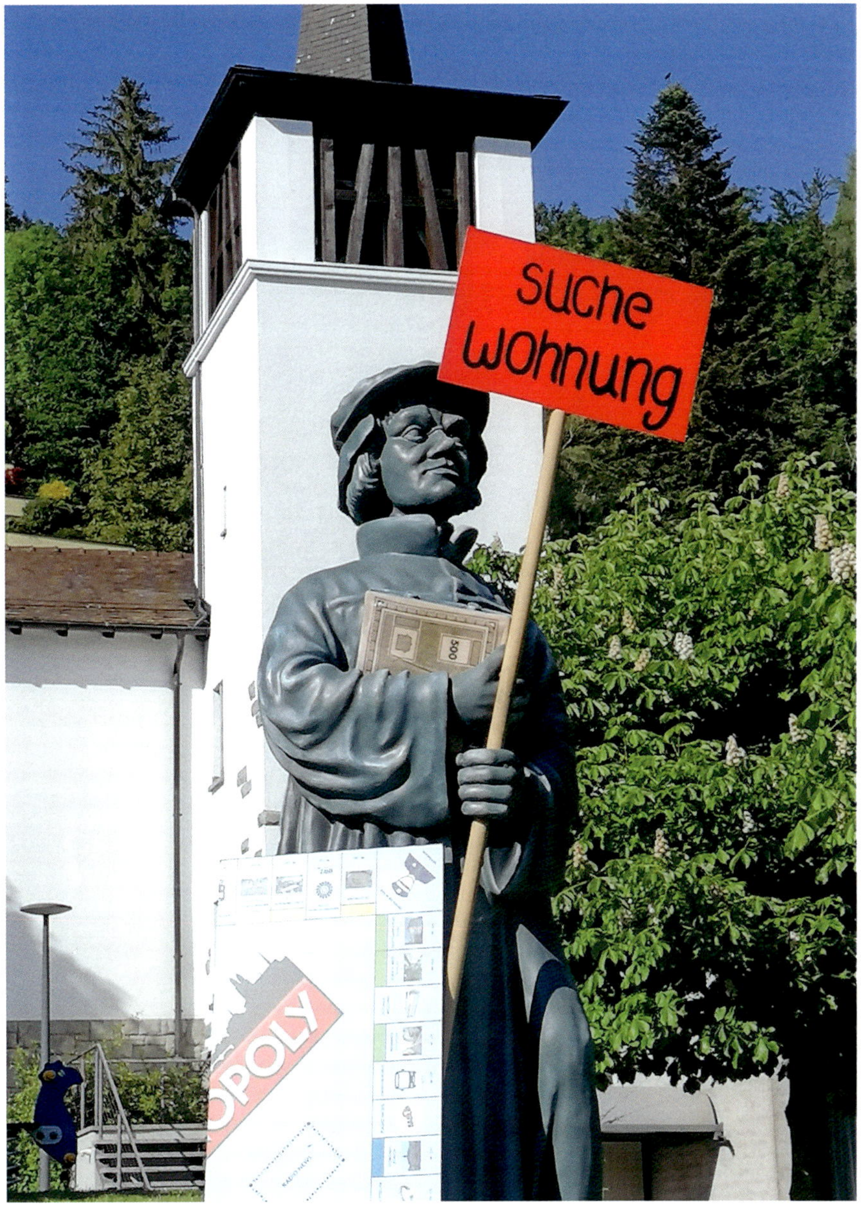

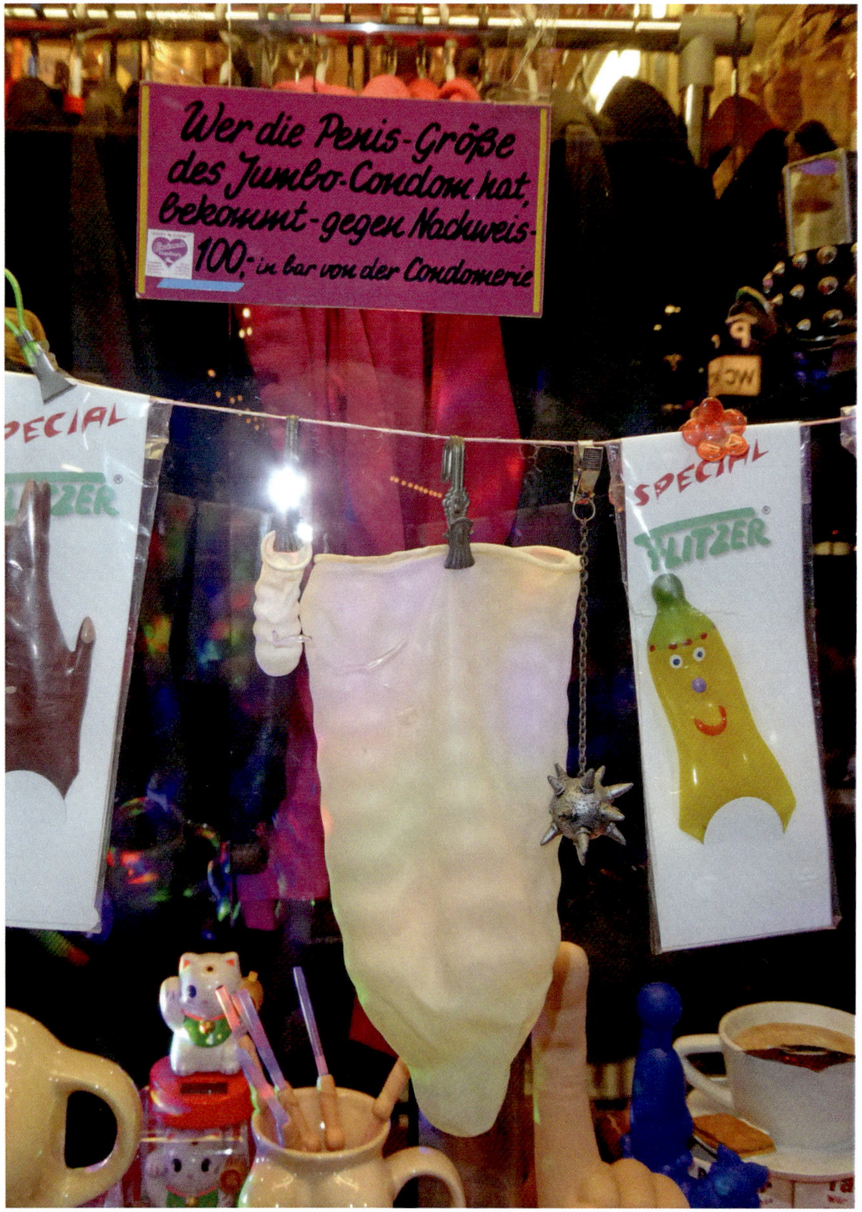

Natürlich hat jeder zweite auf der Reeperbahn das Gefühl, dass ihm die 100 Euro locker gewiss sind, wäre da nur nicht diese Scham vor der Entblößung …

(was jetzt noch fehlt: Fingerkuppe unters Augenlid und ein paar Mal hintereinander nach unten ziehen … ätsch!)

Die Werbestrategie von Max und seinem Rohr ist eindeutig zweideutig.

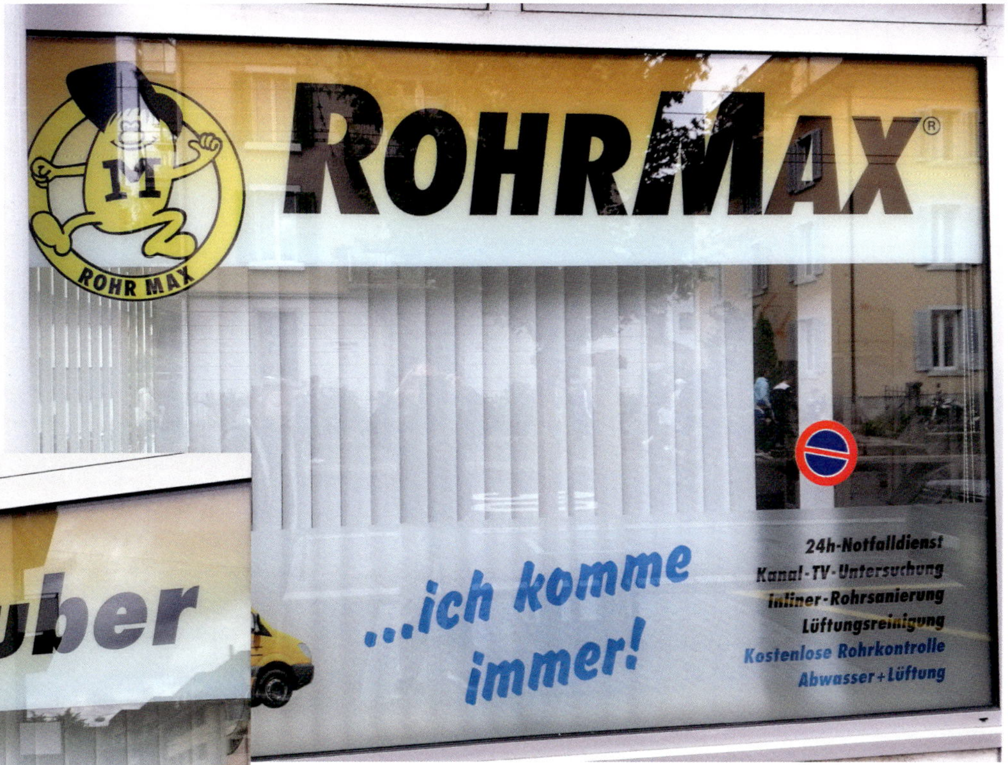

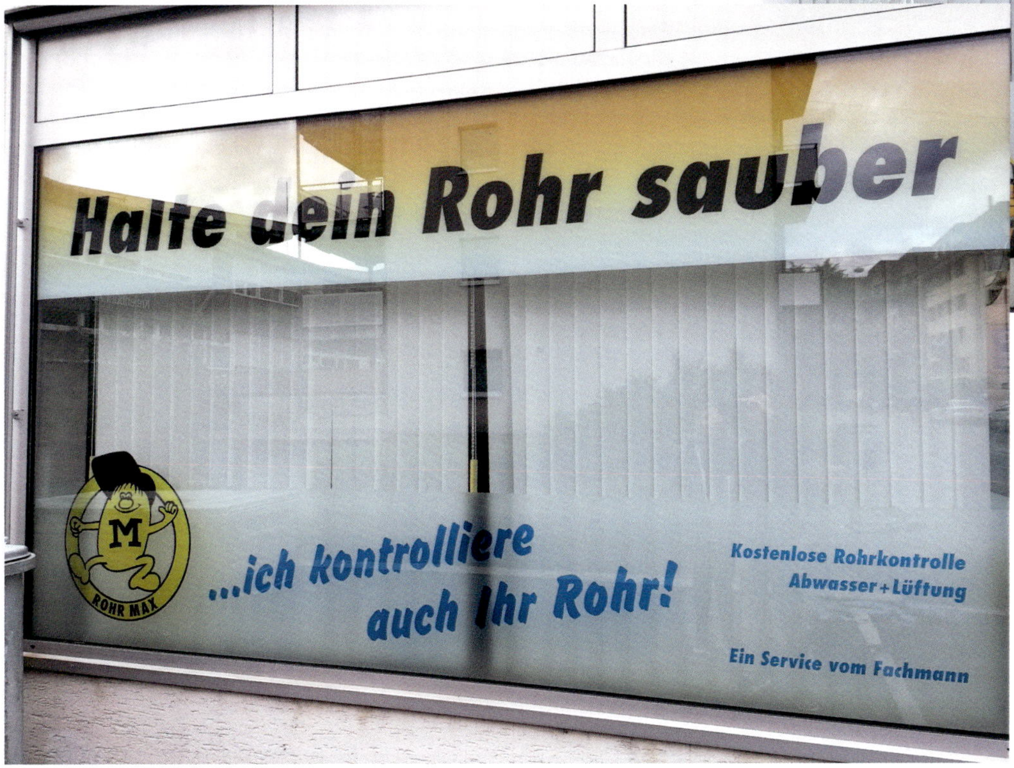

Ein weiterer Werbe-Spruch dieses etwas anrüchig wirkenden Unternehmens ist: »Rohr Max behebt Verstopfungen rasch und kompetent ...«

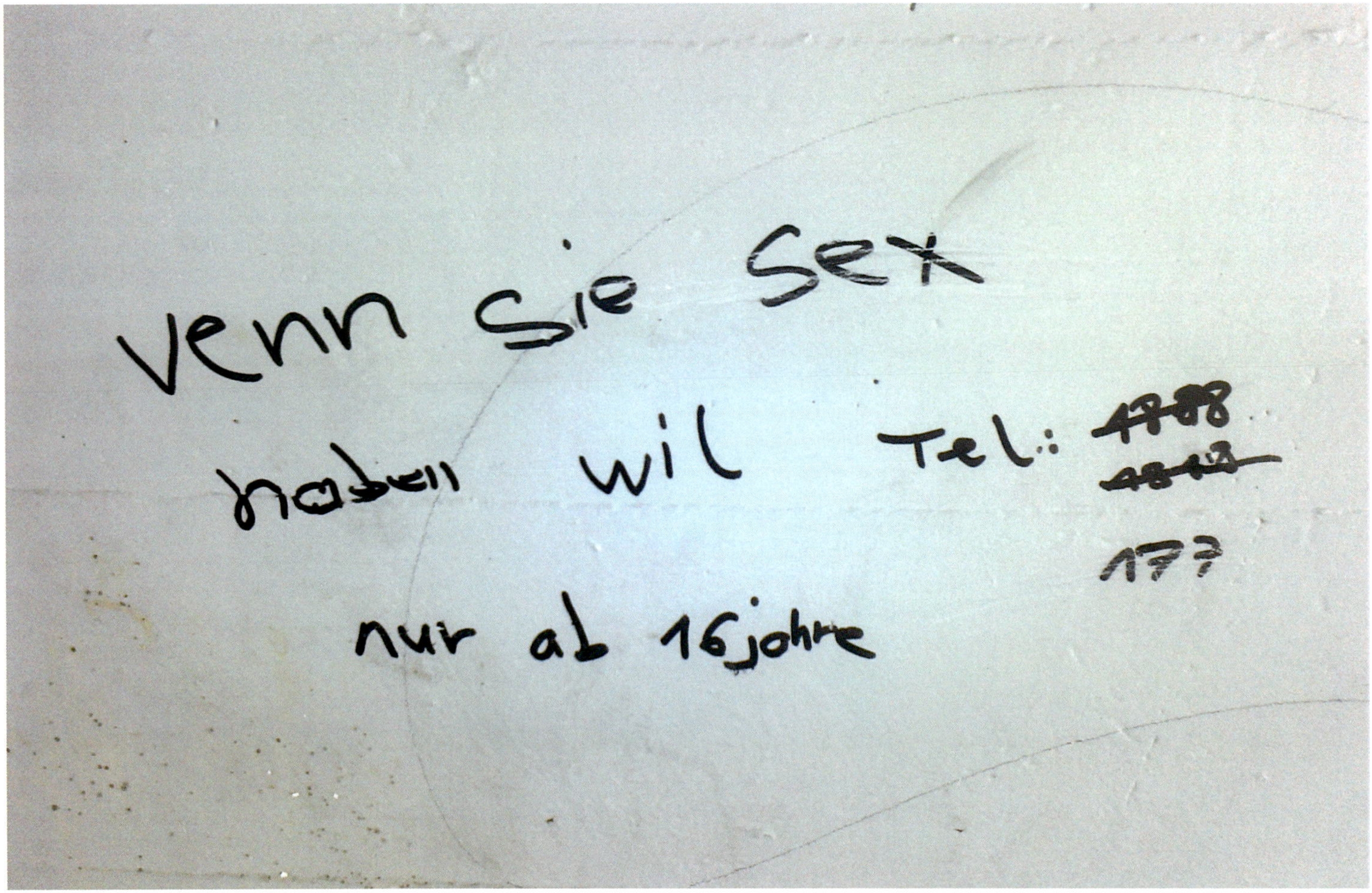

Selten gab es bessere Beispiele für die Manifestation des im Volksmund gebräuchlichen Spruchs
»Narrenhände beschmieren Tisch und Wände« ....

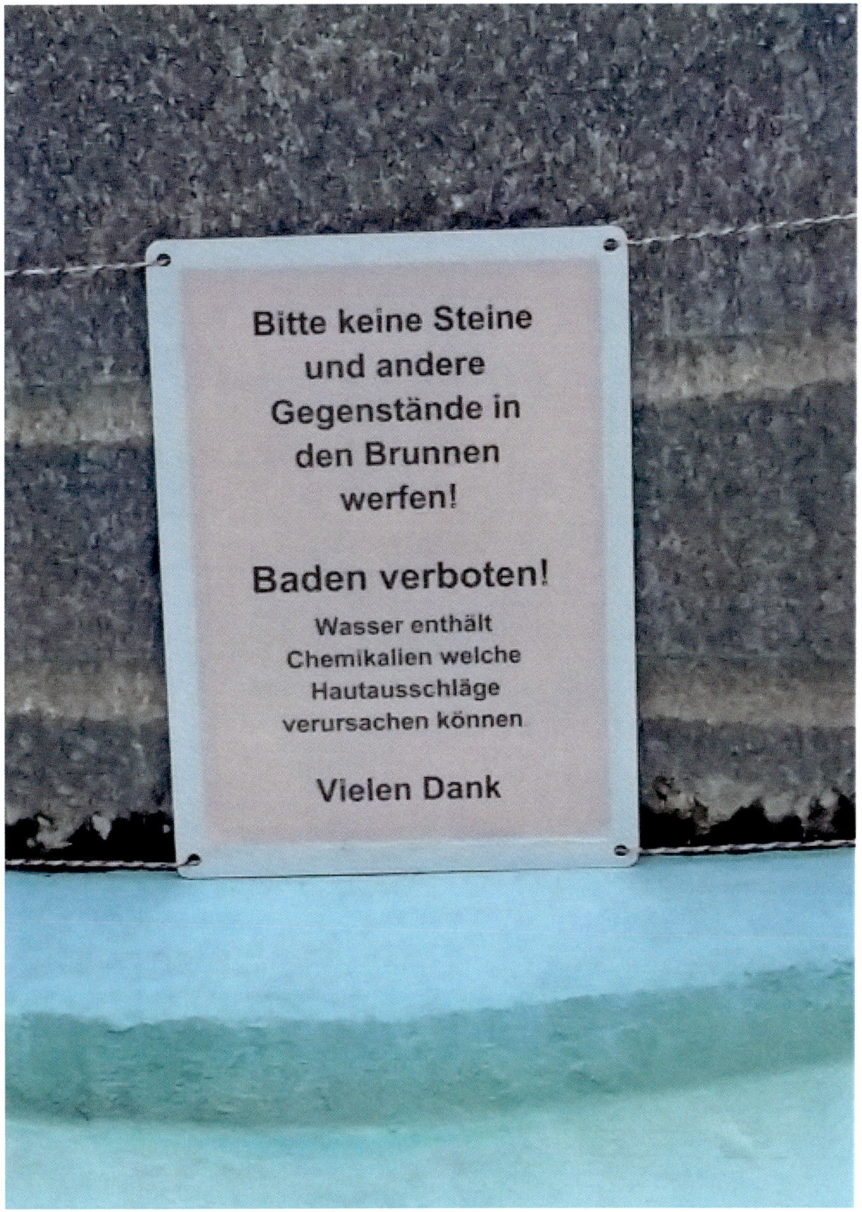

Als der erste Teil des Verbots keine Früchte trug, musste der Brunnen-Verwalter reagieren und zu drastischeren Maßnahmen greifen. Seither schlägt er zwei Fliegen mit einer Klappe: Baden tut hier niemand mehr und Steine sowie Gegenstände lösen sich von selbst auf …

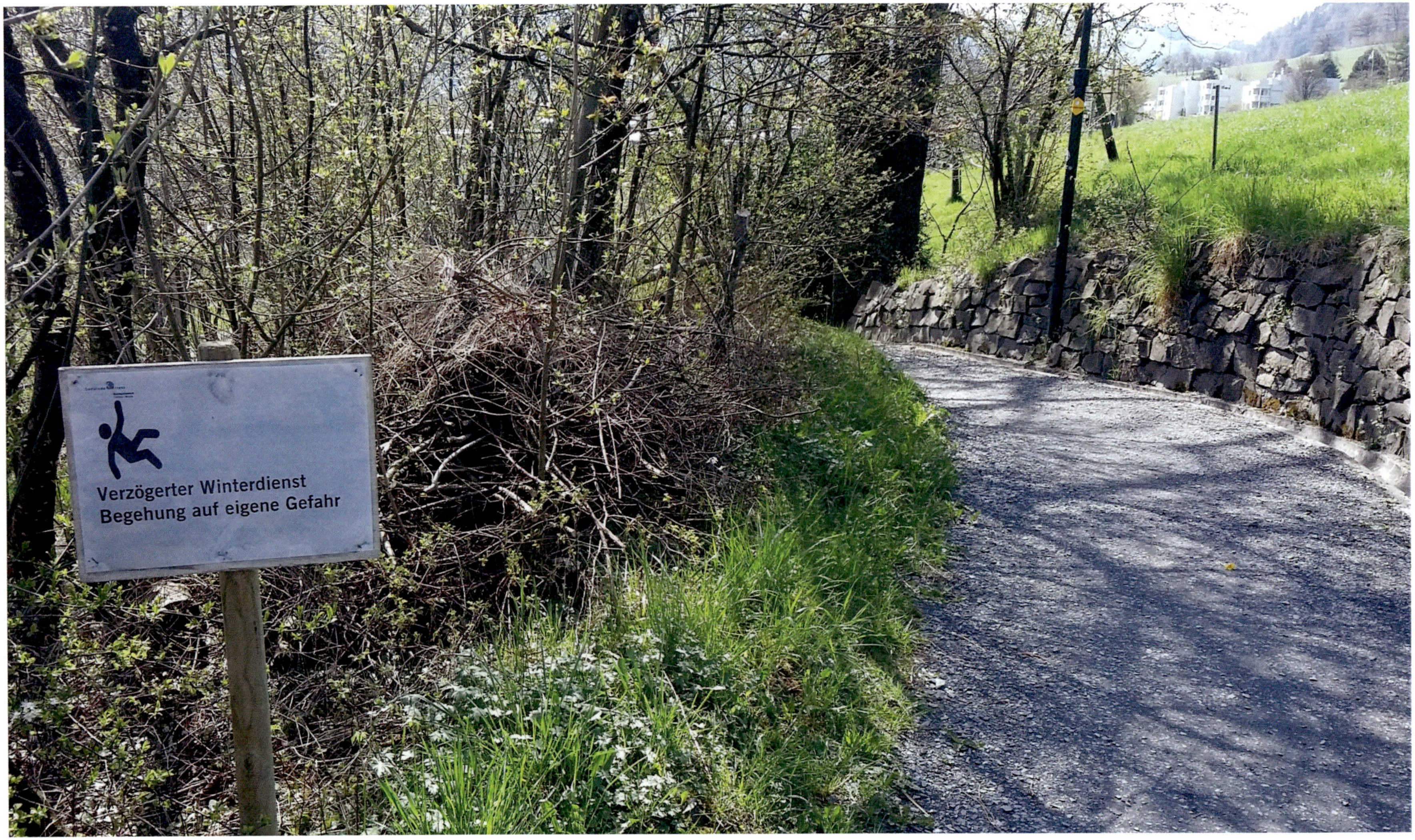

Beschleunigter Winterdienst wird klar überschätzt.
Personal, Material und Kosten spart nämlich nur, wer richtig lange verzögert.

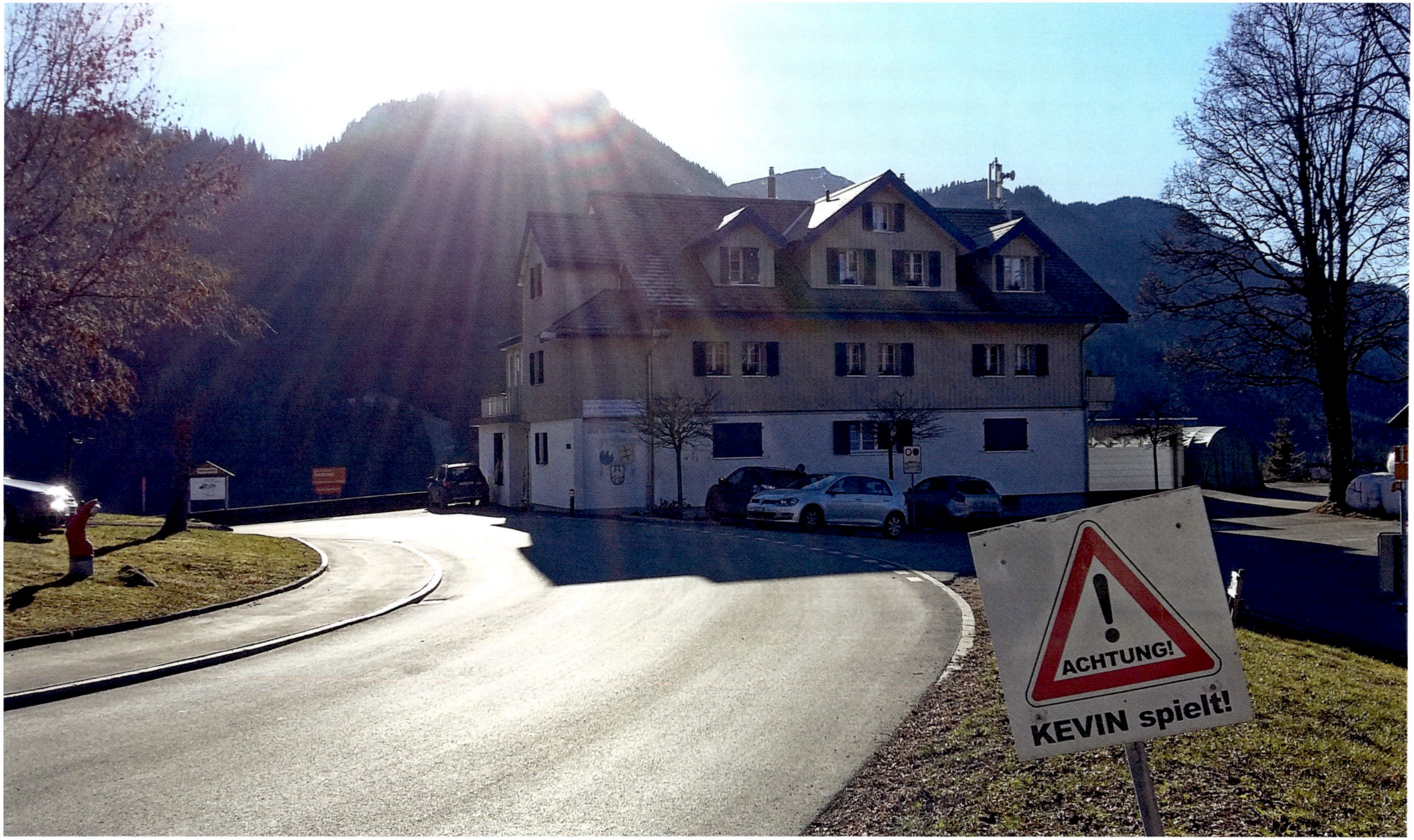

Achtung: Kevin – Allein zu Haus! Da ist Vor- und Weitsicht geboten!

An alle notorischen Nörgler, miesepetrigen Kleingeister, Stänkerer, Meckerer, Fingerzeiger, Spießer, kleinkarierten Chefs, Motztüten, Mobber und Misanthropen dieser Welt: Bitte daheimbleiben! Die beleidigten Leberwürste wollen unter sich sein!

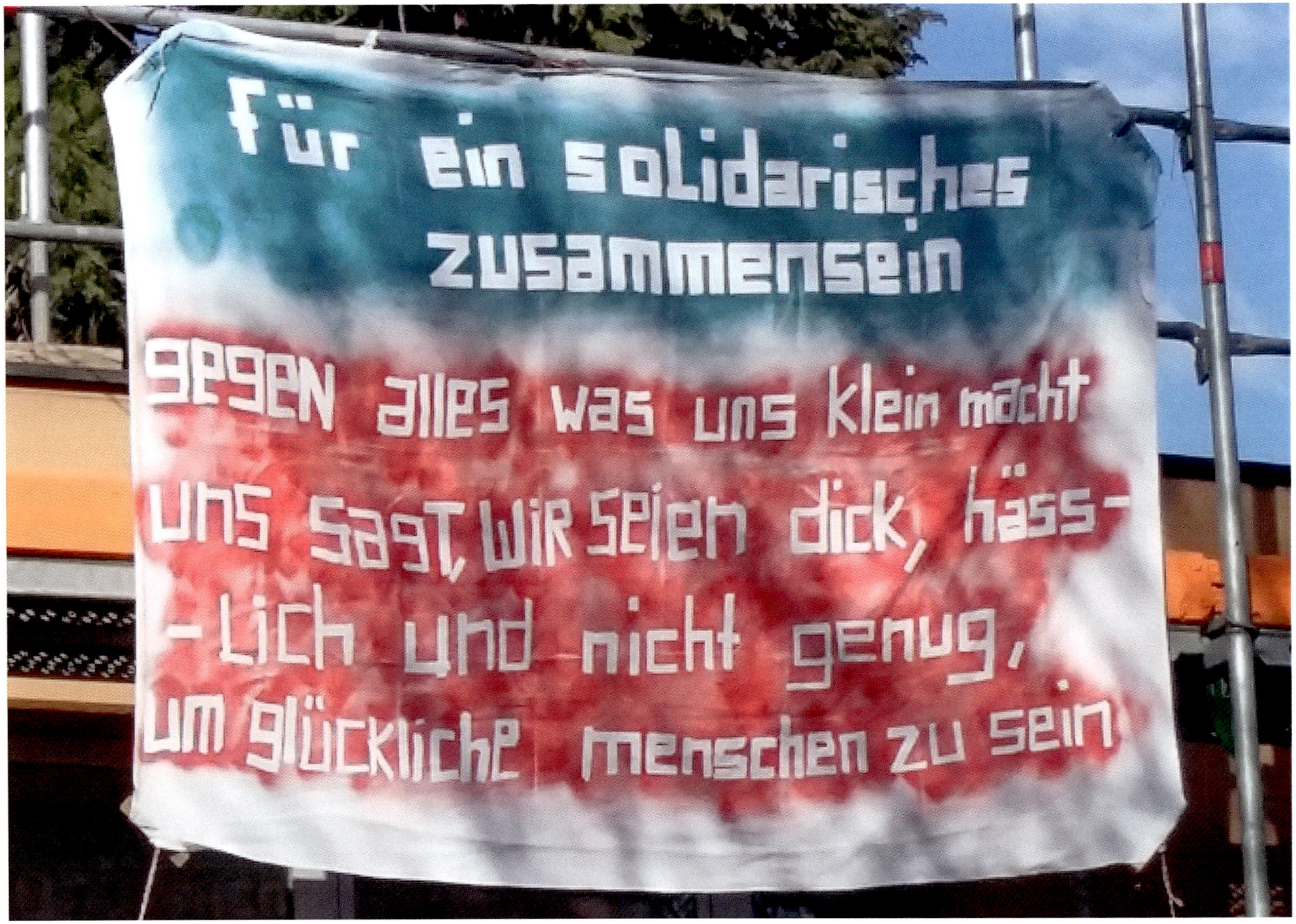

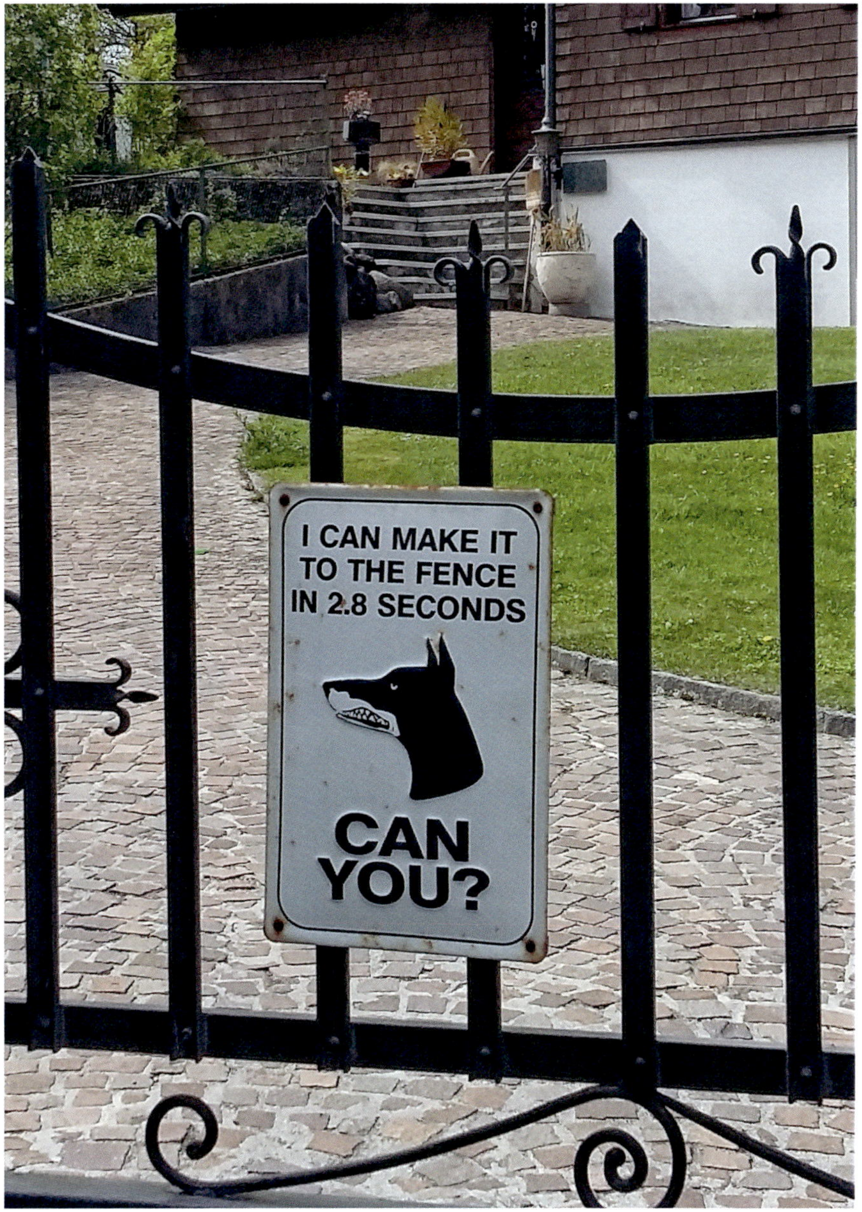

Da helfen wohl nur noch eine Bissmanschette, ein Fläschchen Chloroform oder Usain Bolt als Komplize.

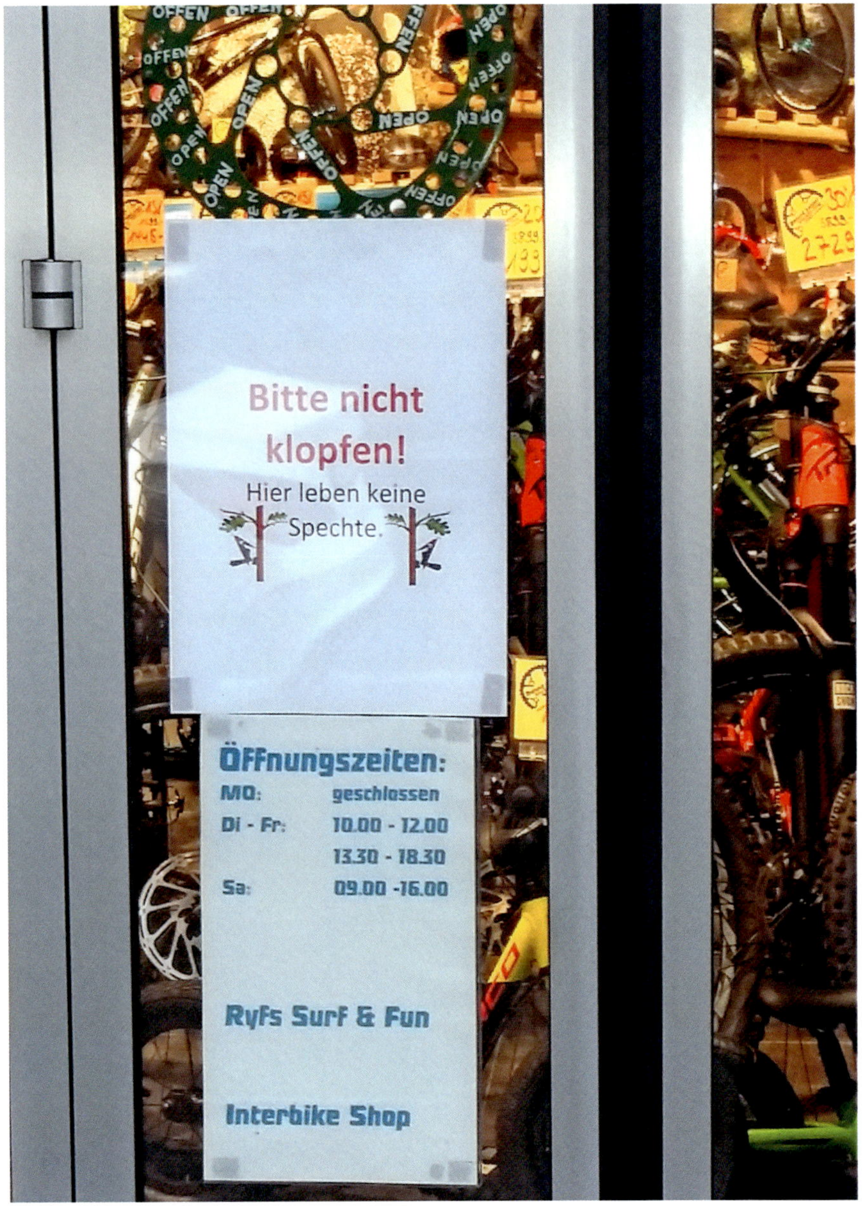

Wer das betriebsinterne Klima von Wohlbefinden, Zen-artiger Ruhe und Urvertrauen mittels äußerer Einwirkung in negativer Weise verändert oder ins Ungleichgewicht versetzt, fällt in diesem Bike- und Surf-Shop mit schlechtem Karma in Ungnade.

So sieht eine Aufforde-
rung zum mehr Sport
treiben in der Trinker-
szene aus.

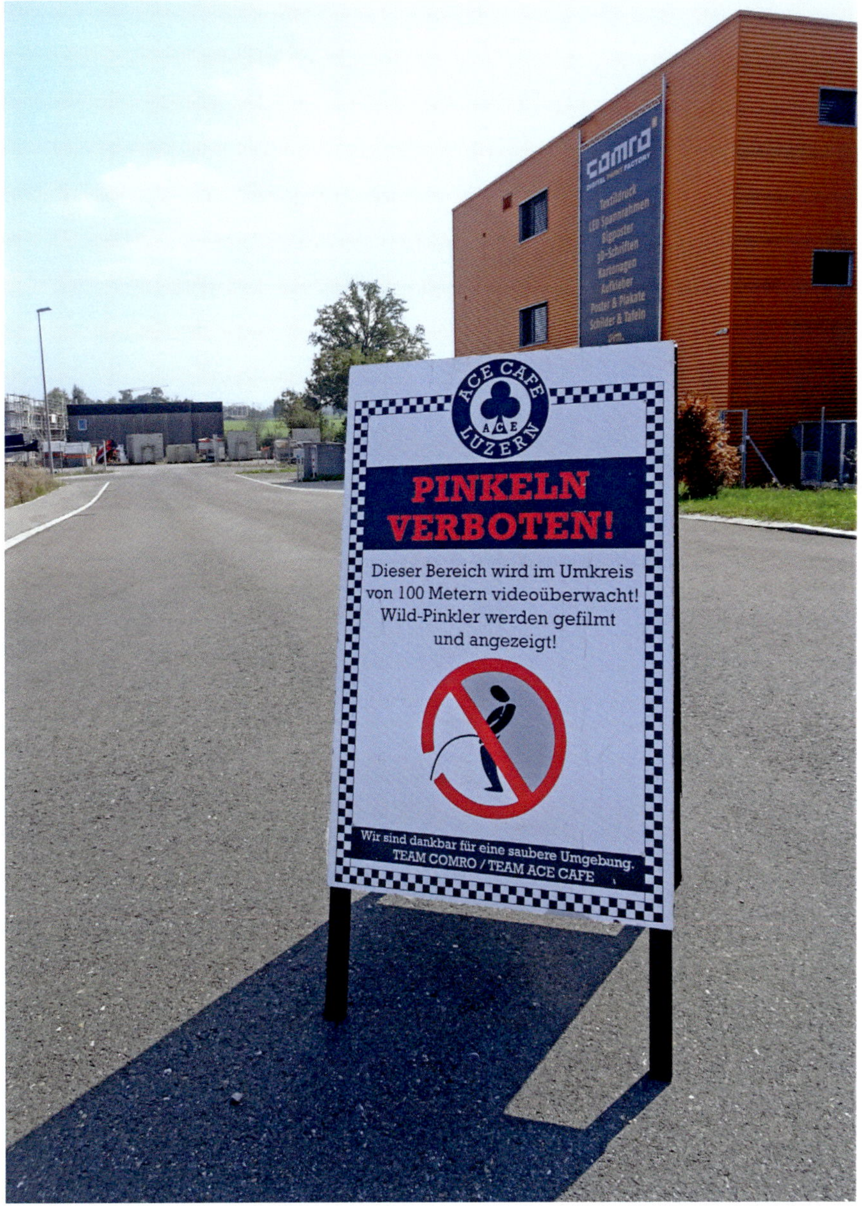

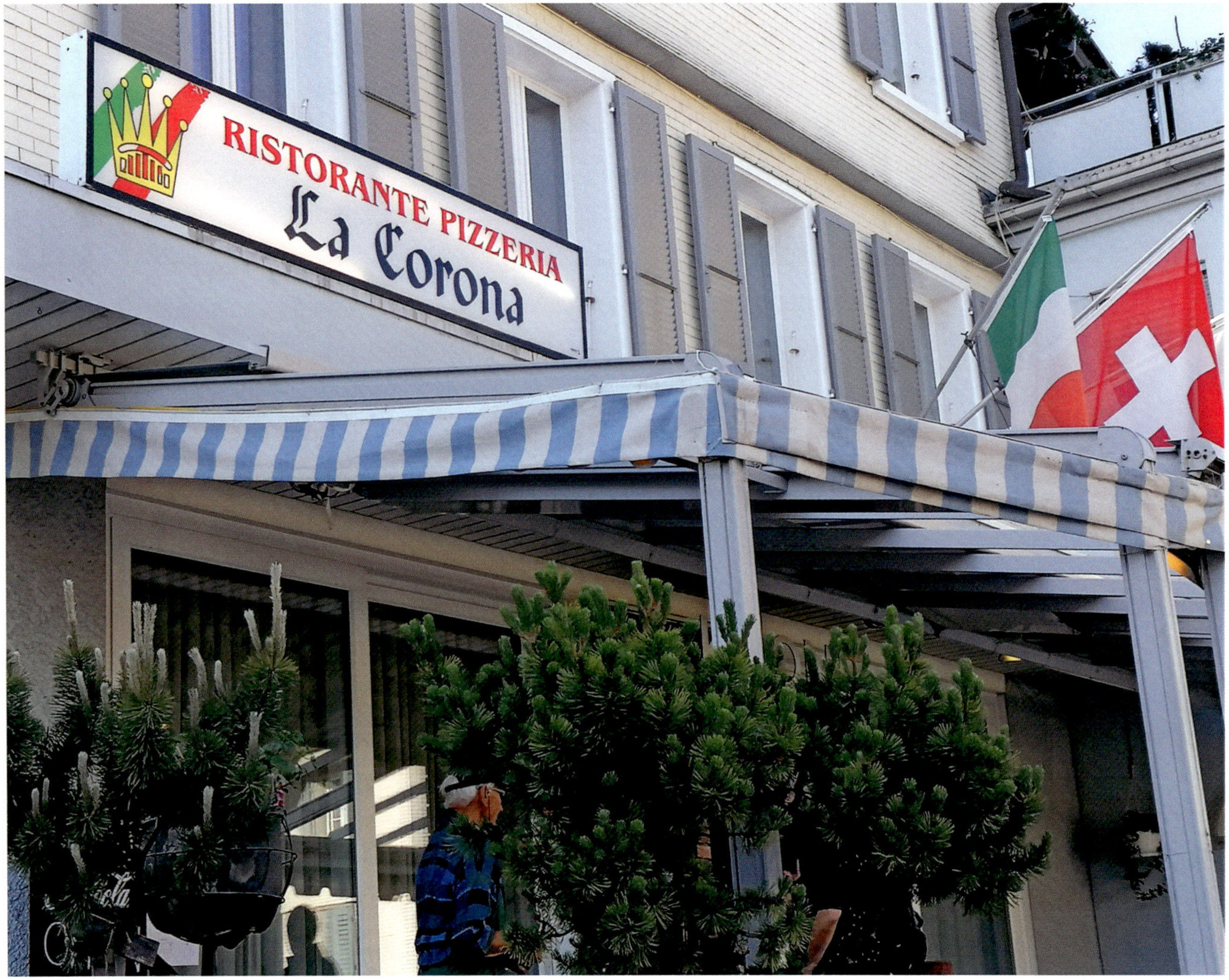

Ist er einmal im Marken- und Patentamt eingetragen, lässt sich so ein Name nicht mehr so schnell ändern.

(Für diese italienische Lokalität am schweizerischen Ägerisee gilt bei der Firmengründung für einmal: »Wer zu früh kommt, den bestraft das Leben«)

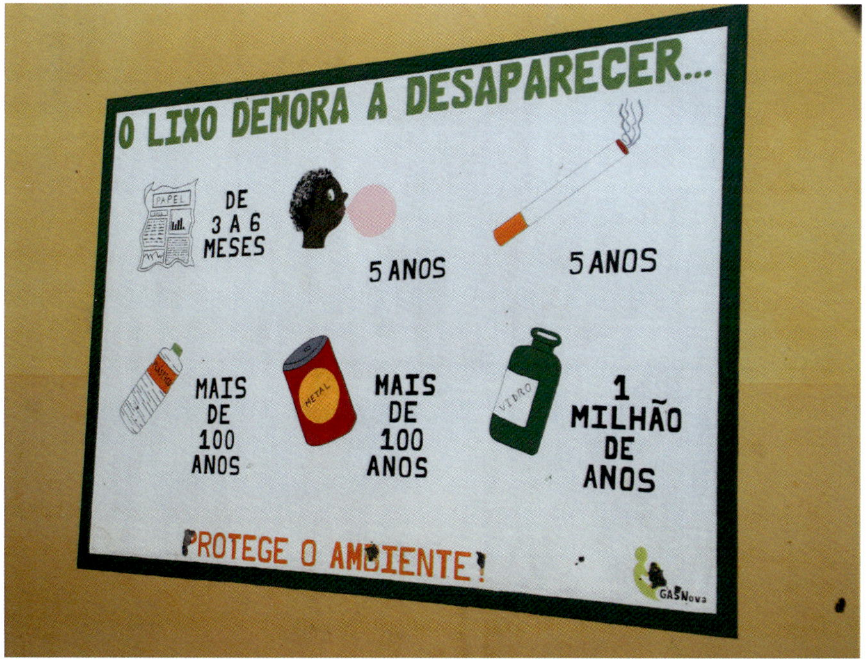

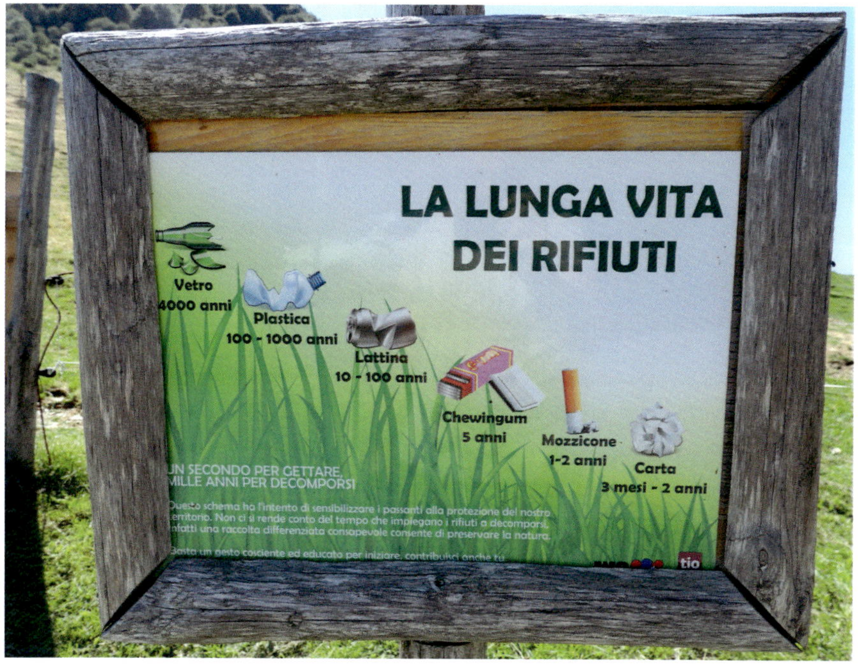

Wenigstens wenn es um Langlebigkeit von Abfall geht, sprechen wir eine gemeinsame Sprache.
Bis das Problem allerdings aus der Welt geschafft wird, braucht es reichlich Geduld.
Im Gegensatz zu uns Menschen hat Müll jede Menge davon ...

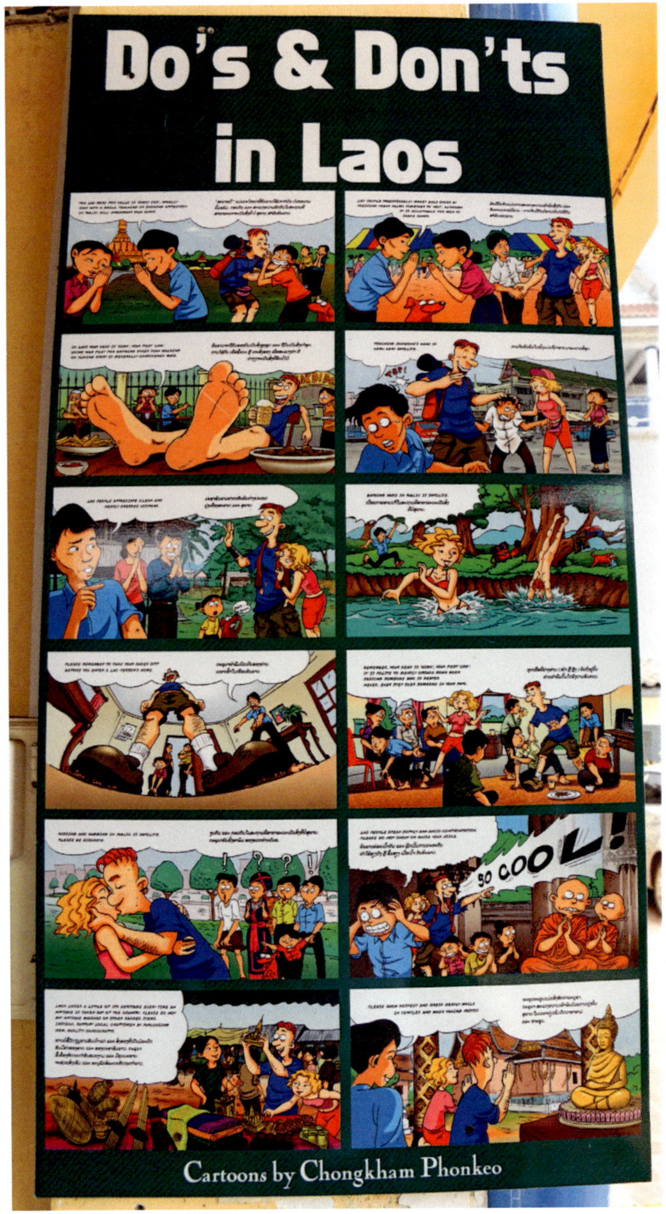

Comic des Lebens: Wenn unachtsame Traveller wieder mal ihre Käsemauken auf Tischen auslüften, in der Öffentlichkeit die optimale Zungenkuss-Technik proben oder halbnackt in der Gegend rumlatschen, werden laotische und burmesische Tourismusbehörden kreativ.

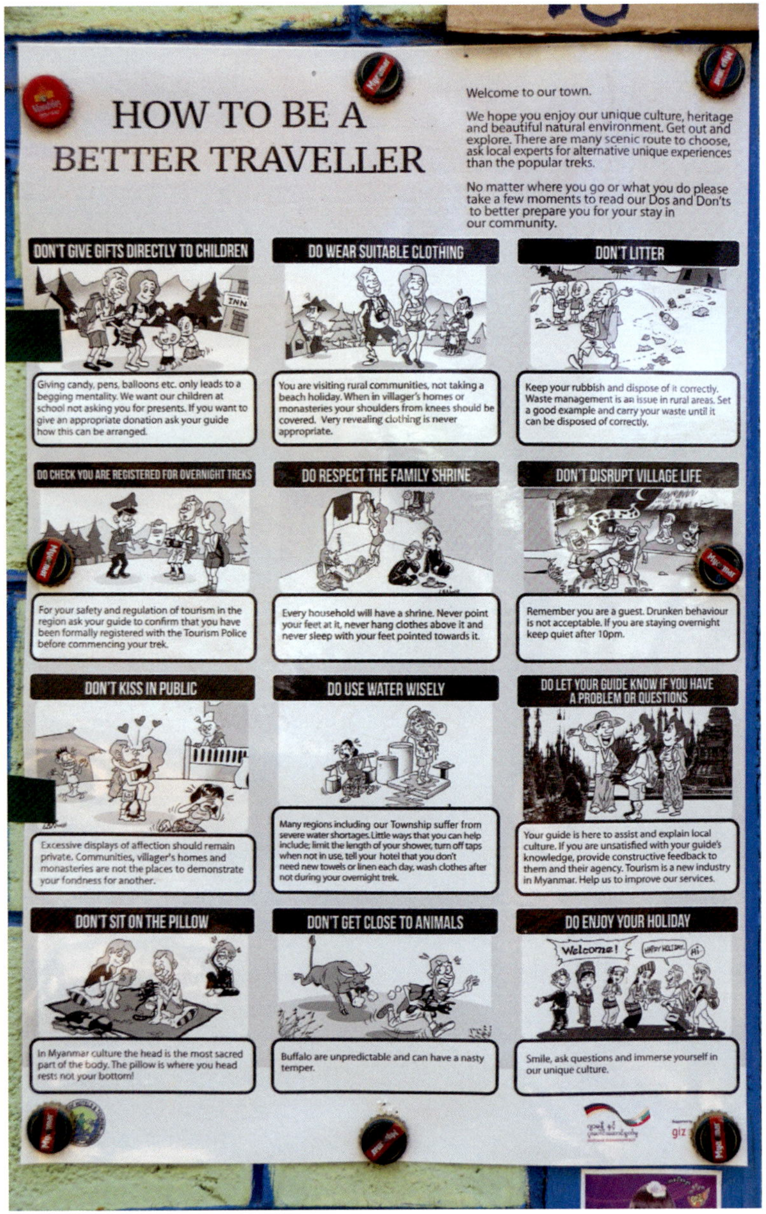

Wer mit genügend Fantasie gesegnet ist, der kann sich ja vielleicht noch ausmalen, was eine Kernzone ist und wo sie in etwa anfängt und wo sie aufhört. Aber dass hier Fischen und Schwimmen verboten ist, sprengt den Rahmen geistiger Vorstellungskraft.

(von den Dorfältesten hört man unken, dass die Klimaerwärmung hier, in der Schweizer Gemeinde Alpnach, ihren Ursprung hatte, bevor sie zum globalen Anlauf ausholte …)

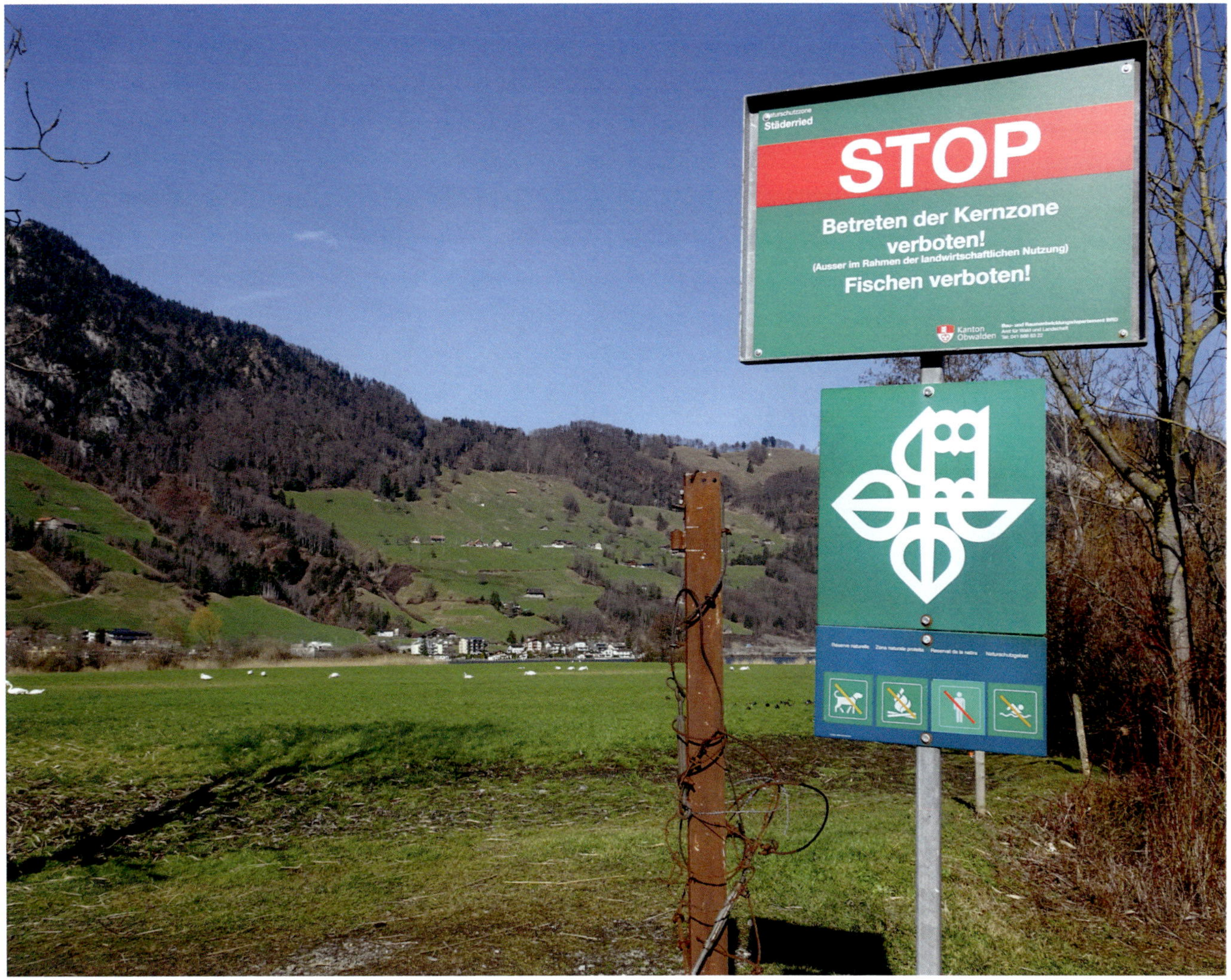

Kinder aus dem madagassischen Andasibe sind berühmt-berüchtigt für ihre Vorliebe, hinter unübersichtlichen Straßenkurven mobile Sandkästen aufzustellen.

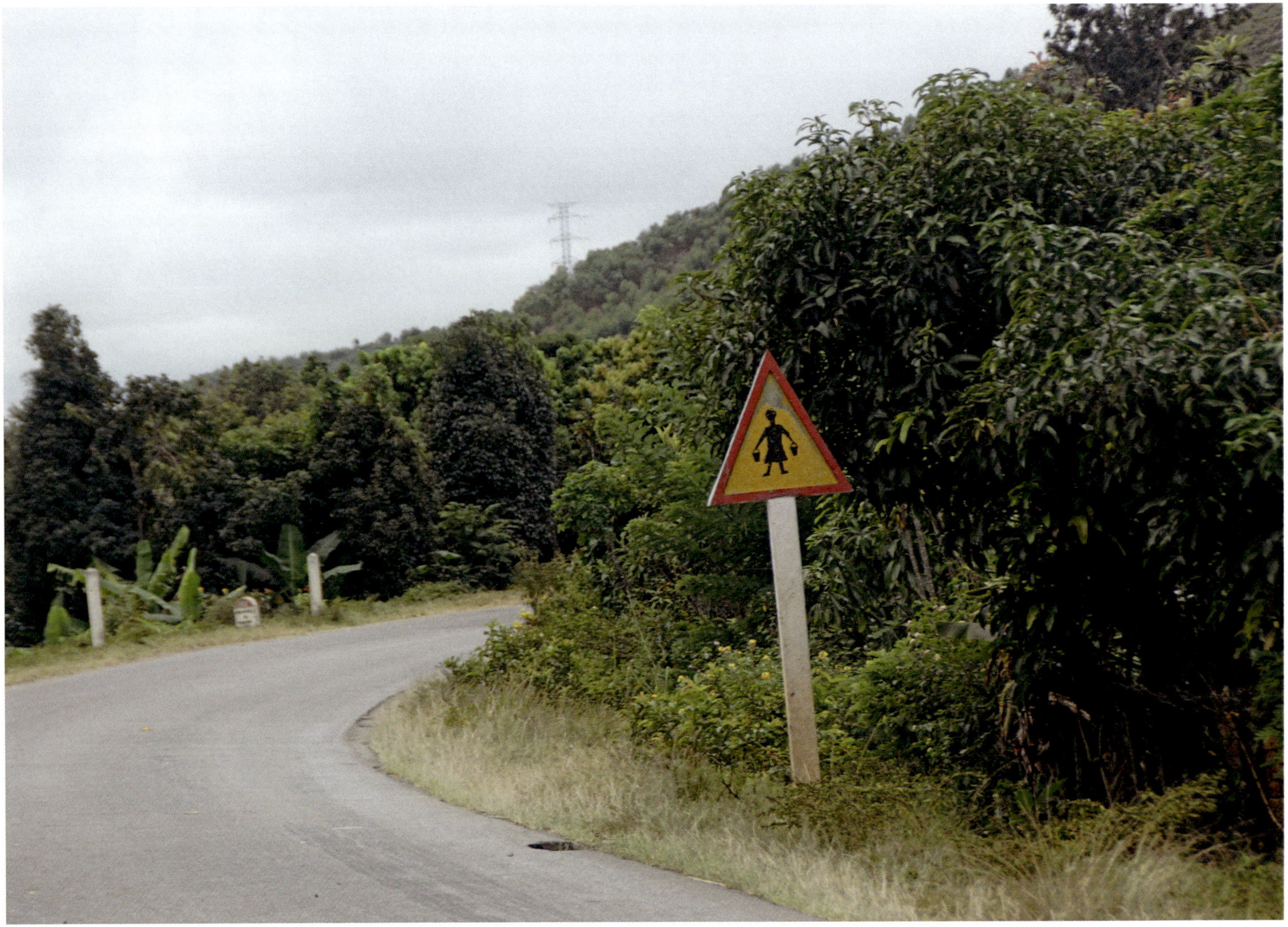

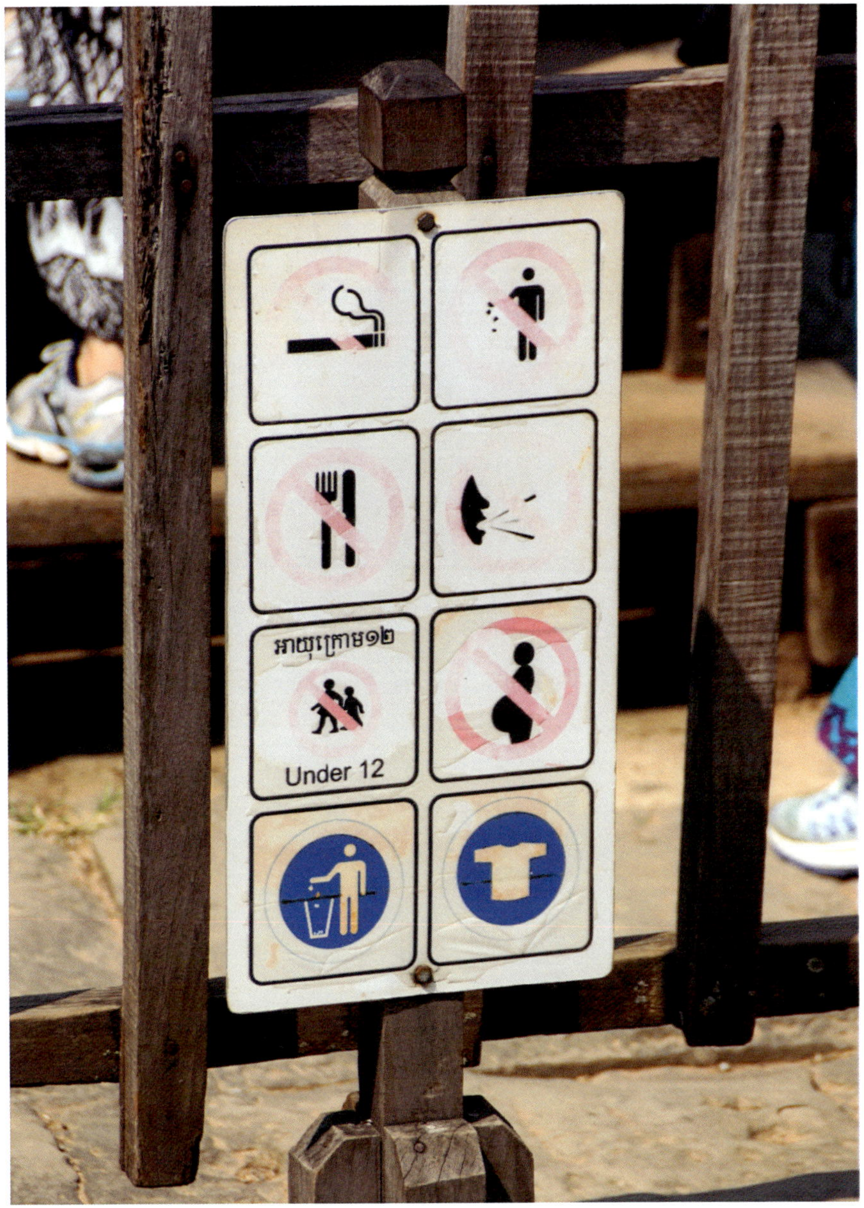

Anhand der Verbotstafeln bei den Ruinen von Angkor in Kambodscha ist der »Staatsfeind Nr. 1« des ehemaligen Königreichs der Khmer rasch ausgemacht: Kinder zwischen Ungeborenen-Stadium bis zwölf Jahren, die entweder essen oder laut sprechen oder Abfall nicht ordnungsgemäß entsorgen oder rauchen oder alles zusammen.

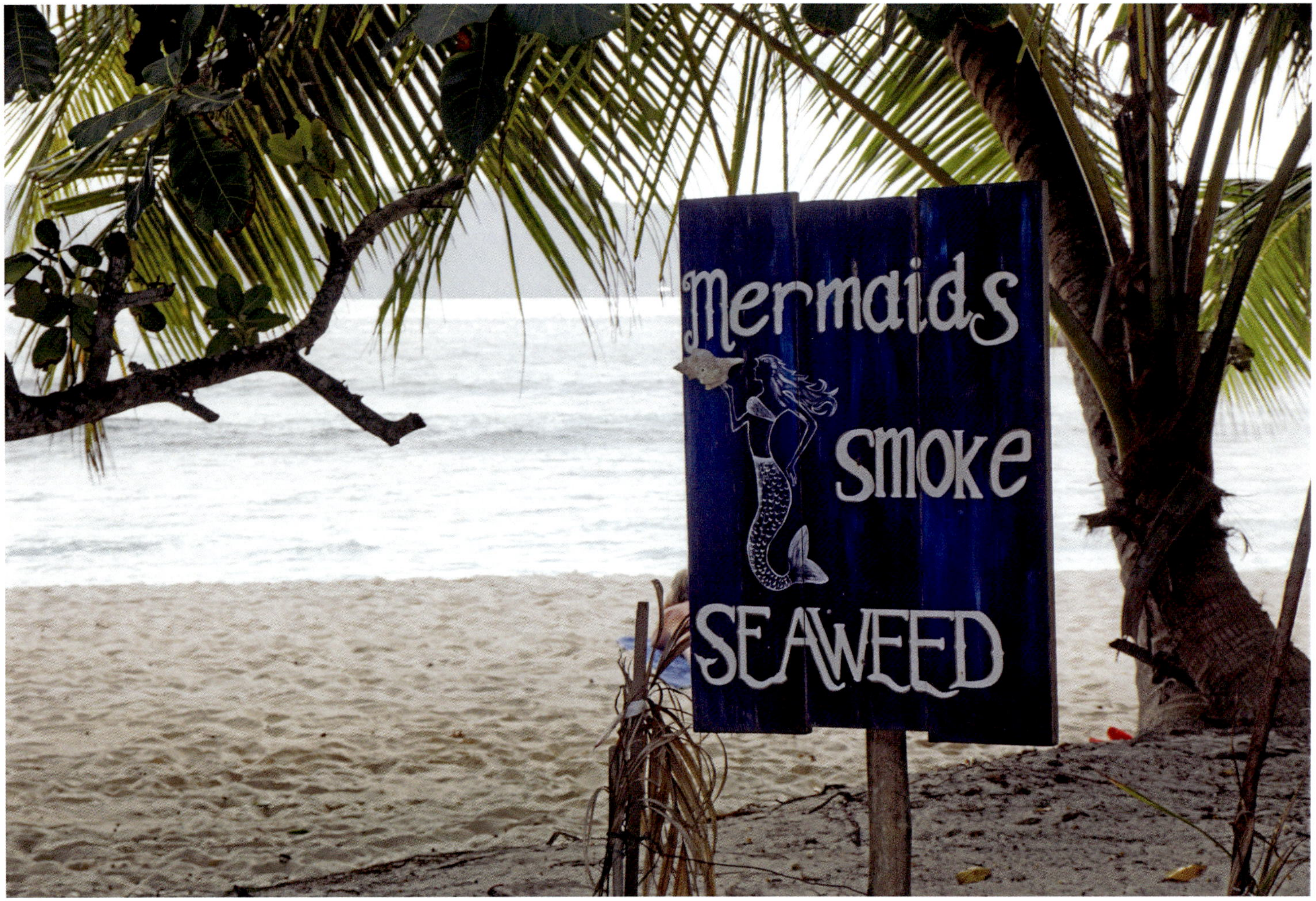

Bei der Schaffung dieser Win-win-Situation kann man der seychellischen Regierung nur ein Kränzchen winden:
Touristen sind endlich diese Stink-Algen los und erfreuen sich nun an der formvollendeten Schönheit bekiffter Meerjungfrauen.

(an der Anse Severe legen sie großen Wert auf völkerverständigenden Liberalismus)

Beim Pieseln auf der WC-Brille kauern, sich mit der Machete in den Fuß hacken und sein Haupthaar mit einem Pinsel kämmen ist hier untersagt. Bei diesem unscheinbaren Verbotsschildchen wird aus dem kambodschanischen Angkor Wat schnell ein »Angkor What«?

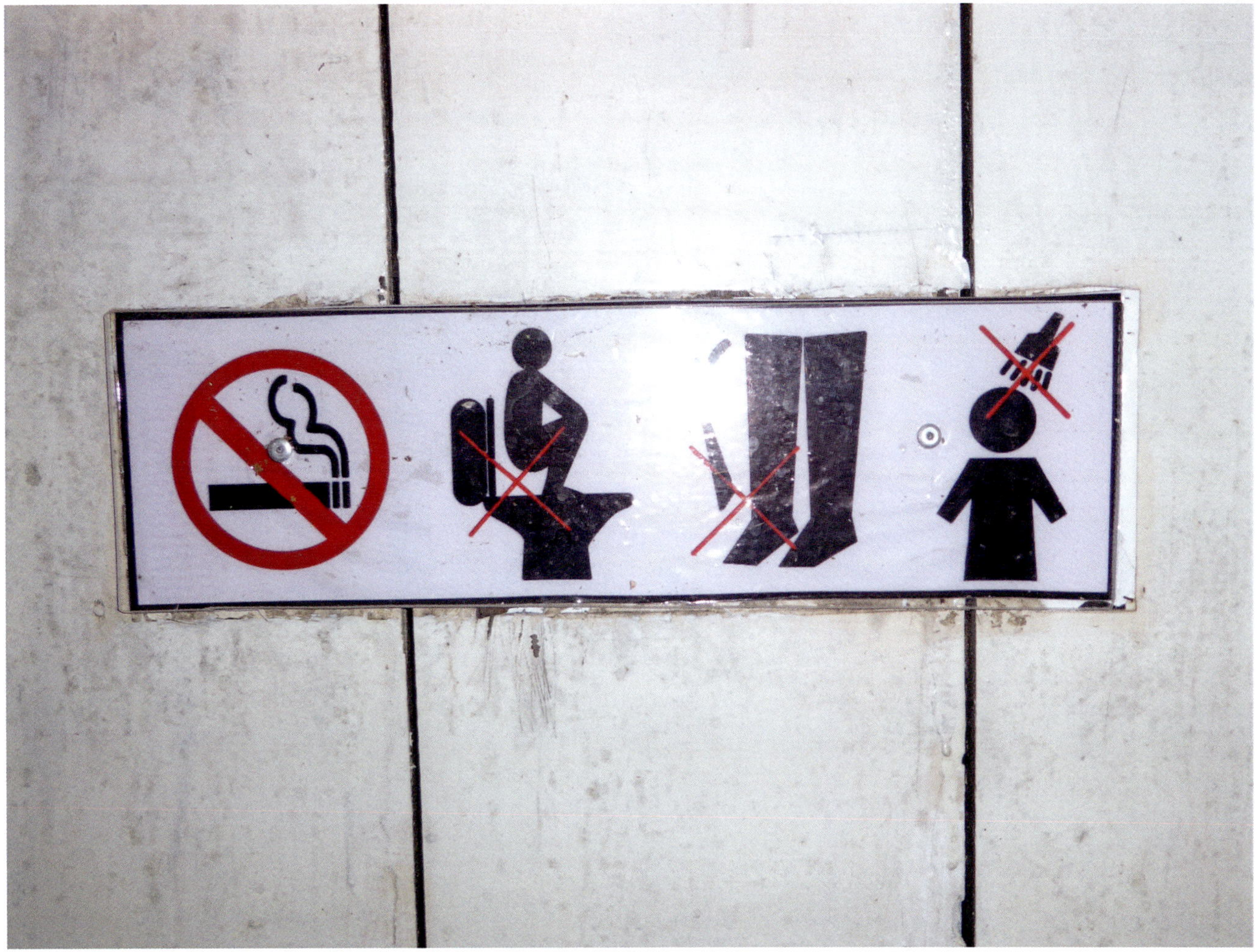

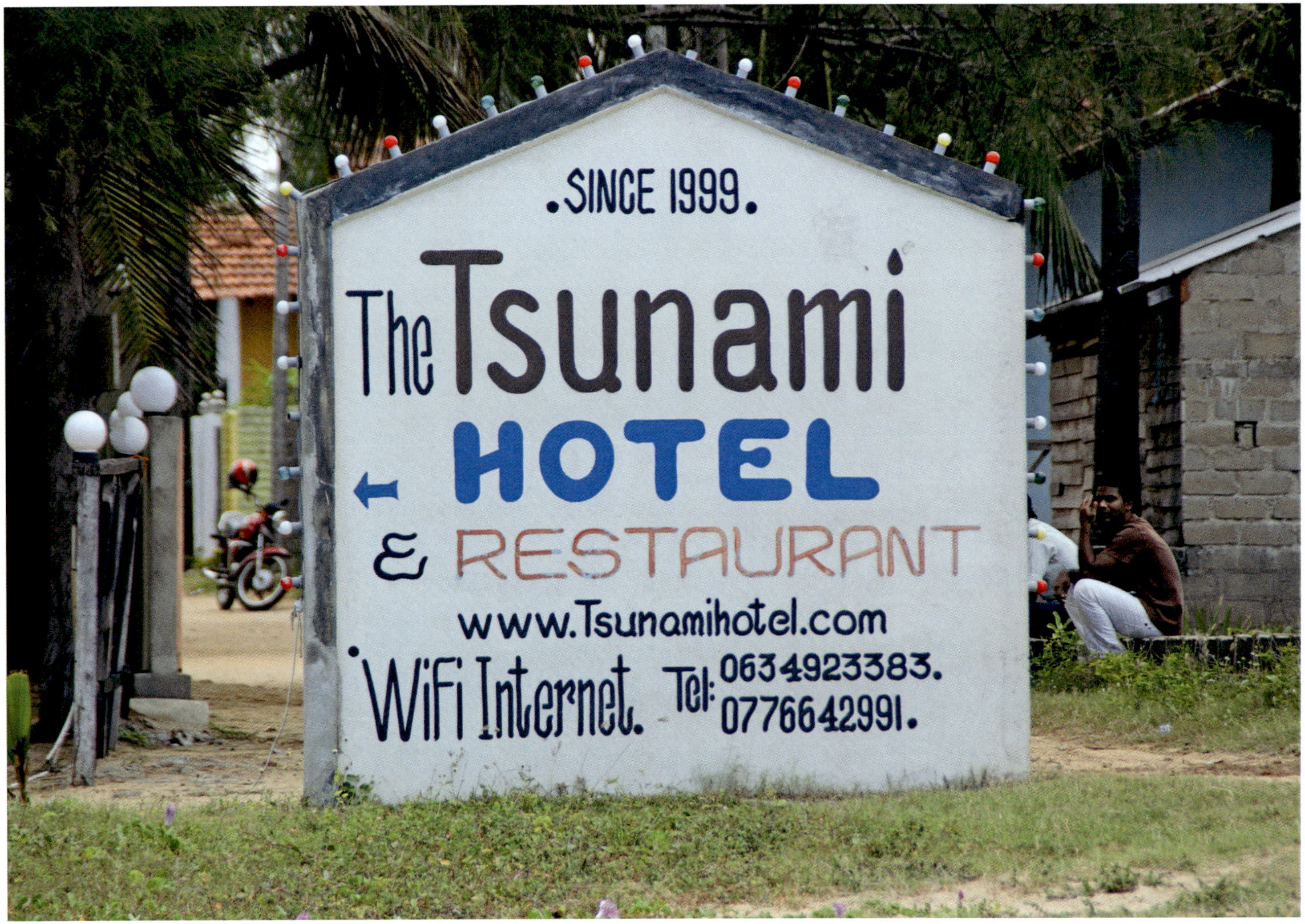

Wenn sich ein unglückliches Händchen bei der Namensgebung mit einer bösen Vorahnung mischt …

(Dieses Hotel steht in Arugam Bay, ein Dorf an der Ostküste Sri Lankas, das 2004 hart vom Tsunami getroffen wurde)

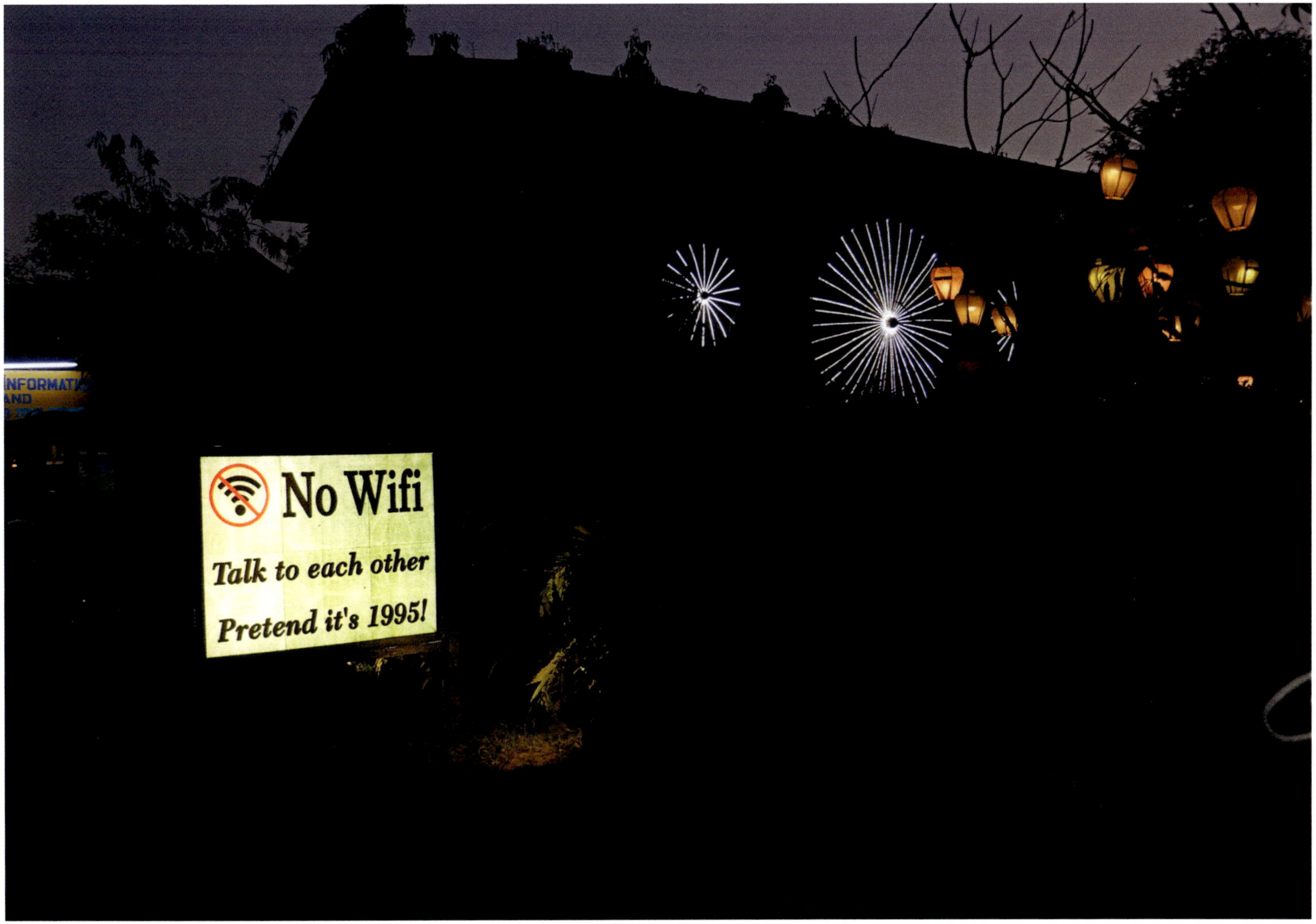

Wer sich jetzt in diesem Speise-Lokal im birmanischen Bagan auch noch vorstellen kann, in vollkommener Dunkelheit eine Menükarte zu sehen, der hat die Geschäfts-Idee der Restaurant-Betreiber vollends begriffen.

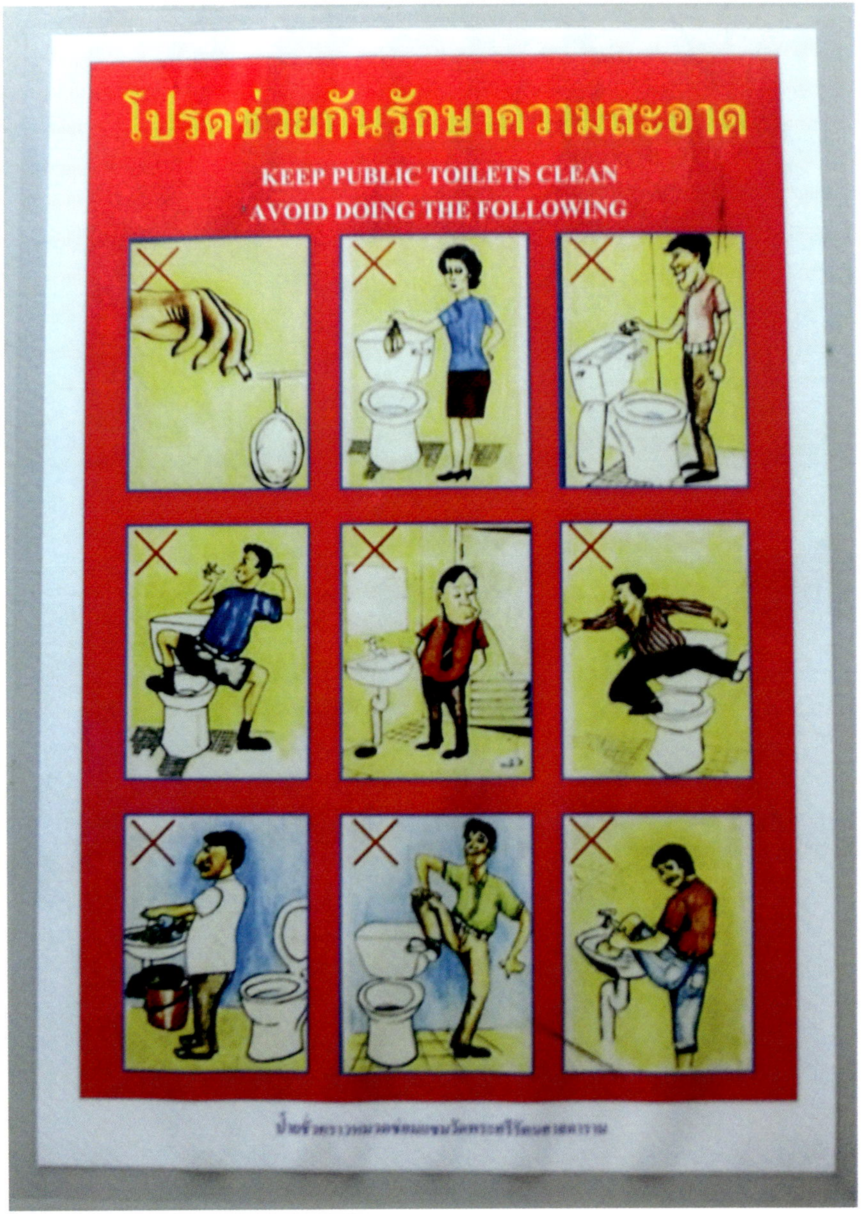

In Thailand sind gewisse Verbotsschilder wie Kunstwerke: Schweigend halten Betrachter inne und grübeln in sich versunken über deren Sinnhaftigkeit …

(von oben links nach unten rechts durchzählend: man betrachte vor allem Bild Nr. 3, 4, 5, 6 sowie 8 und möge dem Autor dieses Büchleins oder dem Verlag kundtun, was sie/er zu sehen glaubt)

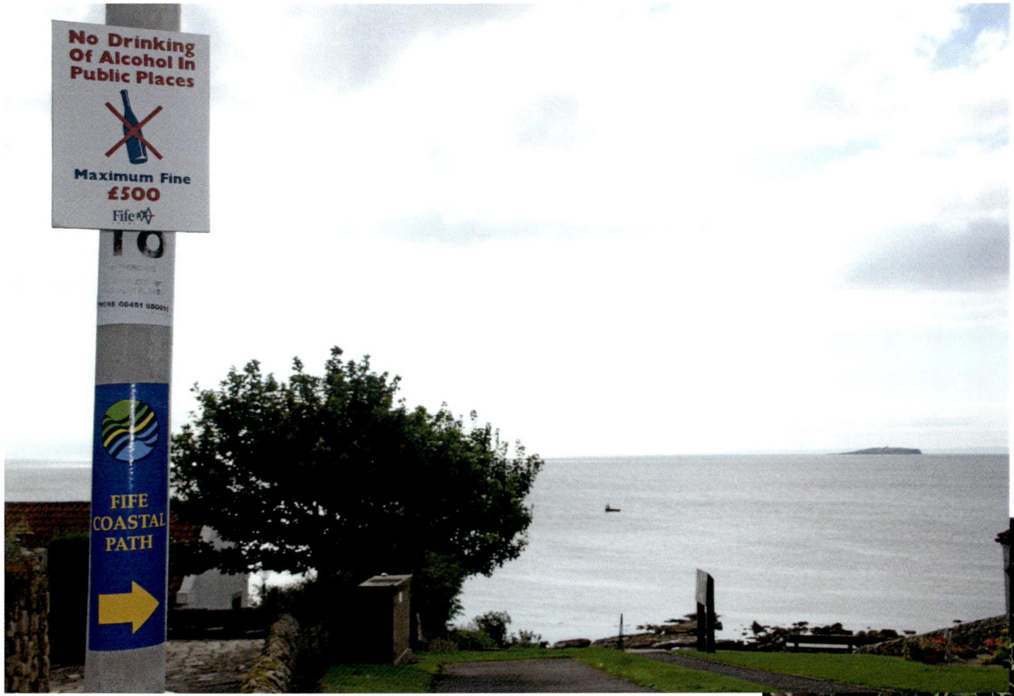

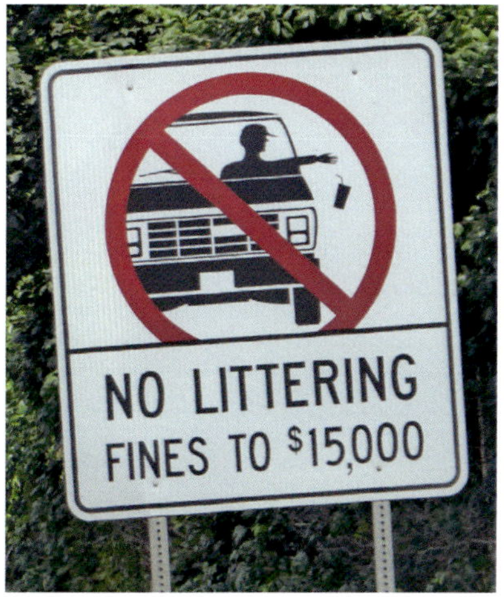

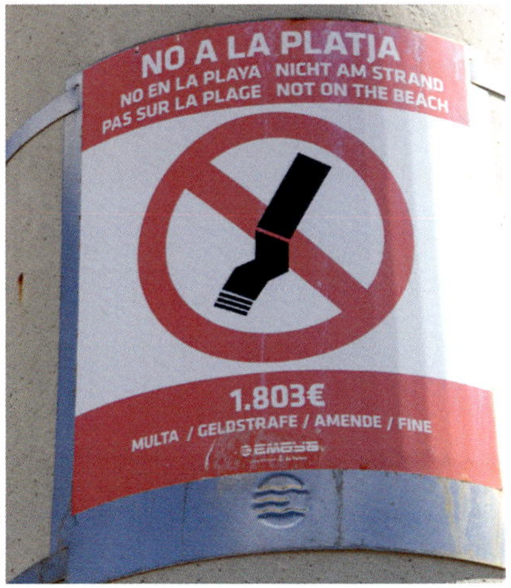

Egal, ob an der Küste Schottlands (oben links), in Boston (oben rechts), am Ballermann (unten links) oder am Morne Rouge Beach auf der Karibikinsel Grenada (unten rechts): Schlechte Kinderstube kann sehr teuer werden.

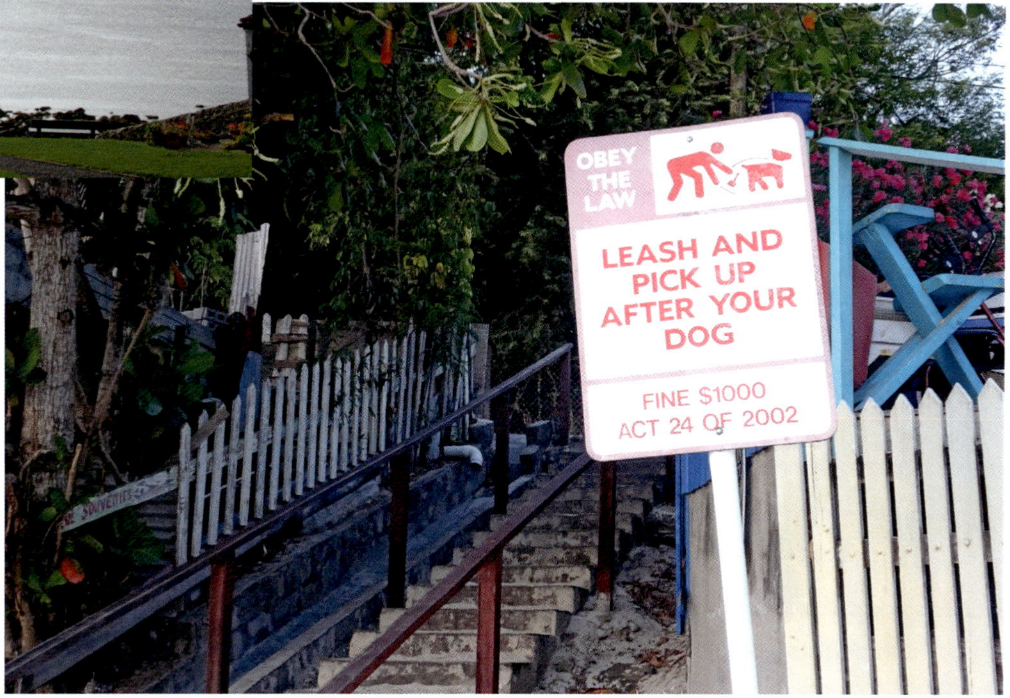

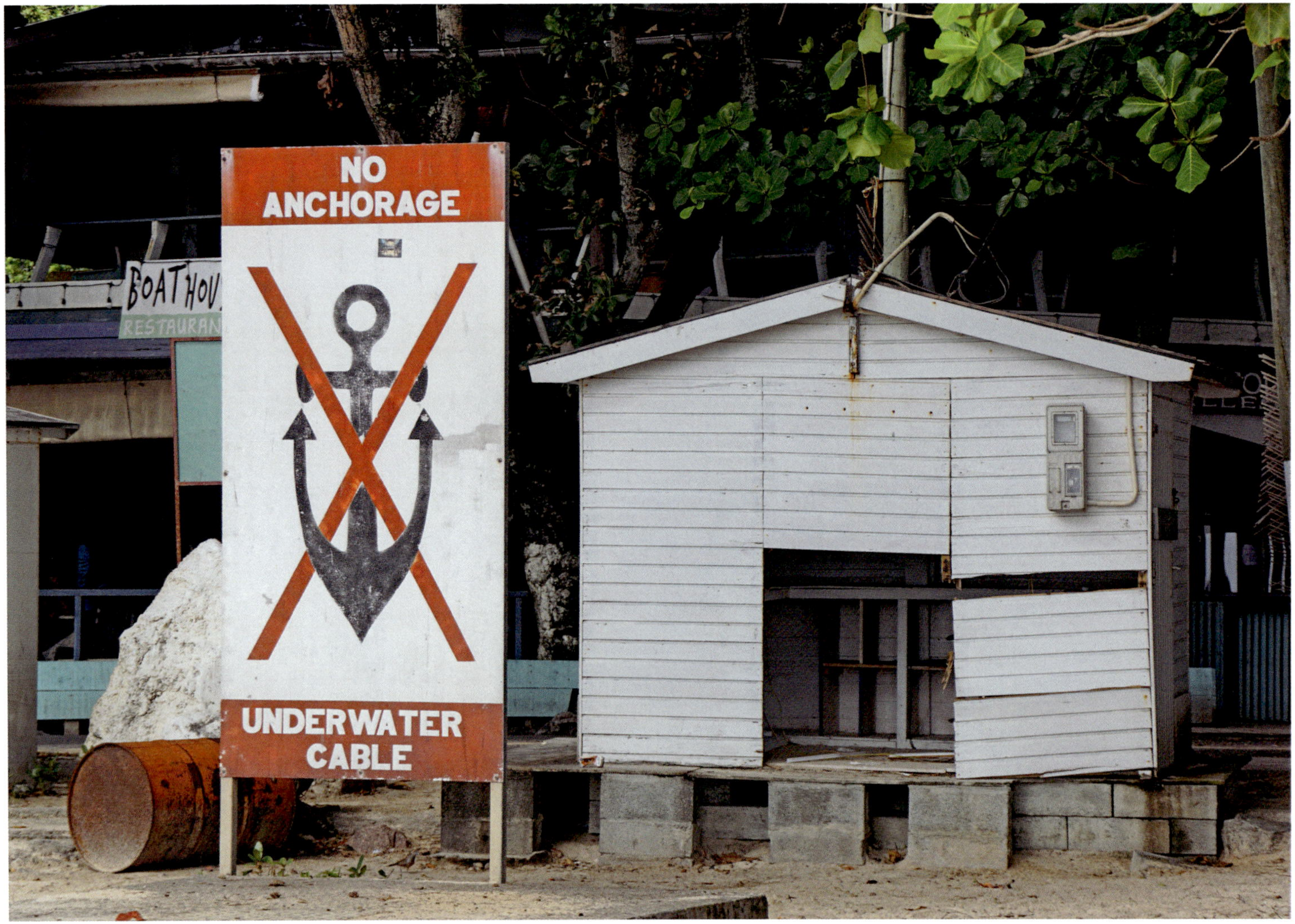

Da der gesamte Etat für die Glasfaserkabel-Vernetzung draufging, musste die kleine seychellische Gemeinde am Beau Vallon Beach gröbere Abstriche bei der Gebäude-Entwicklung machen …

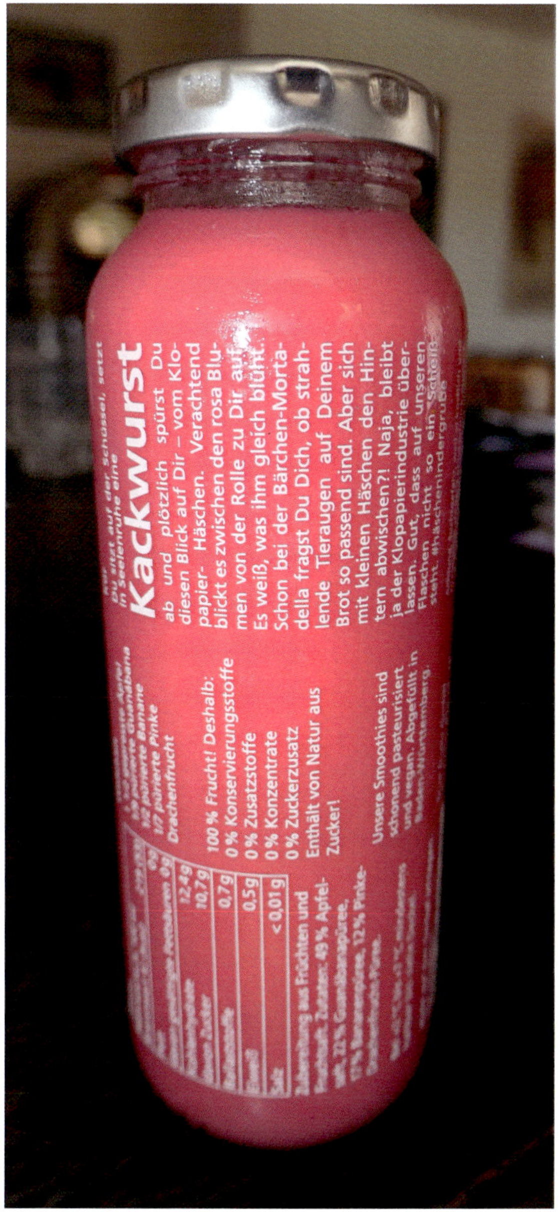

In dieser etwas ernüchternden und stark verkürzten Fassung hat der ganze Ablauf einer Produktionskette Platz auf einer Flasche.

(In der Ökonomie spräche man auch von Ressourcen, die im Produktionsprozess verwendet werden, dem sog. Input – pürierte Stachelannone und Pinke Drachenfrucht – der folgerichtig zu einem mengenmäßigen Ertrag, dem sog. Output, führt …)

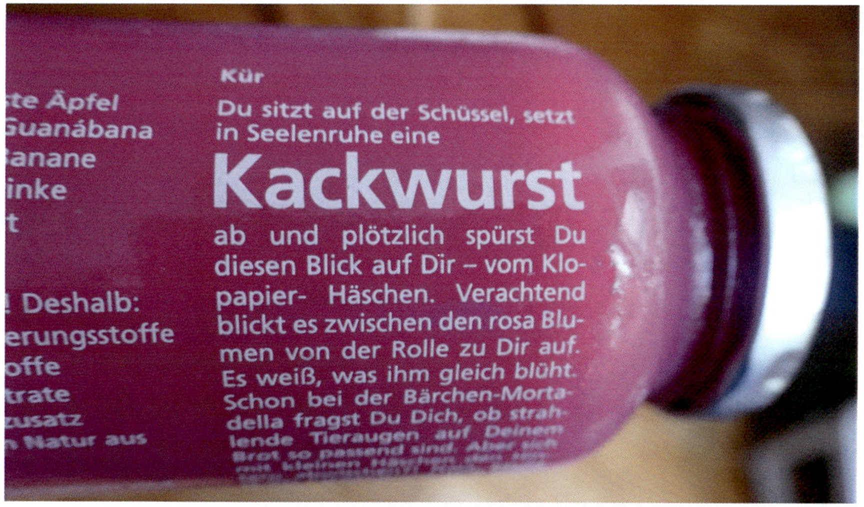

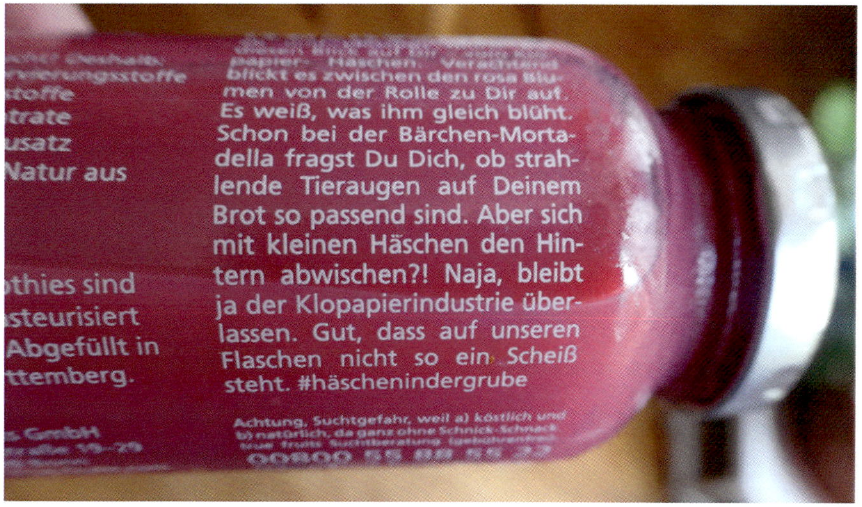

Das Banken-Modell des US-amerikanischen Pendants Wall Street hat sich auch die kleine Gemeinde Beromünster in der Schweiz zunutze gemacht. Nächstes Ziel: Städtepartnerschaft mit New York.

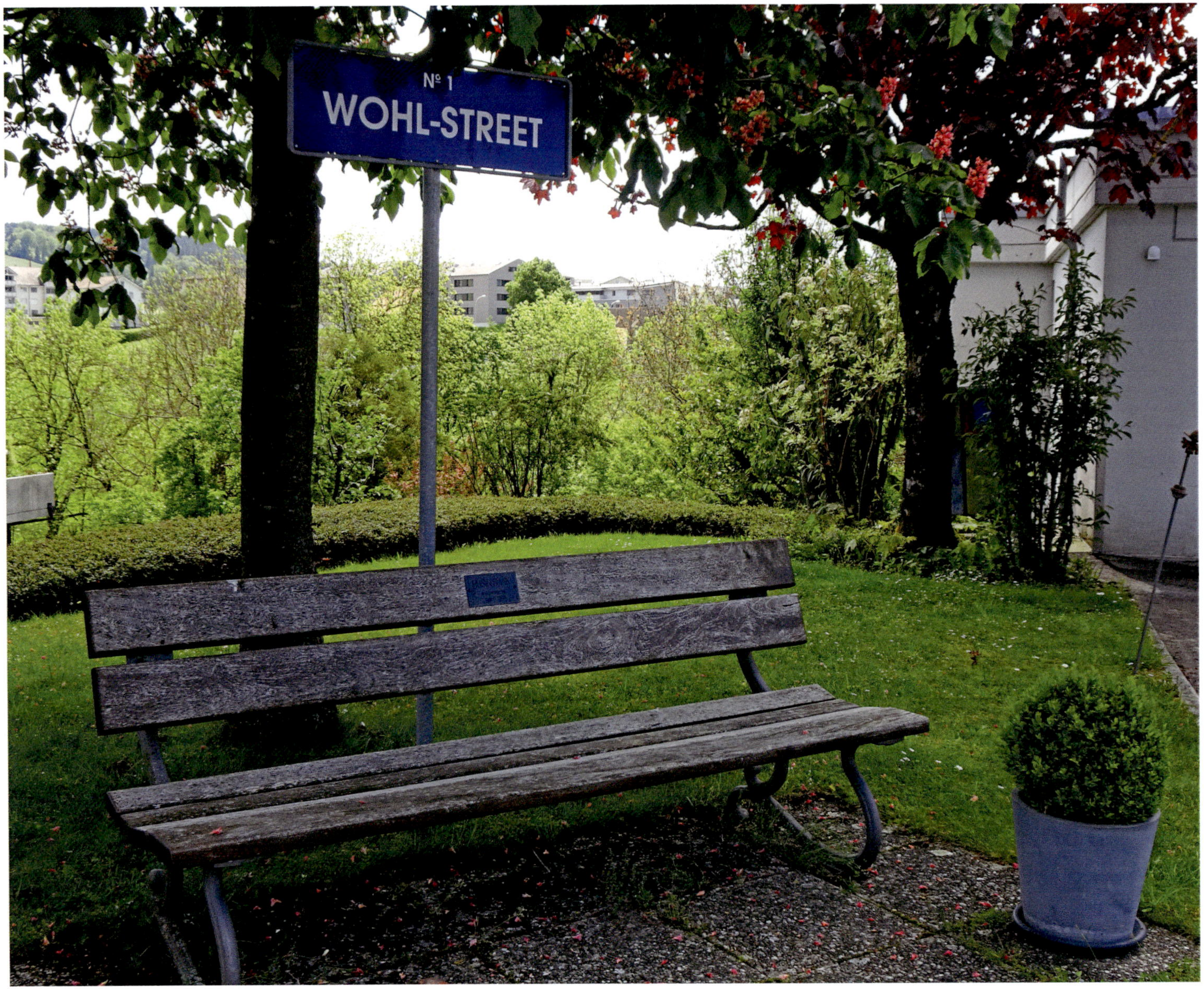

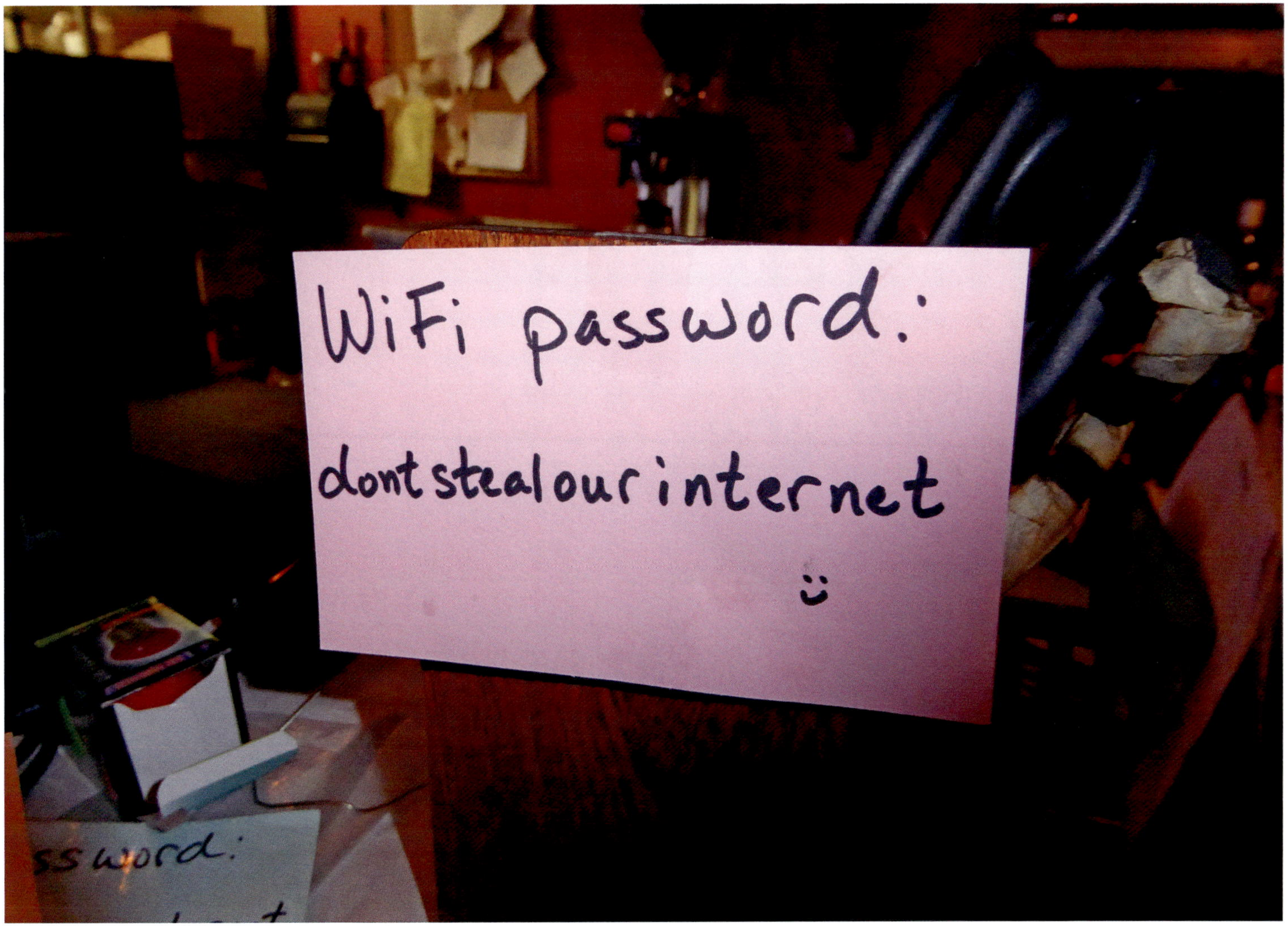

Im panamaischen Bergdorf Boquete bieten sie dem Datenklau mit tiefenpsychologischen Ansätzen die Stirn: Problem erkennen, sich damit abfinden, es in den Alltag einfließen lassen und schlussendlich davon profitieren.

Die Schweizer Antwort auf die Bremer Stadtmusikanten, Vol. 2. Der Relaunch erfolgte nach aktuellen politischen Gesichtspunkten mit grünem Anstrich und ökologischer Gesinnungs-Ausrichtung.

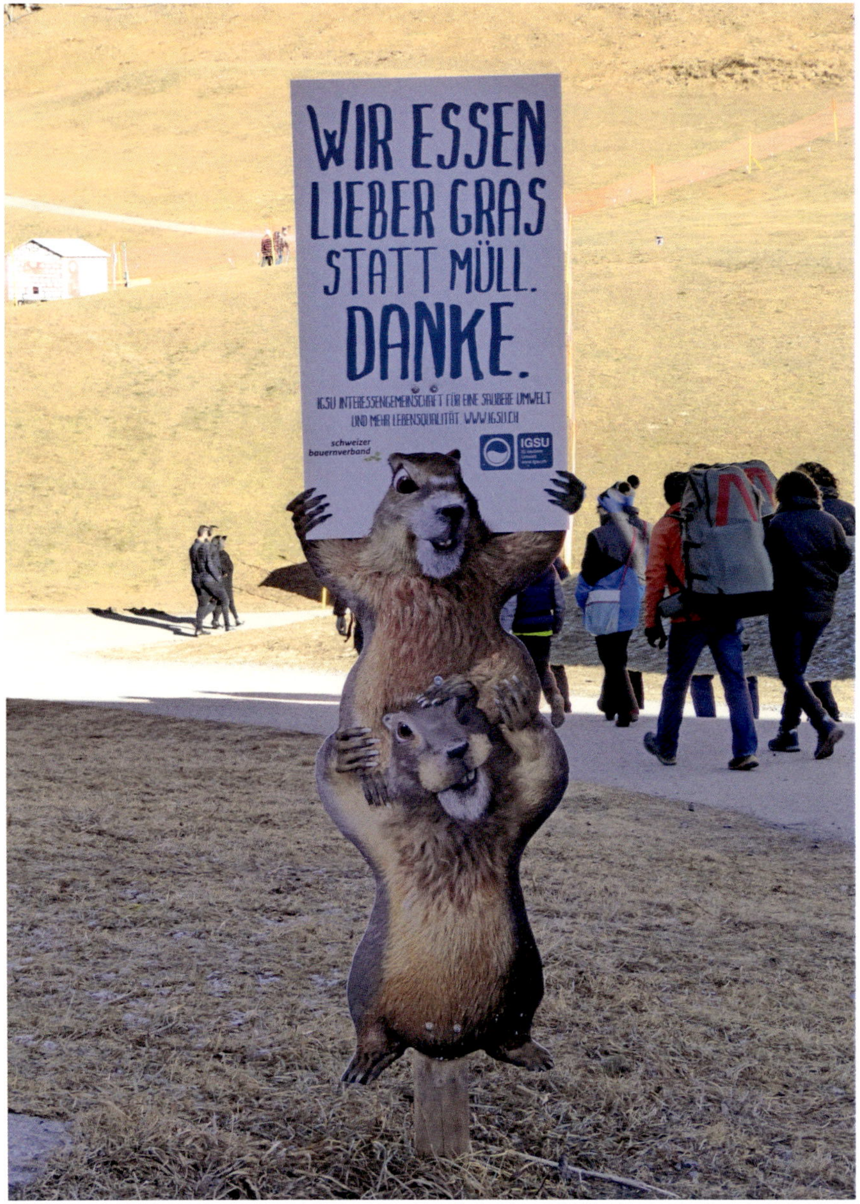

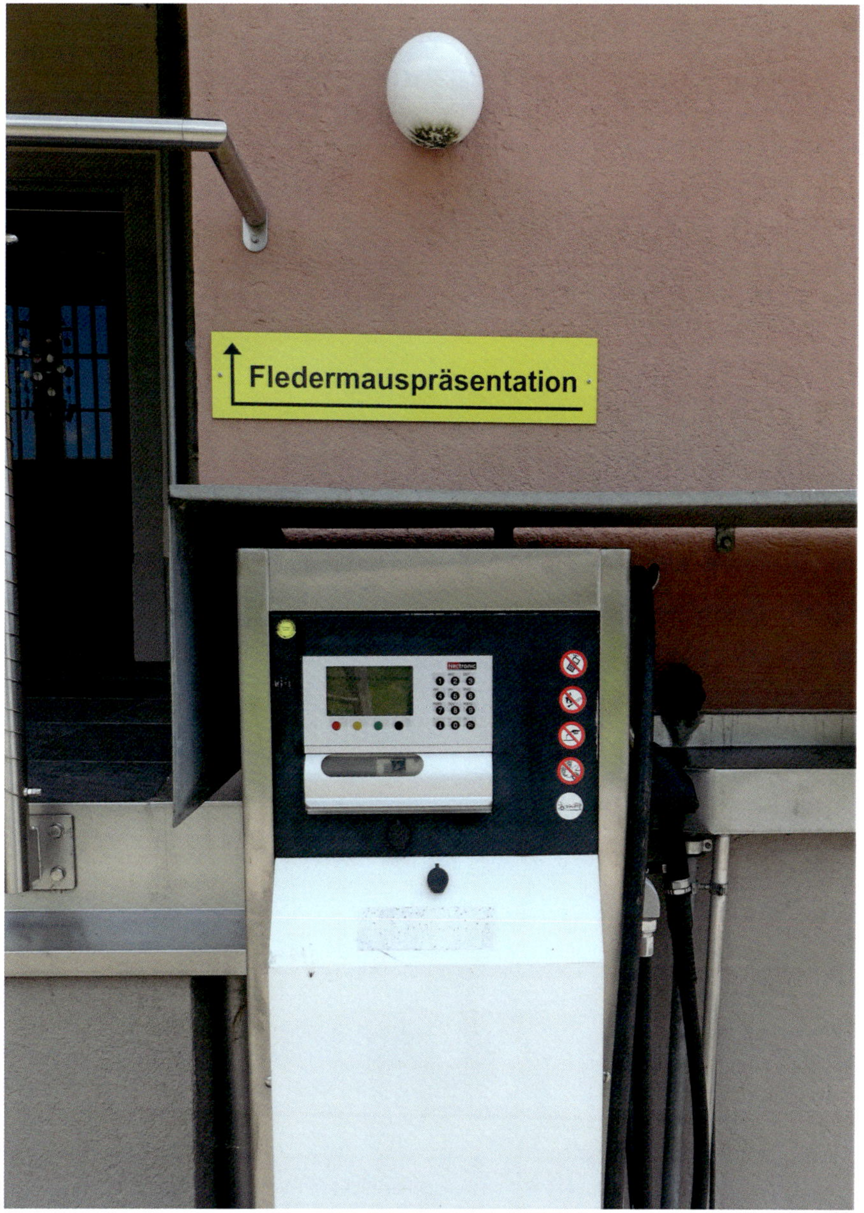

Es ist wie mit einer Sonnenbrille auf einer Nachtwanderung, mit Eislaufschuhen auf dem Fußballfeld oder mit dem Fahrrad auf der Autobahn, … es fühlt sich immer irgendwie falsch an …

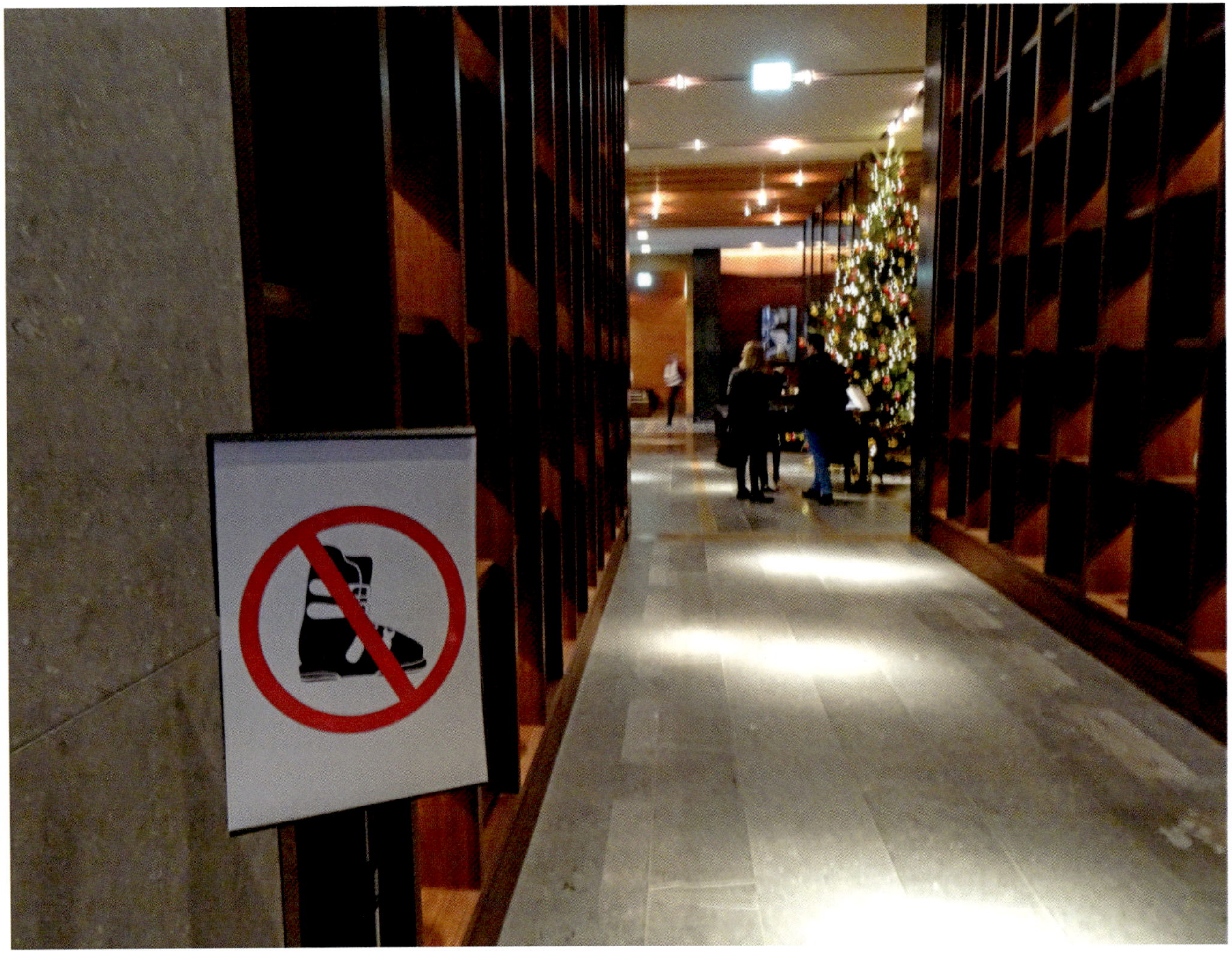

Als seismografische Messungen ergaben, dass das ständige Gepolter und Getöse keinen geologischen Faktoren geschuldet ist und nur während der kalten Jahreszeit über das Hotel Chedi in Andermatt (Schweiz) hereinbricht, begann es den Detektiven bezüglich der Lokalisierung des Epizentrums zu dämmern …

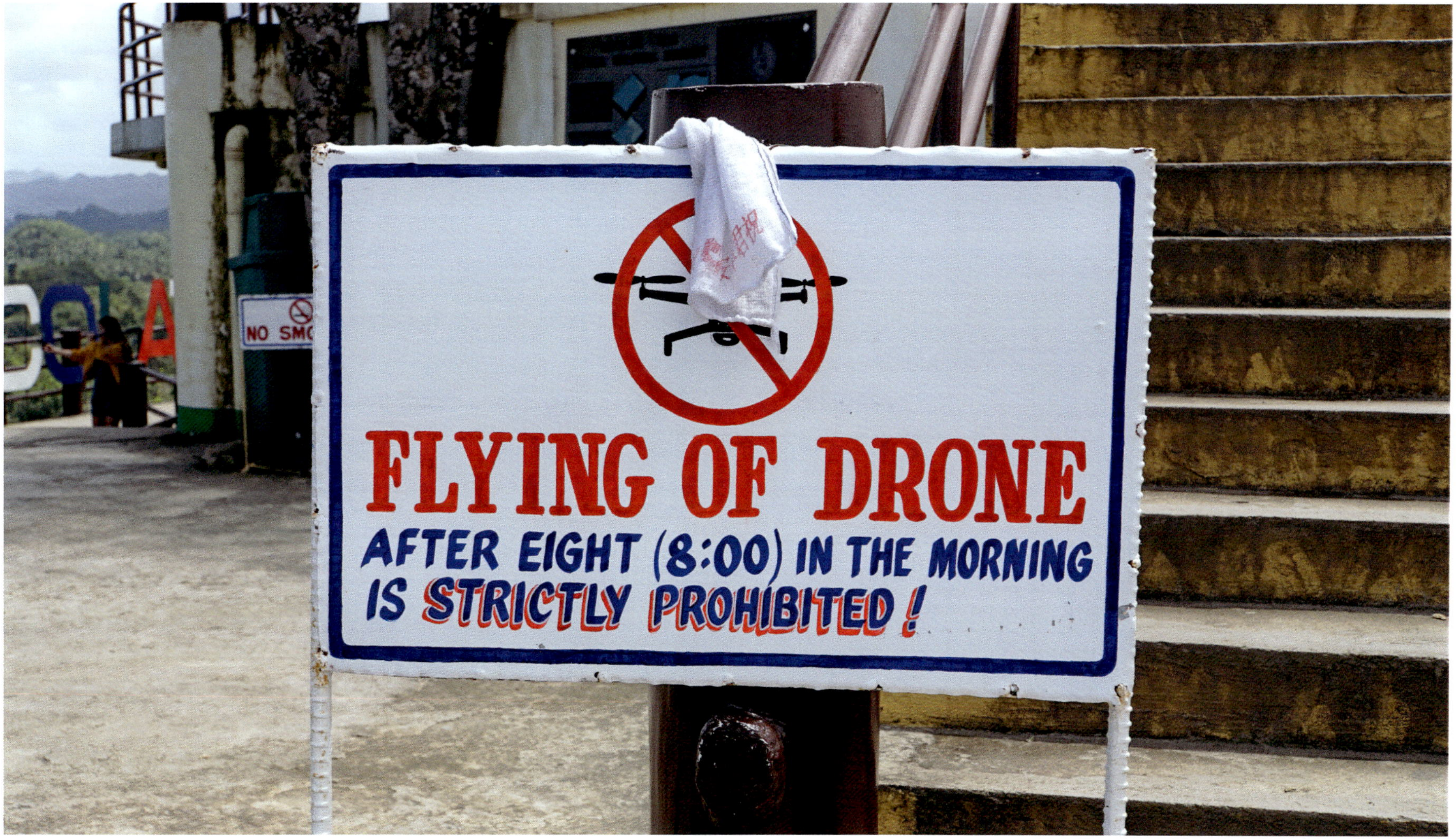

Ein Gutes hat diese Regelung: So kommen Instagrammer, Influencer und andere Social-Media-Affine nicht mit dem Rest der Reisenden ins Gehege. Allerdings jammern nun die Restaurantbetreiber bei den philippinischen Chocolate Hills wegen des fast schon unmenschlich frühen Arbeitsbeginns während des Sonnenaufgangs (zwischen 5:21 und 6:05 Uhr).

Die Richtung des Pfeils zu ändern, wurde hier vergessen und stammt noch aus der Zeit, als im indischen Restaurant in Bagan (Myanmar) mit Glutamat und tierischen Fetten gekocht wurde.

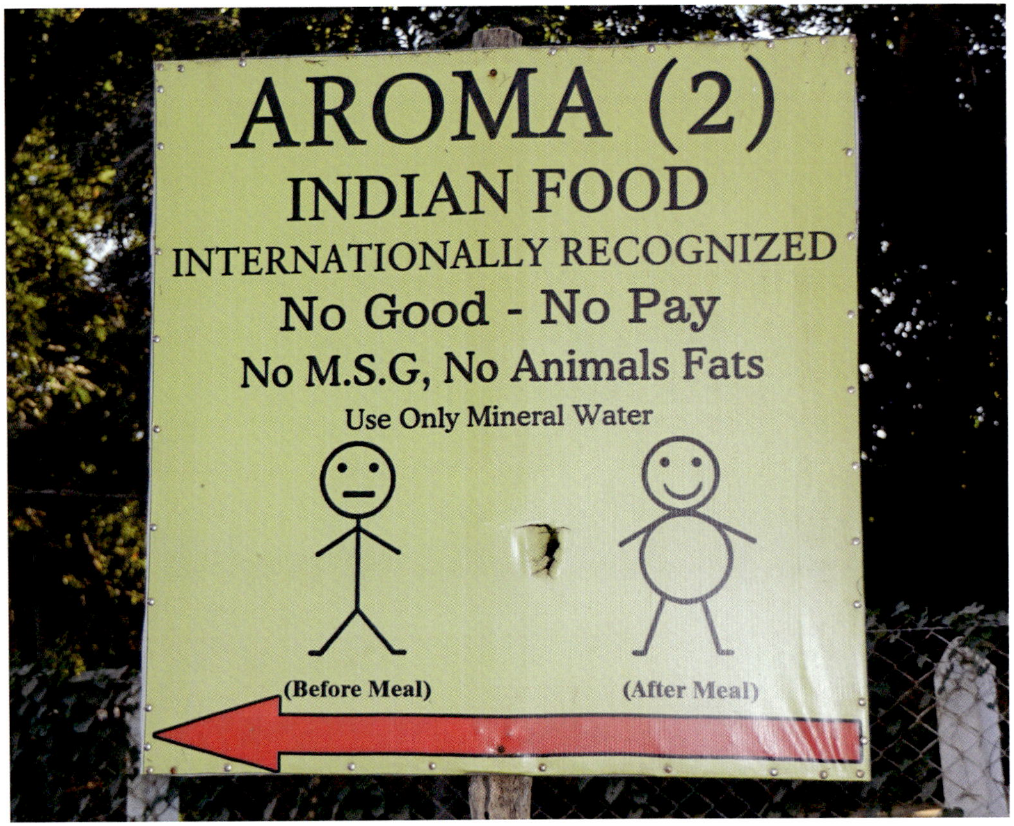

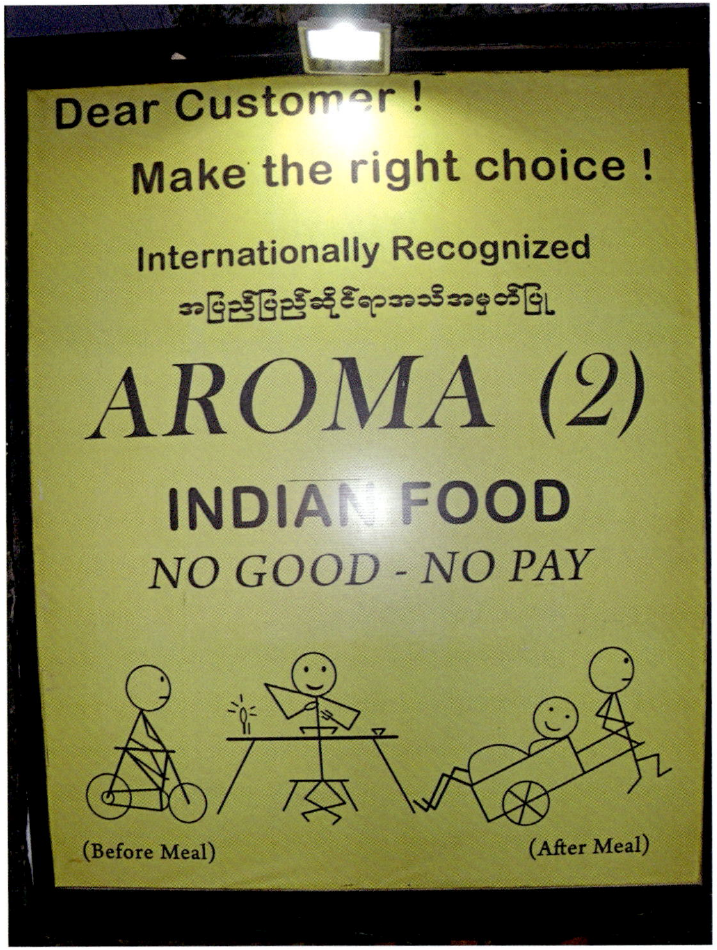

Hier hingegen glückte die grafische Umgestaltung vom Krankenwagen zur Schubkarre und aus einem verzerrten Gesicht wurde eine gute Miene zum bösen Spiel …

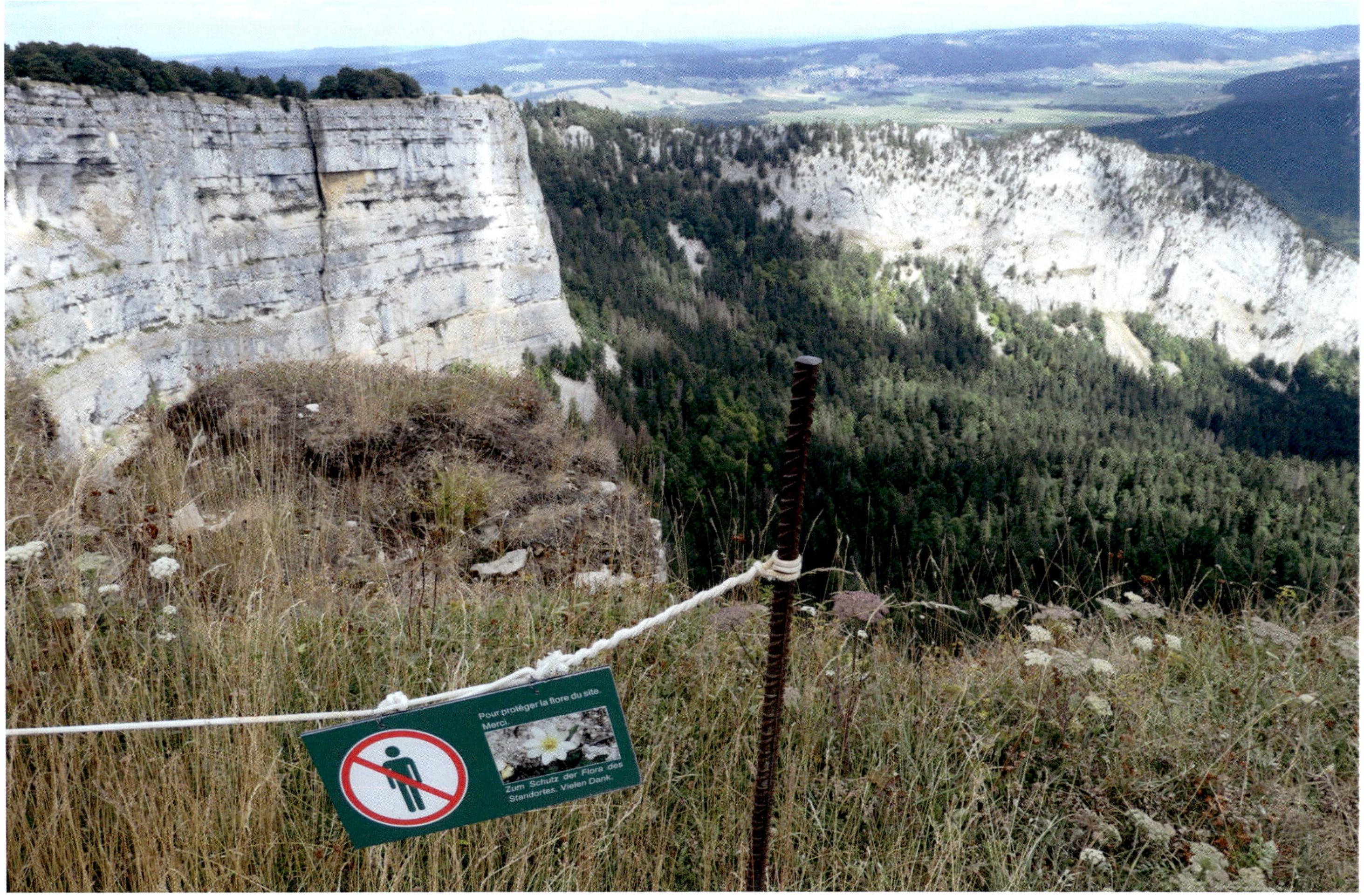

Nach zähem Ringen haben sich die Landschaftsverwalter dann doch für eine notbedürftige Absperrung entschieden, um die Handvoll zarten Blümchen, die dann und wann auf einem schmalen Streifen Erde wachsen, zu schützen.

(gleich einen Meter weiter hinten befindet sich die halbmondförmige Felswand Creux du Van im Schweizer Jura. Sie ist 1'200 Meter breit und, – was in diesem Falle viel bemerkenswerter ist –, 500 Meter tief …)

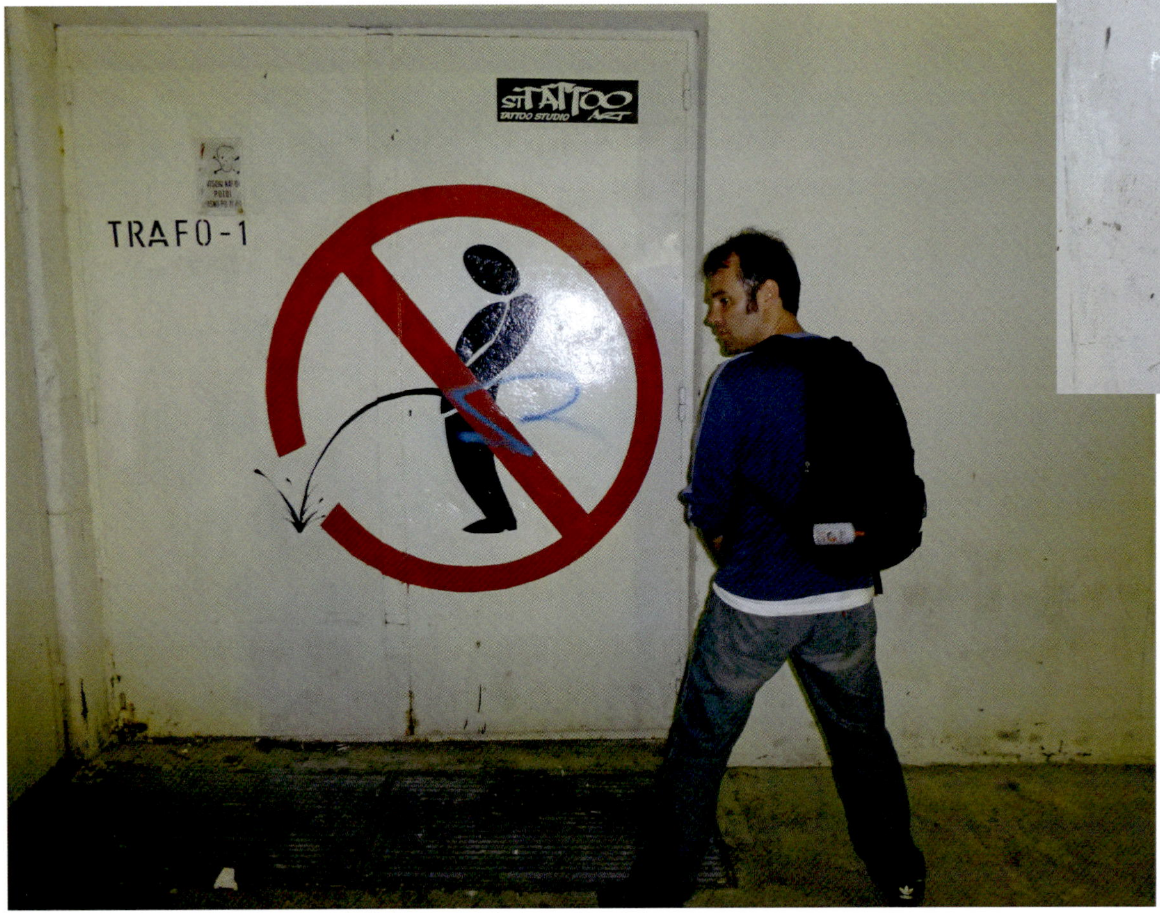

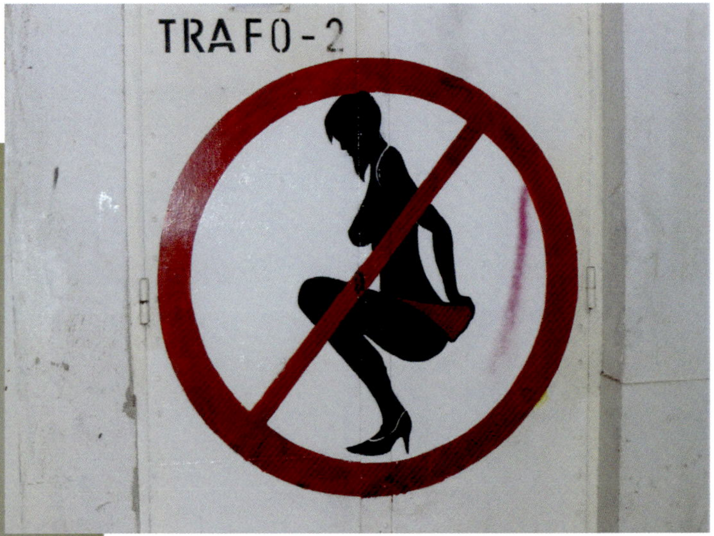

»Verpisst Euch!« konnten sie ja schlecht hinschreiben …

(Wegen des eklatanten Mangels an öffentlichen Toiletten und schlecht ausgeleuchteten Gassen hinterlässt die Altstadt von Split, Kroatien, auf Touristen bisweilen einen etwas klebrig-säuerlichen Gesamteindruck)

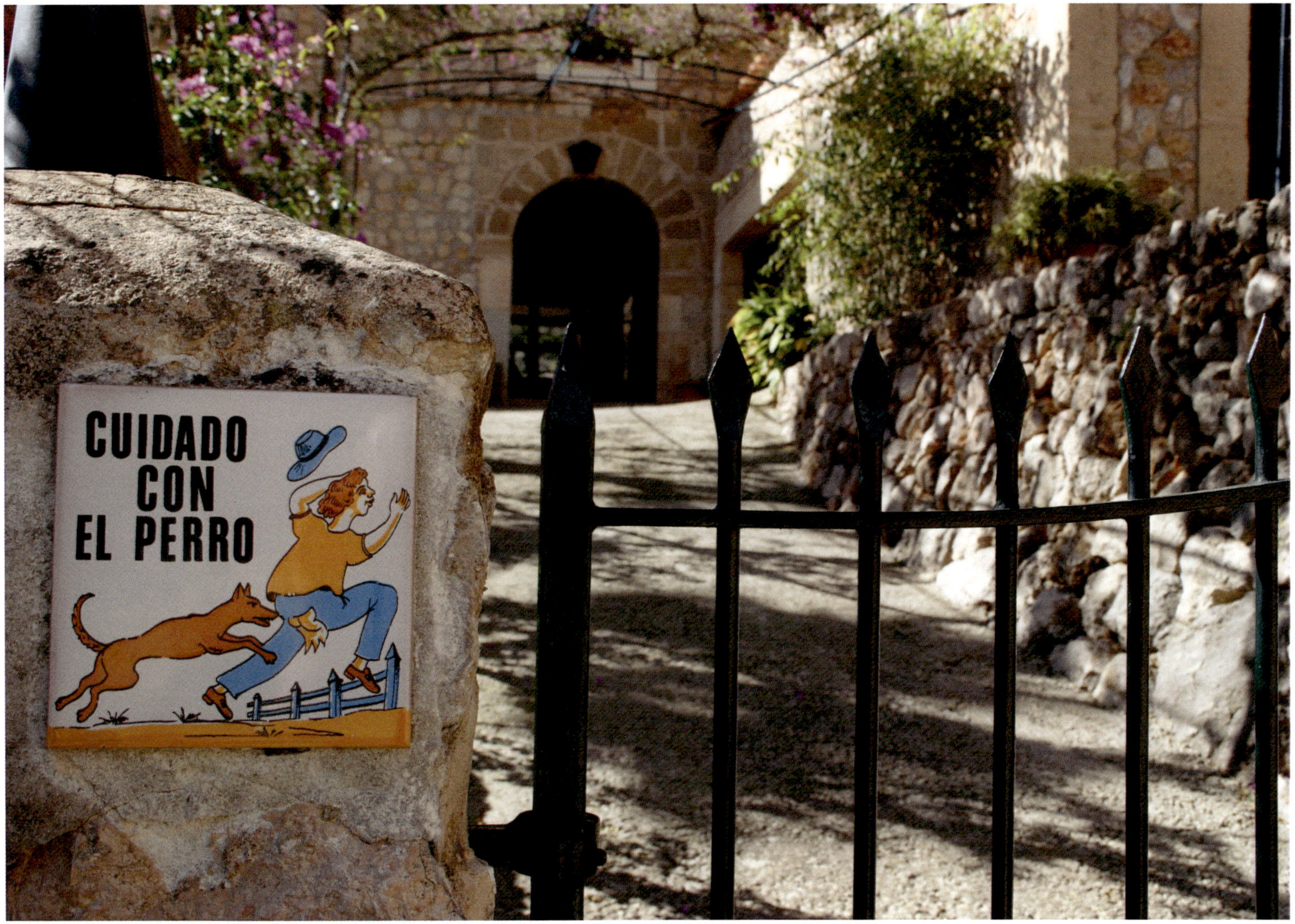

Hunde-Warnungen gibt es wie Sand am Meer, aber im mallorquinischen Deia verfügen sie über eine besonders plastische Vorstellungskraft …

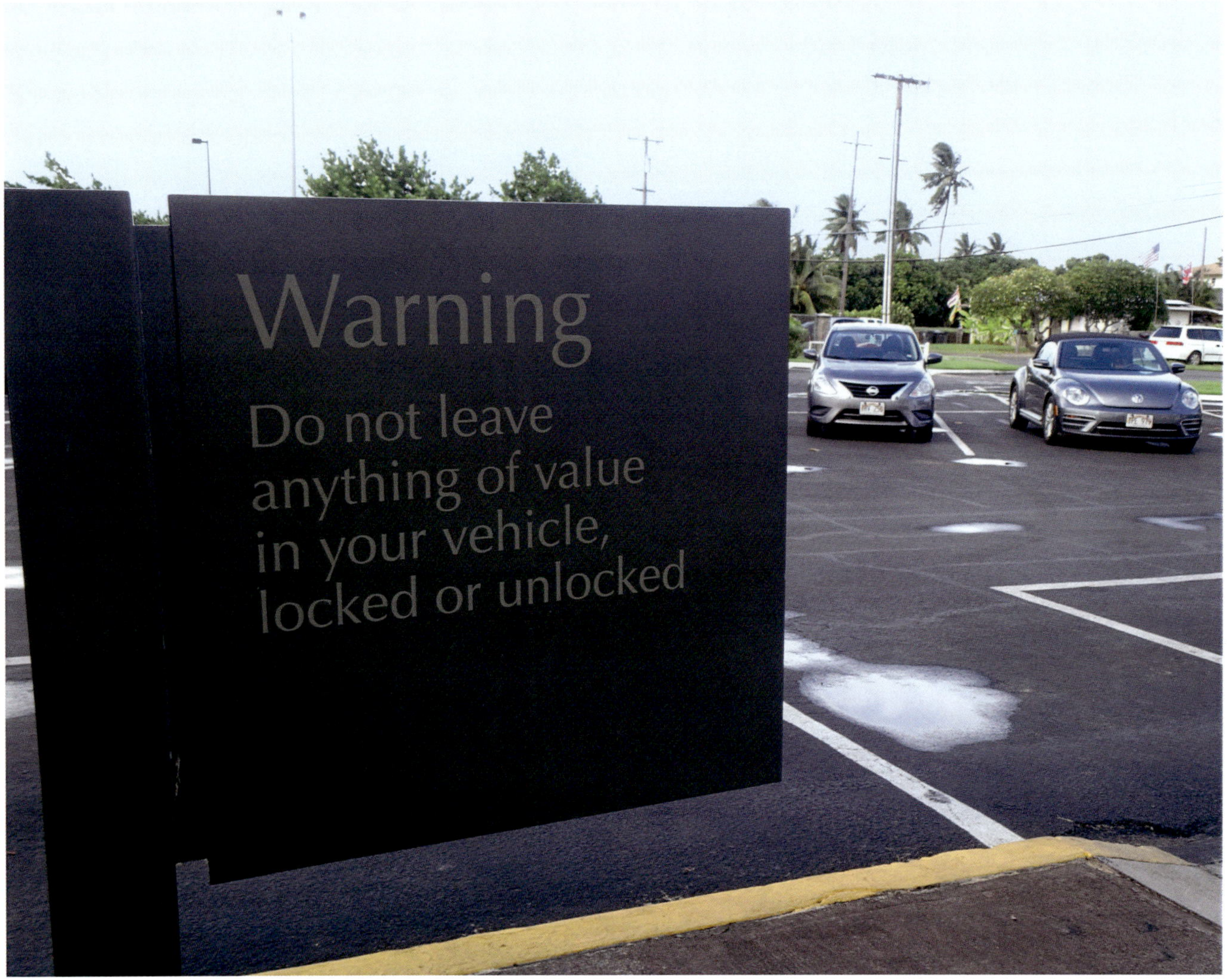

Scheinbar nützt auch göttliche Aura nicht vor delinquentem Handeln …

(Das Schild steht auf dem Parkplatz vor dem Lā'ie-Hawai'i-Tempel auf der hawaiianischen Insel Oahu, dem fünften Tempel der Kirche Jesu Christi der Heiligen der Letzten Tage)

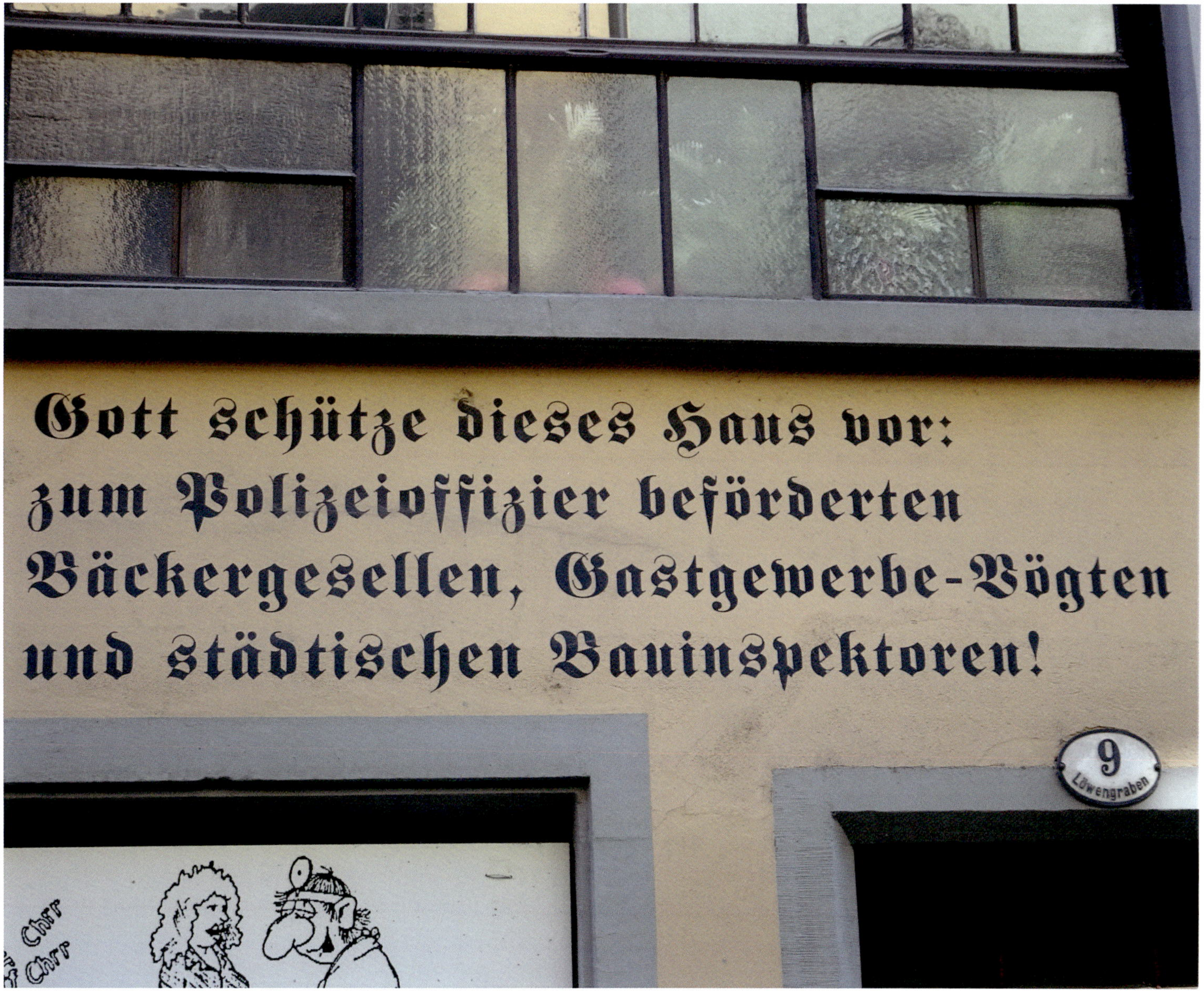

Da hatte wohl jemand noch eine persönliche Rechnung zu begleichen. Heute müsste man noch ergänzen mit: ... vor dem Steueramt, Immobilien-Verwaltern und Auto-Mechanikern.

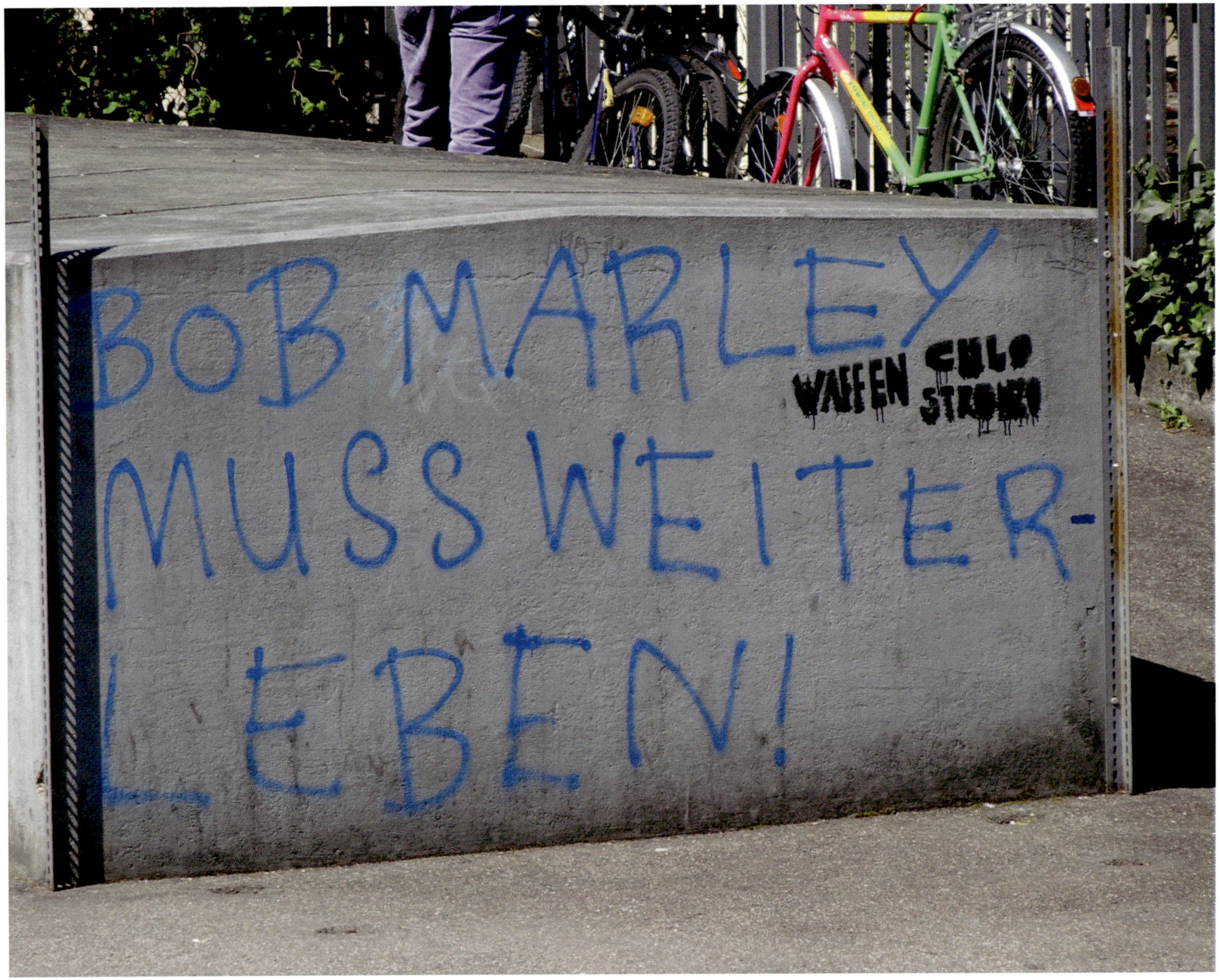

Ja, auch Elvis Presley, John F. Kennedy und Marylin Monroe haben das Recht, weiterzuleben, verdammt nochmal!

(Es ist anzunehmen, dass dieses Kunstwerk aus jemandes Feder der Generation Z stammt, – also jenen Artgenossen, die noch nie etwas von den Rolling Stones oder den Beatles gehört haben. Insofern darf dieser künstlerische Erguss durchaus als Fortschritt betrachtet werden ...)

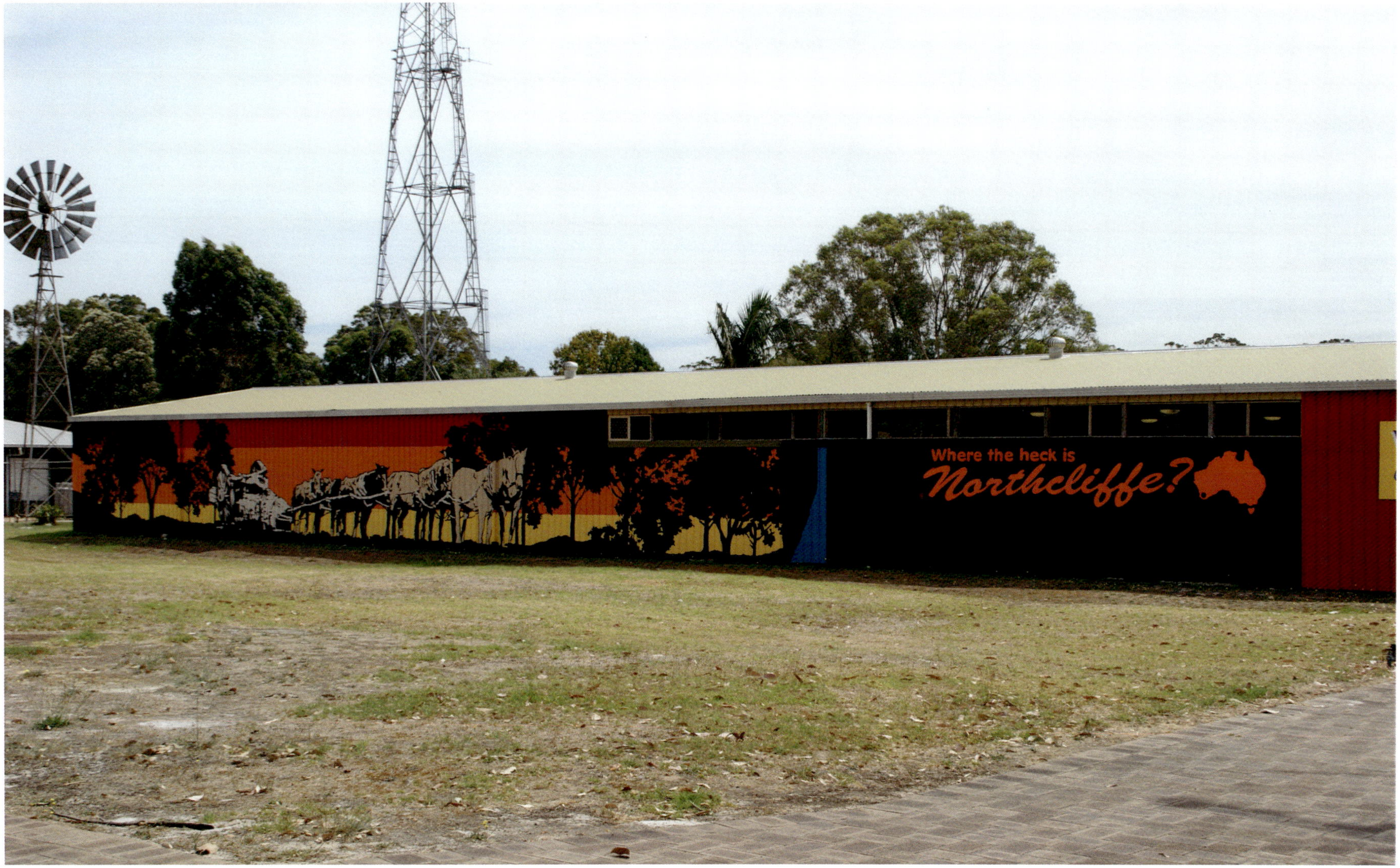

Wenn das Wandbild die weit und breit einzige Sehenswürdigkeit ist, dann ist die aufgepinselte Frage eine durchaus berechtigte.

(In Westaustralien mit einer Größe von Westeuropa und nur gerade gut 2,5 Millionen Einwohnern eine Fragestellung mit wiederkehrendem Symbol-Charakter)

Neuauflage des Filmplakats »Die Vögel« von Alfred Hitchcock

(Die Bewohner aus dem schottischen East Neuk of Five sind weitum bekannt für ihren Hang zur Dramatik)

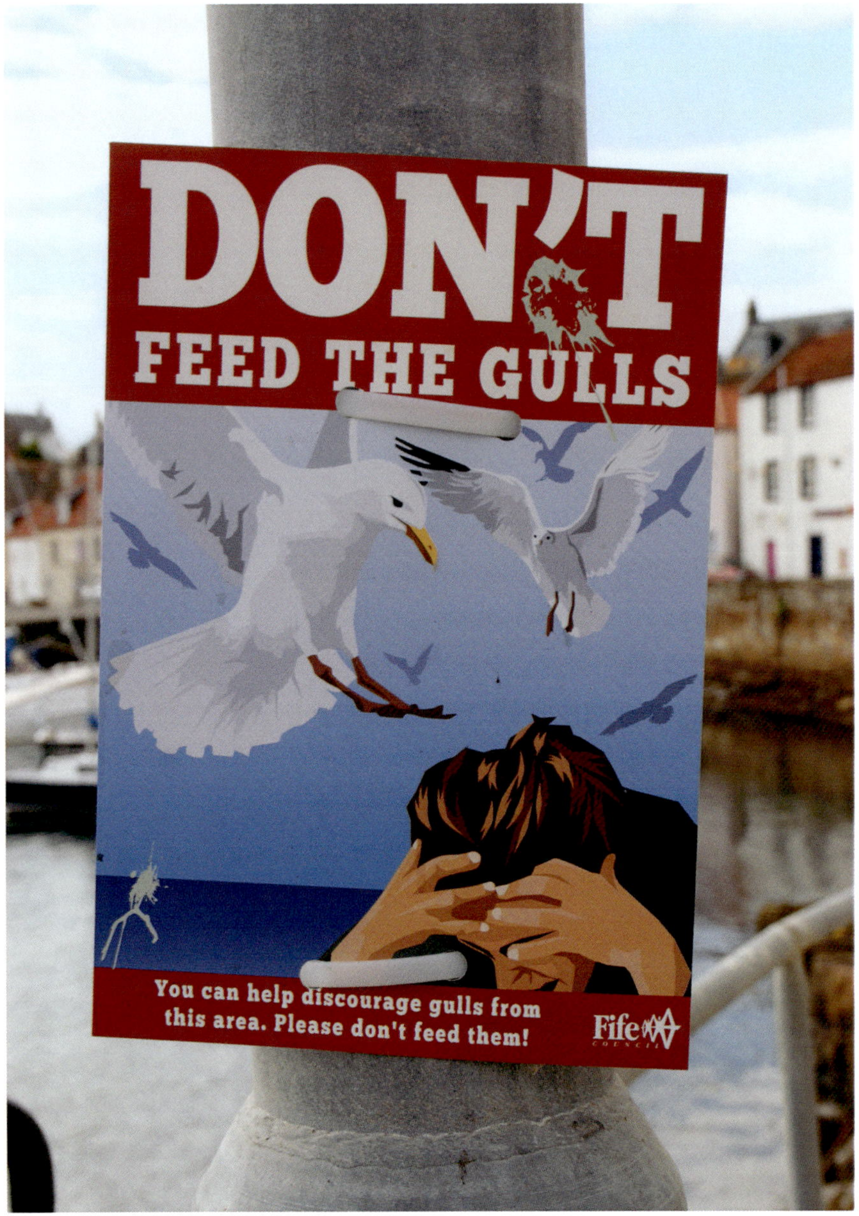

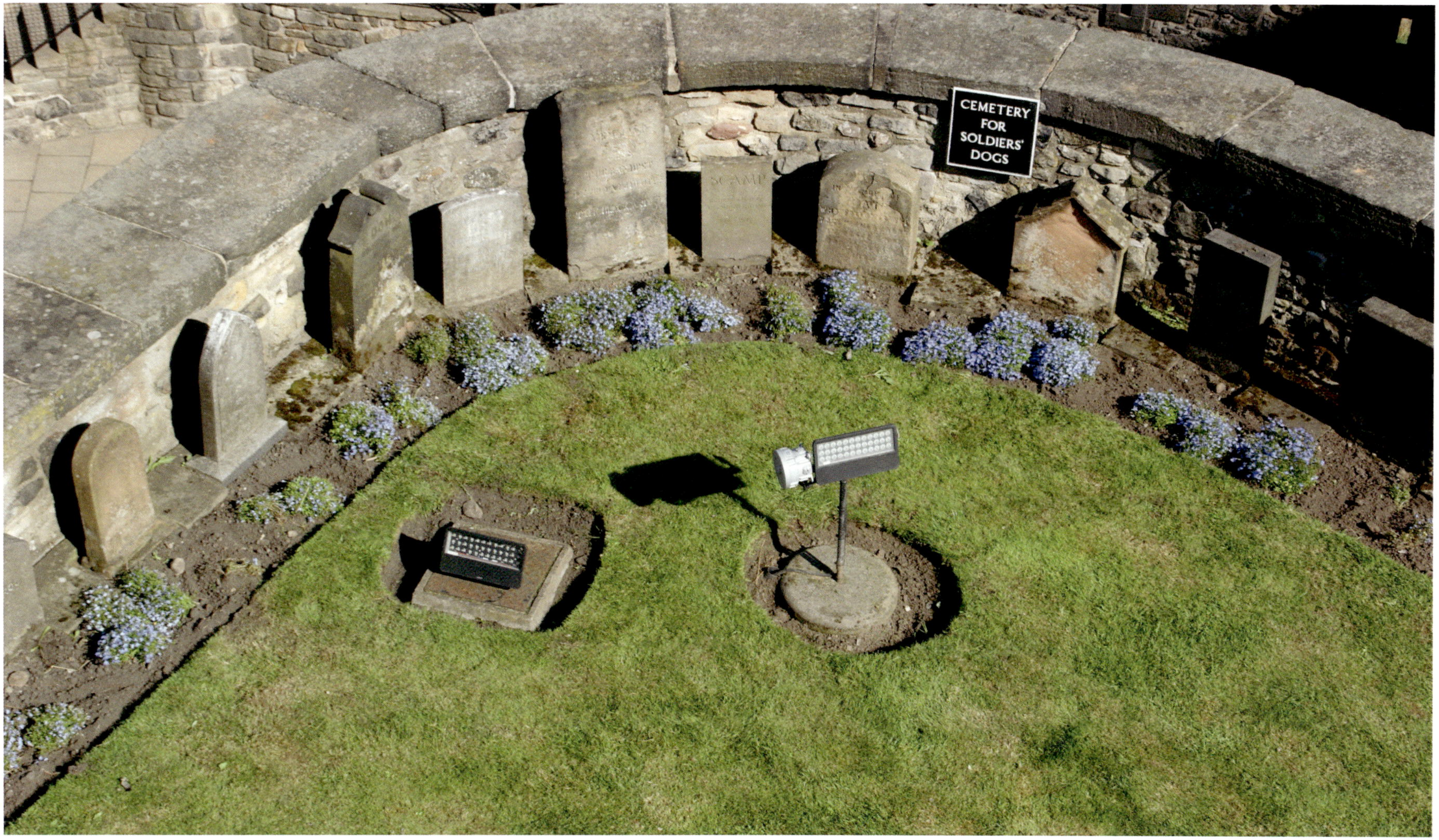

Wenn sich Patriotismus und Tierliebe mischt, kann dies zu ungeahnten Auswüchsen führen.

(Beim Edinburgh Castle würdigen sie alles und jeden, der die Burg und das Land verteidigen kann. Demnächst sei ein Friedhof für Fledermäuse geplant ...)

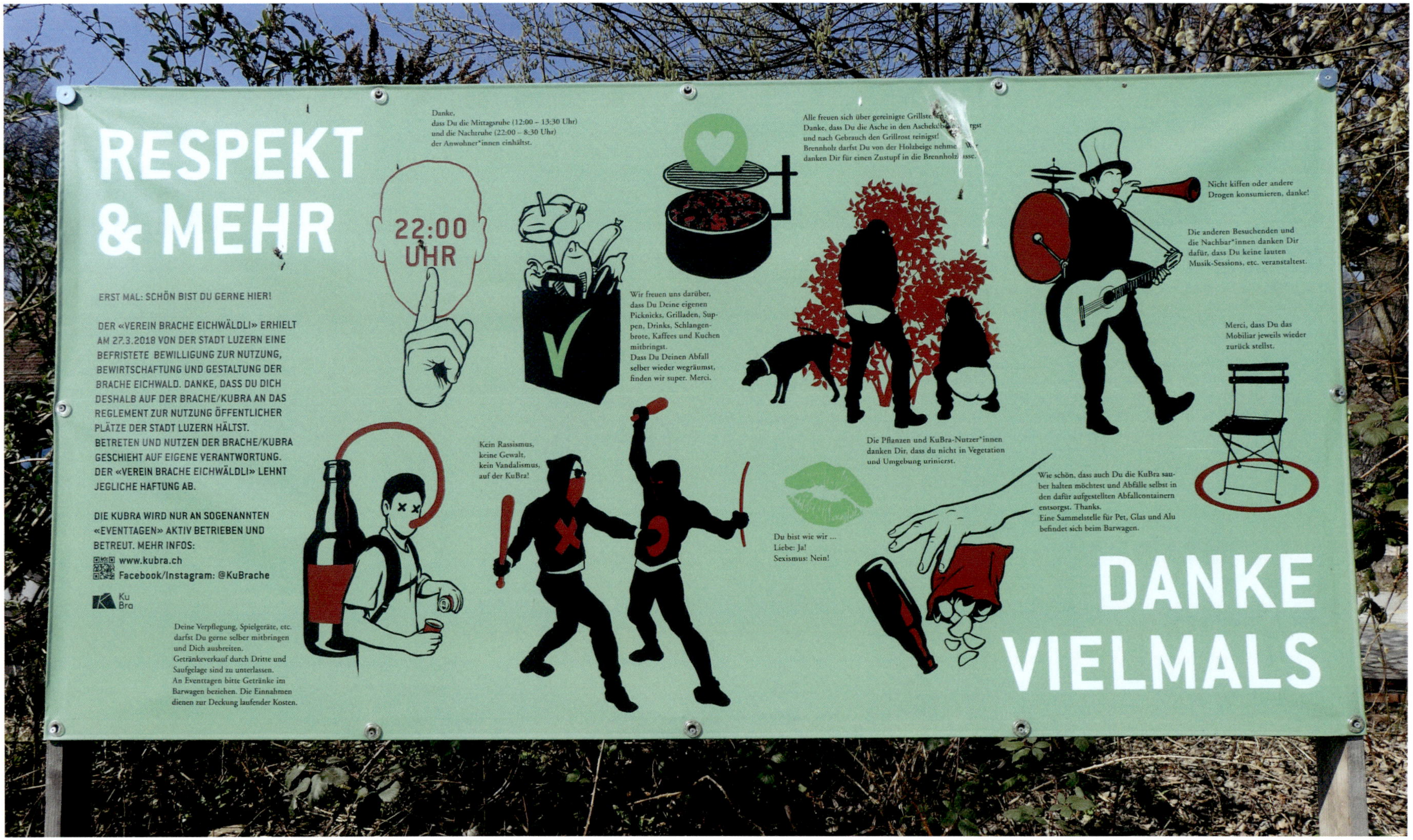

Ein grafisch und textlich sehr ansprechend gestaltetes Plakat!
Dumm nur, dass es sich in unmittelbarer Nähe zu einem Fußballstadion befindet …

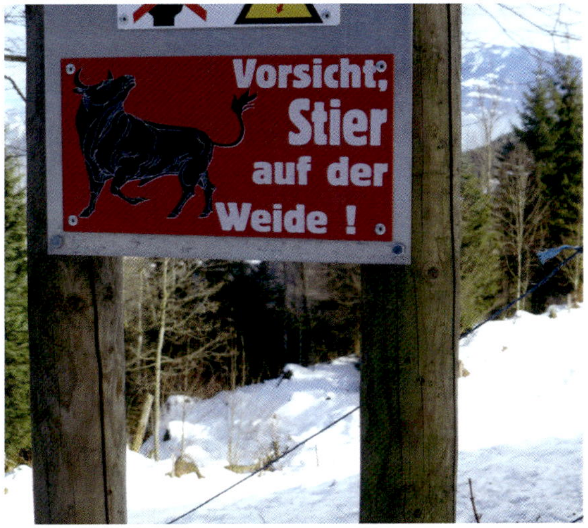

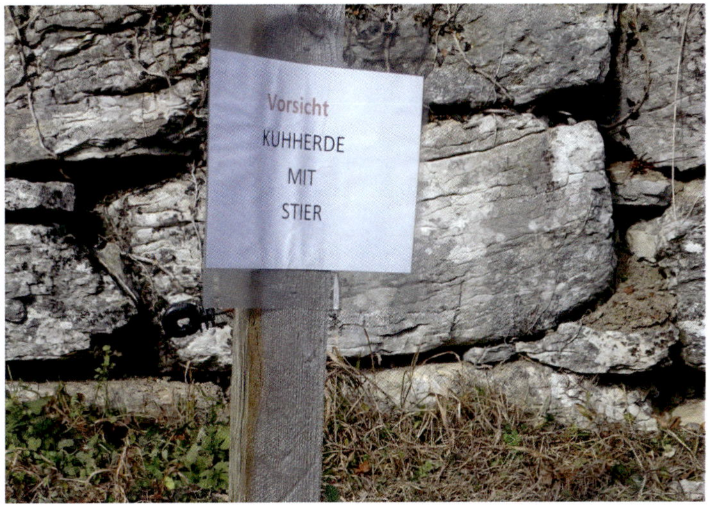

Rechnen Sie beim Planen von Wanderungen in der Schweiz immer eine Stunde bei der Laufzeit obendrauf!

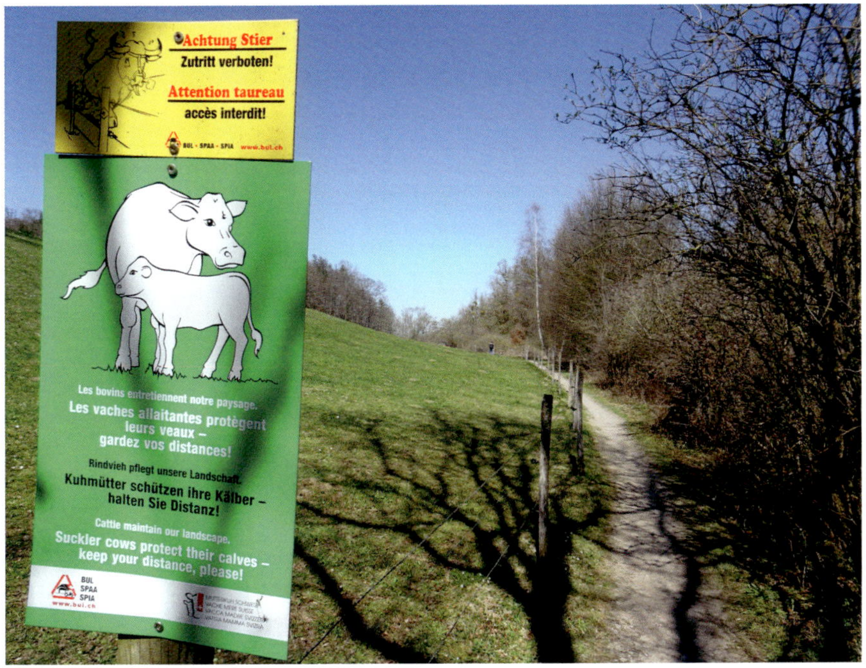

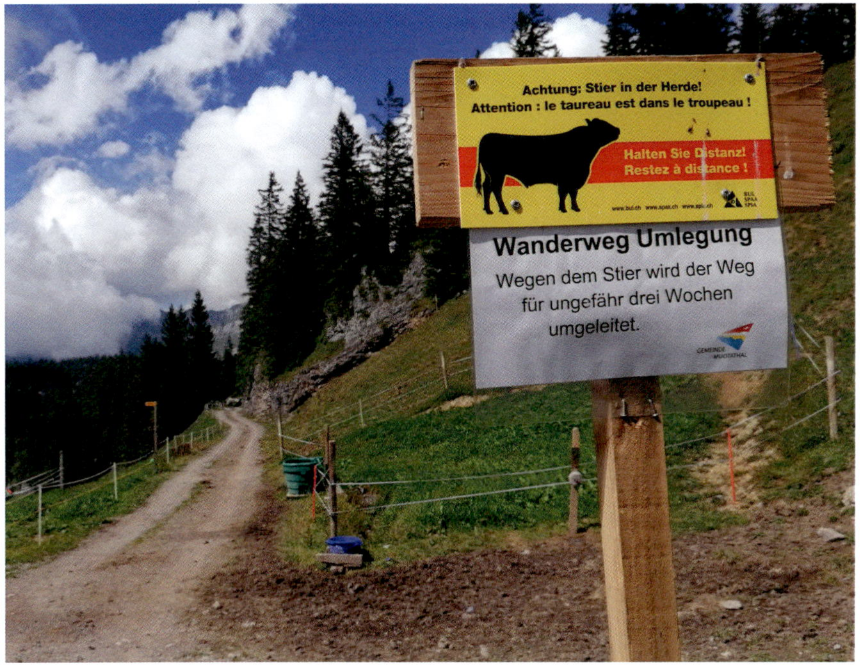

Hä? Wie jetzt ...?

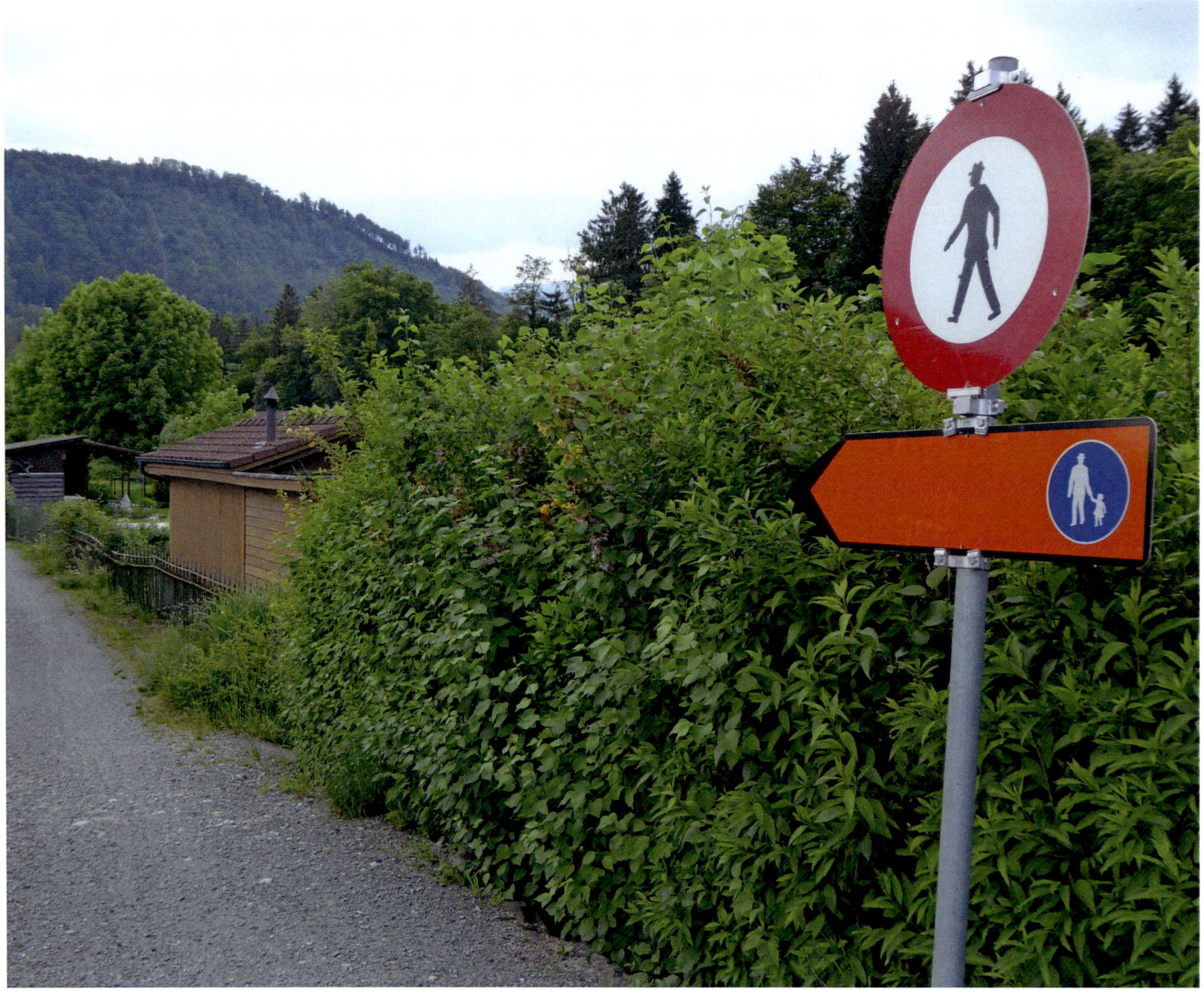

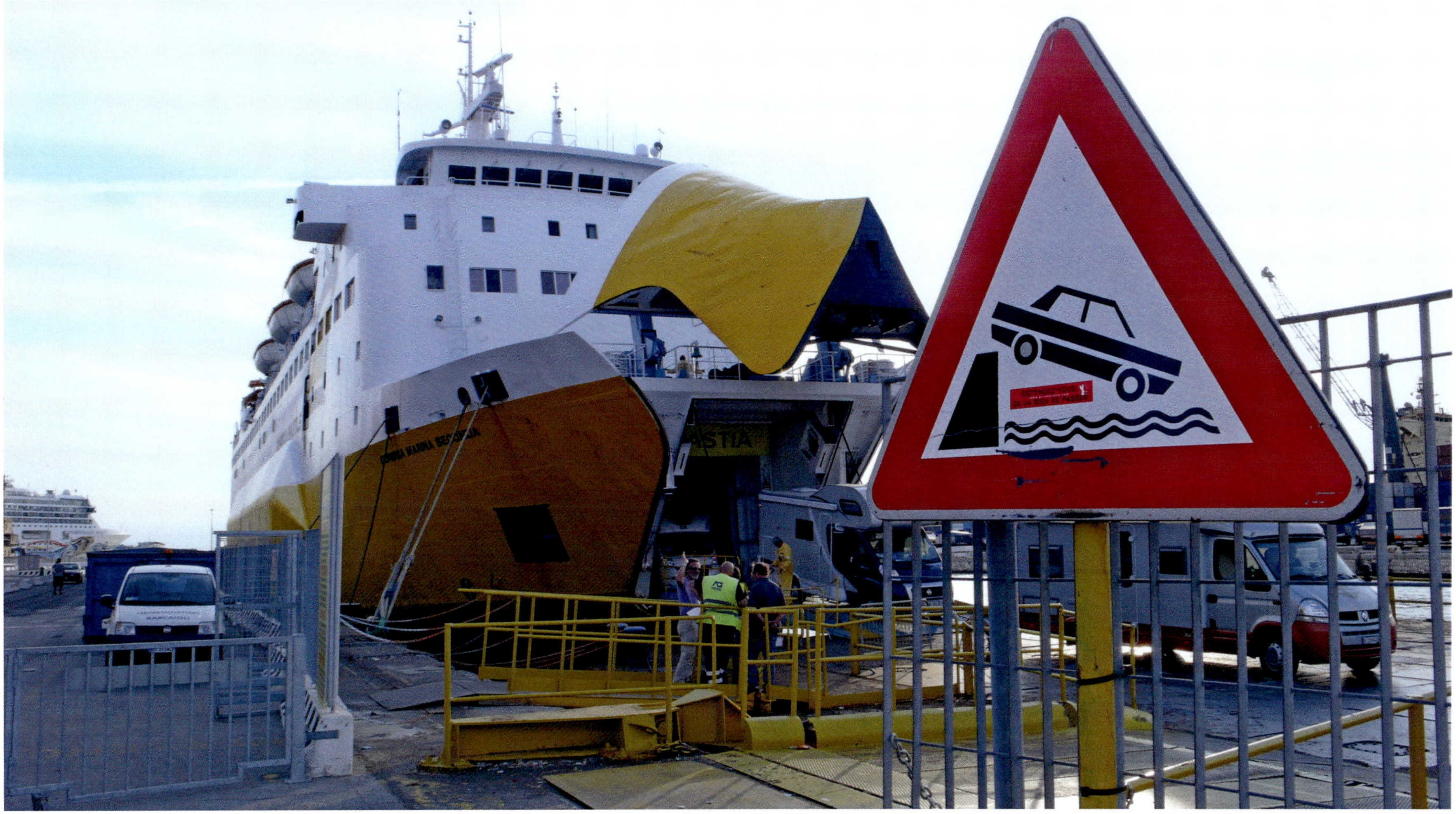

Die Fähren-Kapitäne auf der Strecke zwischen Bastia (Korsika) und Nizza gelten allgemeinhin als etwas wankelmütig in ihrer Berufsauffassung. Sie nehmen es mit Vorschriften und Richtlinien nicht immer so genau, weshalb am Fährhafen vorsichtshalber gewisse Sicherheitsmaßnahmen in Form von Warn-Schildern eingeleitet wurden …

Dass diese Italiener immer alles mit Essen assoziieren müssen …!

(Auf der Fähre zwischen Split und Ancona. Frei übersetzt: »Ihre Babys sind keine Salami, rauchen Sie sie nicht! Starten Sie den Automotor nicht zu früh!«)

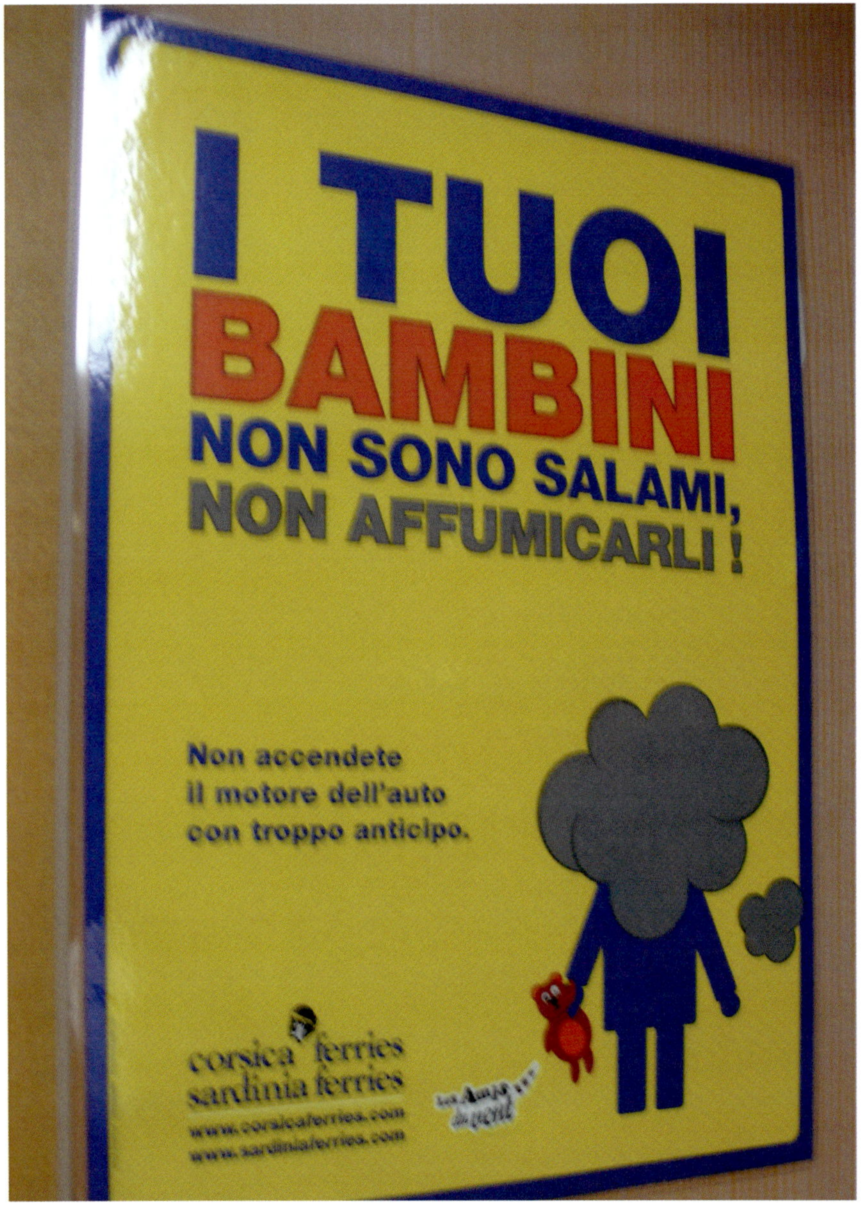

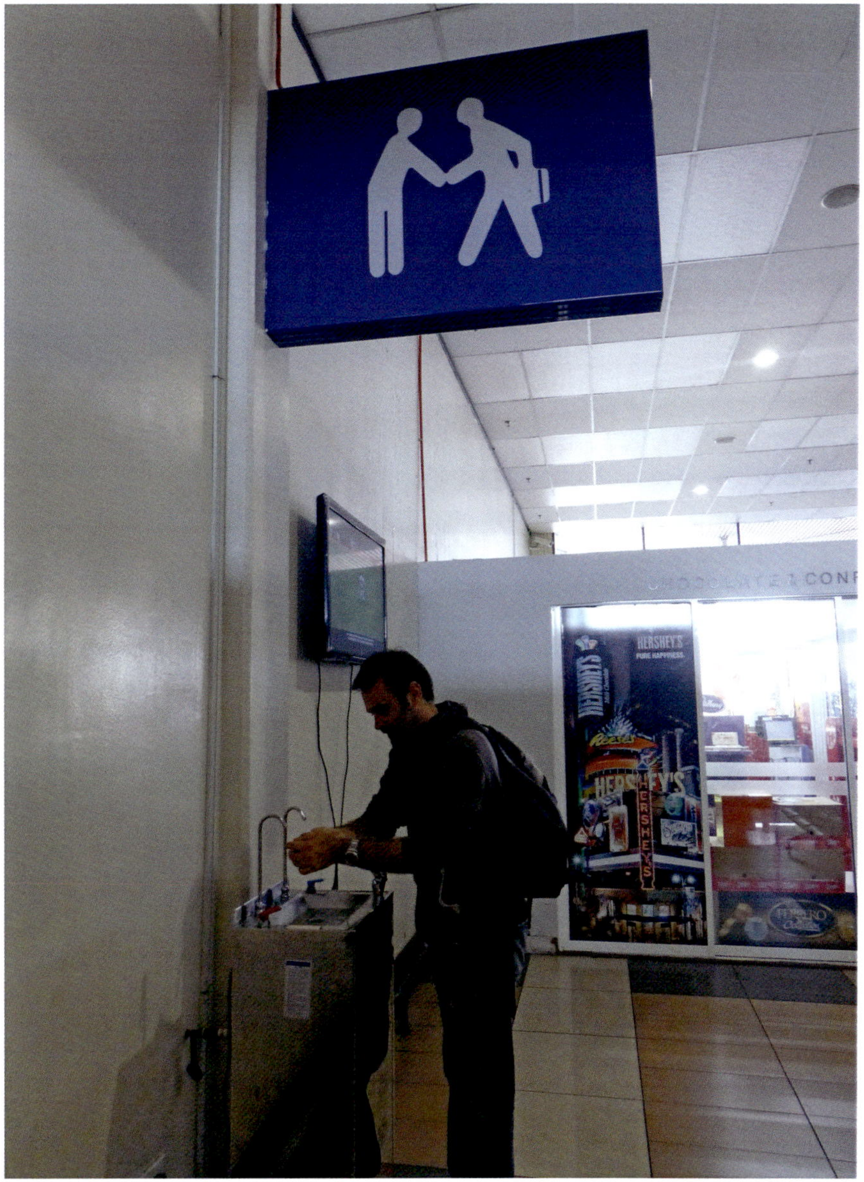

In fast schon hellseherischer Manier griff man im Flughafen von Kuala Lumpur instinktiv einem möglichen Pandemie-Fall vor und eröffnete dieses Waschbecken, wo es offiziell erlaubt ist, sich die Hände zu schütteln. Natürlich erst, NACH dem Händewaschen.

(dieses Foto wurde 2014 aufgenommen)

Mal gucken, – gibt's eine Waffe, die sie im Flughafen von Siem Reap, Kambodscha, noch nicht aufgeführt haben? Hmmm … ah ja, den guten alten Baseballschläger, die patente Steinschleuder und das Blasrohr mit Gift-Pfeilen …

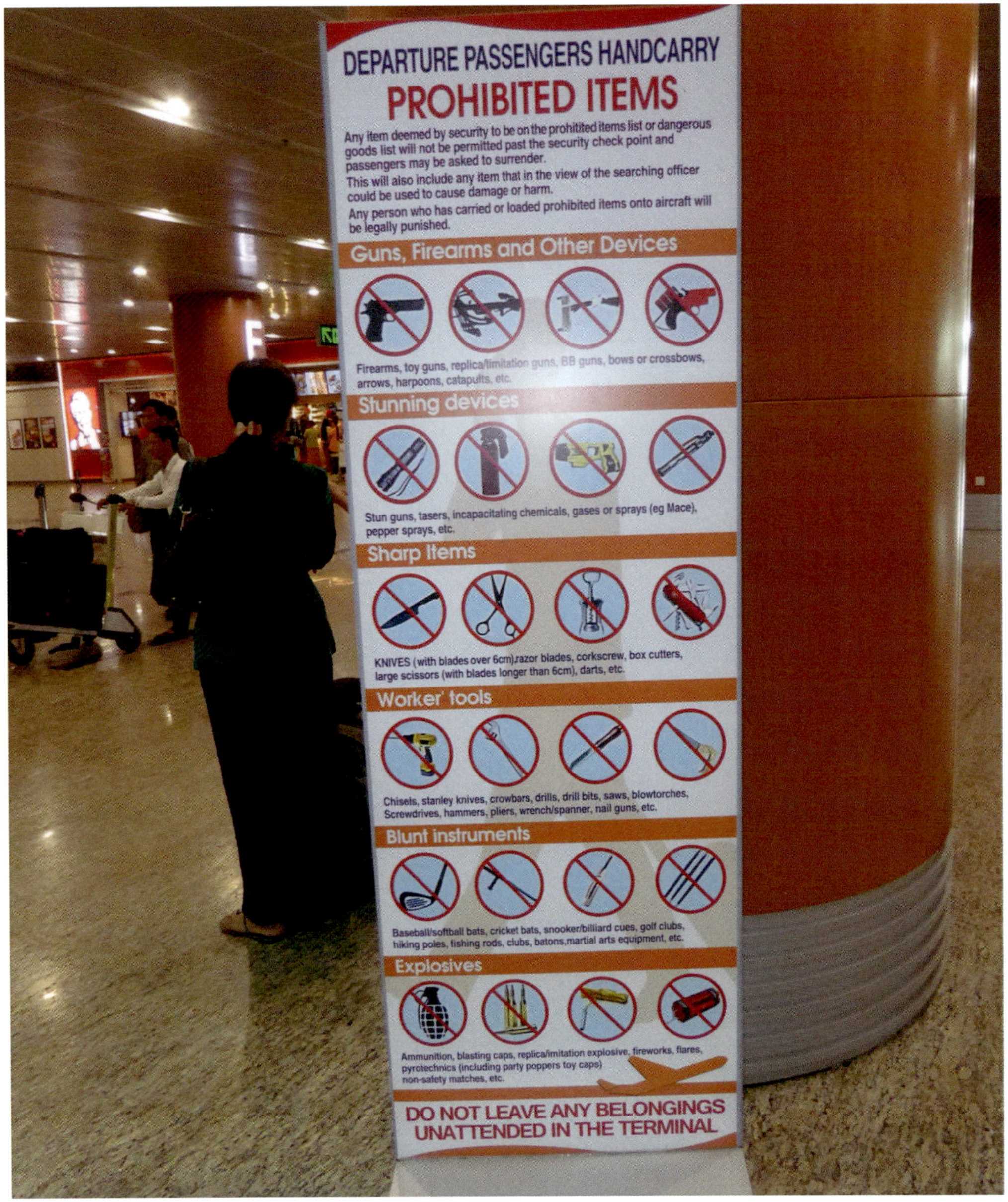

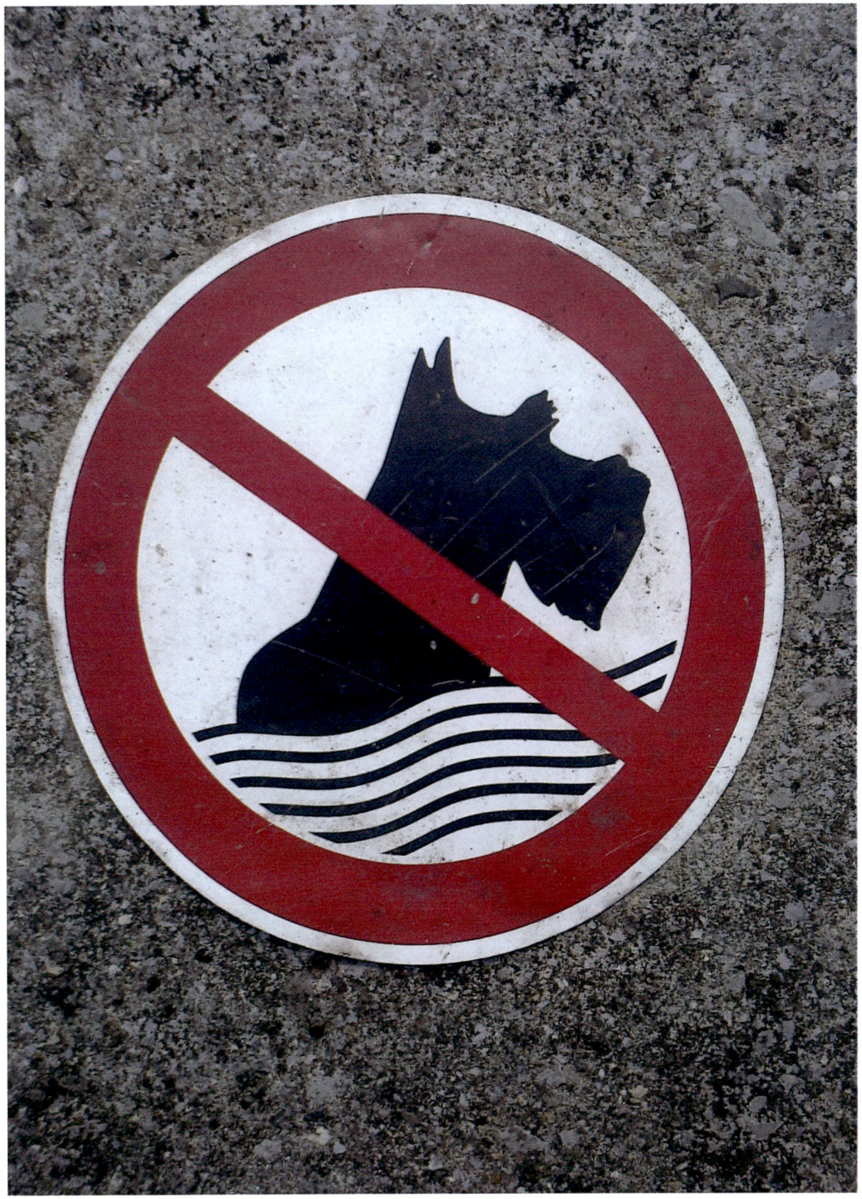

Der TV-Sender DMAX
hat für seine Doku-Serie
»Fluss-Monster« ein
neues Signet geschaffen.

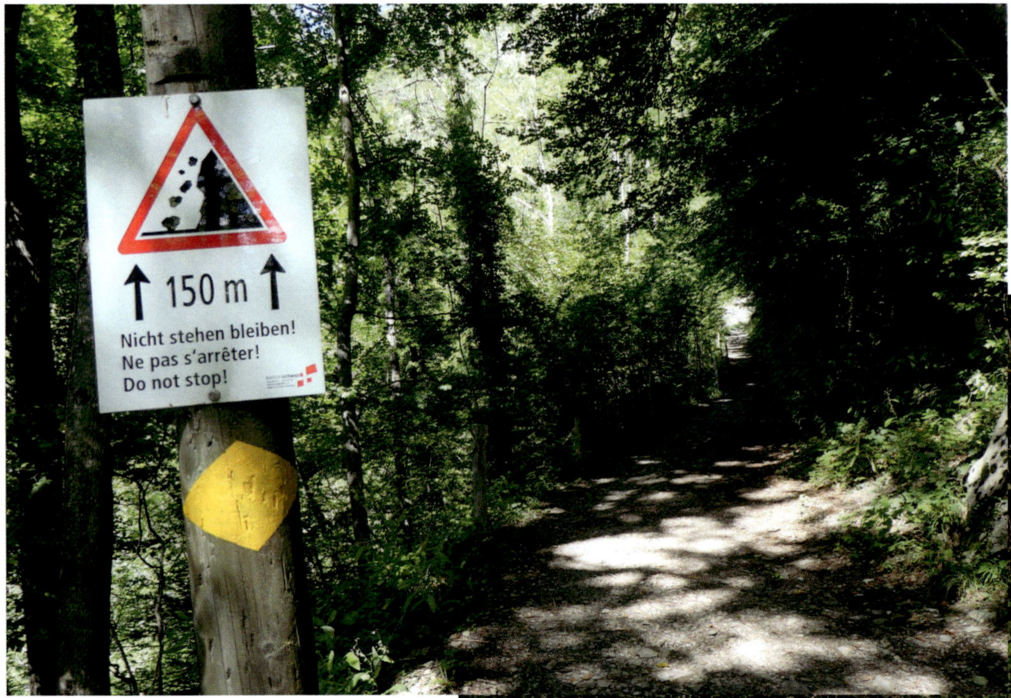

Wer sagt denn bitteschön, dass dem Wandern der Kick fehlt …?

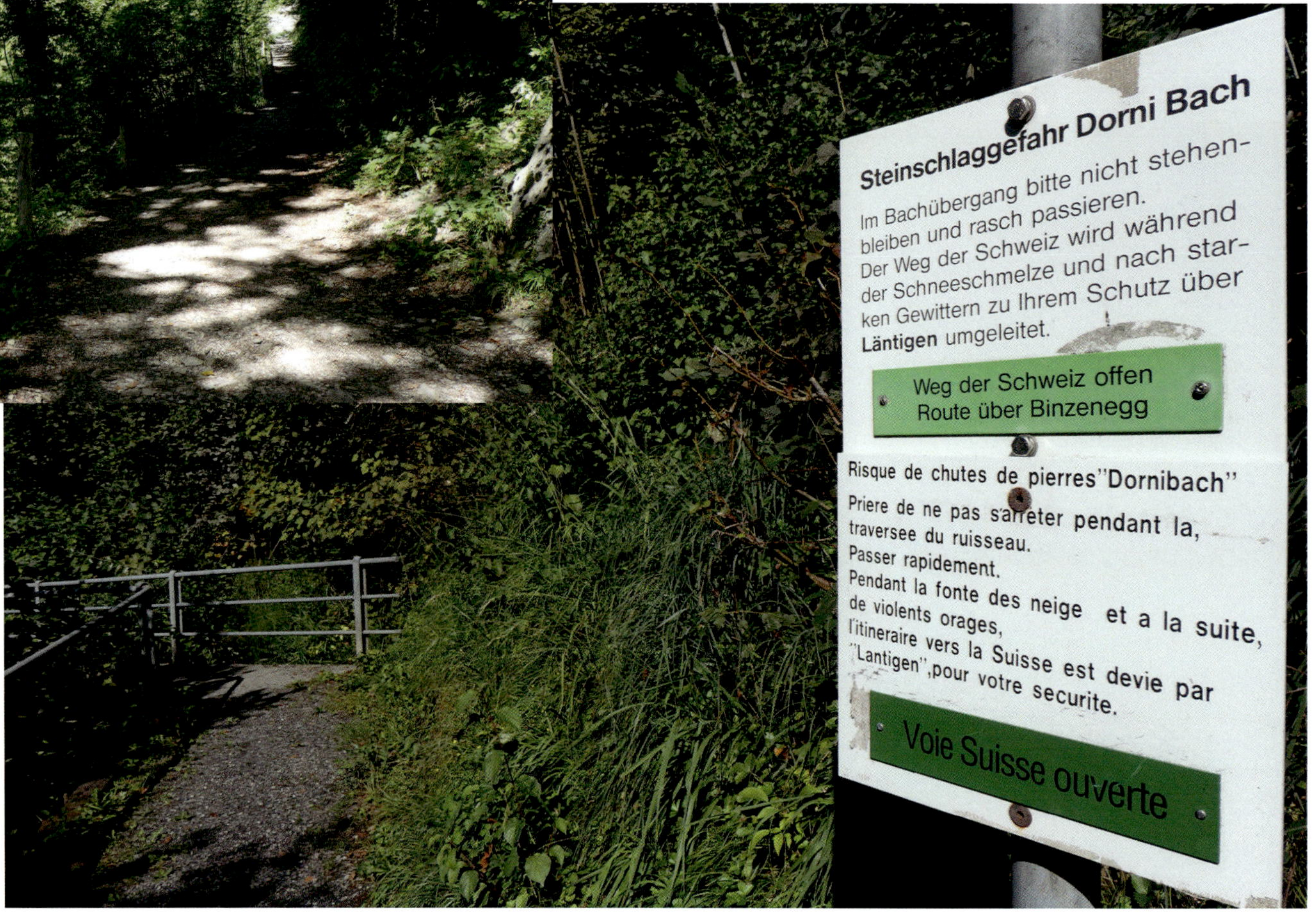

(Besonders Erlebnispädagogen benutzen diese Wanderwege als integrativen Bestandteil ganzheitlicher Erziehungs- und Bildungskonzepte, um Schlüsselqualifikationen wie soziale Kompetenz, Wagnisbereitschaft und die Persönlichkeit der Gruppe zu stärken)

Die Beschriftung dieses Klingelschilds ist aus Persönlichkeits- und Umweltschutz-Gründen eine taktische Meisterleistung: Big Brother ein Schnippchen geschlagen und die Papierflut des Pöstlers eingedämmt.

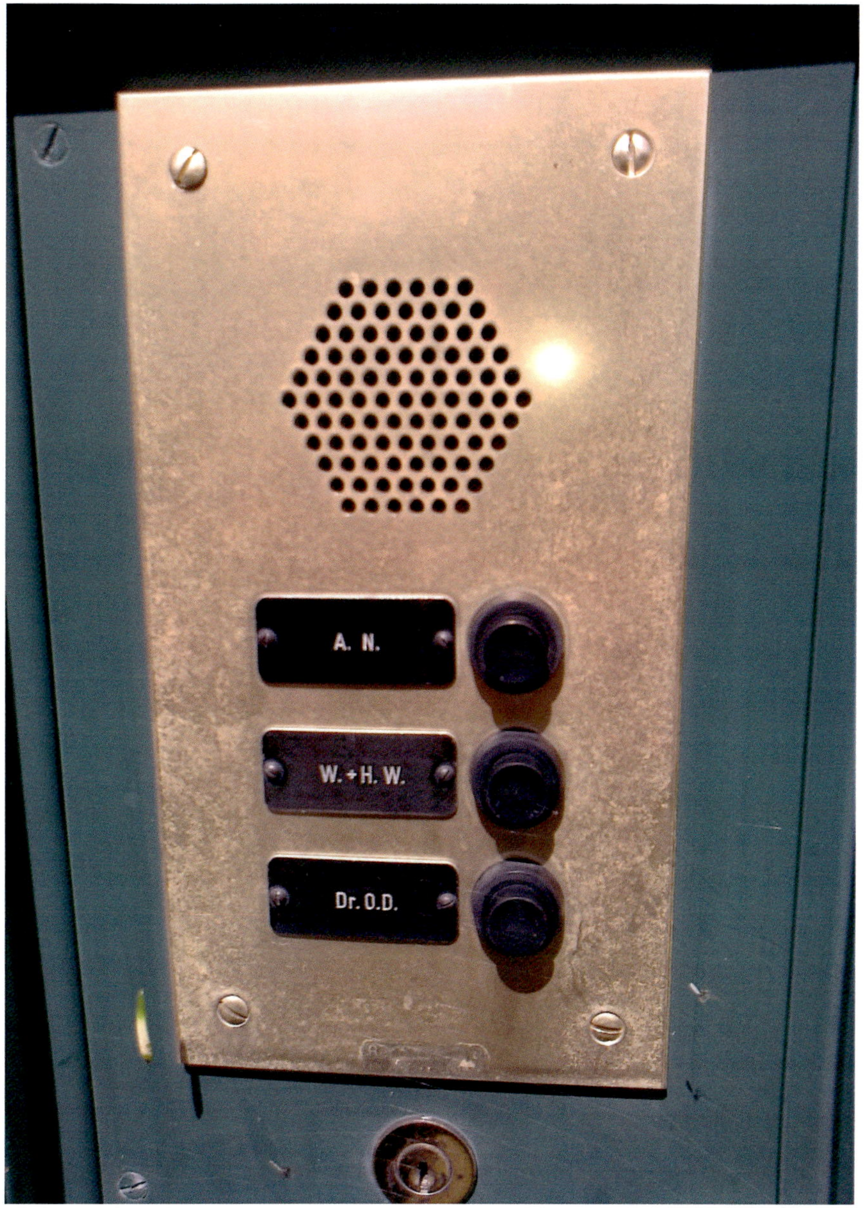

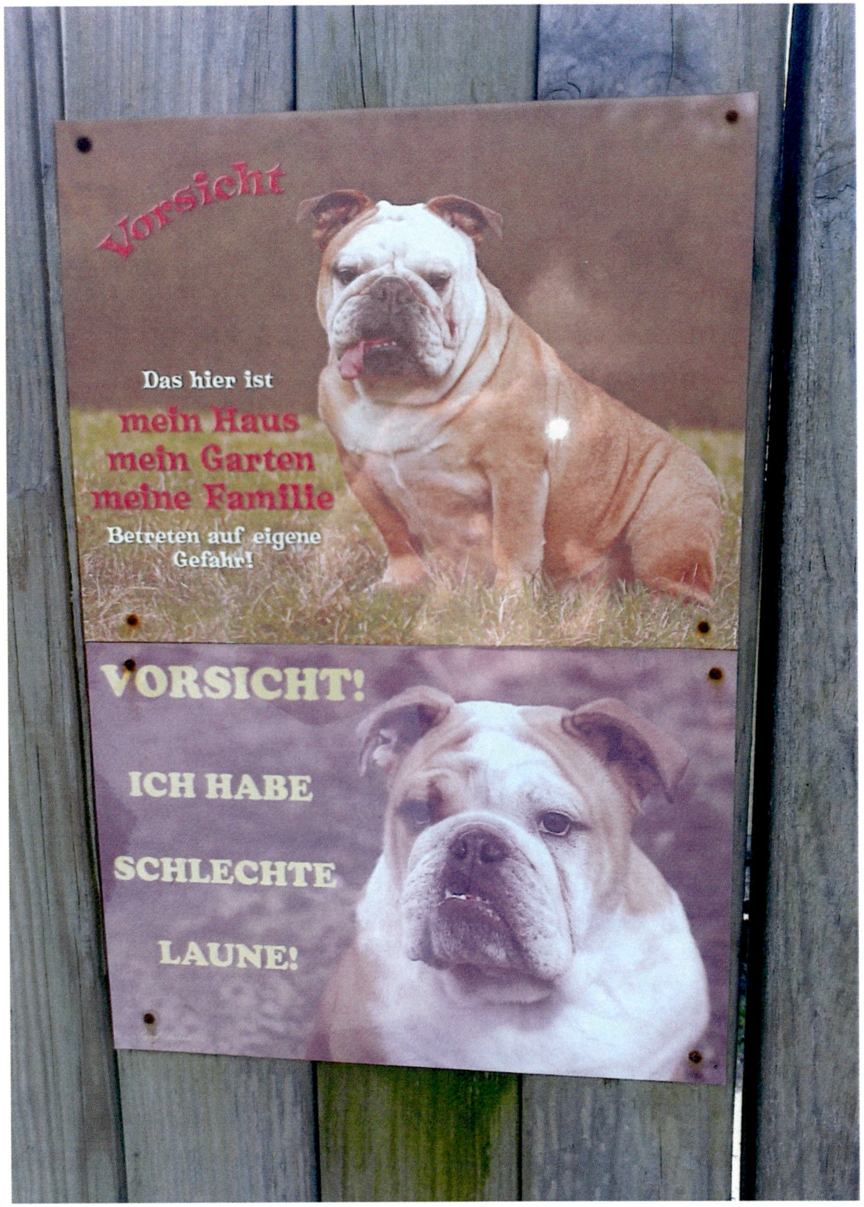

Erinnert ein wenig an den Satz »mein Haus, mein Auto, mein Boot, meine Pferde und meine Pferde-Pflegerinnen ...« aus der Sparkassen-TV-Werbung der Neunziger. Danach war die Laune des ehemaligen Schulkollegen ähnlich, wie hier beim Wachhund ...

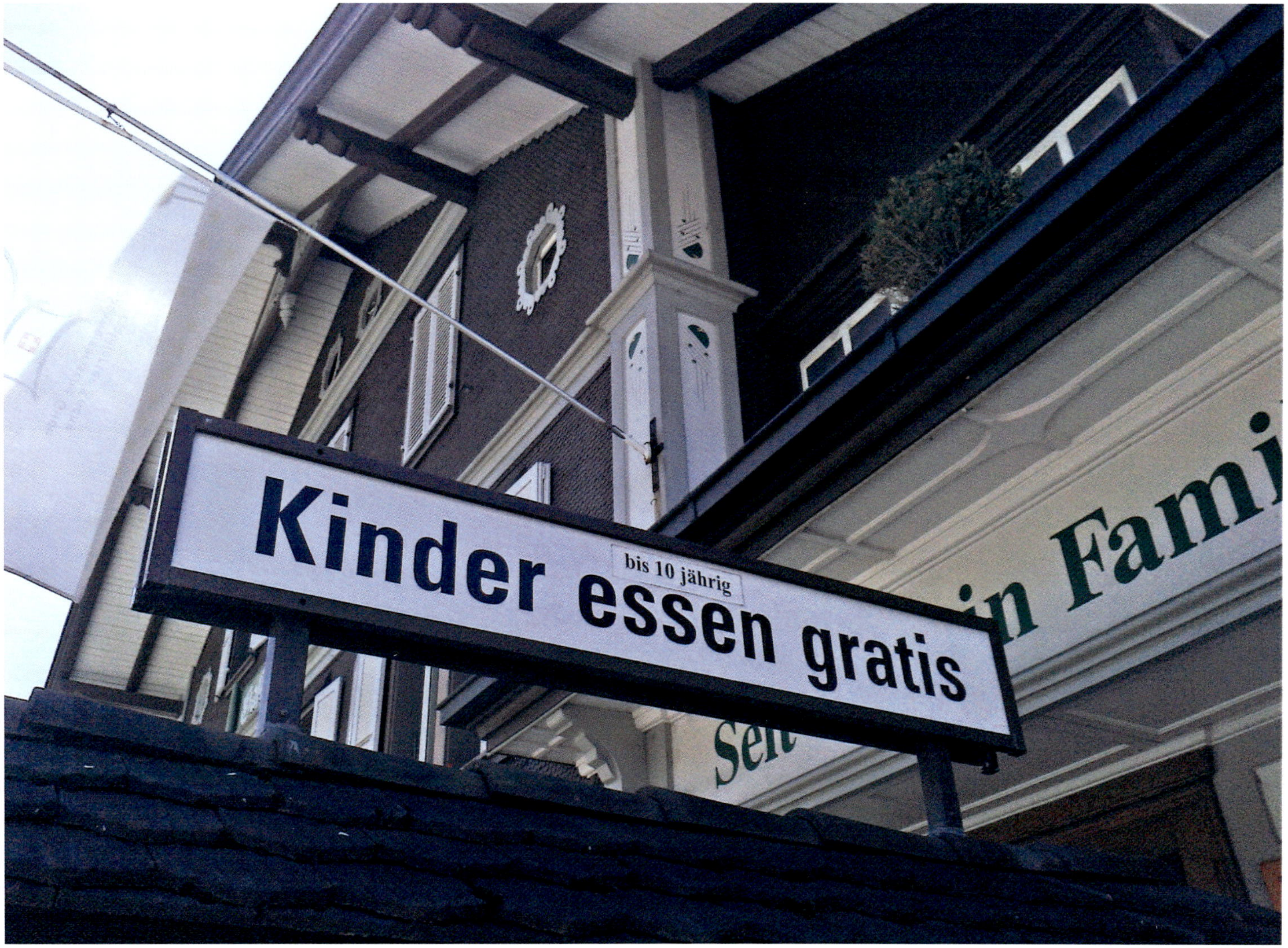

Wenn sie älter als zehn sind, schmecken sie einfach zu zäh …

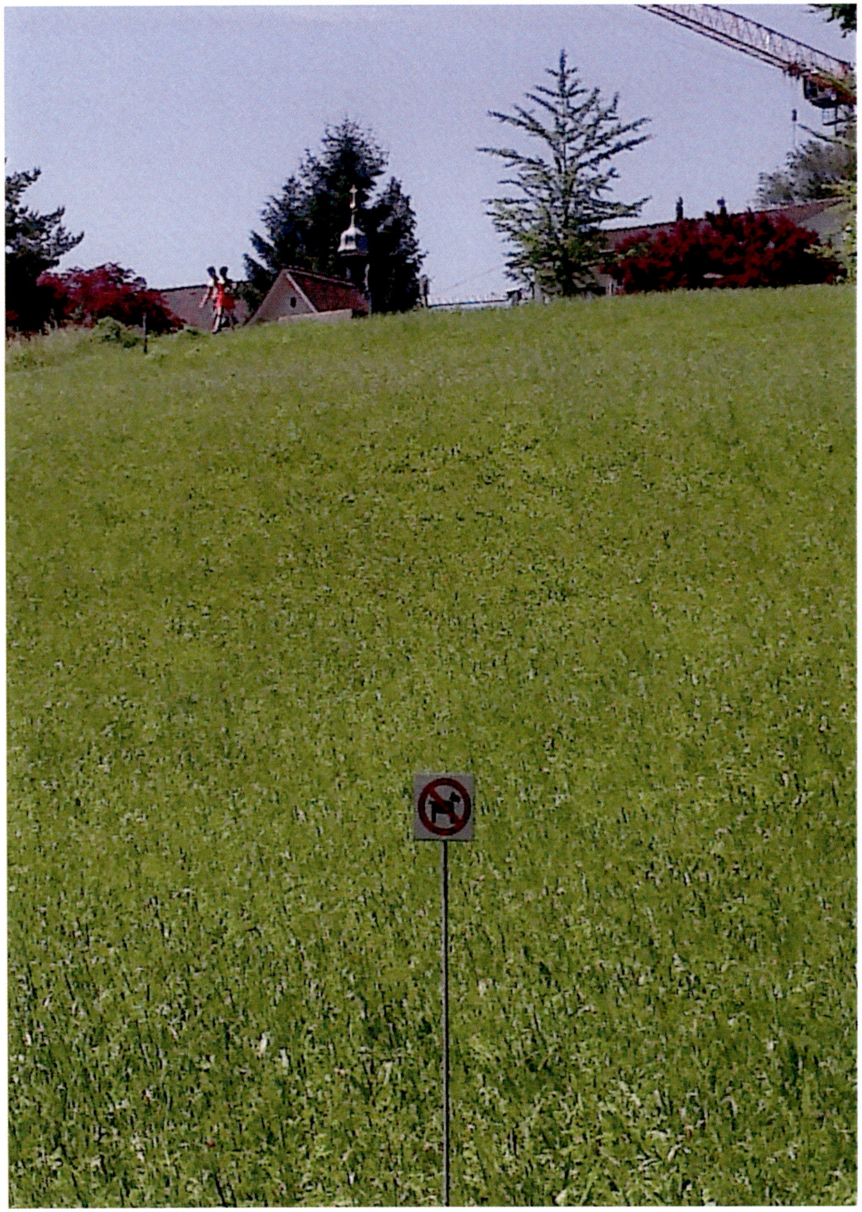

Wenn Sie sich gerade fragen, weshalb das Bild so stark verpixelt ist: Nein, es wurde nicht mit einem alten Nokia-Knochen aufgenommen! Das liegt daran, dass man dieses Schild, – offenkundig konzipiert für Zwerge und ihre Mini-Hunde –, auf vollste Stärke heranzoomen musste, um es überhaupt wahrzunehmen …

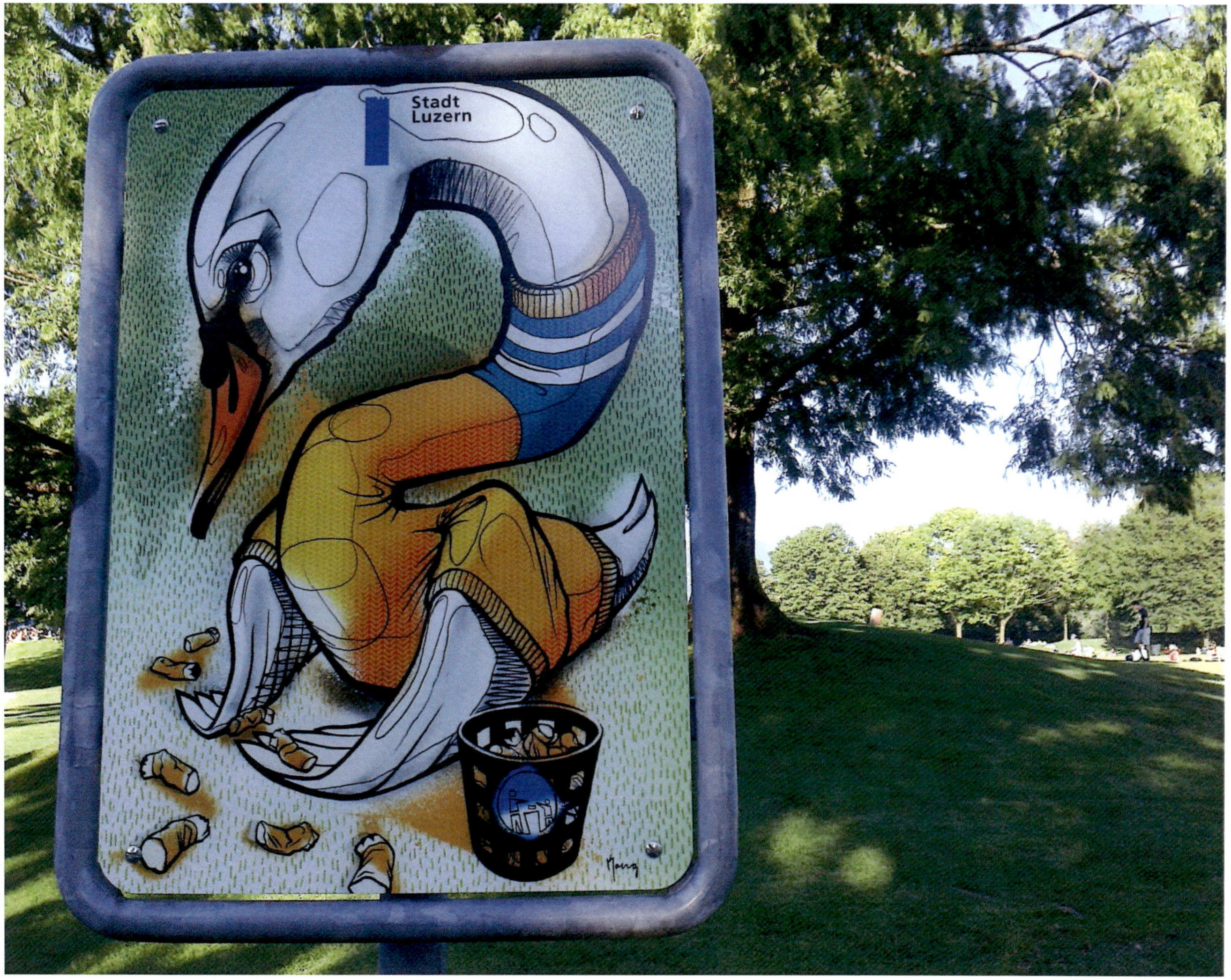

Der von der Stadt Luzern (Schweiz) angestellte Künstler hatte den Auftrag, sich mit einer einfachen, plakativen Darstellung in die Befindlichkeit des Tiers hineinzuversetzen und seine Gefühle ohne Worte nach außen zu transportieren. Aufgabe erfolgreich umgesetzt!

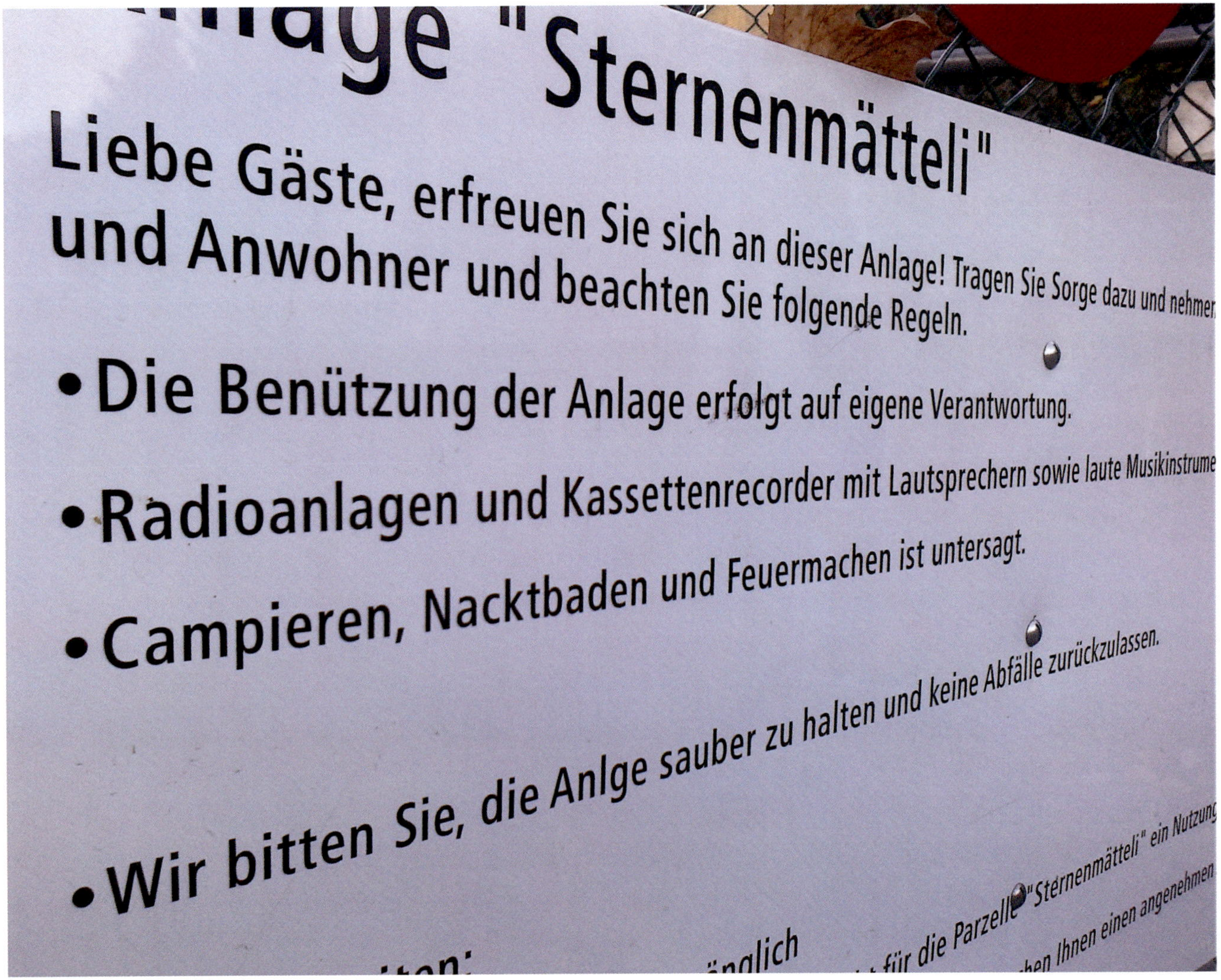

Es ist ebenfalls untersagt, zu telegrafieren, mit einem Walkman die Straße zu überqueren, laut in Telefonzellen zu sprechen, Videokassetten und Filmrollen liegenzulassen und die erste Mondlandung im Schwarz-Weiss-TV zu sehen. Zum Glück haben sie keine Duden verboten, wenn man Punkt 4 genauer unter die Lupe nimmt …

Da fehlen auch mir (dem Autoren dieses Buches) die Worte. Vielleicht: Wenn es genau an dieser Stelle regnen sollte, bitte Platz freihalten, damit sich die sonnensüchtigen Hasen gegenseitig den Frust von der Seele prügeln können.

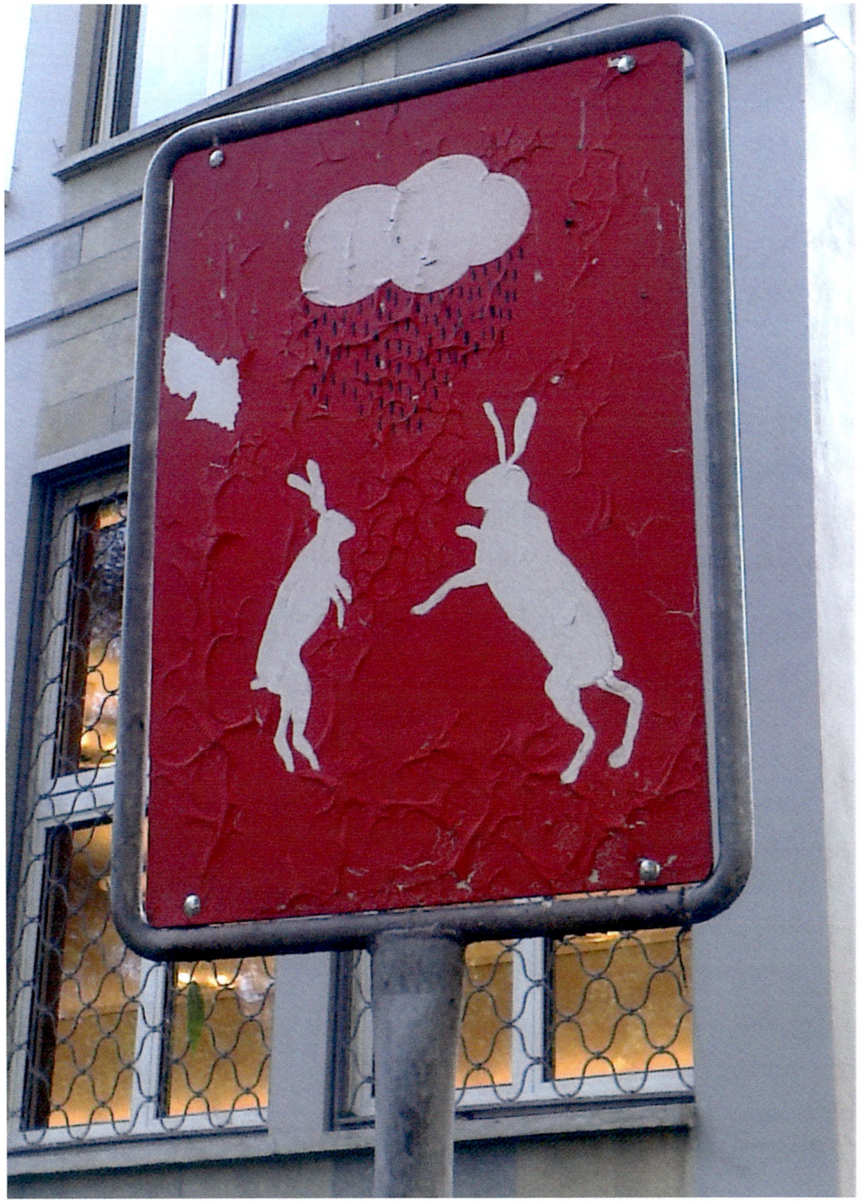

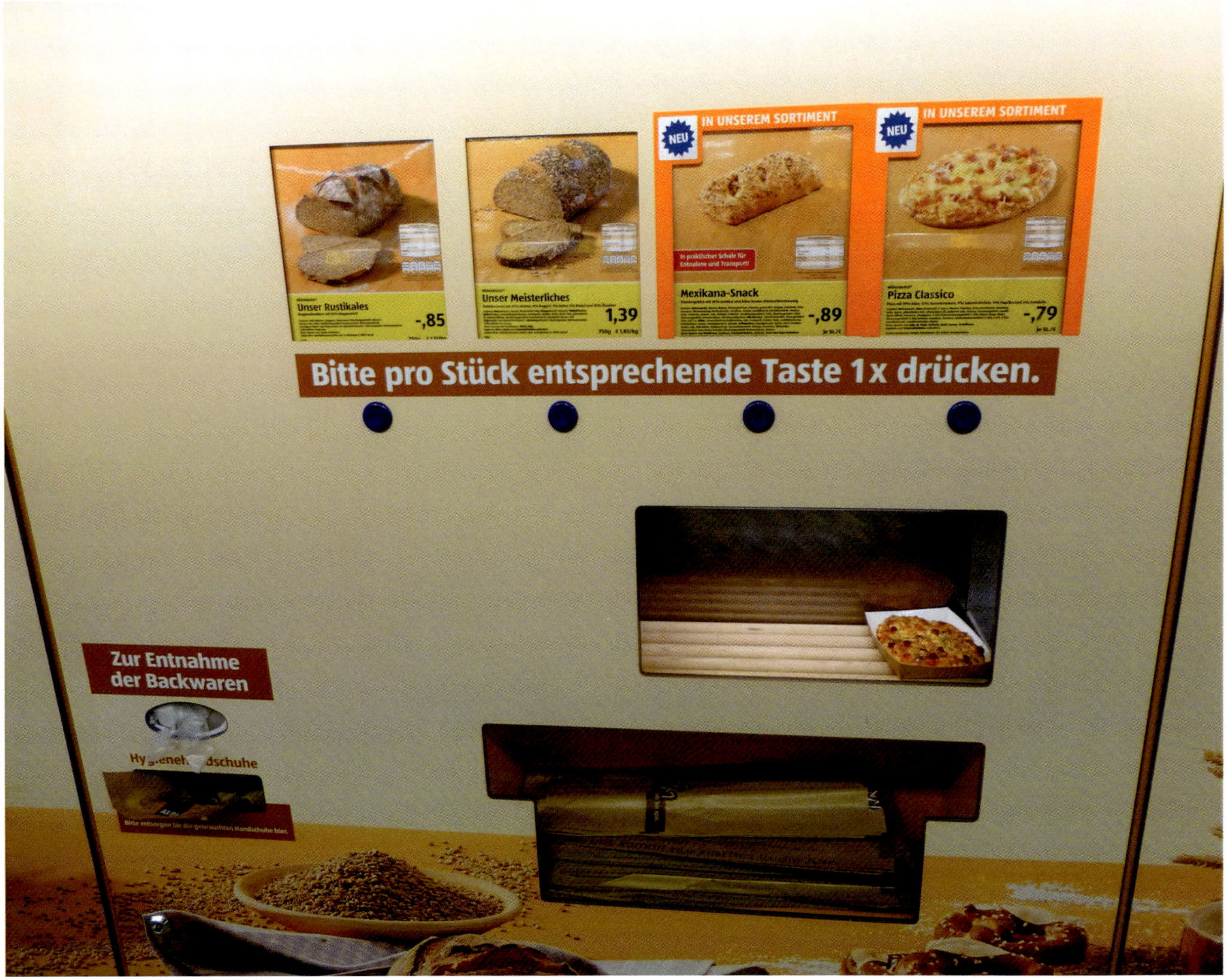

In Freiburg im Breisgau setzen sie auf die Eigenverantwortlichkeit ihrer Bürger. Dank innovativen, personalschonenden Geschäftsmodellen haben sie die Wirtschaftskrise längst im Griff.

Wandersleute, die an diesem Schild vorbeilaufen, schauen ihren Fiffi plötzlich mit ganz anderen Augen an …

(Auf dem Fricktaler Chriesiwäg, Schweiz, wird mit herzzerreißenden Emotionen an das Pflichtbewusstsein von Frauchen und Herrchen appelliert)

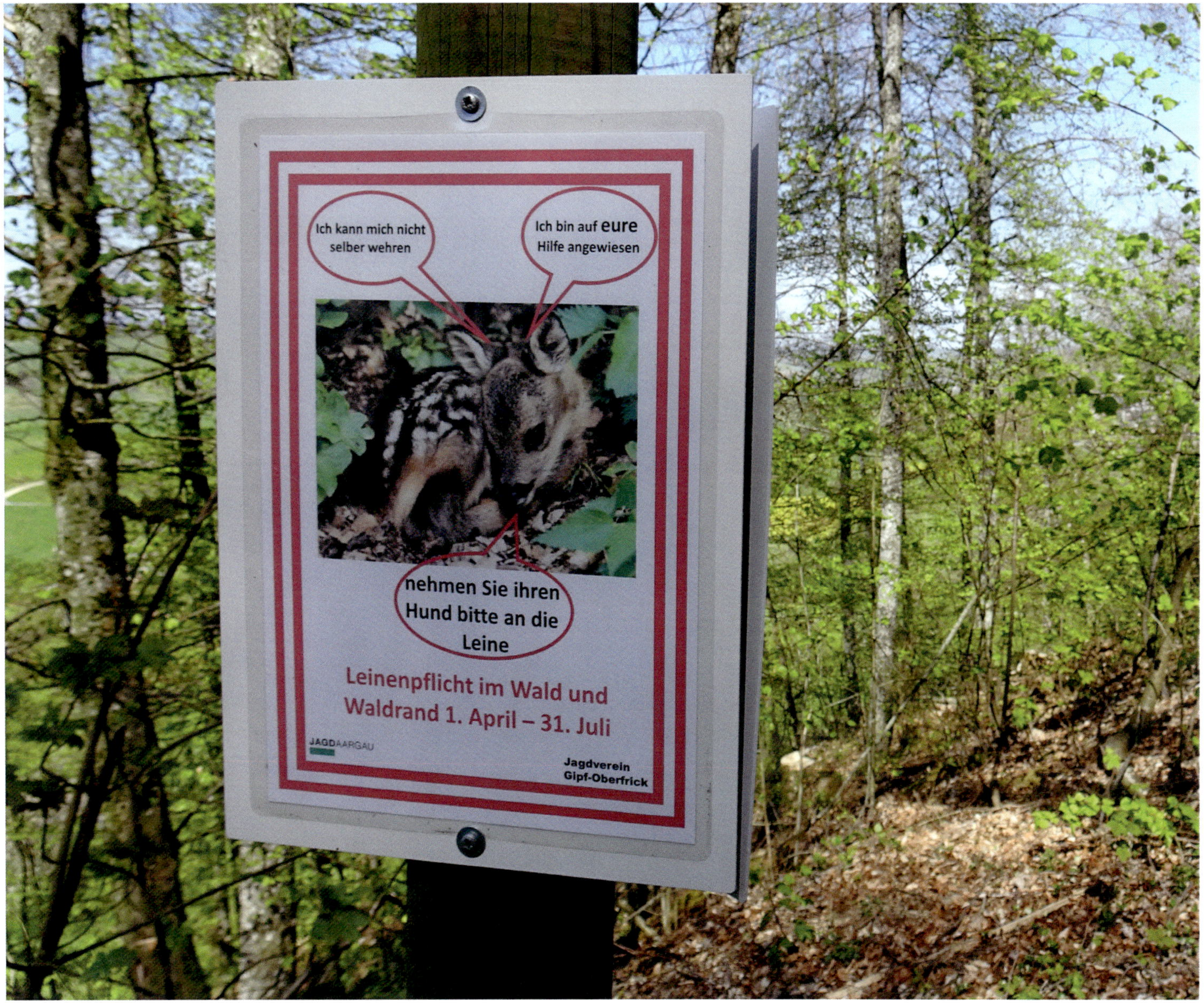

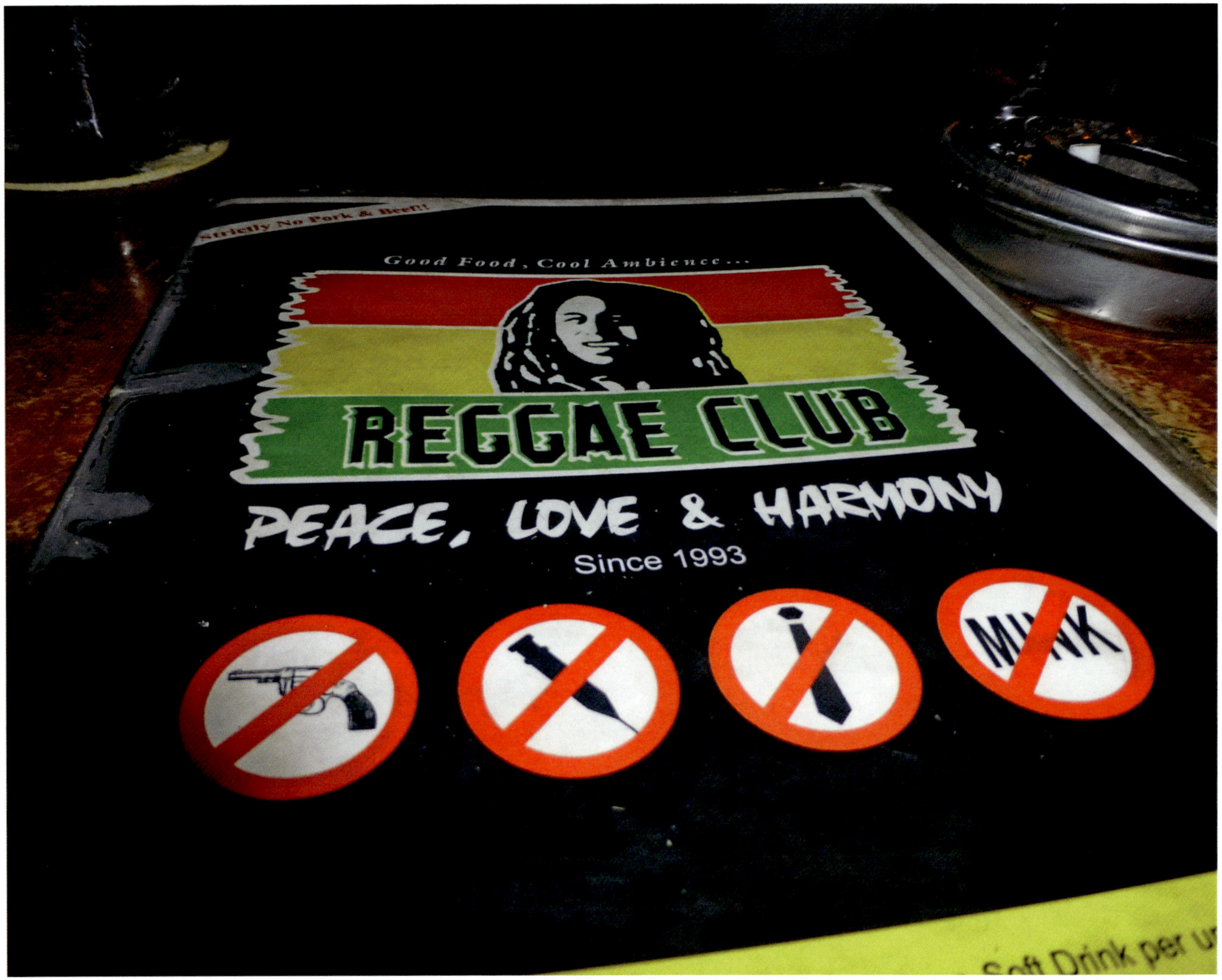

Wie in einem Reggae-Club (hier jener von George Town, Malaysia) fast nicht anders zu erwarten, wird das Tragen von Krawatten oder Nerz als gleicher Frevel gewichtet, wie das Mitführen von Pistolen oder Spritzen …

Der Bürgermeister von Gordola (Schweiz) träumt schon lange vom Besuch großer Staatsmänner, Oligarchen, Wirtschaftsmagnaten und kosmopolitischen »Opinion Leaders«, weshalb die Wiese in der Tessiner Gemeinde seit Jahrzehnten für alle Eventualitäten freigehalten wird.

(Das Dorf zählt 4650 Seelen und ja, es ist die einzige brauchbare Wiese weit und breit …)

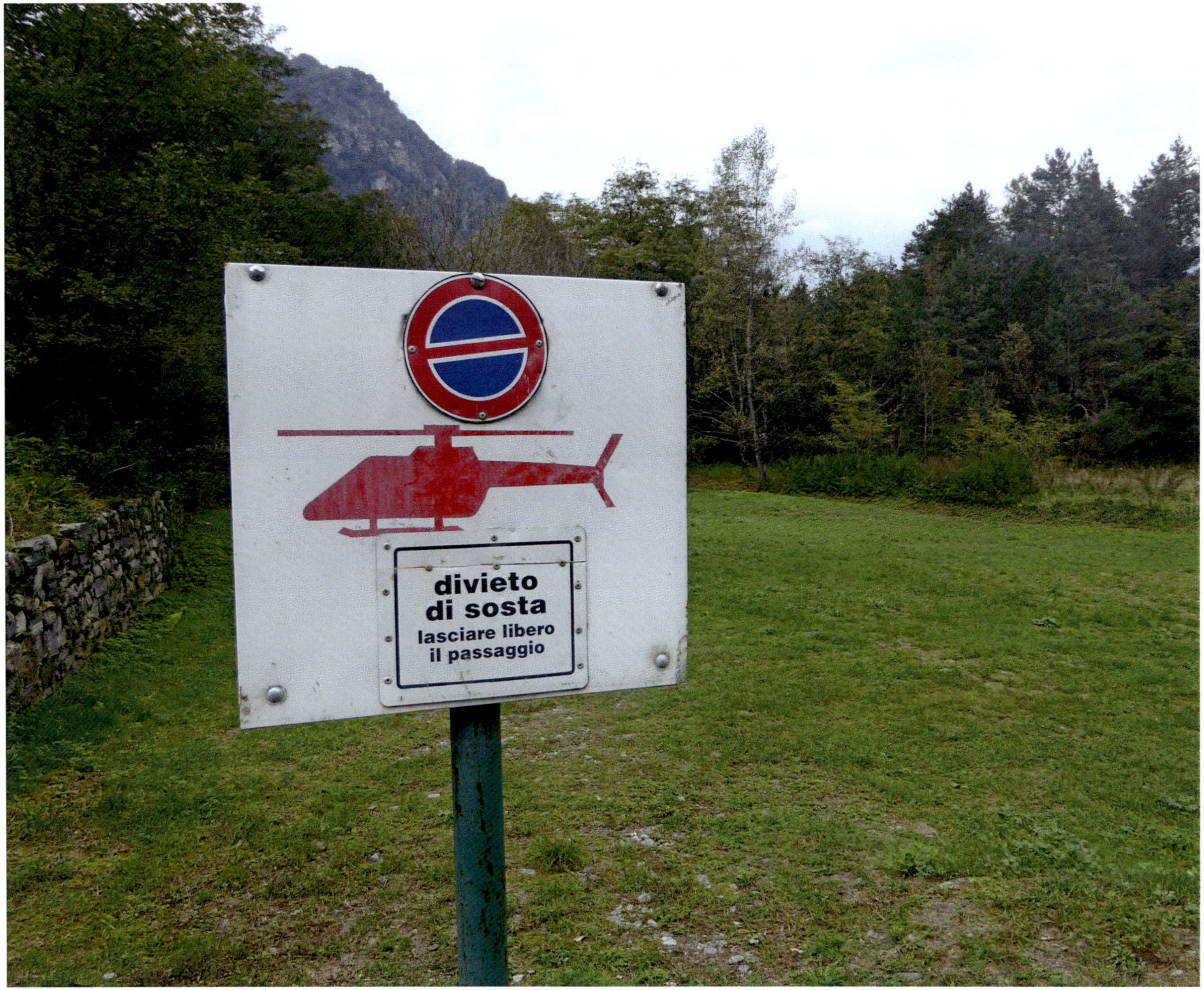

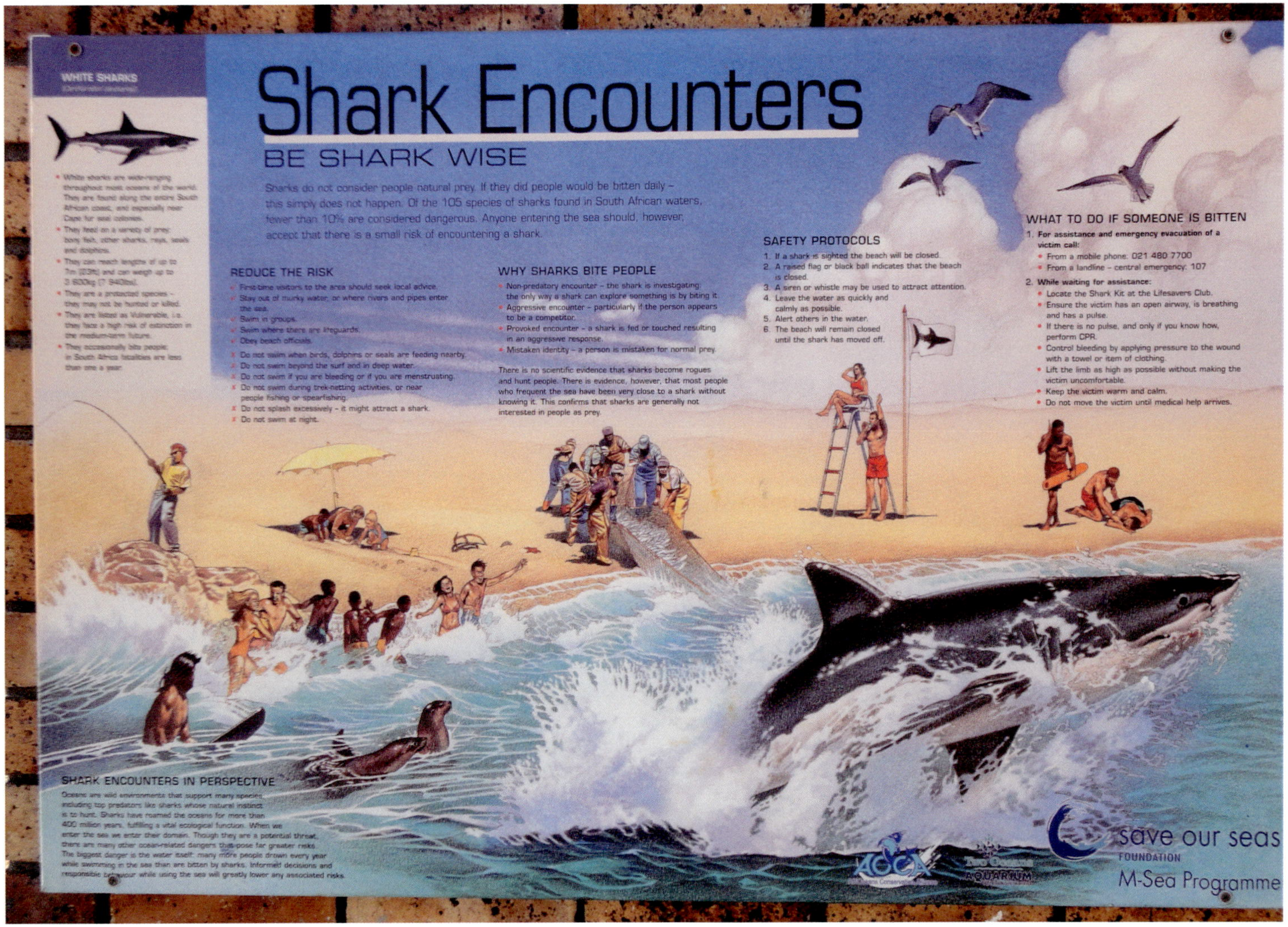

Das Tourismus-Büro der südafrikanischen Gemeinde Gordons Bay ist sich sicher: Mit viel Farbe, einer schönen grafischen Gestaltung und der spiegelverkehrten Ansicht der Flucht-Hackordnung werden allfällige Badespass-Trübungen im Keim erstickt …

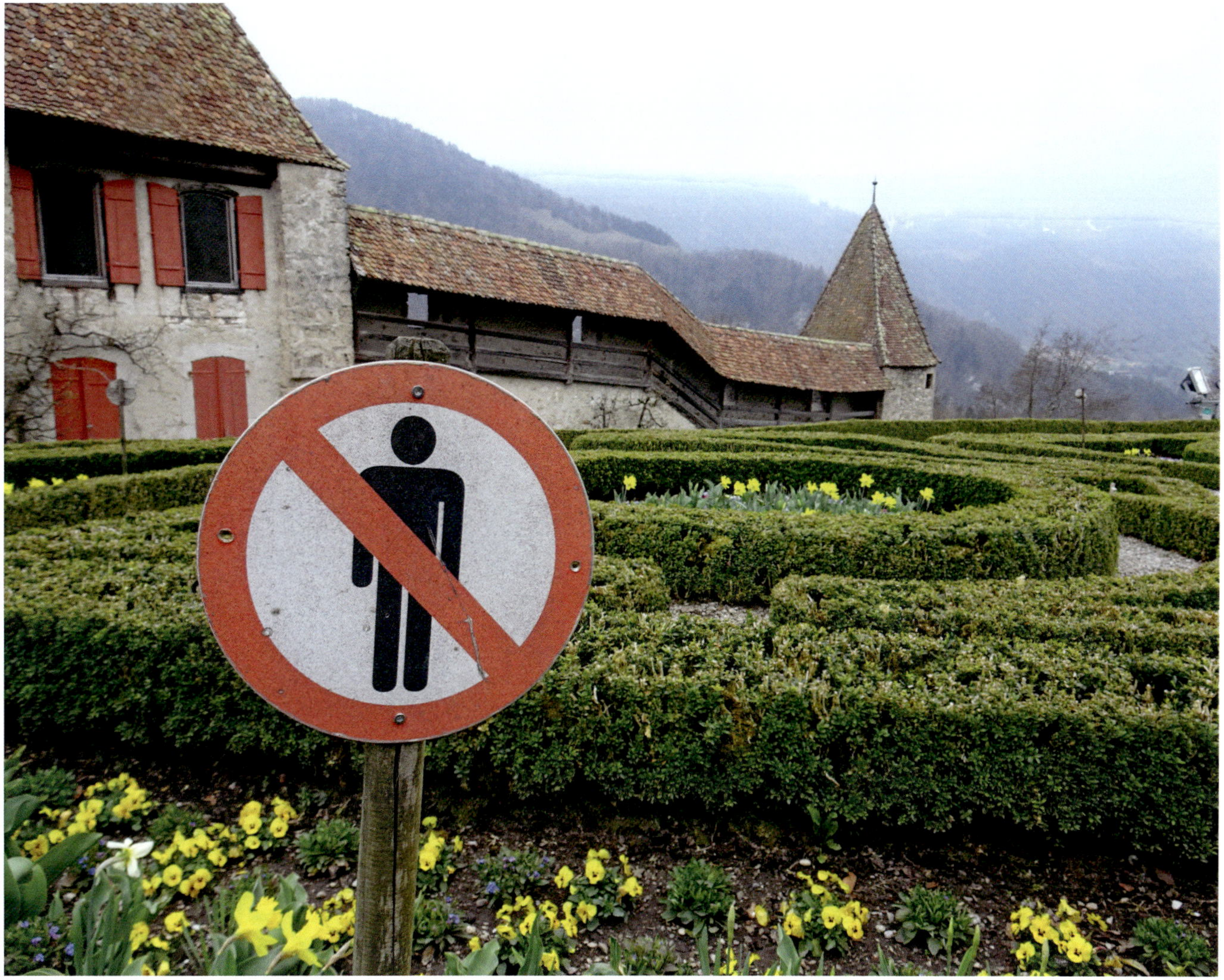

Wer hier keine Drohne hat, der guckt – buchstäblich und sprichwörtlich – in die Röhre …

(Beim Schloss Greyerz in der Schweiz wird so manch einer wohl zum ersten Mal im Leben mit der Frage konfrontiert, weshalb zum Geier eigentlich Labyrinthe gebaut werden, wenn man sie nicht betreten darf)

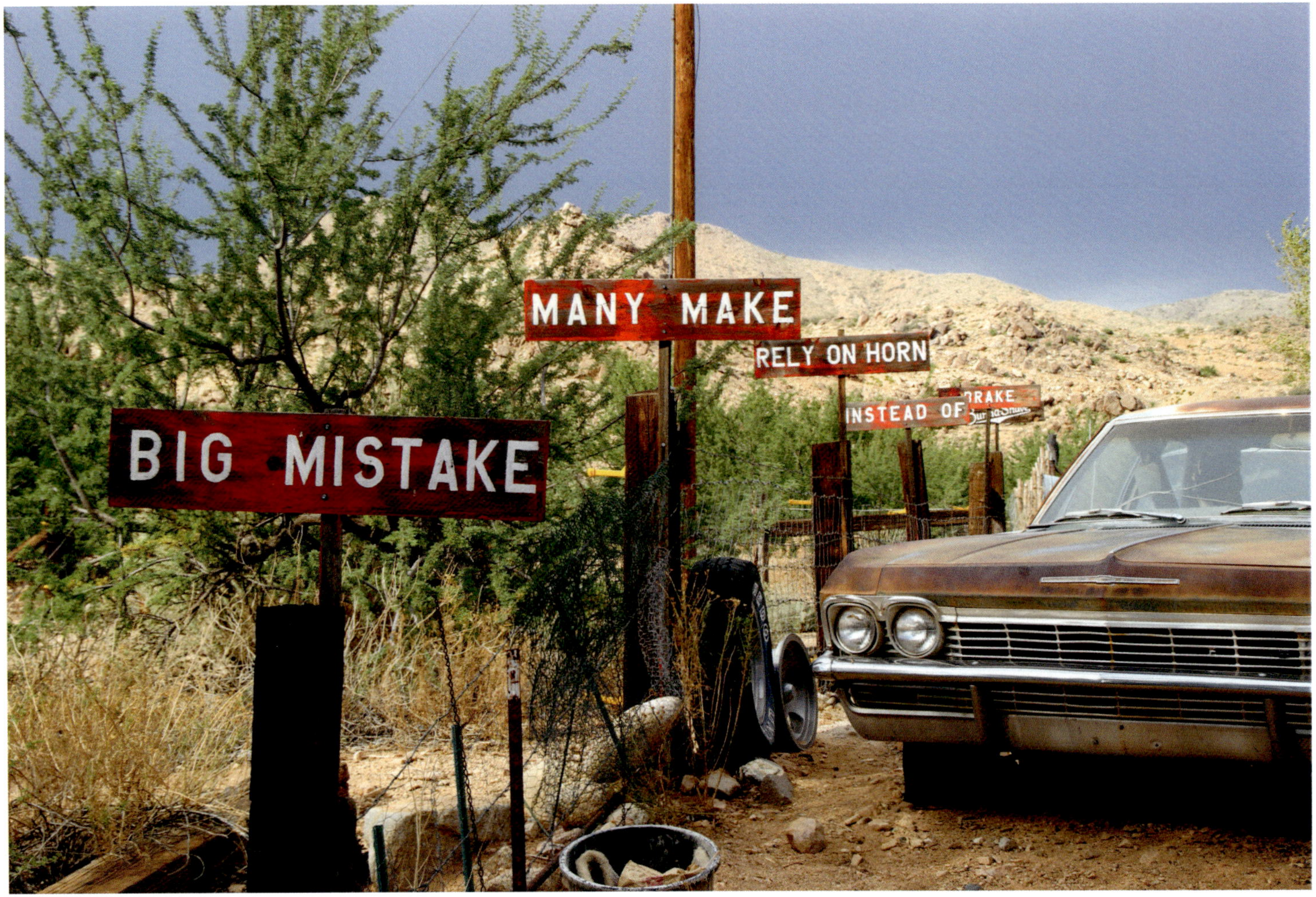

Wer in Hackberry auf der Route 66 auf Hupen statt auf Bremsen setzt, der kommt – wie der Besitzer dieses Autos – wohl zum letzten Mal in den Genuss von ausgefeilten Teasern.

(bei so vielen Schildern, die hier gelesen werden wollen, scheint ein Unfall schier unvermeidbar)

Ein klassischer Fall von Schizophrenie, aber es zeigt auch, dass sich Menschen mit einer gespaltenen Persönlichkeit gut in die Gesellschaft integrieren können.

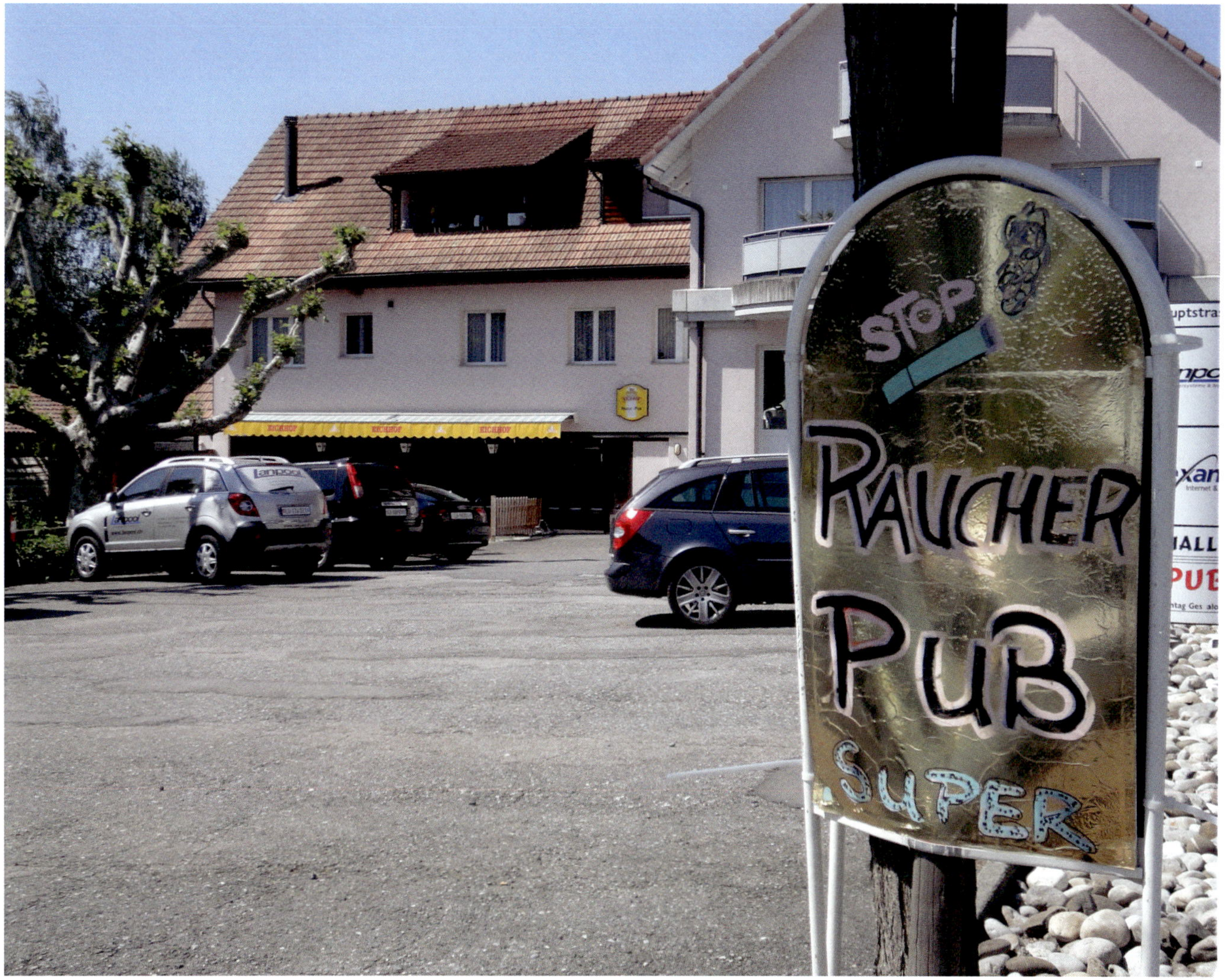

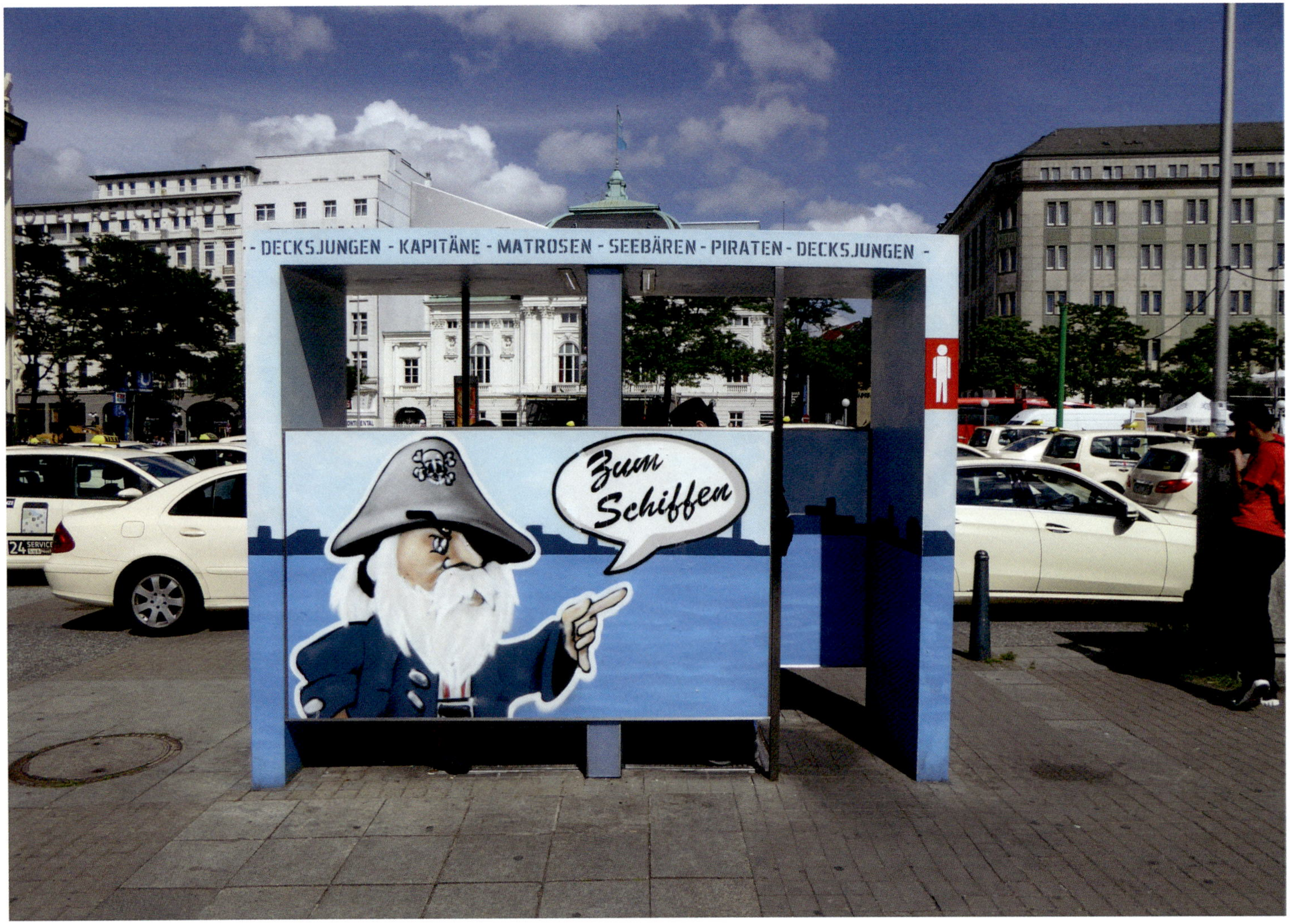

Cooles Wortspiel! Dient auch als Unterschlupf, wenn es wieder einmal »fieselt«.

(andere schöne Hamburger Wortkreation ihr Wetter betreffend)

Die hawaiianische Bevölkerung reagiert bisweilen etwas dünnhäutig auf fremde Eindringlinge.

(Oder aber, hier in Hanalei auf der Insel Kauai war ein sanftmütiger, pazifistischer Alt-Hippie am Werk ...)

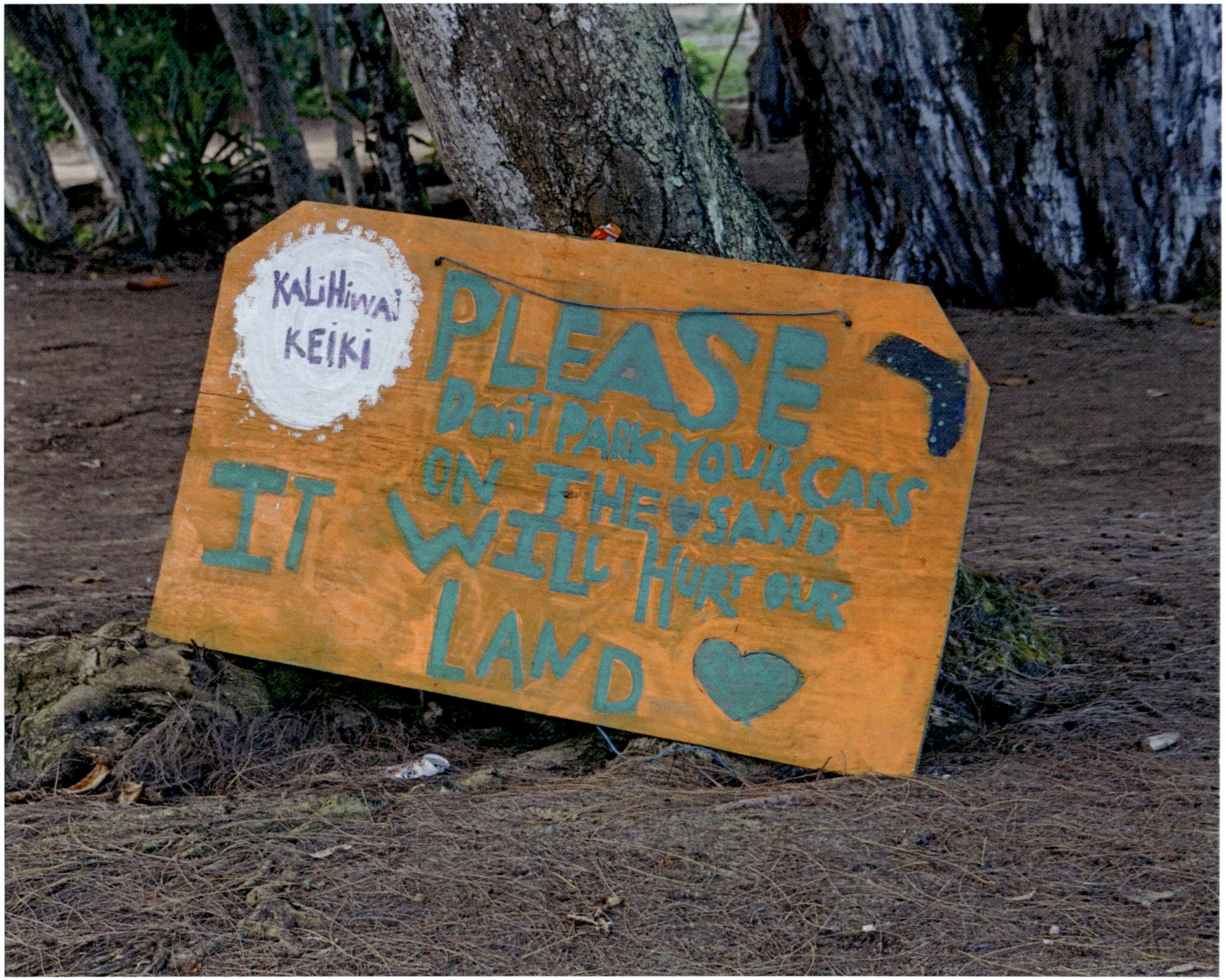

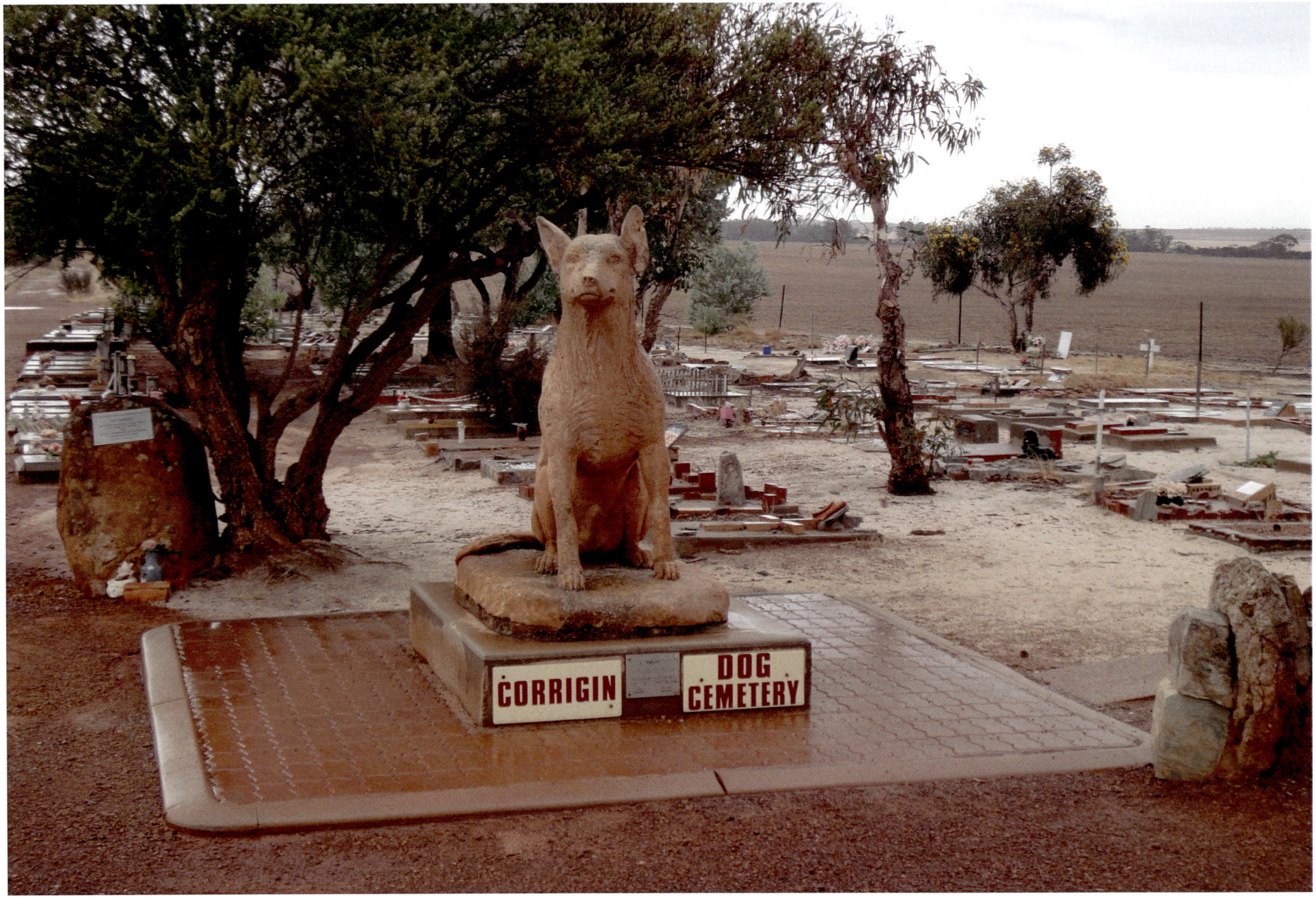
CORRIGIN
DOG
CEMETERY

Hintergründiges ...

Der Hundefriedhof von Corrigin ist die einzige, gelegentlich von Touristen besuchte »Sehenswürdigkeit« in der etwas über 900 Einwohner starken Gemeinde im zentralen Weizengürtel Westaustraliens. Die letzte Ruhestätte für mittlerweile etwas mehr als 200 verstorbene Hunde liegt etwa fünf Kilometer außerhalb des Ortes am Brookton Highway. Der »Corrigin Dog Cemetry« wurde 1974 ins Leben gerufen, als der Einheimische Paddy Wright nach einem Ort suchte, an dem er seinen geliebten Hund »Strike« begraben konnte. In den Achtziger-Jahren begann Alan Henderson, ein anderer Einwohner von Corrigin, gegen eine kleine Gebühr Grabsteine auf die Gräber zu setzen. Dass sich überhaupt der eine oder andere Touristenbus in das kleine Dörfchen, – knapp 230 Kilometer östlich von Perth gelegen –, verirrt, ist wohl auch dem Hundedenkmal geschuldet, dass man 1992 zu Ehren des besten Freundes des Menschen gleich neben dem Highway platziert hat. Dass Corrigin mehr draufhat, als nur Schaf- und Weizen-Zucht, beweist der im 2002 gemachte Weltrekord »des größten Konvois mit Hunden in Utes«. 1527 Hunde wurden damals in Pickups (sogenannte »Utes«, steht für »Coupé-Utilities« oder »Utility Vehicle«) untergebracht, woraus der heutige Event »Dog in a Ute« entstand, der mittlerweile Kultstatus genießt.

Immer diese unnötige Panikmache!

(Seit die Zapfsäule 2 außer Betrieb ist, trifft sich hier die Dorfjugend, um am Lagerfeuer die Pfeife der Vernunft zu rauchen)

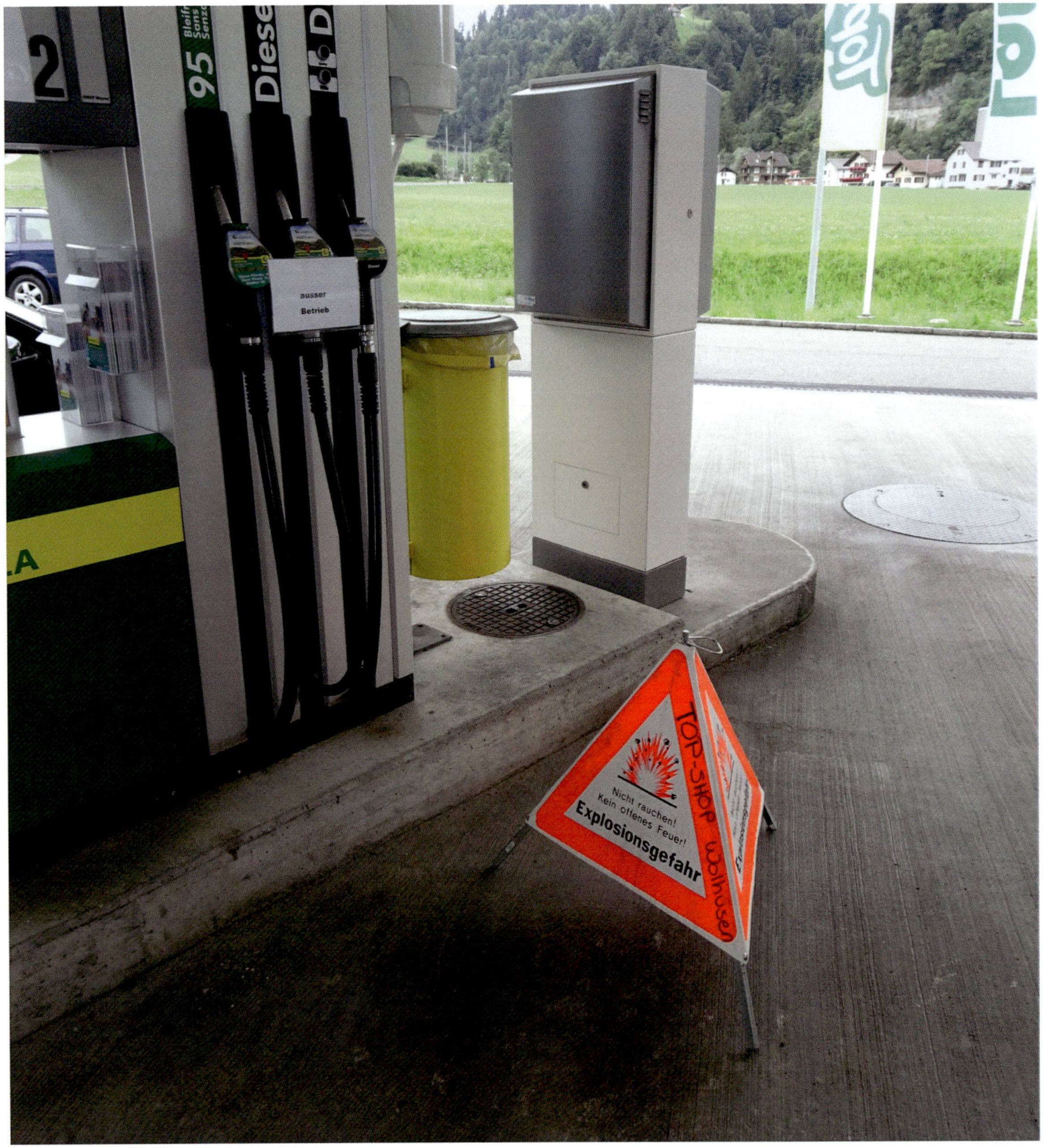

Nur wer ganz still dasteht, leise vor sich hin atmet und dumm aus der Wäsche glotzt, wird an der Hanauma Bay auf der hawaiianischen Insel Oahu nicht mit Busse, Haft oder beidem belegt.

(… und ja, fotografieren ist glücklicherweise auch nicht verboten, sonst hätten wir jetzt nicht die Gelegenheit, uns über diese ellenlange Litanei an Verboten zu erfreuen)

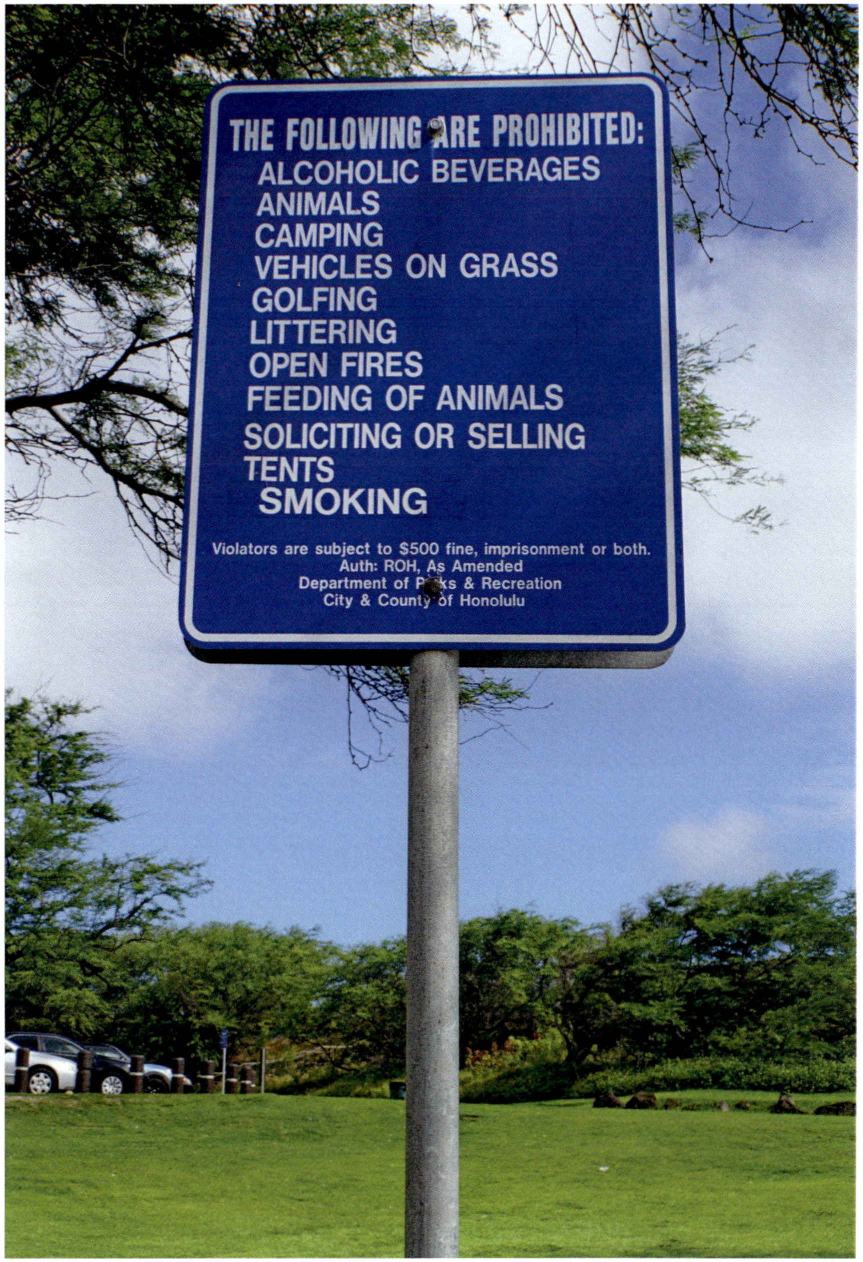

Da hier sowieso immer alle schifften, haben sie das Ganze jetzt einfach amtlich gemacht.

(Dieses Hinweisschild wird neu in der Kartei der Dinge, die die Welt nicht braucht, gelistet und befindet sich jetzt zusammen mit Atombomben, Verkehrsinseln, Tetra Pak, Radarfallen und Aktienbörsen in bester Gesellschaft)

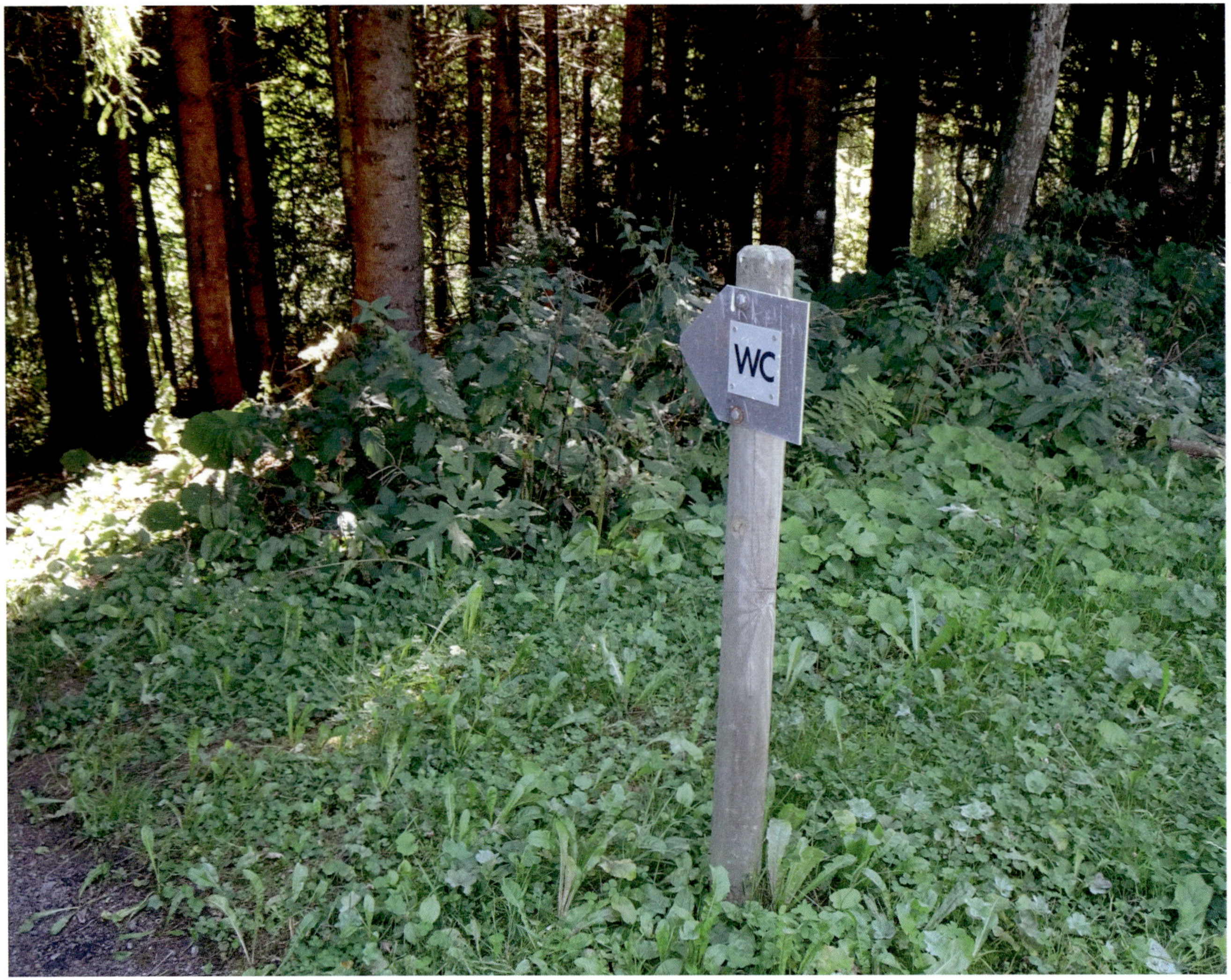

In der laotischen Hauptstadt Vientiane macht Not erfinderisch: Man nehme einen coolen Typen, der gerade nichts Besseres zu tun hat, setze ihm eine lässige Sonnenbrille auf, verpasse einem alten Tuk Tuk einen neuen Anstrich und garniere es mit ein paar Schildern und schon hat man das kleinste Hard Rock Cafe der Welt.

(Die Geschäftsidee müssten sich die umtriebigen Erfinder unbedingt patentieren lassen, denn Vientiane ist nicht als offizieller Hard-Rock-Cafe-Standort geführt …)

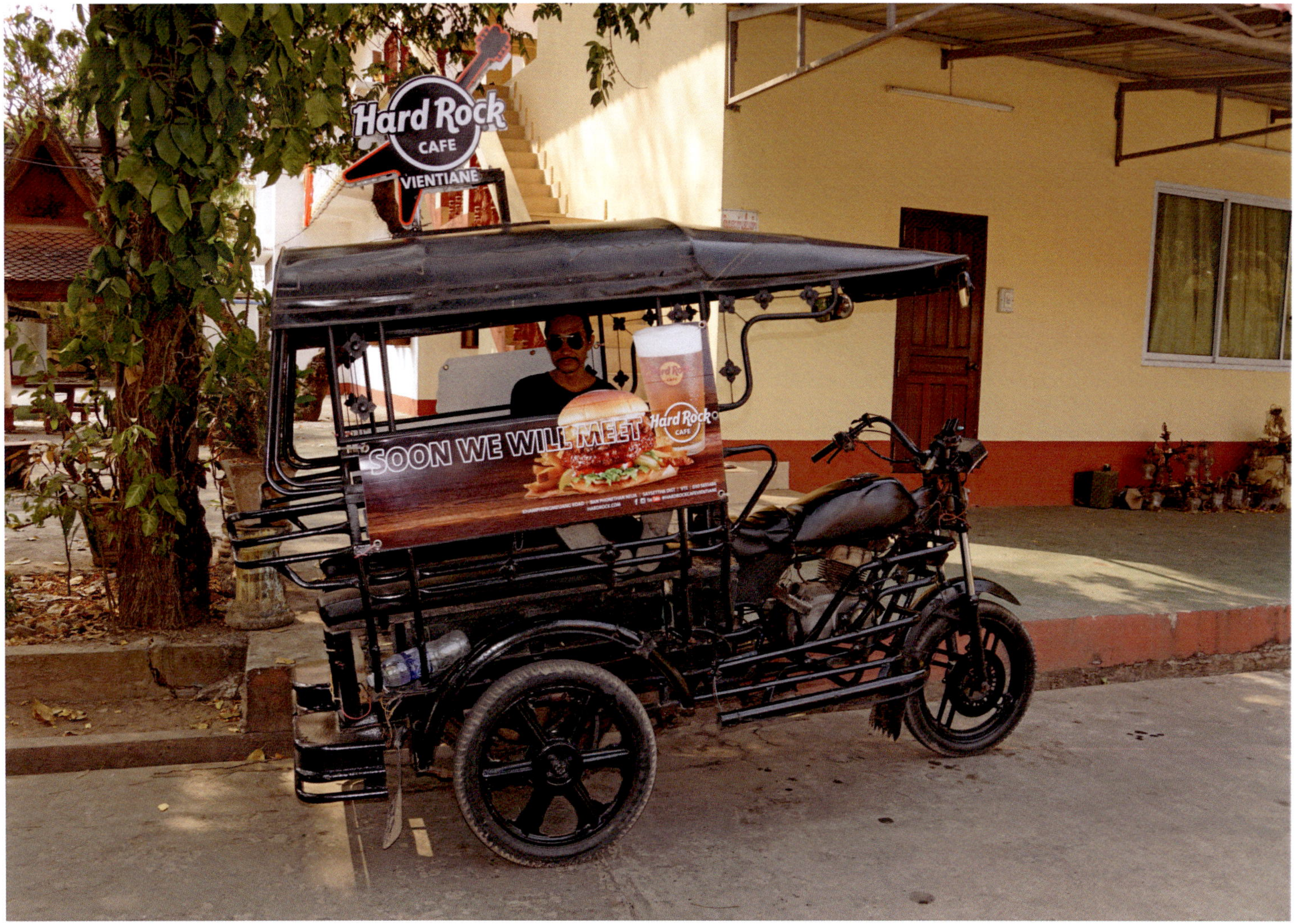

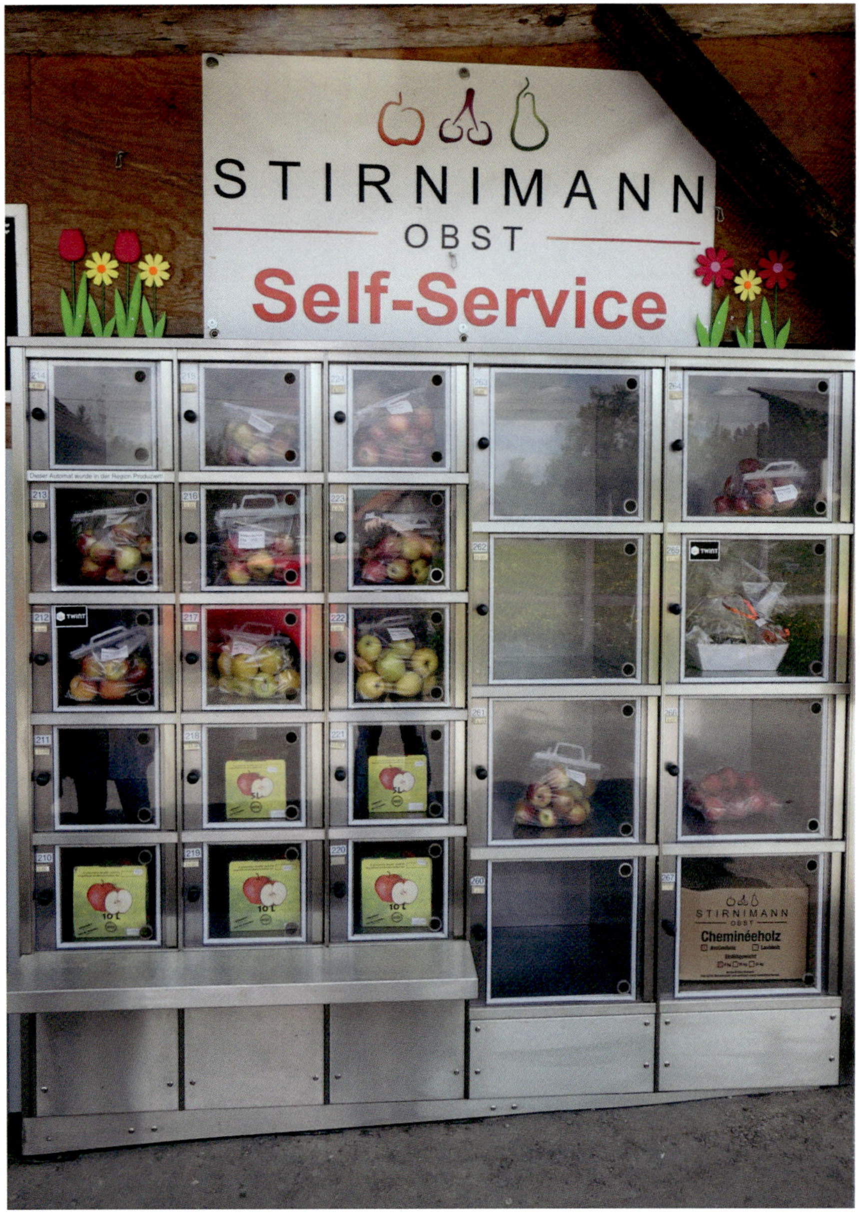

Das Wort »Bauern-Schläue« kommt nicht von ungefähr: Kurzer Verkaufsweg zwischen Produzent und Endkonsument ohne Zwischenhändler und wenn das Geschäft nicht mehr rentiert, wird auch bei der schnellen, unbürokratischen Firmen-Auflösung nicht lange gefackelt.

(Man beachte das Anzündholz fürs Cheminée ganz unten rechts. Ein Schelm wer dabei Böses denkt …!)

Seitdem die Flughafen-Oberen des Douglas-Charles-Airports von Dominica den Baum aufstellen liessen, regnet's weniger geistige Tiefflieger …

(Zur allgemeinen Belustigung des Flughafenpersonals lässt man das Metall-Ding trotzdem stehen, da es jedes Mal ein Heidenspaß ist, wenn wieder ein ahnungsloser Tourist hinter dem Armaturenbrett zusammenzuckt …)

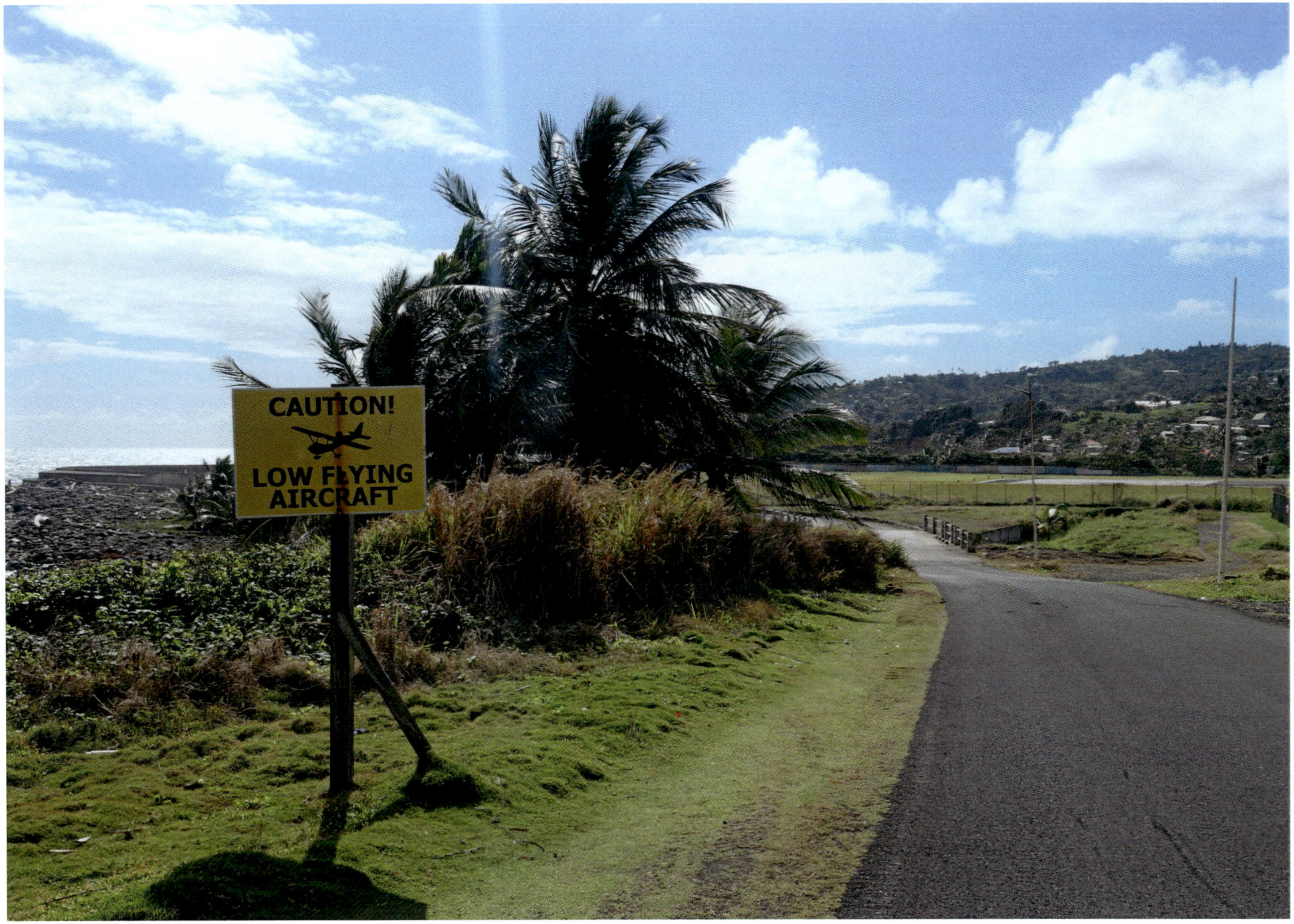

Depressive Verstimmung kombiniert mit einem Job in einer Tankstellenkette kann eine explosive Mischung darstellen und für reichlich Zündstoff sorgen …

(Werbung bewegt sich meist auf einem schmalen Grat zwischen Genialität und komplettem Schwachsinn, aber hey, das Ding hat es in dieses Buch geschafft, – insofern: Alles richtig gemacht!)

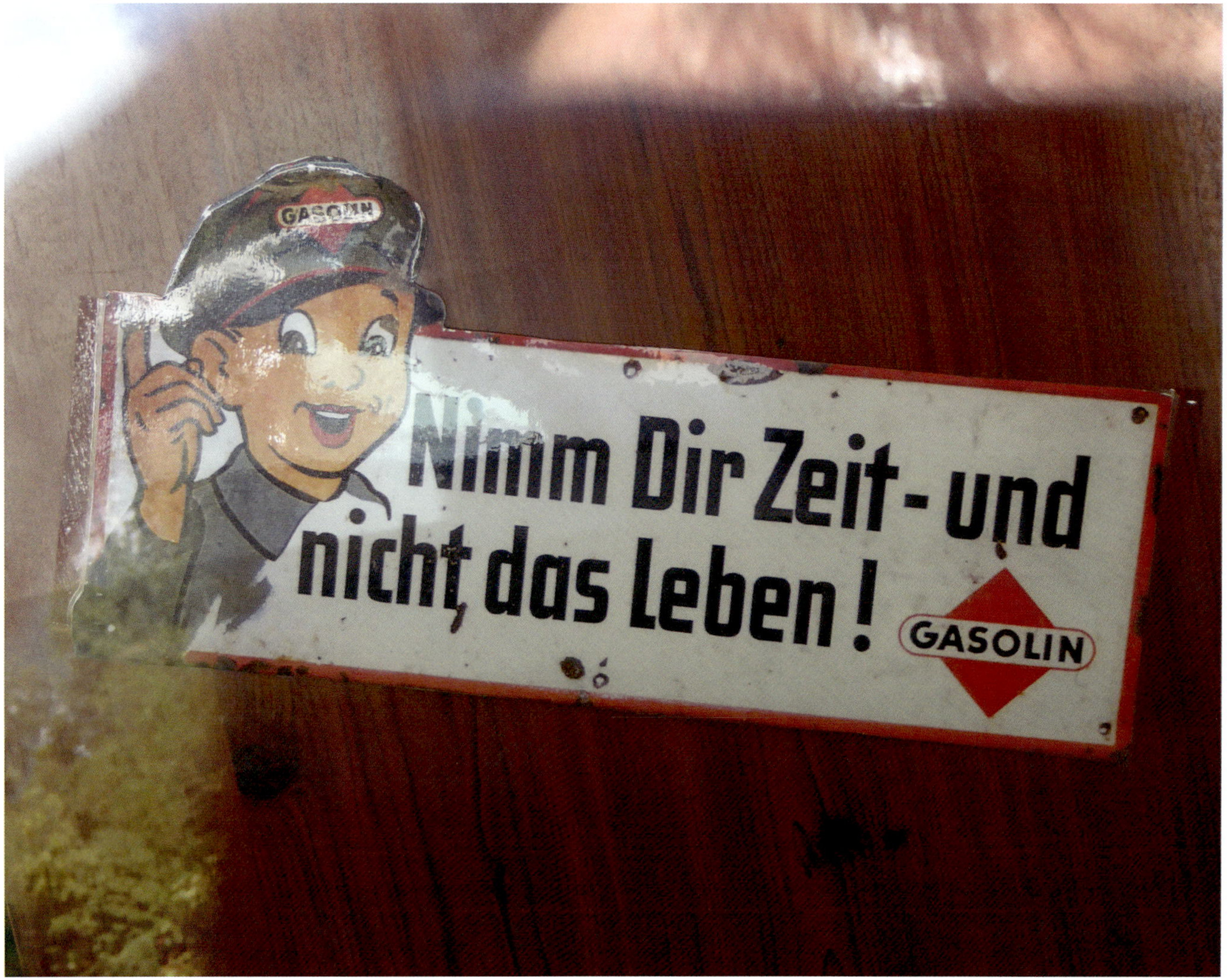

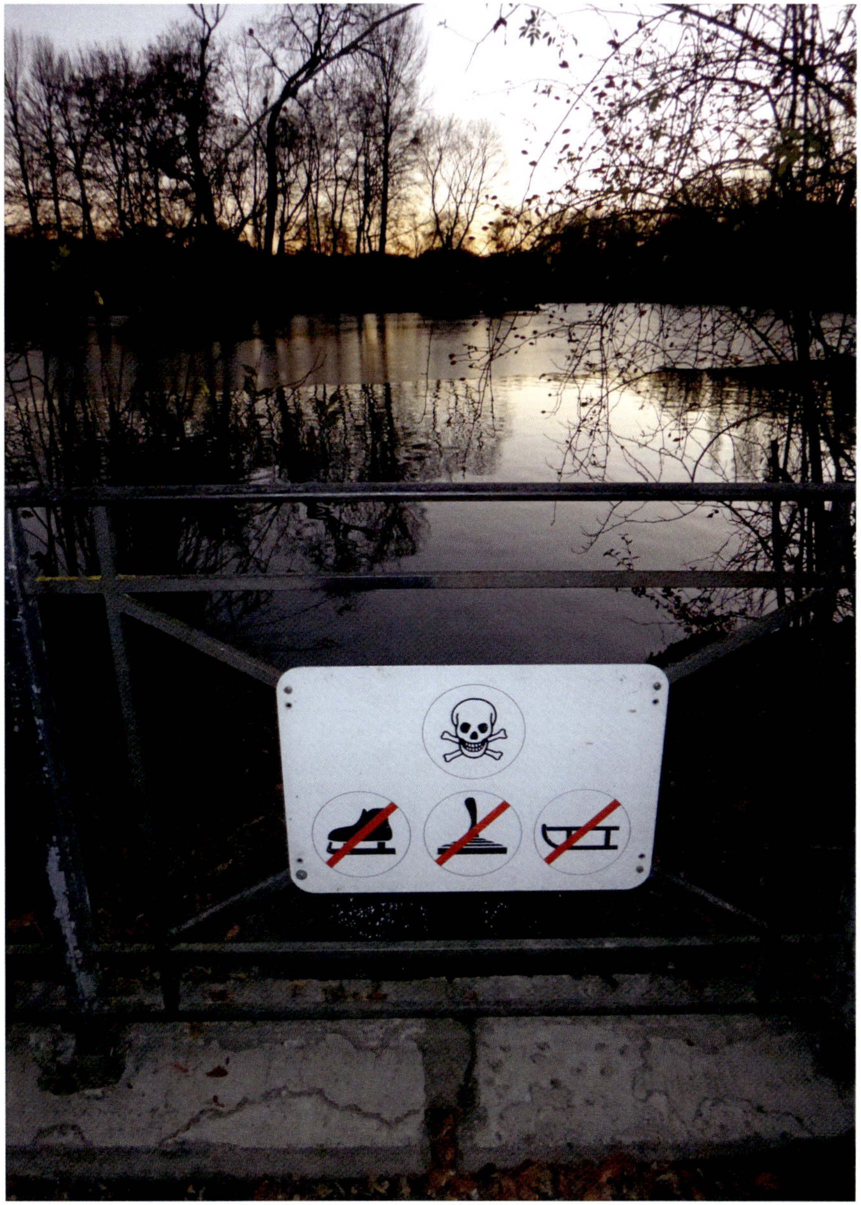

Man nennt es auch das schwarze Todesgewässer von München.

(An der falschen Stelle, zum falschen Zeitpunkt und in der falschen Jahreszeit kann die Isar einen gänzlich düsteren Eindruck hinterlassen …)

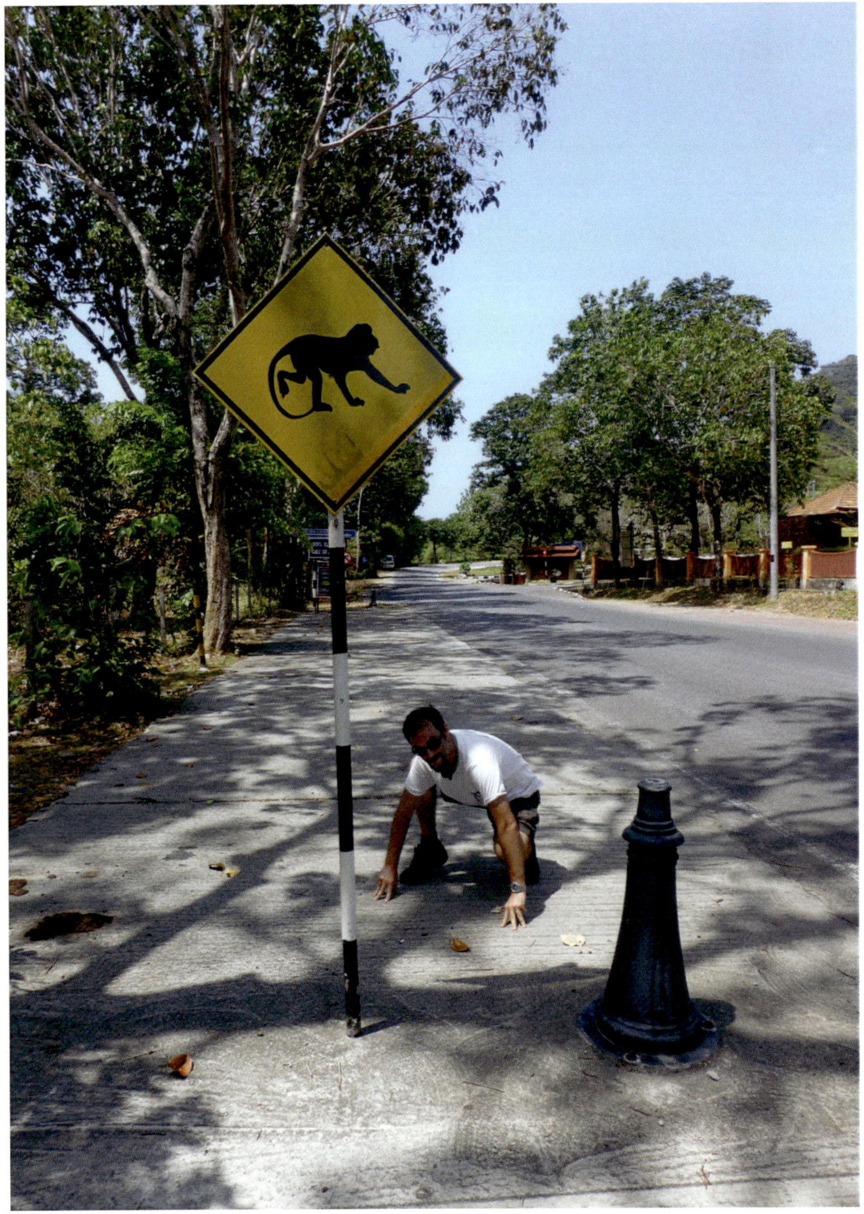

Malaysische Wetterpropheten wissen: »Wenn Affen niedrig um die Kurve biegen, werden wir bald Regen kriegen. Klettern sie bis in die Höh'n, bleibt das Wetter schön.«

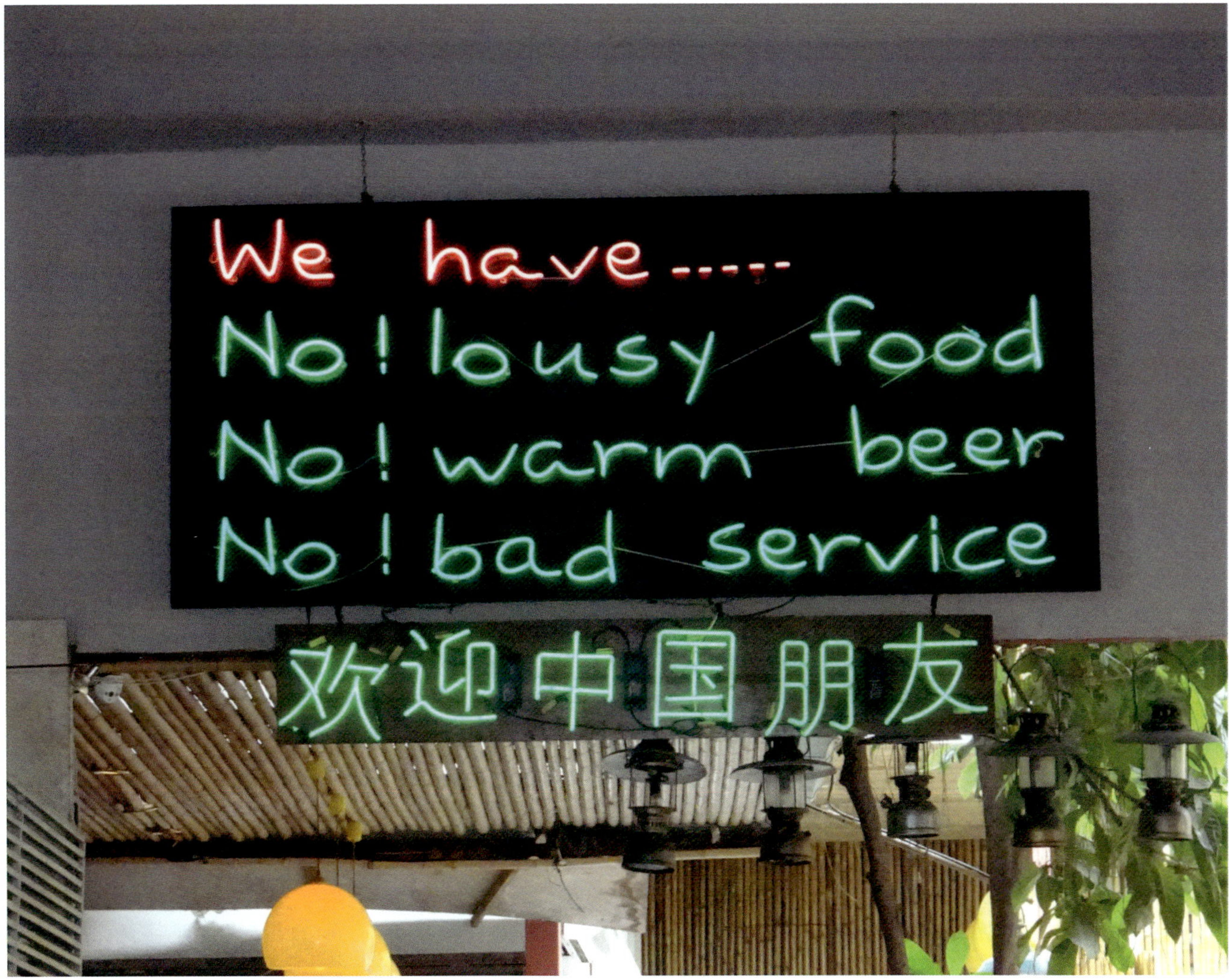

Die Rechtsverdreher verwenden dafür eine passende Begrifflichkeit: Vortäuschen falscher Tatsachen.

(Dass am Backpacker-Treffpunkt Kaosan Road in Bangkok nicht immer alles Gold ist, was glänzt, darüber täuschen auch keine blinkenden Neon-Reklamen hinweg ...)

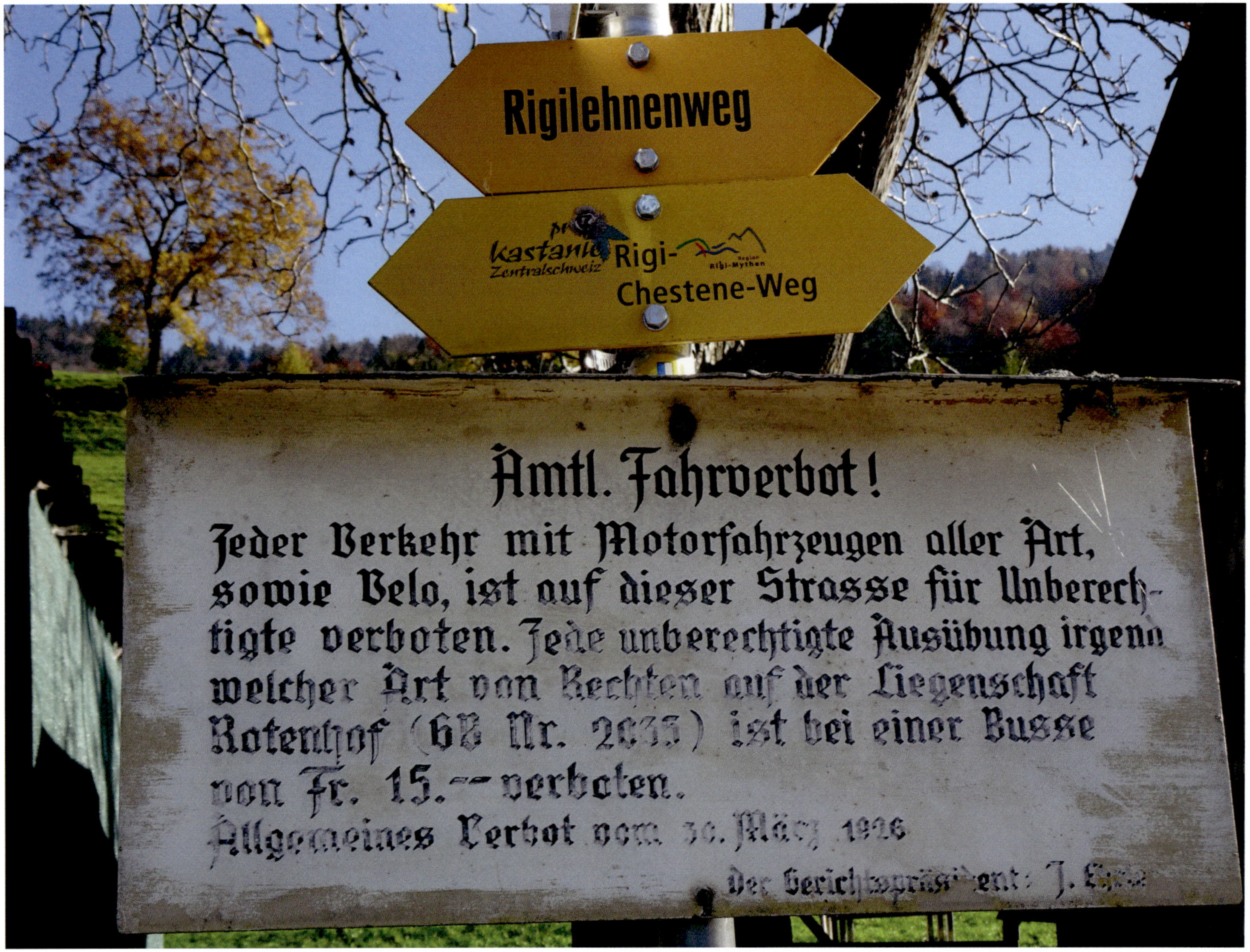

Ist geradezu prädestiniert für eine Wette: Was wird wohl als erstes in die ewigen Jagdgründe längst vergessener Objekte eindringen? Das Schild oder die Liegenschaft Rotenhof?

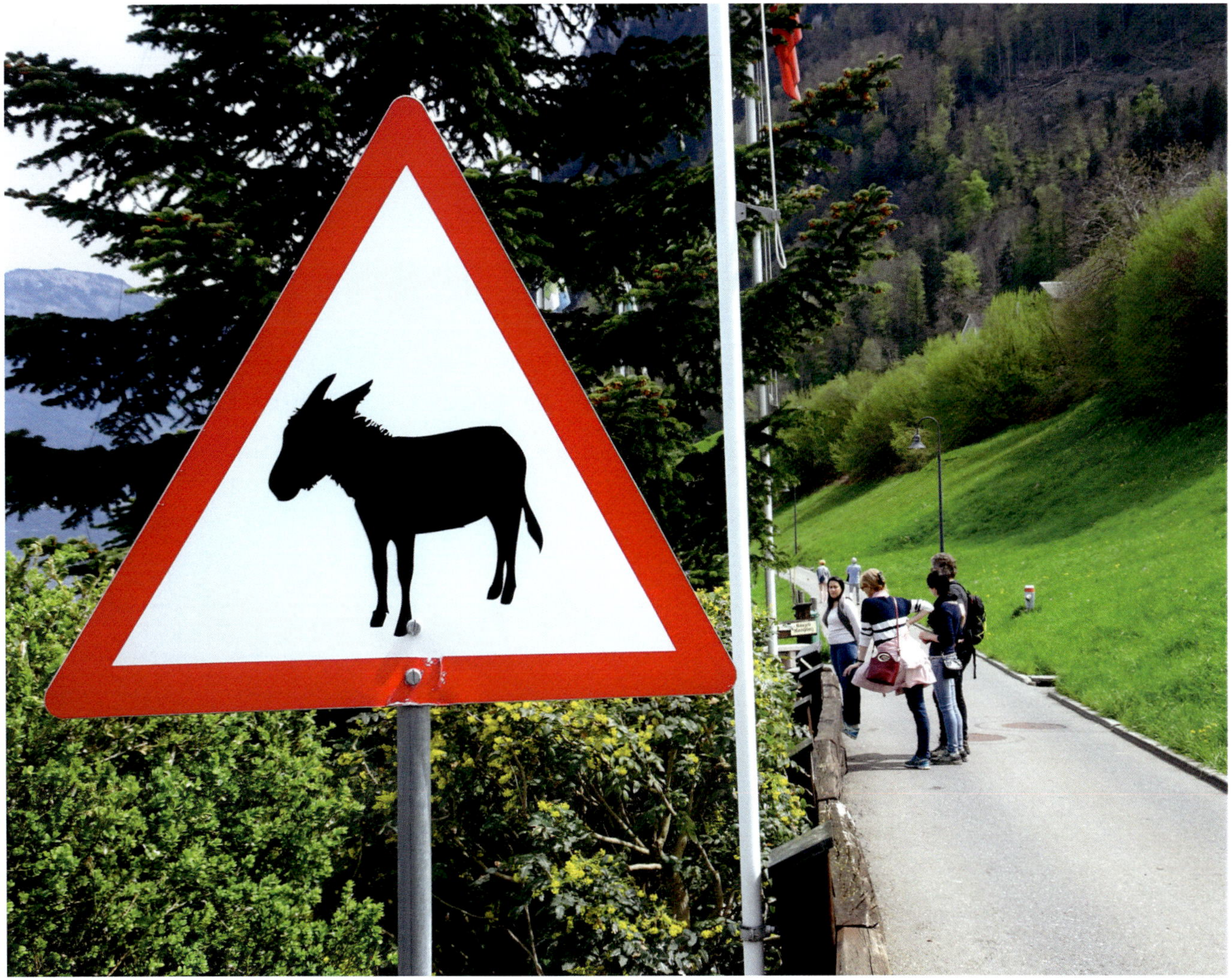

Achtung! Die Fahrbahn im Schweizerischen Kehrsiten wird gelegentlich von Eseln frequentiert …

Ganz nach dem Schweizer Sprichwort »der Gescheite gibt nach, der Esel bleibt stehen« rollen nun in dieser Seegemeinde am Vierwaldstättersee die Cleveren mit ihren Skateboards, Rollerblades und Kickboards durch die Gegend …

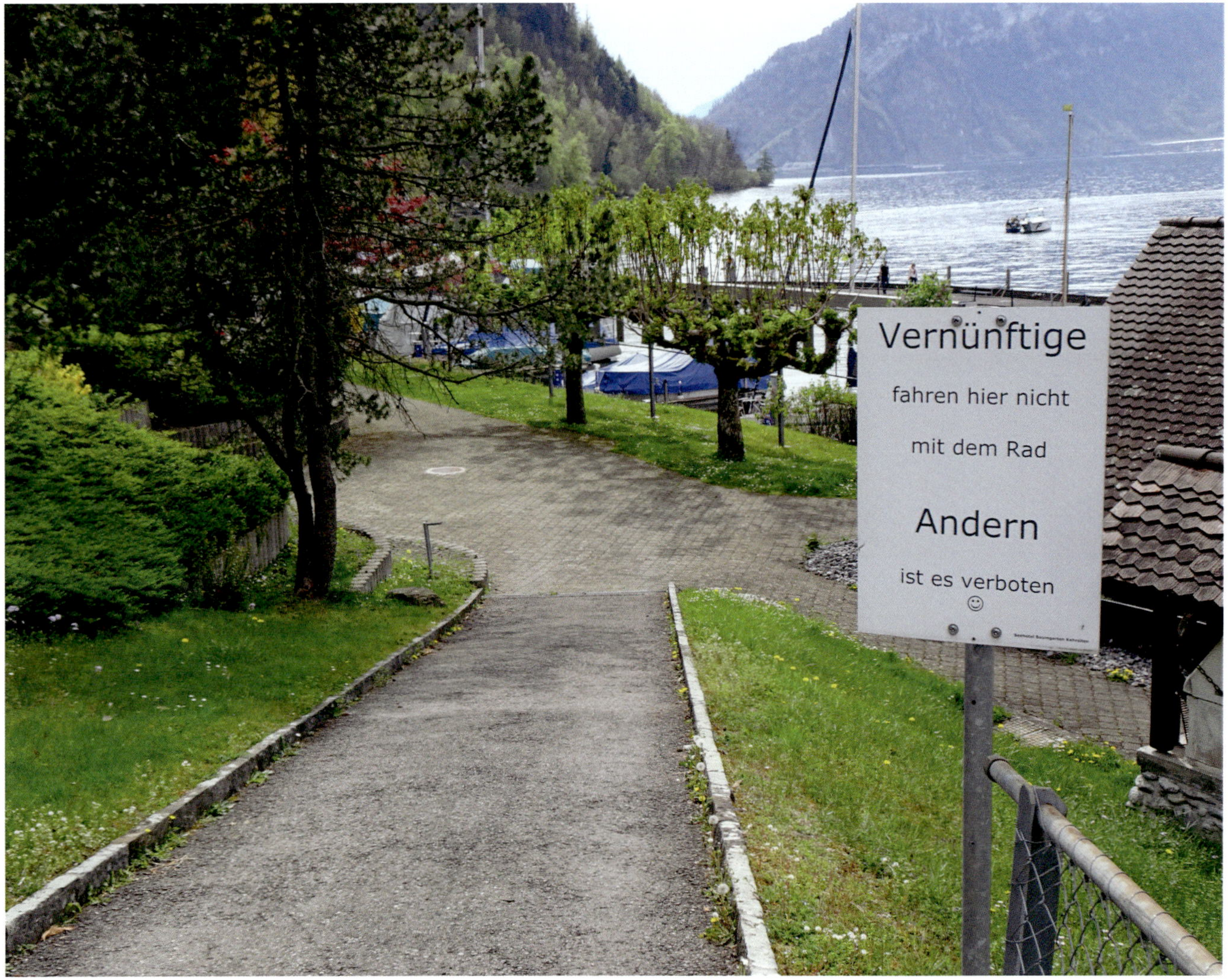

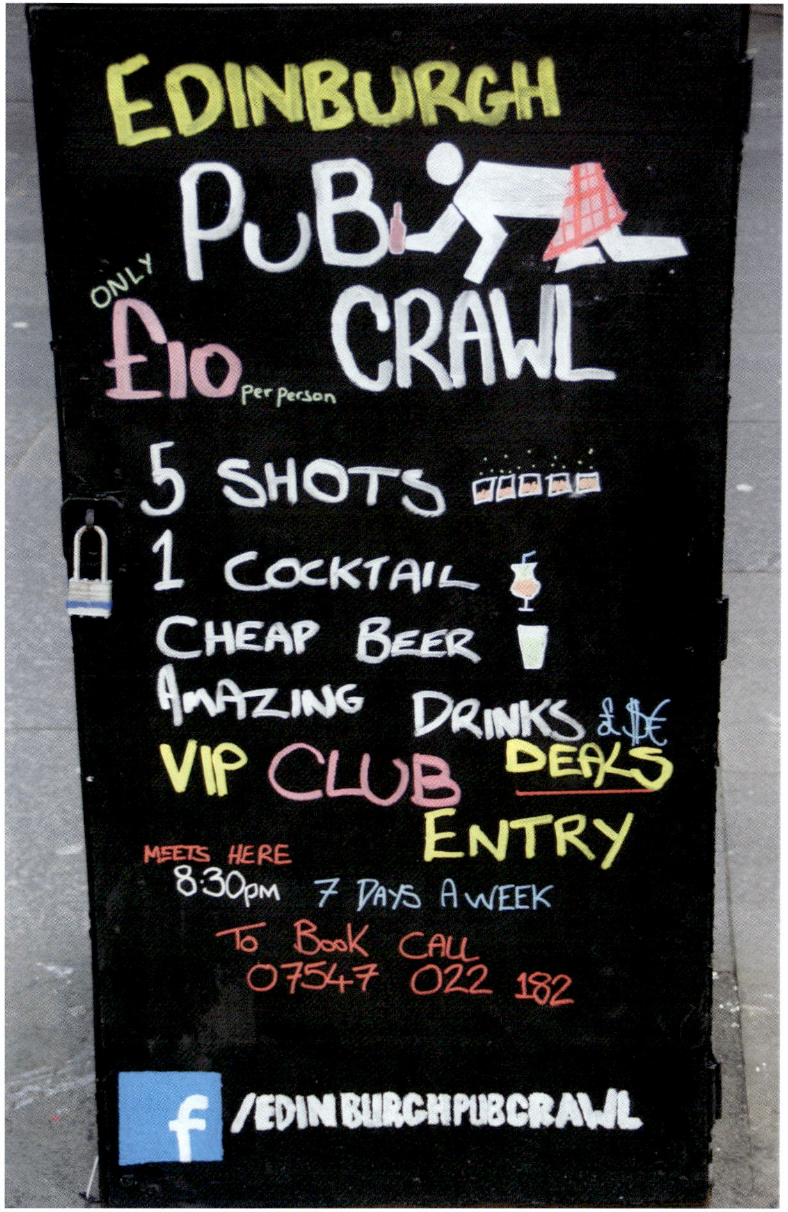

Die Auslagen sind groß und treiben die Pub-Besitzer in Edinburgh an den Rand der Insolvenz, aber anders ist der saufwütigen schottischen Ausgeh-Gemeinschaft nicht Herr zu werden.

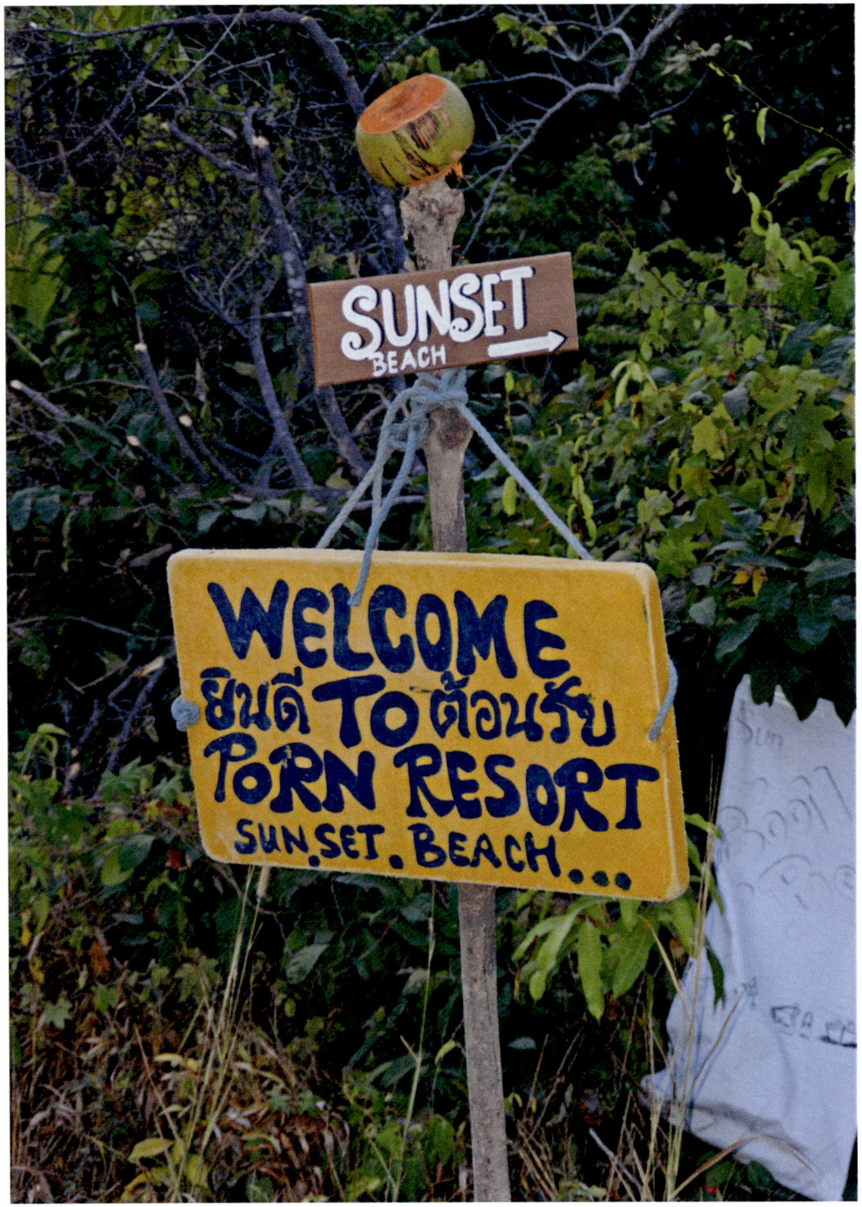

Geht das noch unter Effekthascherei durch oder sind’s die miesen Englischkenntnisse?

(Seit der Hotel-Eröffnung wird über eine signifikante Zunahme von hüllenlosen älteren Herren am Sunset Beach auf der Insel Ko Lipe, Thailand, berichtet, die sich und ihr Gemächt in unflätiger Weise in Szene setzen …)

Um die Blindheit und Ignoranz gegenüber behördlichen Verordnungen in den Griff zu bekommen, plant die Flughafenleitung der thailändischen Insel Ko Samui als nächsten Schritt ihre Bodenbeschriftungen mit Elektroschock-Tasern auszustatten.

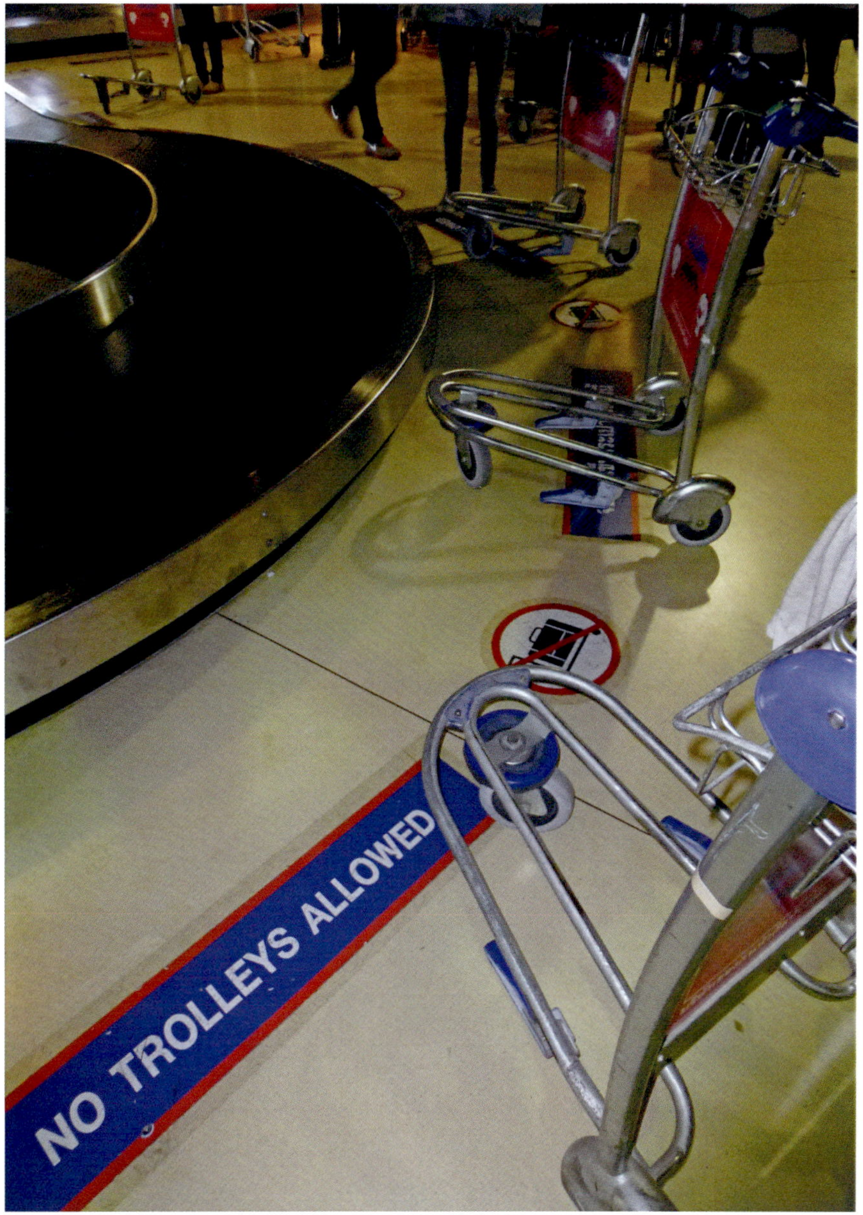

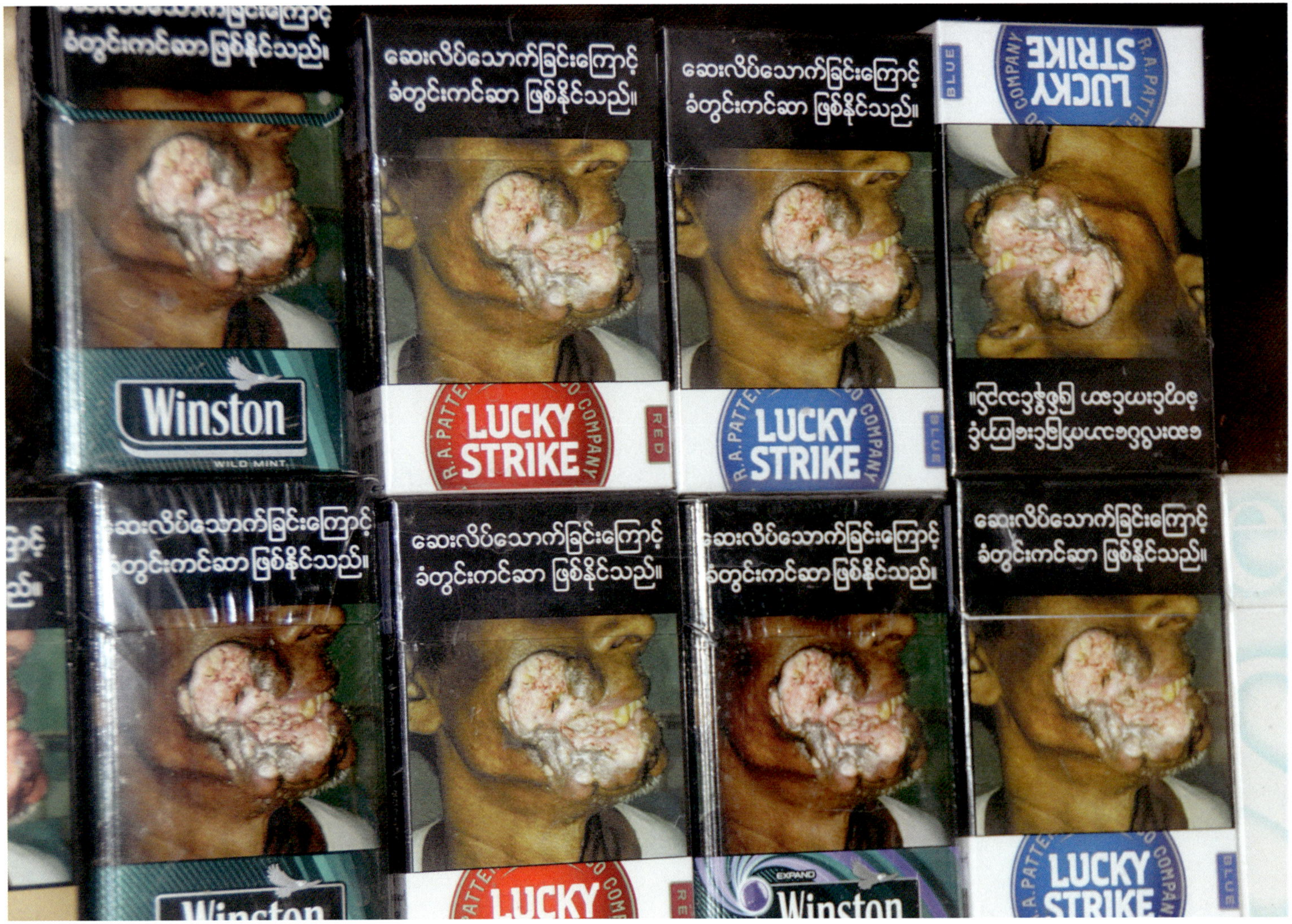

Bezüglich Rauchen halten sie in Myanmar aggressive Abschreckung mit offensiver Frontal-Konfrontation für einen »Lucky Strike« (Glückstreffer).

(Wer in Myanmar freiwillig zu den Glimmstängeln greift, benötigt vorher eine Packung Tranquilizer – intravenös)

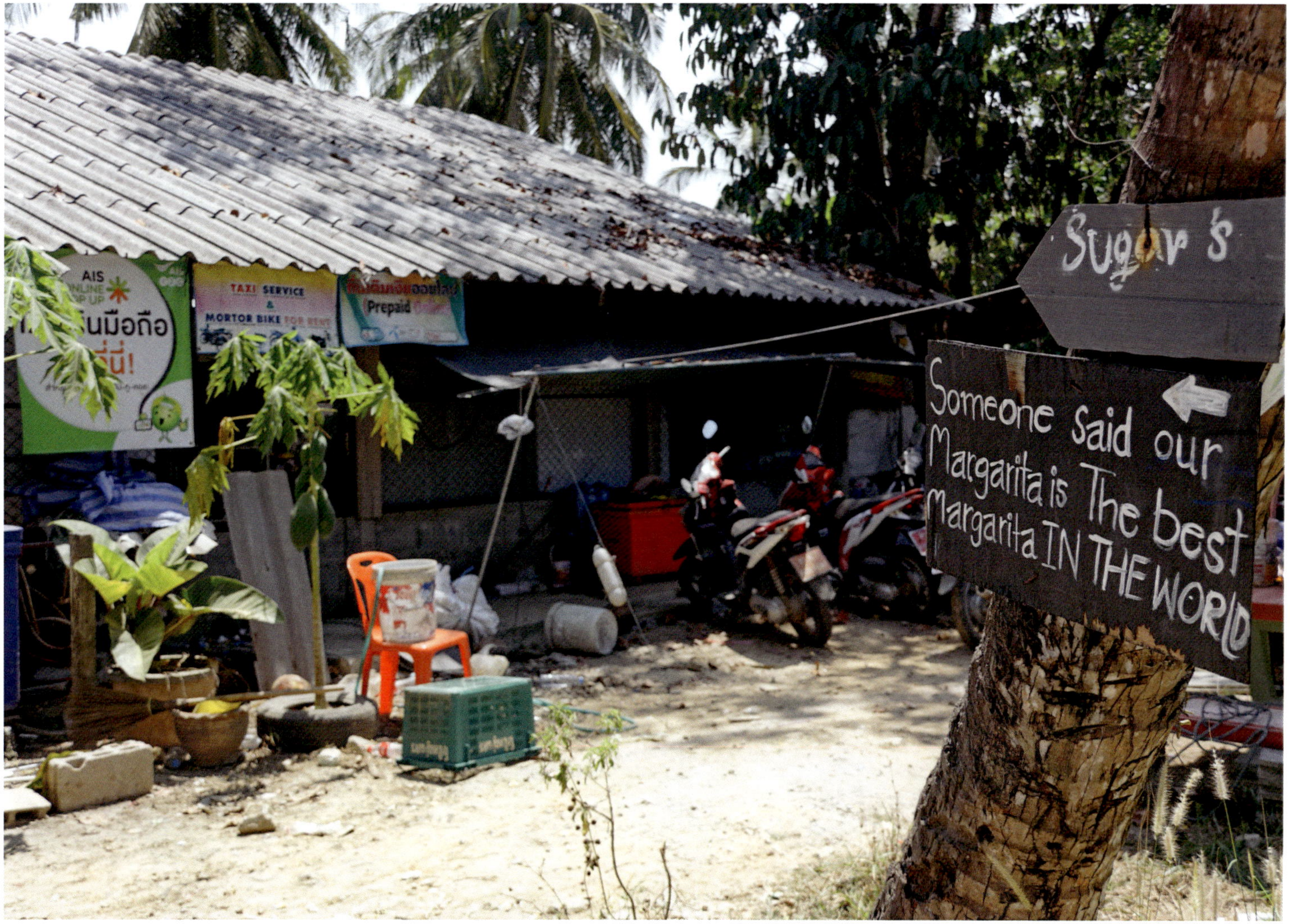

Seit dieser Lobhudelei geht der Barkeeper des Sugar's auf der thailändischen Insel Ko Mook bezüglich seiner Margaritas mit so einem fundamentalen Fanatismus zu Werke, dass er alles andere seit Monaten stehen und liegen lässt …

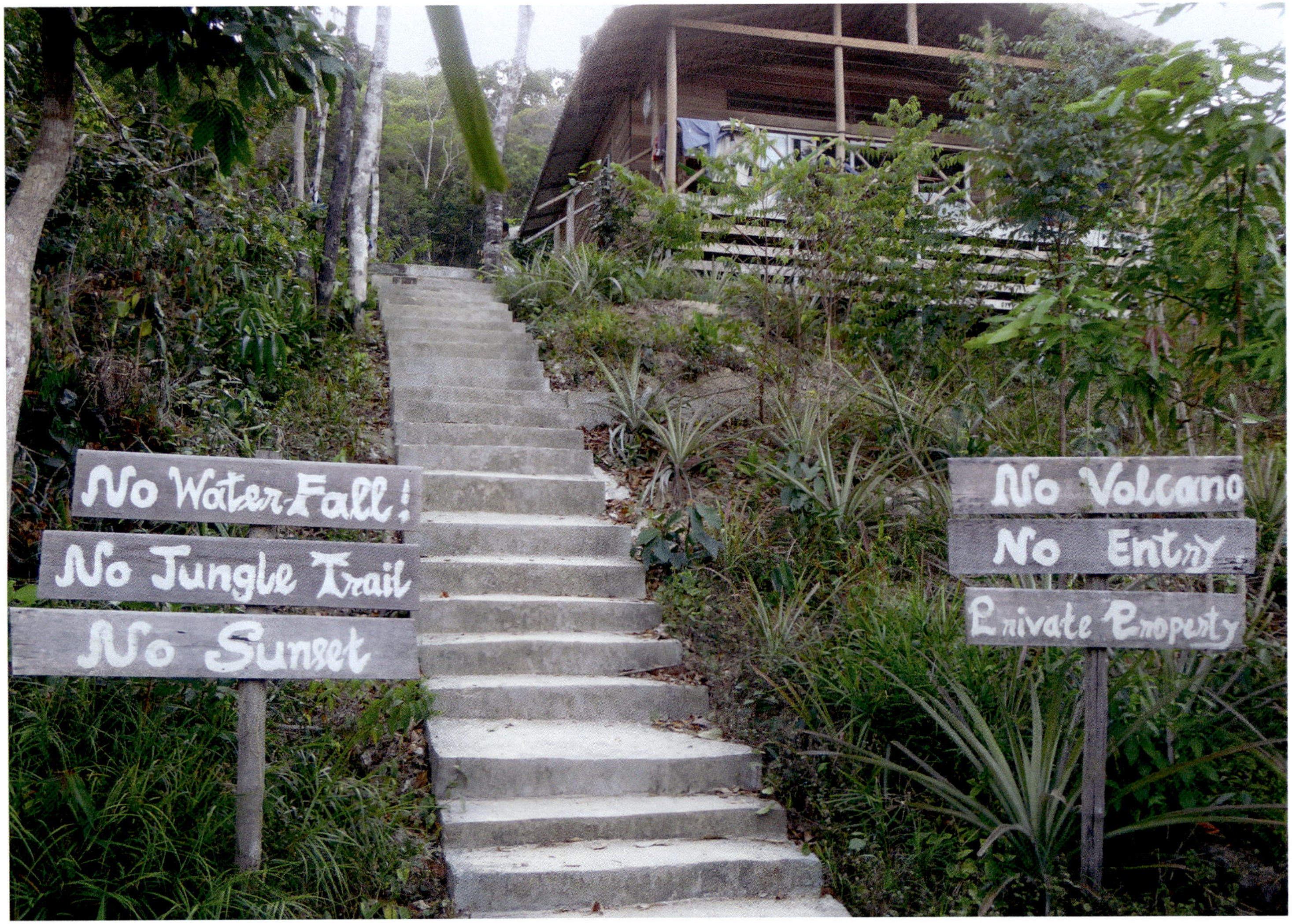

Hätte man jetzt noch »no beer« hingeschrieben, wär's tatsächlich was geworden, mit der neu eingekehrten Ruhe.

(Optische Zurschaustellung gemischter Gefühle eines Einheimischen auf der kambodschanischen Insel Koh Rong Samloem, der sein Anwesen inmitten eines beliebten Strandes voller Touristen hat, die alle Wasserfälle, Dschungelpfade, Sonnenuntergänge und Vulkane sehen wollen …)

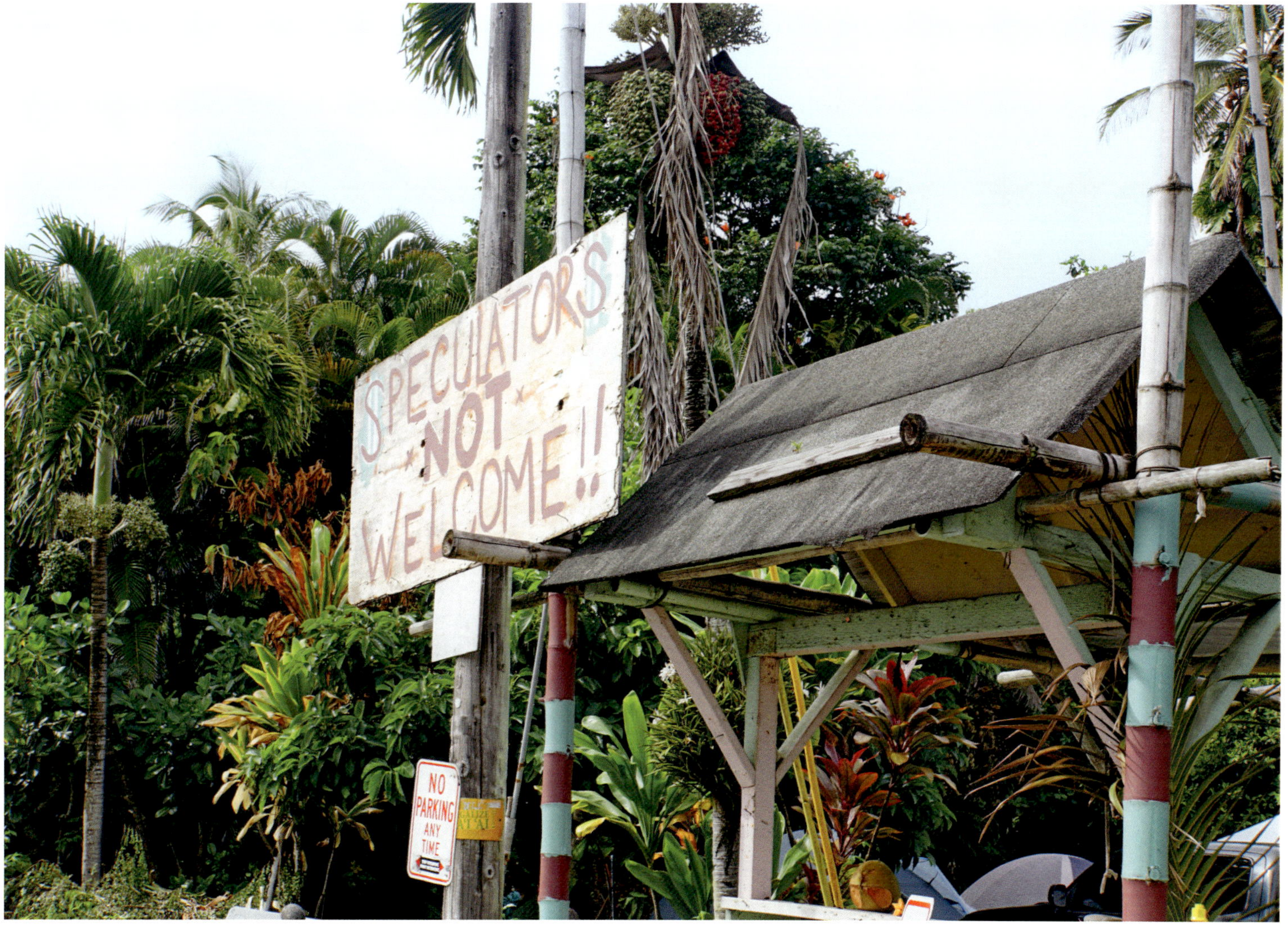

Hier reden wir nicht von einer Trauerfeier im Kreise einer Familie, von einem Trainingslager für Dicke oder von einem Nackt-Shooting bei Heid Klum! Nein, auch Surfer beim Koki Beach Park auf Maui (Hawaii) haben ein Recht auf Privatsphäre!

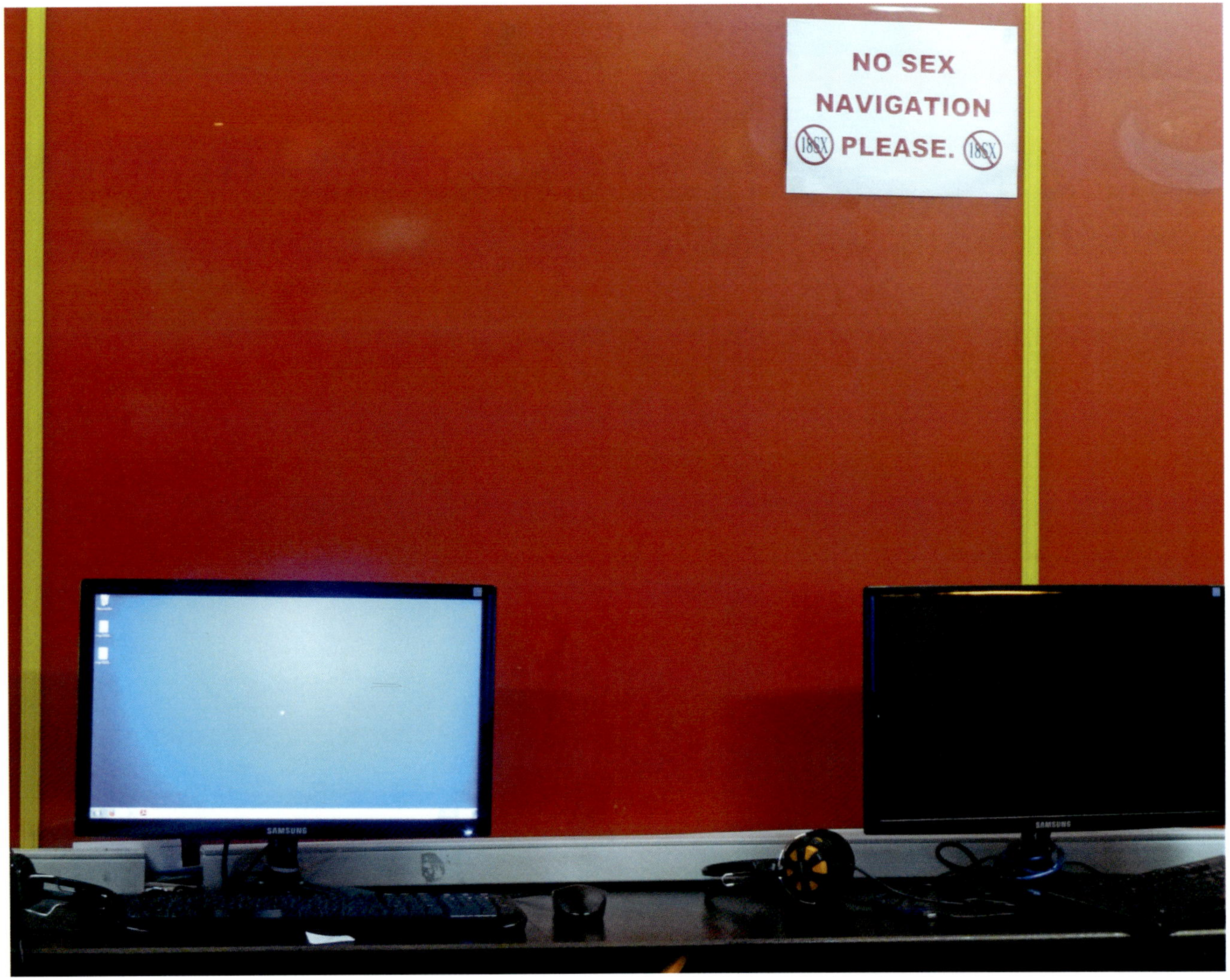

Als irgendein geiler Bock mit seinen Fettgriffeln auf dem rechten Monitor einen Bildschirmschoner von »Pornhub« installiert hat, haben sie das Ding einfach abgestellt.

(Dieses Internetcafé in Kuala Lumpur liefert den Beweis, dass man nicht zwingend lesen können muss, um einen PC zu bedienen ...)

Da die von Helikoptereltern umgebenen Kinder von heute eh nicht wissen, dass Bananen auf Stauden wachsen, werden sie in malaysischen Supermärkten gleich abgepackt verkauft.

(Umso erstaunlicher, wenn man bedenkt, dass das tropische Land Malaysia cirka 500000 Tonnen Bananen pro Jahr produziert)

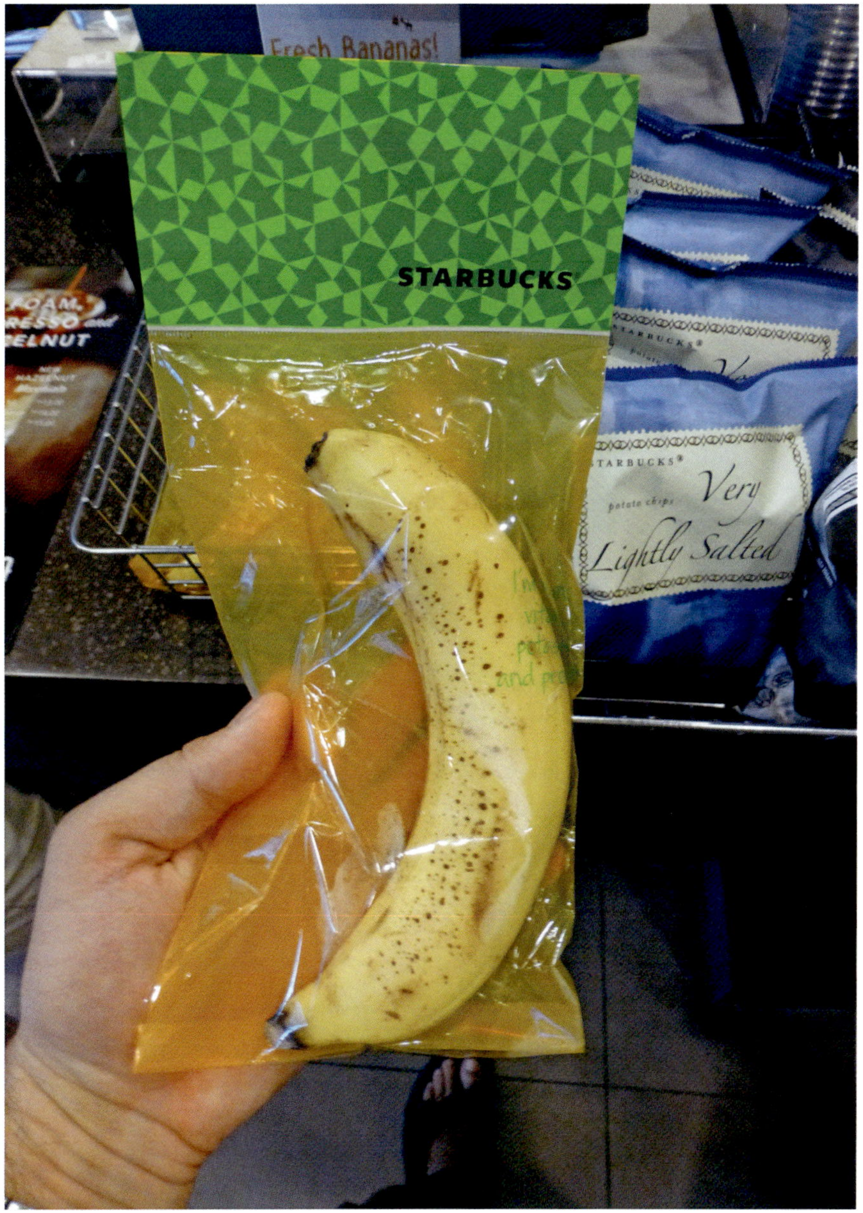

Das sind ja schöne Aussichten!

(Wer auf dem Aussichtspunkt Lanai Lookout auf der hawaiianischen Insel Oahu einen auf Langzeitparken macht, bekommt gleich doppelt Ärger)

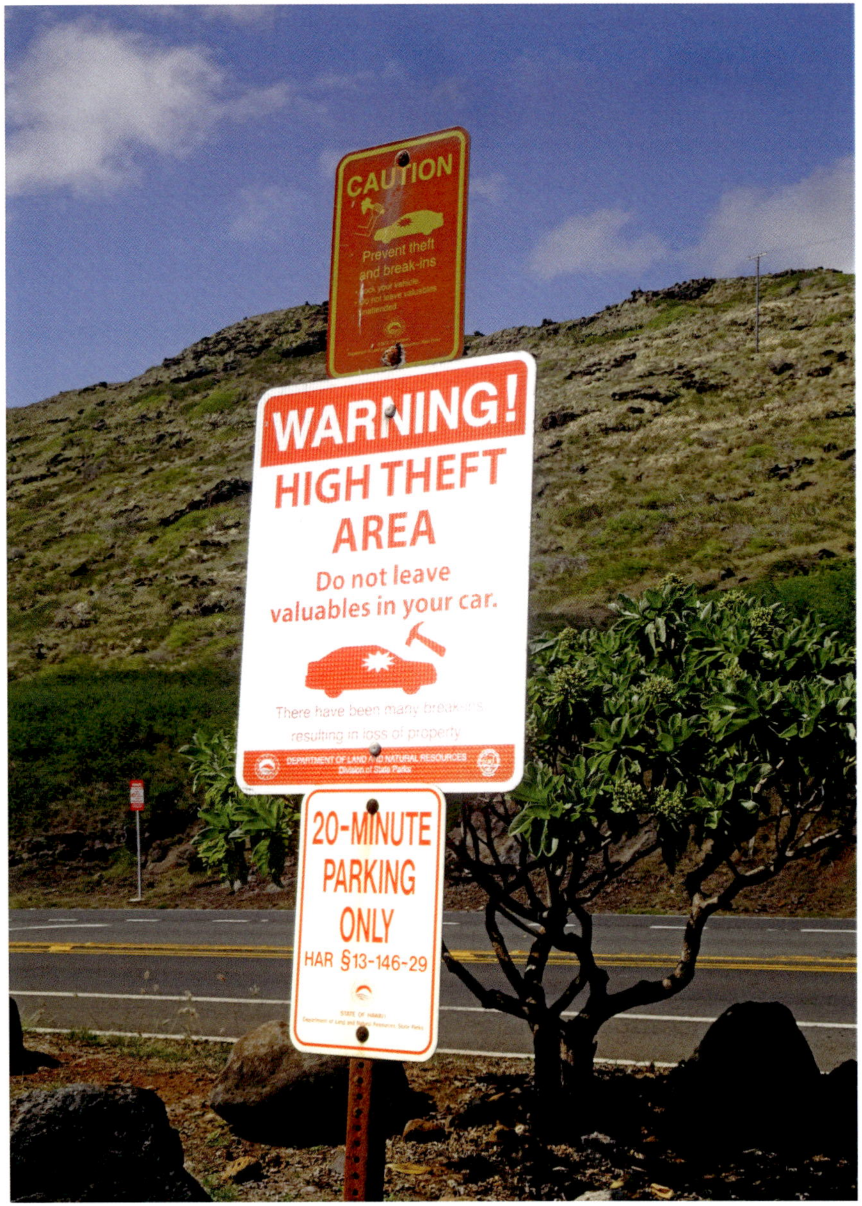

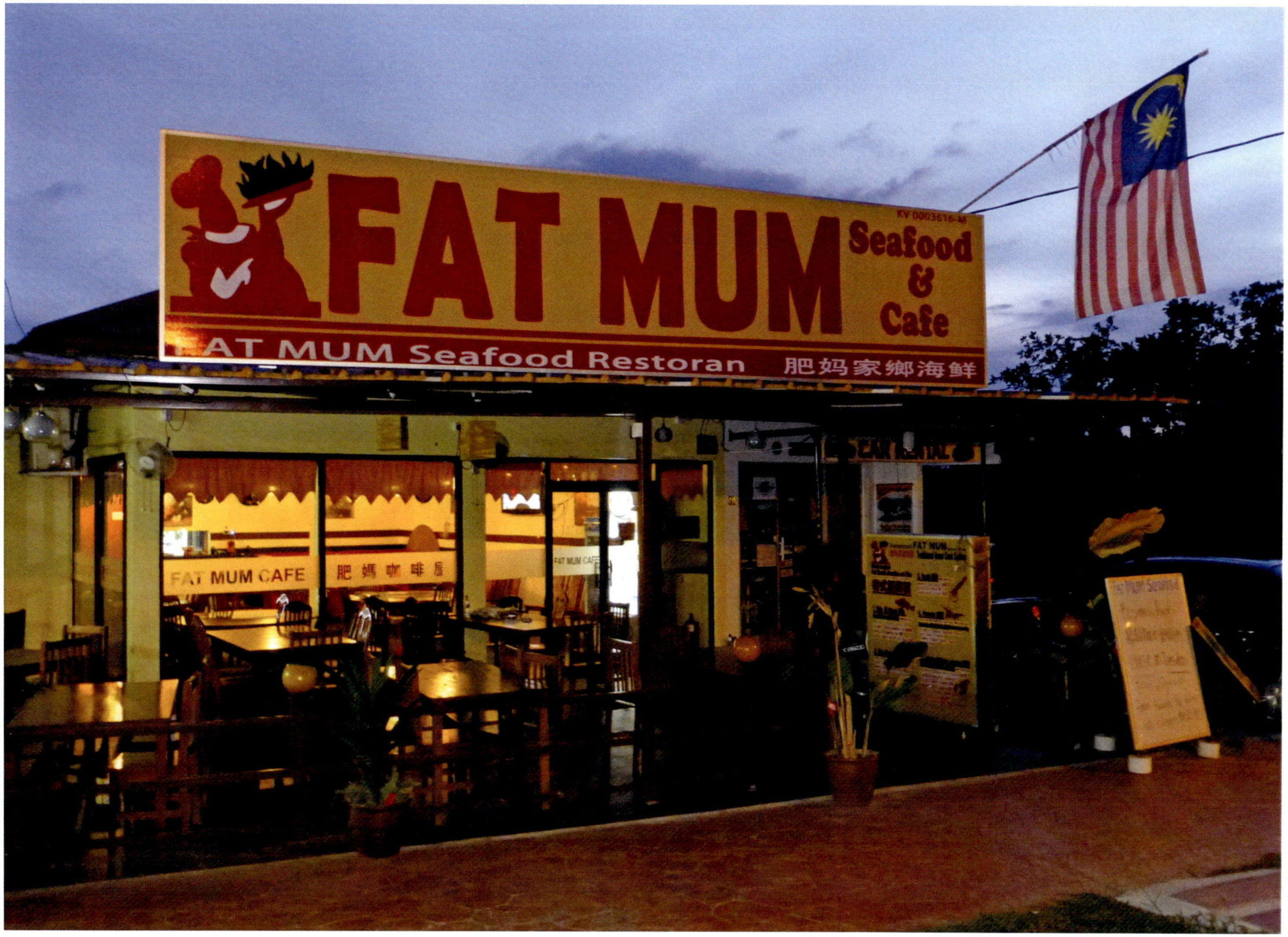

Unmissverständlich! Klar! Authentisch! Hier weiß jeder Gast, mit wem er es zu tun hat!

(Es bleibt einzig zu hoffen, dass zwischen dem Spitznamen der Lady hinter dem Kochherd und den Auswirkungen ihres Essens kein kausaler Zusammenhang besteht ...)

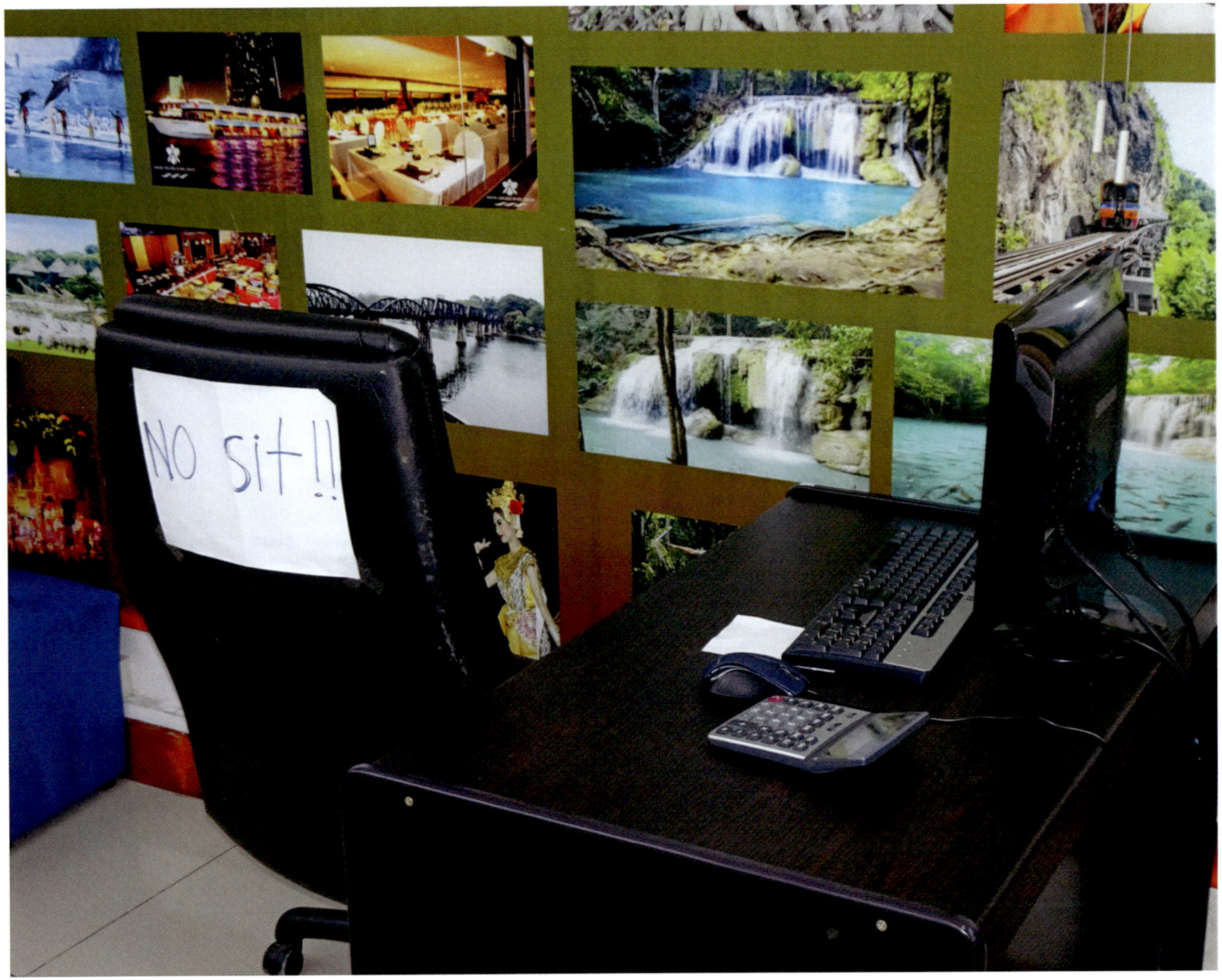

In Laos nehmen es Vorgesetzte persönlich, wenn man ihnen ihren angestammten Platz streitig macht.

(Erleichtert nehmen wir zur Kenntnis, dass zwischen dem »S« und dem »I« kein »H« aufgetaucht ist …)

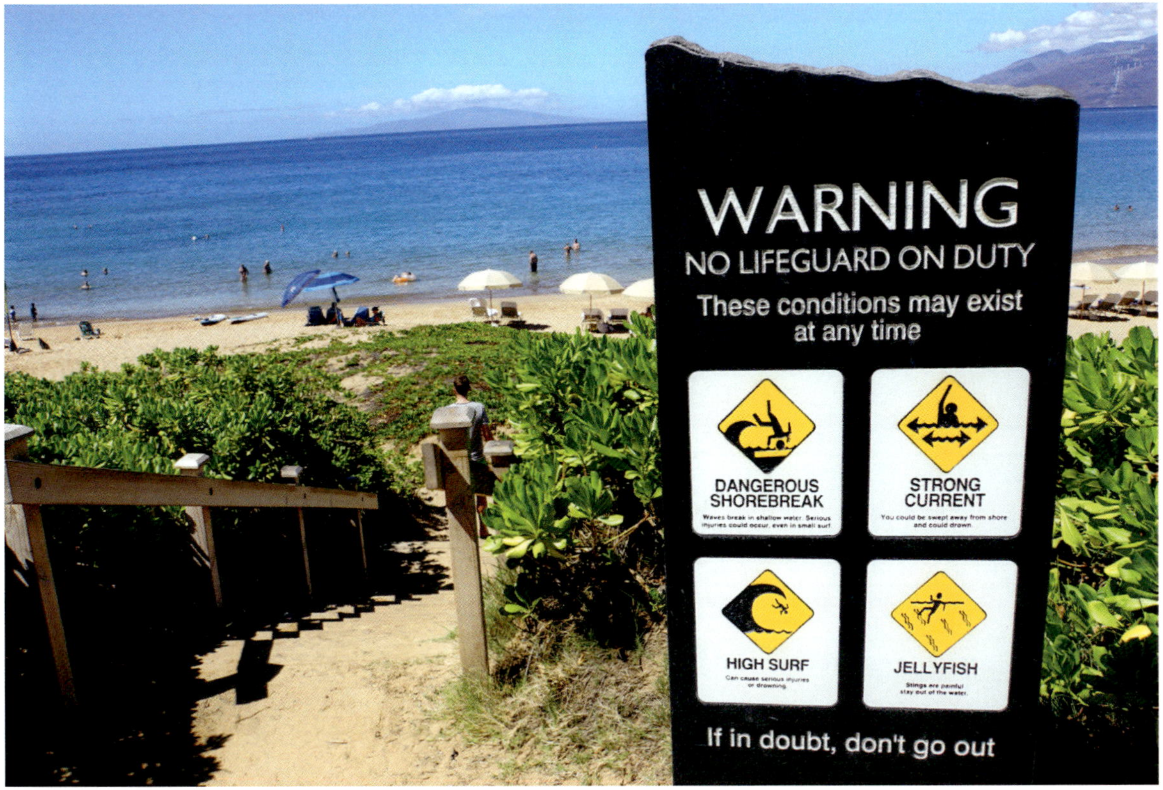

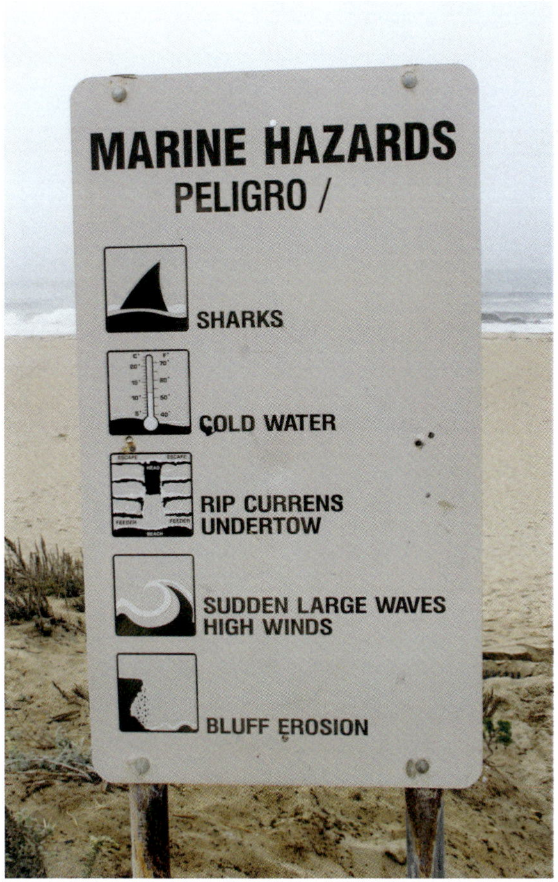

Wer am Big Beach von Maui, Hawaii (links) oder im kalifornischen Carmel einen reinen Badeurlaub gebucht hat, der griff wohl etwas voreilig in die (Haifisch-)Scheiße …

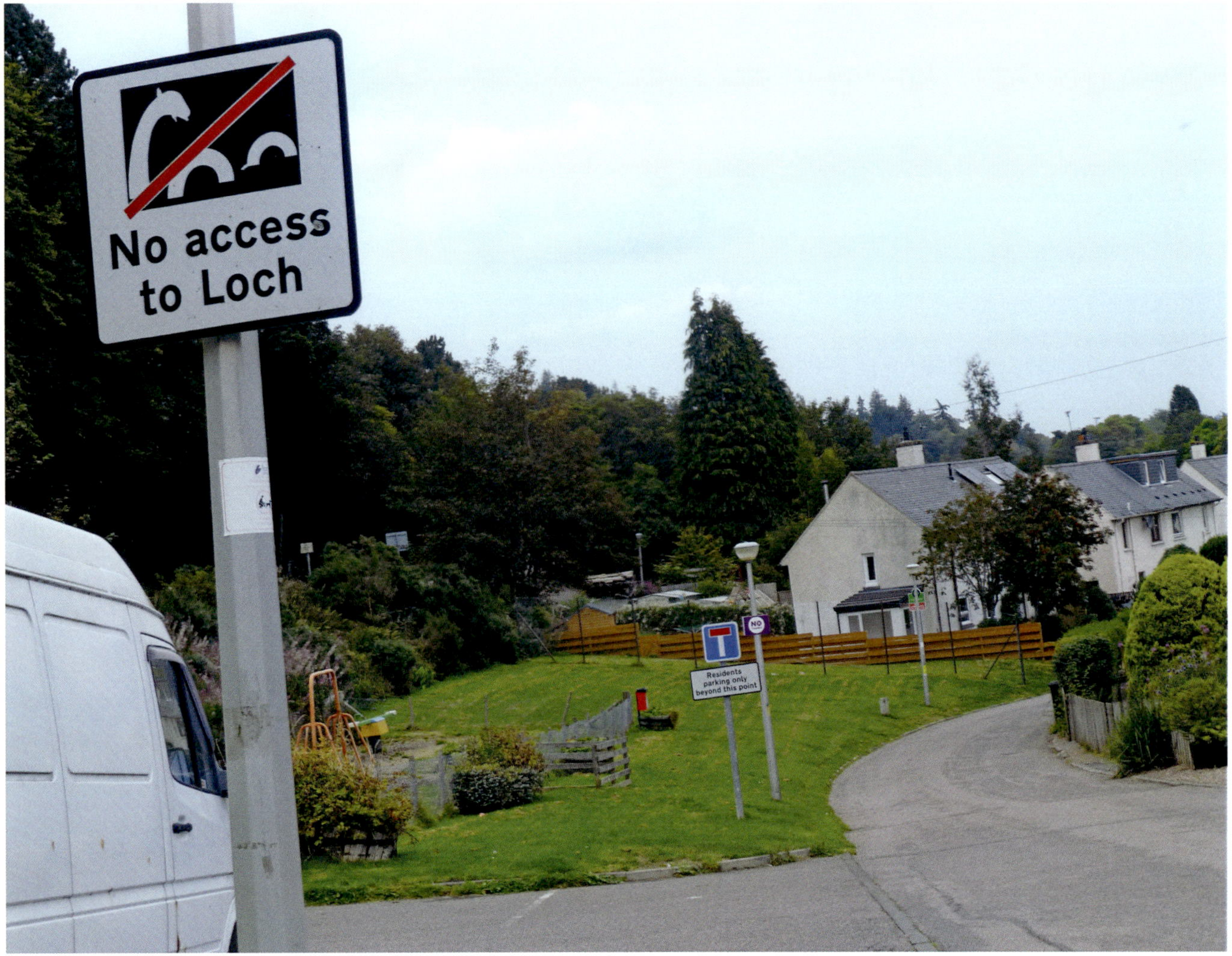

Beim Loch Ness See in Schottland wird die einzige vorhandene Geldquelle mit einem rigorosen Corporate Design und Corporate Identity flächendeckend bis in die hintersten Winkel des Alltagslebens durchgezogen.

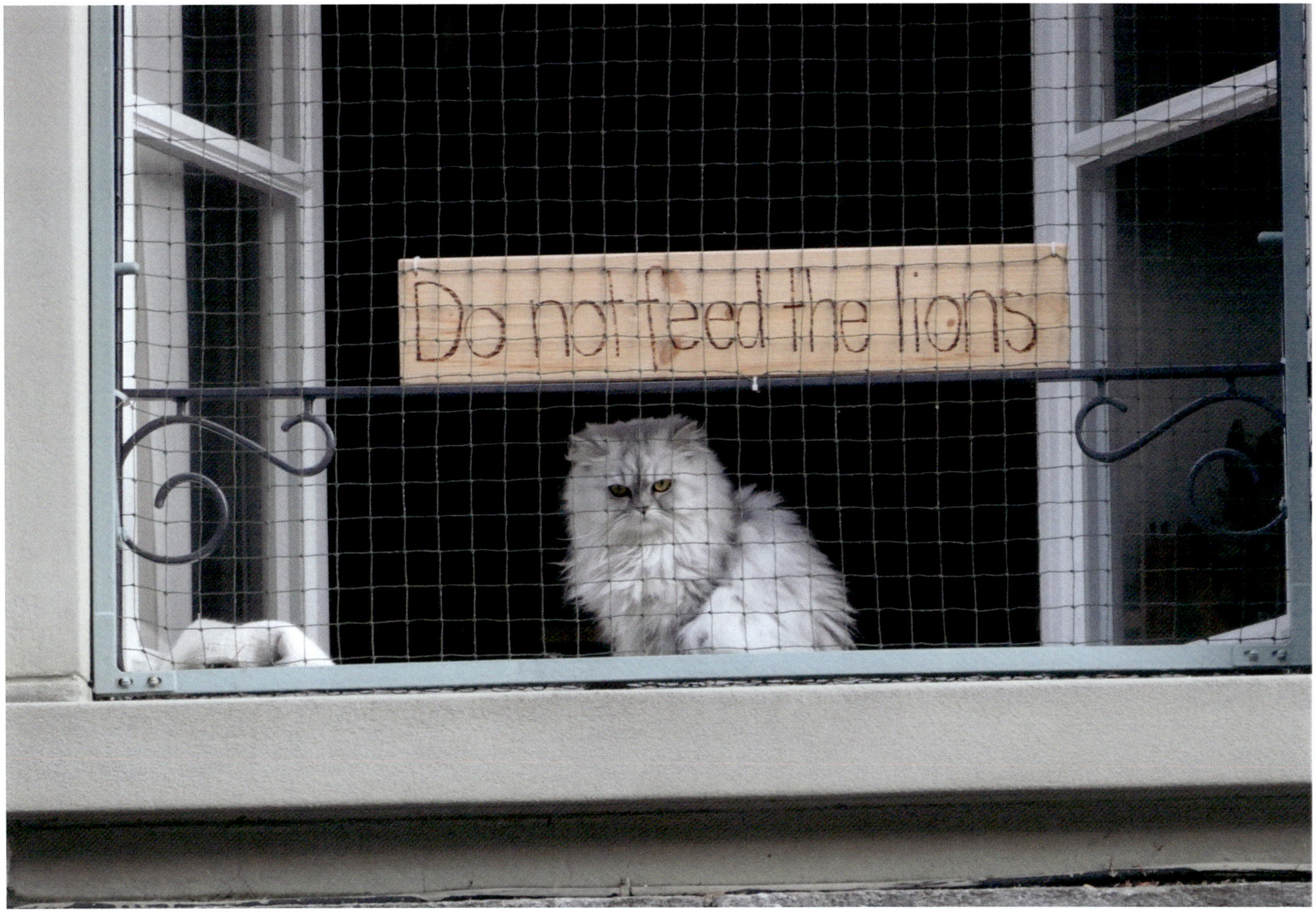

Unter Narzissmus ist Folgendes zu lesen: Der Ausdruck steht alltagspsychologisch und umgangssprachlich im weitesten Sinne für die Selbstverliebtheit und Selbstbewunderung eines Menschen (oder in diesem Falle: eines Tieres), der sich für wichtiger und wertvoller einschätzt, als urteilende Beobachter ihn charakterisieren.

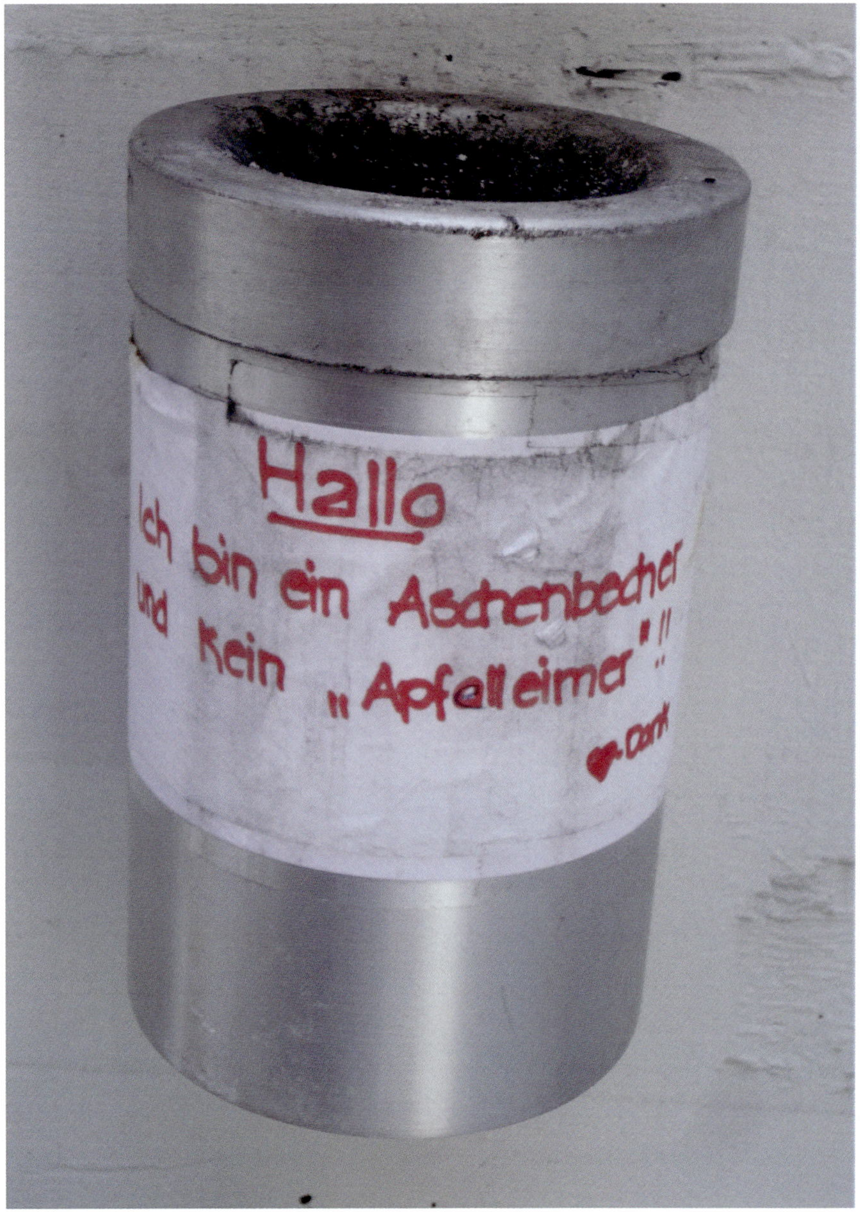

Seit diese qualmenden Aschenbecher quatschen können, werden Rauchpausen von zunehmender Nervosität begleitet. Es reicht doch, wenn sie einfach stinken!

Es ist nicht überliefert, ob es »Mad Dog« tatsächlich bis zum Gouverneur geschafft hat, aber es besteht kein Zweifel, dass der Spruch auf seinem Käppi kaum von seiner Lebenseinstellung abweicht …

(Gemäss Plakat-Standort kandidierte er wohl irgendwo zwischen Santa Fé und Albuquerque in den USA)

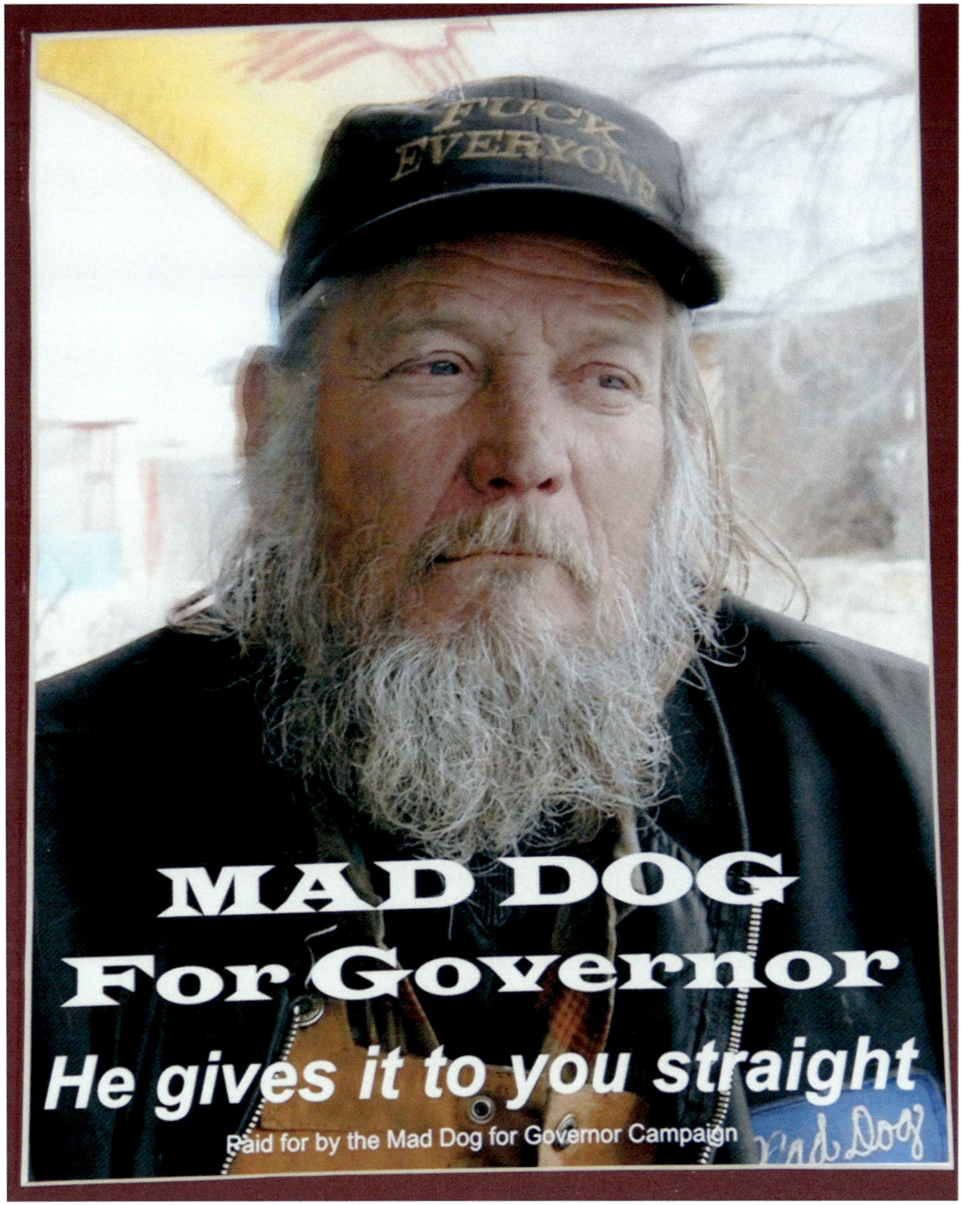

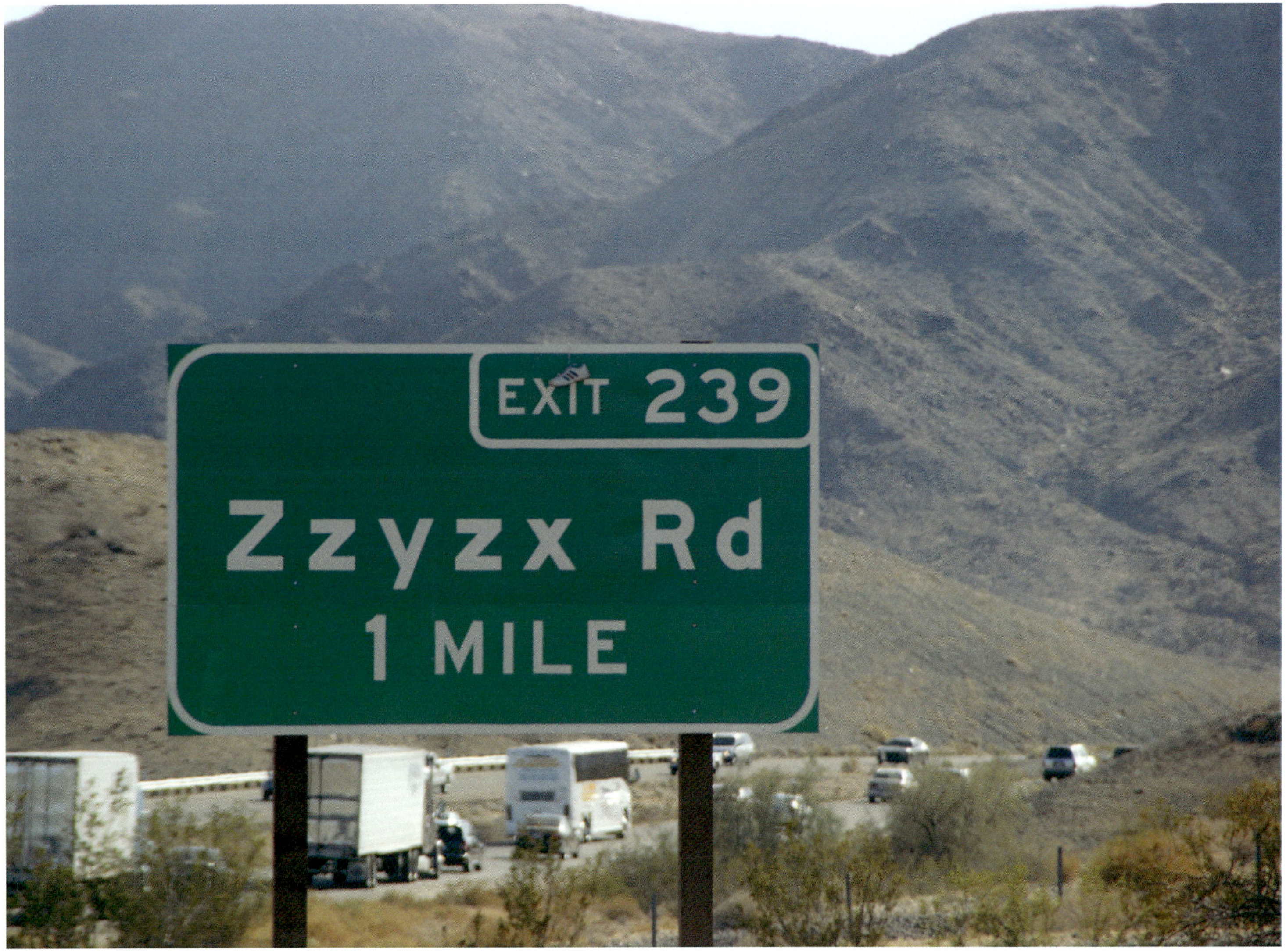

Bis es richtig ausgesprochen ist, hat man längst die Ausfahrt verpasst …

Hintergründiges …

Zzyzx ist ein gemeindefreies Gebiet im US-kalifornischen San Bernardino County. Der Name stellt, – wie nicht anders zu erwarten war –, unter allen bestätigten Ortsnamen in den Vereinigten Staaten von Amerika den letzten im Alphabet dar. 1944 erwarb der Hochstapler Curtis Howe Springer die Schürfrechte für das Areal in der Mojave-Wüste und das, obwohl sich das Land in Bundesbesitz befand. Springer, der sich als Arzt und Methodistenpastor ausgab, errichtete auf dem Grundstück ein Hotel, ein Heilbad, eine Kirche, eine Radiostation und ein Flugplatz, die vor allem aus Spenden seiner Anhänger finanziert wurden. 1974 wurde der illegalen Nutzung des Geländes der Riegel geschoben und Springer wegen Betruges verurteilt. Der von der Verwaltung des National Park Service verwaltete Besitz wird seit 1976 von der California State University als Institut zur Erforschung der Wüstenökologie genutzt. Das Wort »Zzyzx« wurde einige Male von Personen und Unternehmen mehr oder weniger erfolgreich vermarket. Der Zungenbrecher war u.a. der Balladen-Name der US-amerikanischen Metal-Band Stone Sour, der Album-Name der norwegischen Band Zeromancer, der Begriff für Fahrradkomponenten der deutschen Fahrradmarke Corratec und der Titel einer der erfolglosesten Kino-Filme aller Zeiten.

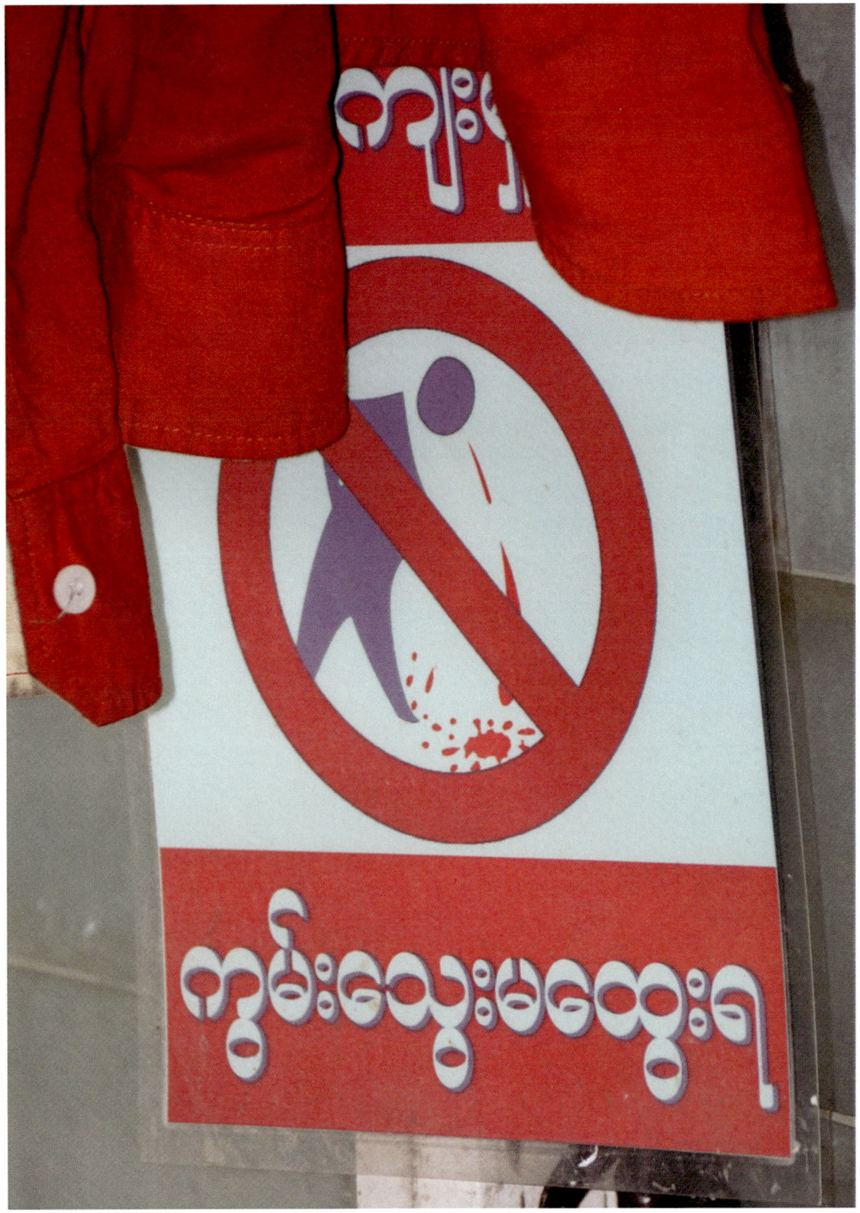

Blut spucken, Nasenbluten oder Schlägereien verboten?

(Dieses brutal anmutende Schild auf dem Mandalay Hill in Myanmar verbietet das Ausspucken von Betelnuss-Saft. In Myanmar kaut jeder zweite Mann die rauscherzeugende Frucht von der Betelnuss-Palme, die nicht nur den Appetit zügelt, sondern auch zu vermehrtem Wohlbefinden und Speichelfluss führt)

Das Fußballspielen am Strand ab 17.30 Uhr zu verbieten, ist ja schon allerhand, aber dass dieses Schild ausgerechnet im Land des Fußballs steht, grenzt schon fast an Hohn.

(Am brasilianischen Matadeiro Beach in Armação haben sie es eher mit Surfbrettern als mit Bällen …)

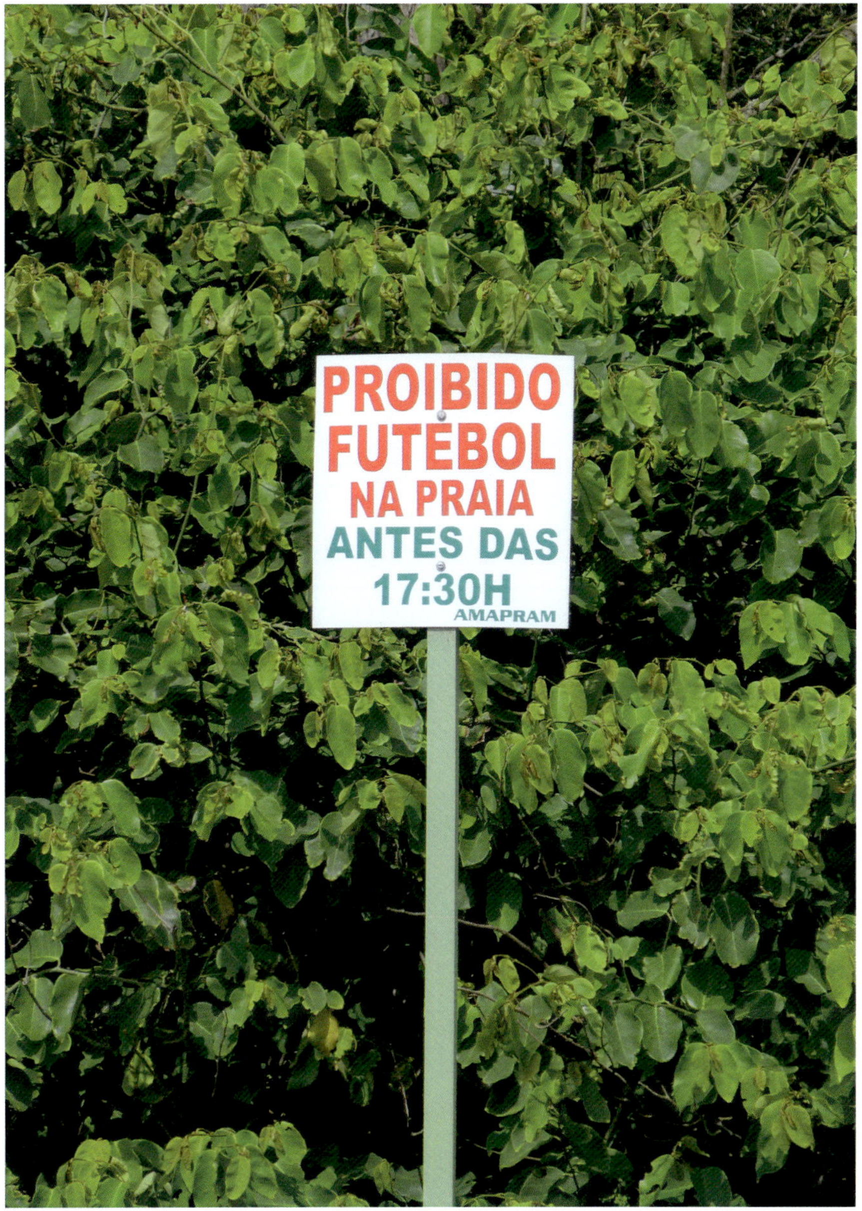

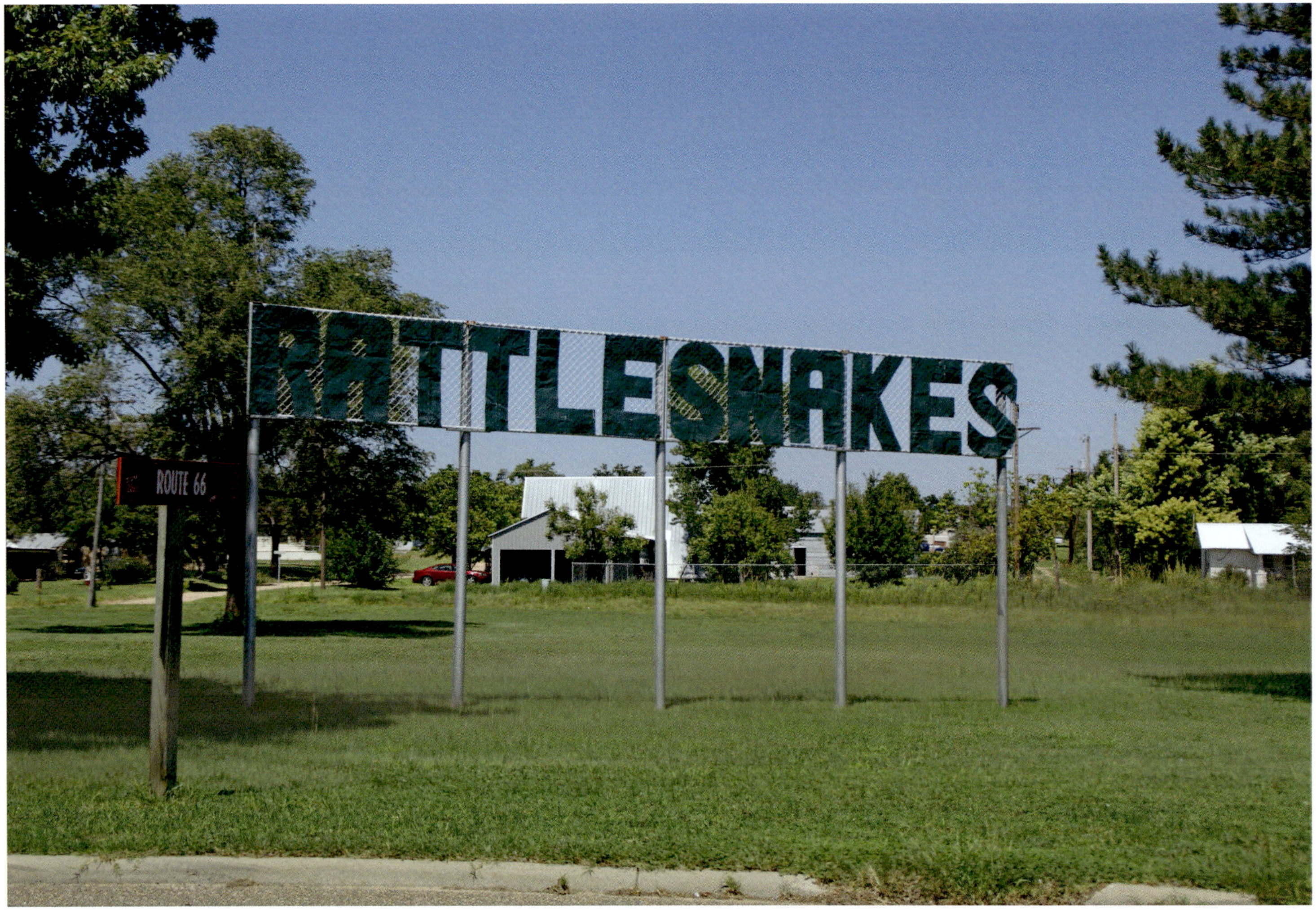

Seit sich herumgesprochen hat, dass das texanische McLean über ein sehr mildes Klima verfügt,
fallen Pensionierte wie Heuschrecken über den kleinen Ort an der Route 66 her. Der hiesige Gemeinderat hat deshalb entschieden,
die rüstigen Rentner aus dem Norden ihrem Seevermögen entsprechend über Gefahren der vorherrschenden Fauna zu warnen.

Die sollen sich gefälligst woanders paaren, Herrgott nochmal!

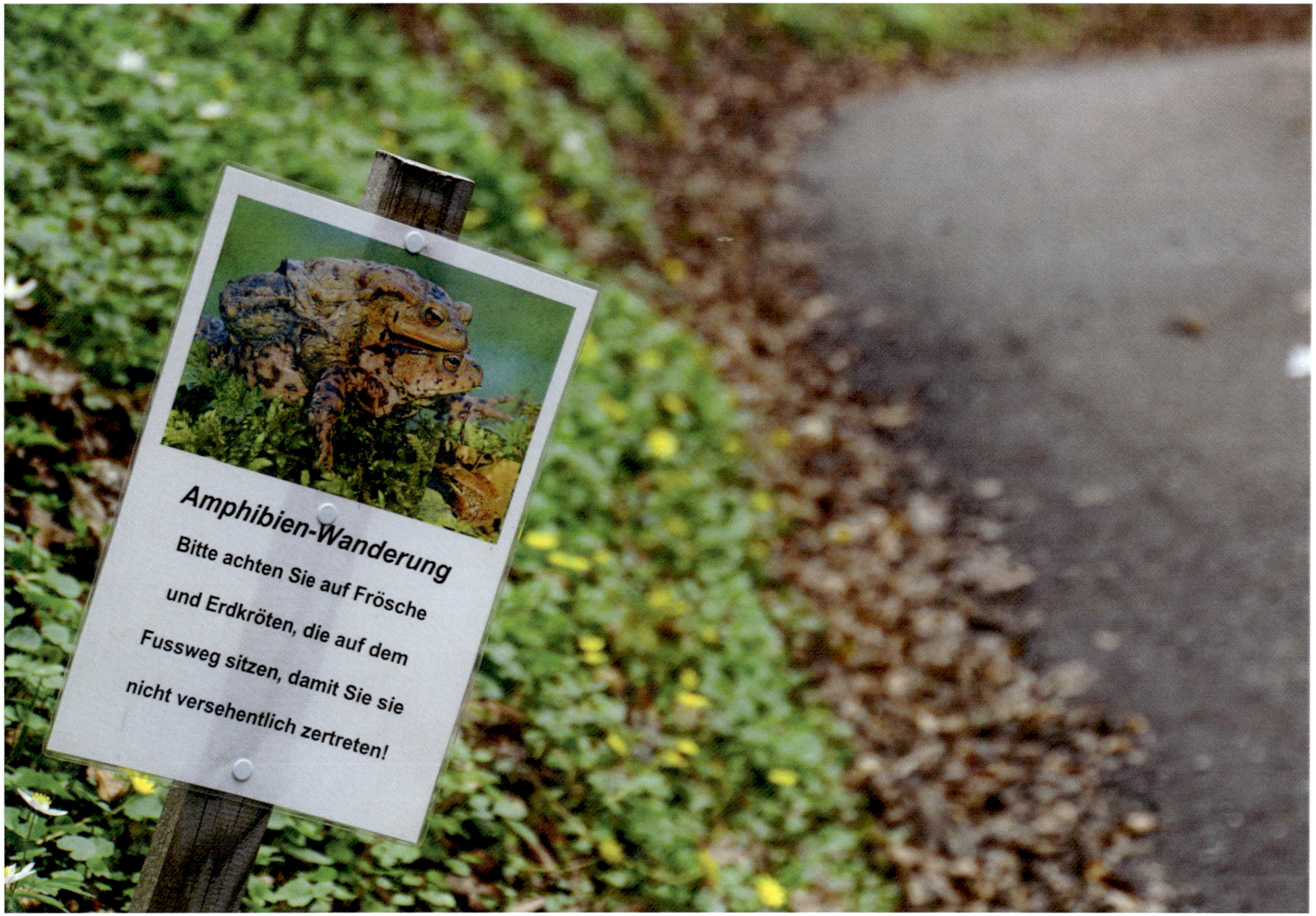

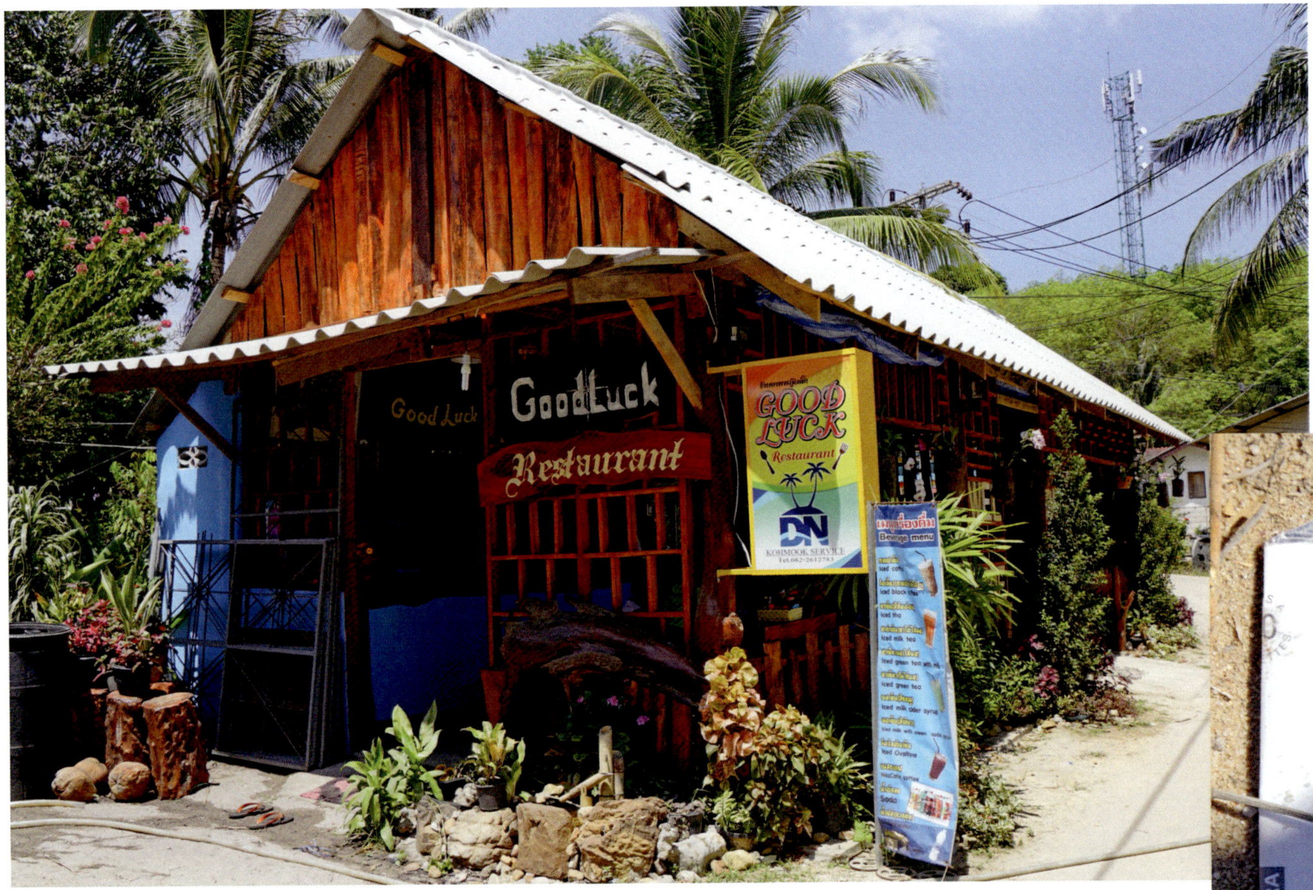

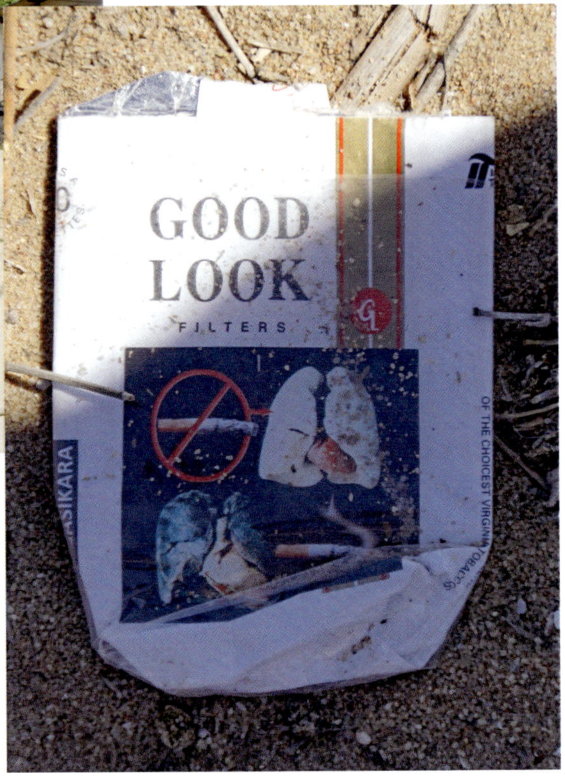

Wenn ein Name mehr als tausend Worte sagt …

(Während man im Essensstall auf Ko Mook, Thailand, um kurz- bis mittelfristige Magenverträglichkeit hofft, betet man in Madagaskar beim Gebrauch der Zigaretten mit dem wohl durchdachten Brand, dass einem Fortuna für längere Zeit hold bleibt)

Die Regierung aus Myanmar ist verzweifelt. Seit sie dieses Schild aufgestellt haben, passieren noch mehr Unfälle durch unvorsichtige ausländische Motorradfahrer als bisher.

(Bis man mitten auf der Straße stehend endlich das Übersetzer-App gefunden und die birmanischen Schriftzeichen eingetippt hat, ist das ja kaum verwunderlich …)

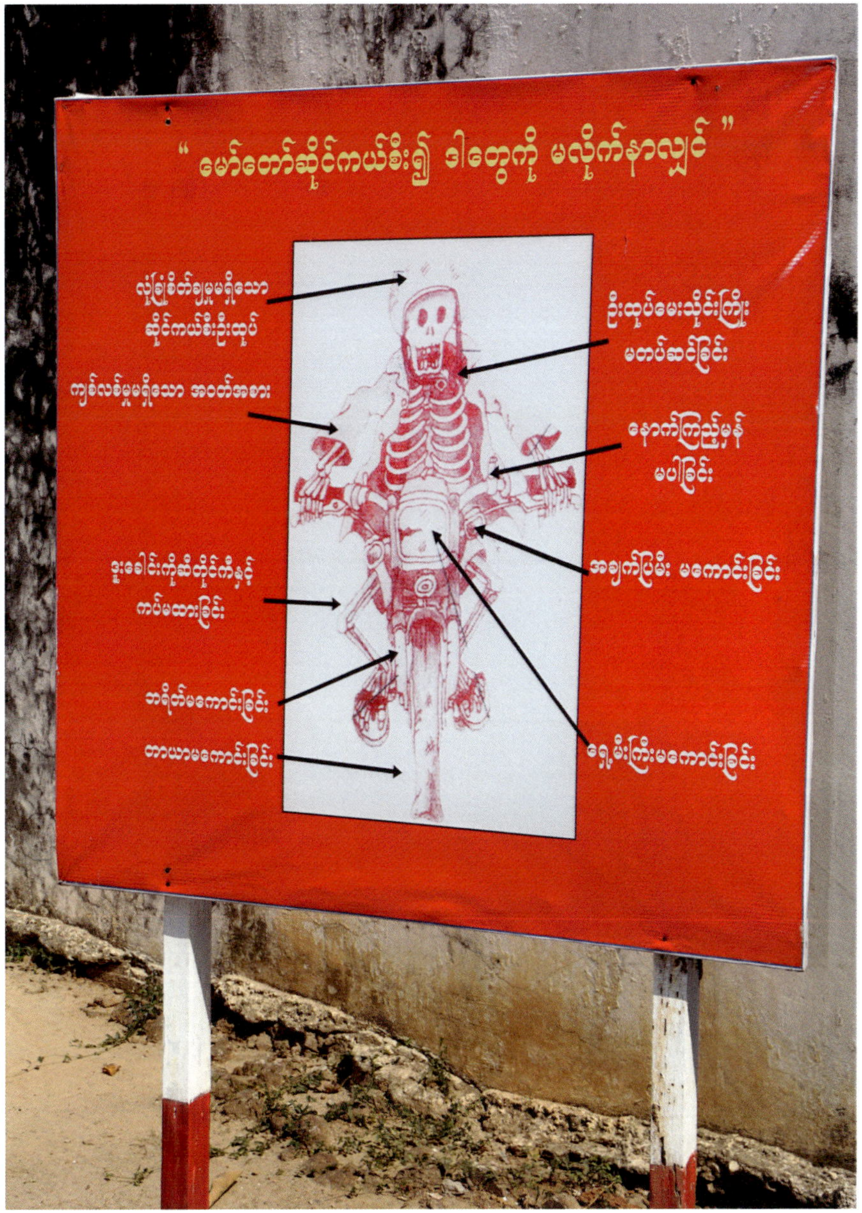

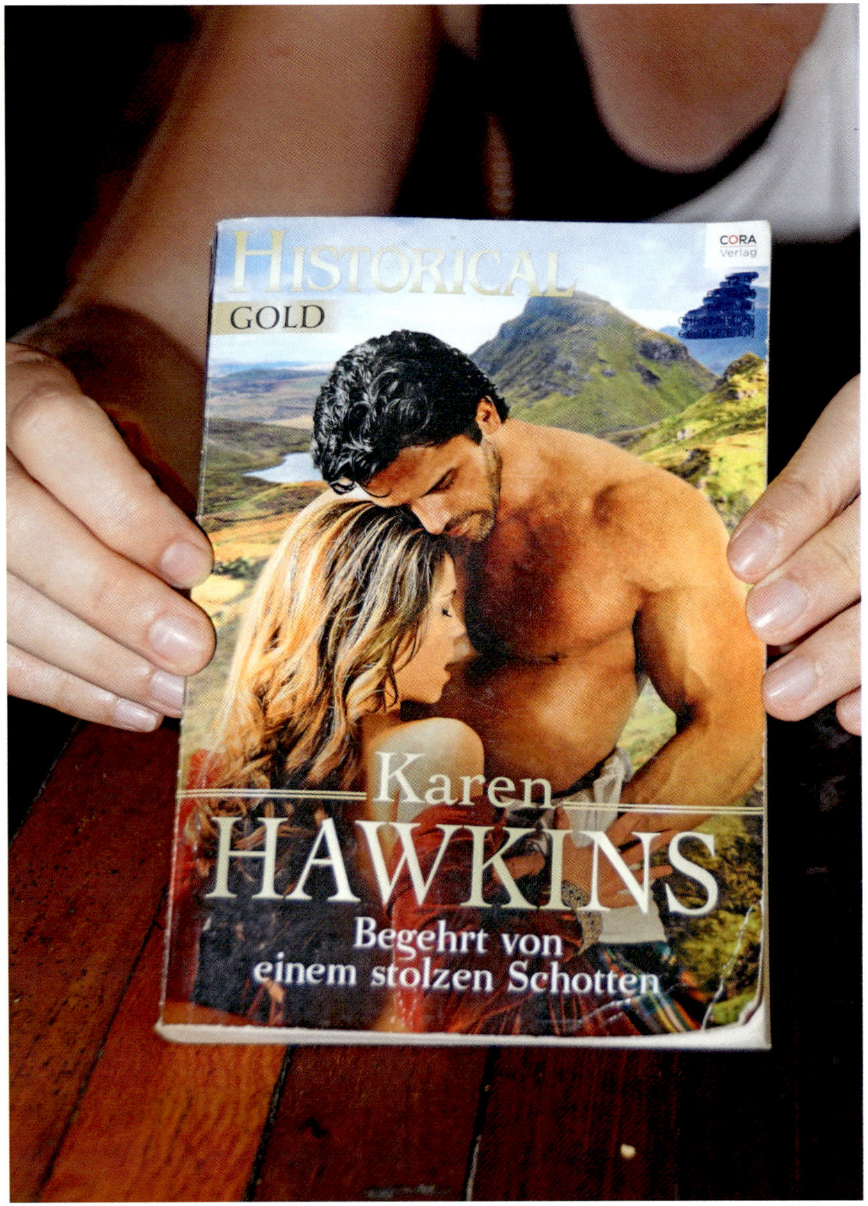
HISTORICAL
GOLD
CORA
Verlag
Karen
HAWKINS
Begehrt von
einem stolzen Schotten

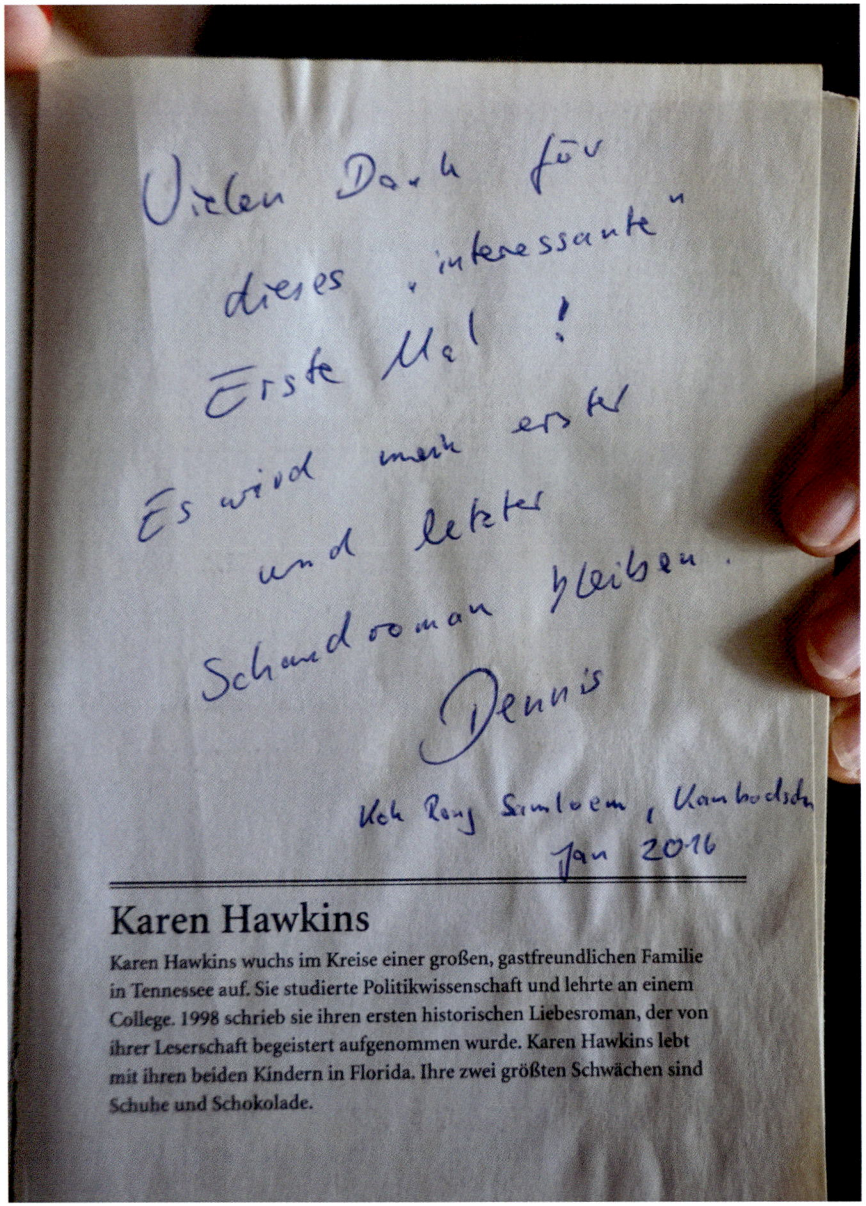
Vielen Dank für
dieses „interessante“
Erste Mal!
Es wird mein erster
und letzter
Schundroman bleiben.
Dennis
Koh Rong Samloem, Kambodscha
Jan 2016
Karen Hawkins
Karen Hawkins wuchs im Kreise einer großen, gastfreundlichen Familie in Tennessee auf. Sie studierte Politikwissenschaft und lehrte an einem College. 1998 schrieb sie ihren ersten historischen Liebesroman, der von ihrer Leserschaft begeistert aufgenommen wurde. Karen Hawkins lebt mit ihren beiden Kindern in Florida. Ihre zwei größten Schwächen sind Schuhe und Schokolade.

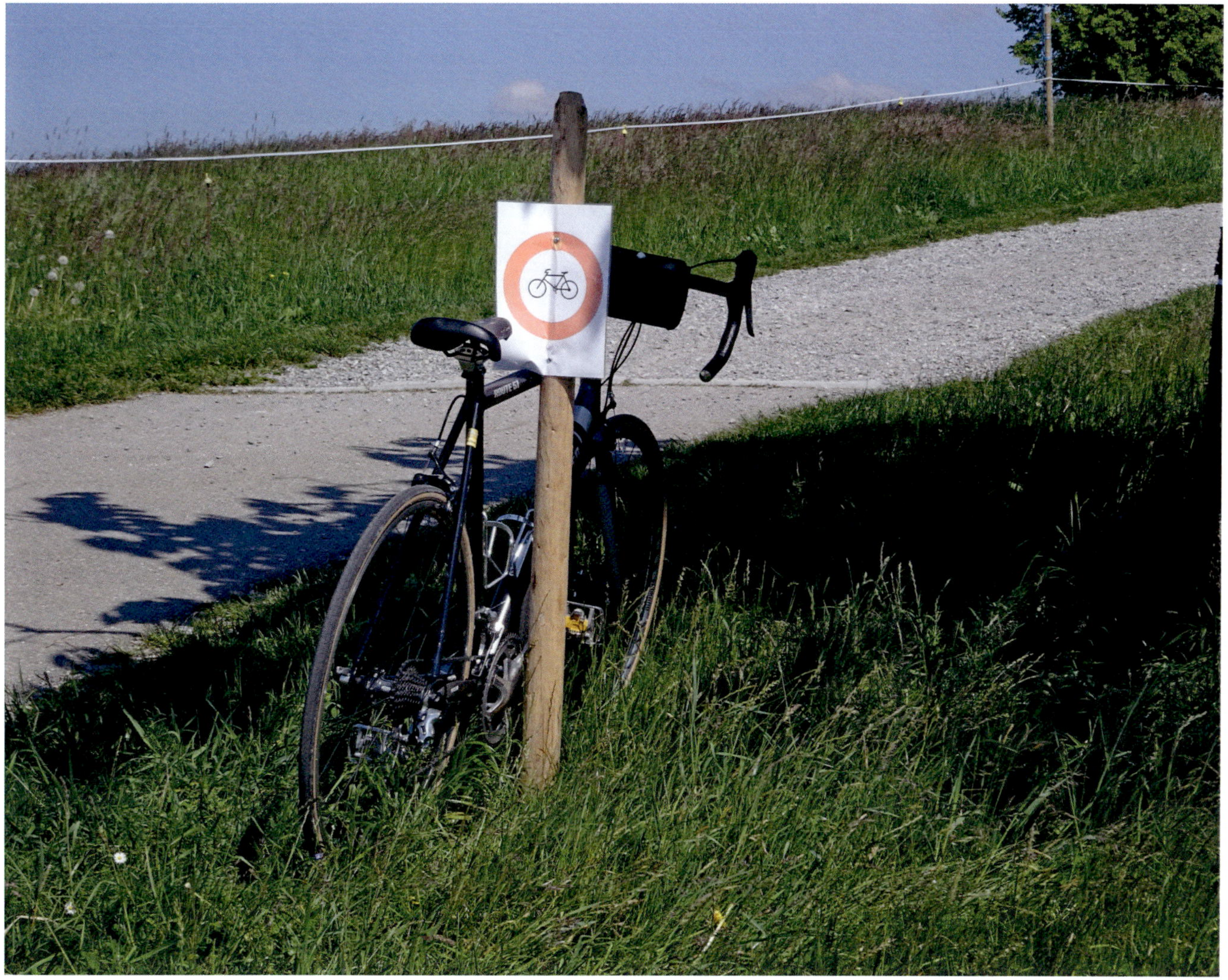

Beim nächsten Verbotsschild wird eine überhängende Lösung angestrebt …

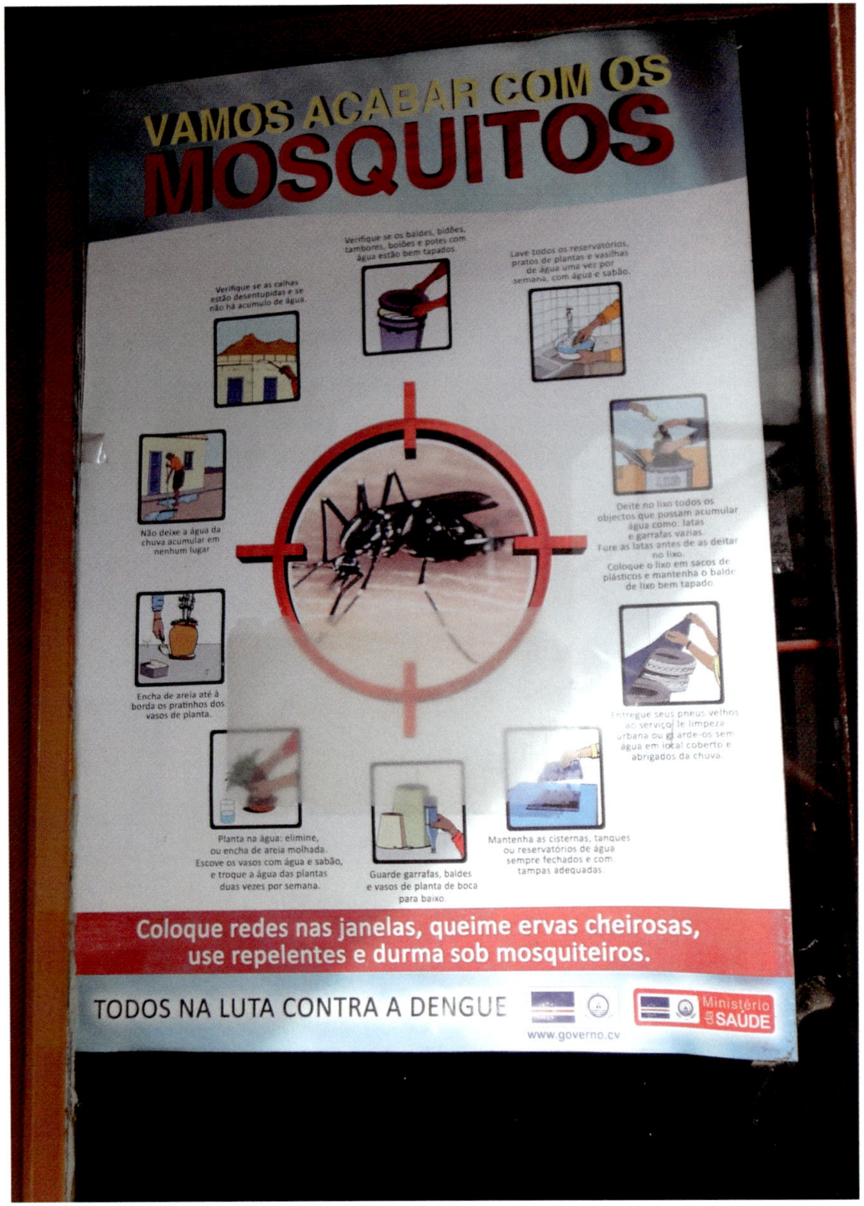

Wer in Mindelo auf den kapverdischen Inseln alle Punkte auf diesem Plakat beherzigen will, um gegen die gemeine Tiger-Mücke vorzugehen, der braucht mindestens zwei Vollzeit-Bedienstete.

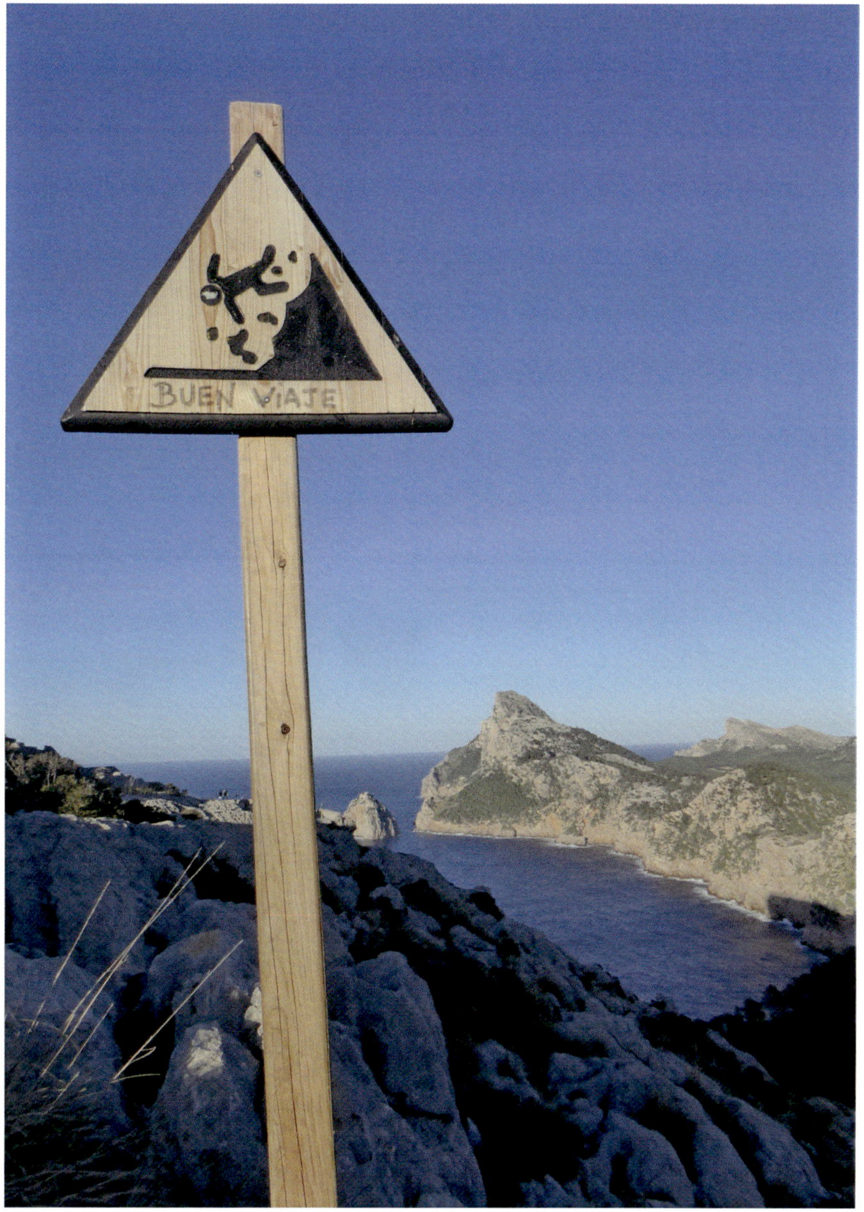

Mit etwas Galenhumor kommt man meist schneller zum Ziel ...

(für allzu Neugierige heißt es am Aussichtspunkt Mirador Es Colomer auf Mallorca schnell einmal: »Gute Reise!«)

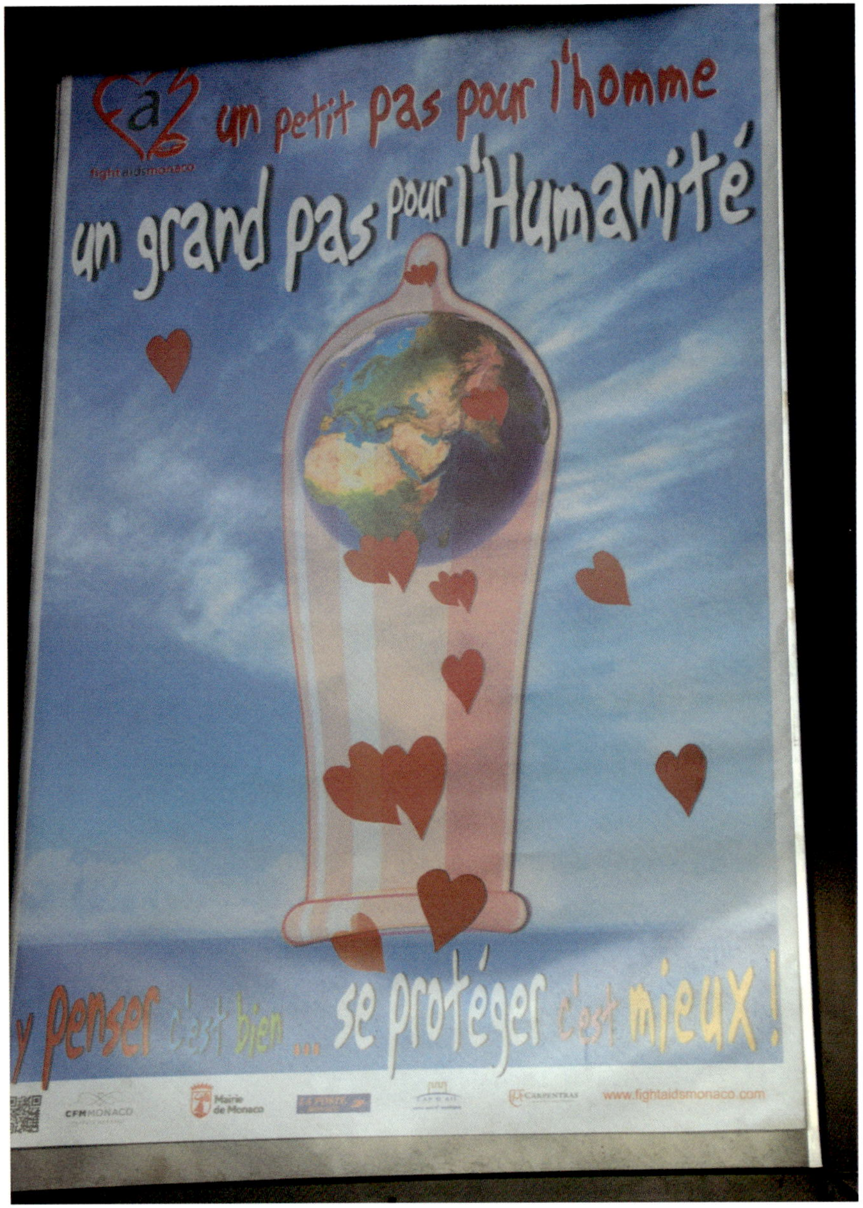

Schauen, dass es drüber kommt, wenn's einem überkommt, bevor es kommt …

(Der Spruch unten heißt übersetzt so viel wie: »denken ist gut, sich schützen ist besser« und ist an all jene gerichtet, die lieber mit ihrem kleinen besten Freund denken, als ein Stockwerk weiter oben …)

Es geht das Gerücht um, dass es sich beim Verkehrsdirektor der südafrikanischen Kleinstadt Montagu um einen ausgewiesenen Katzenhaar-Allergiker handelt …

(Der Autor dieses Buchs kann bestens mitfühlen, denn auch er meidet die Viecher wie die Pest …)

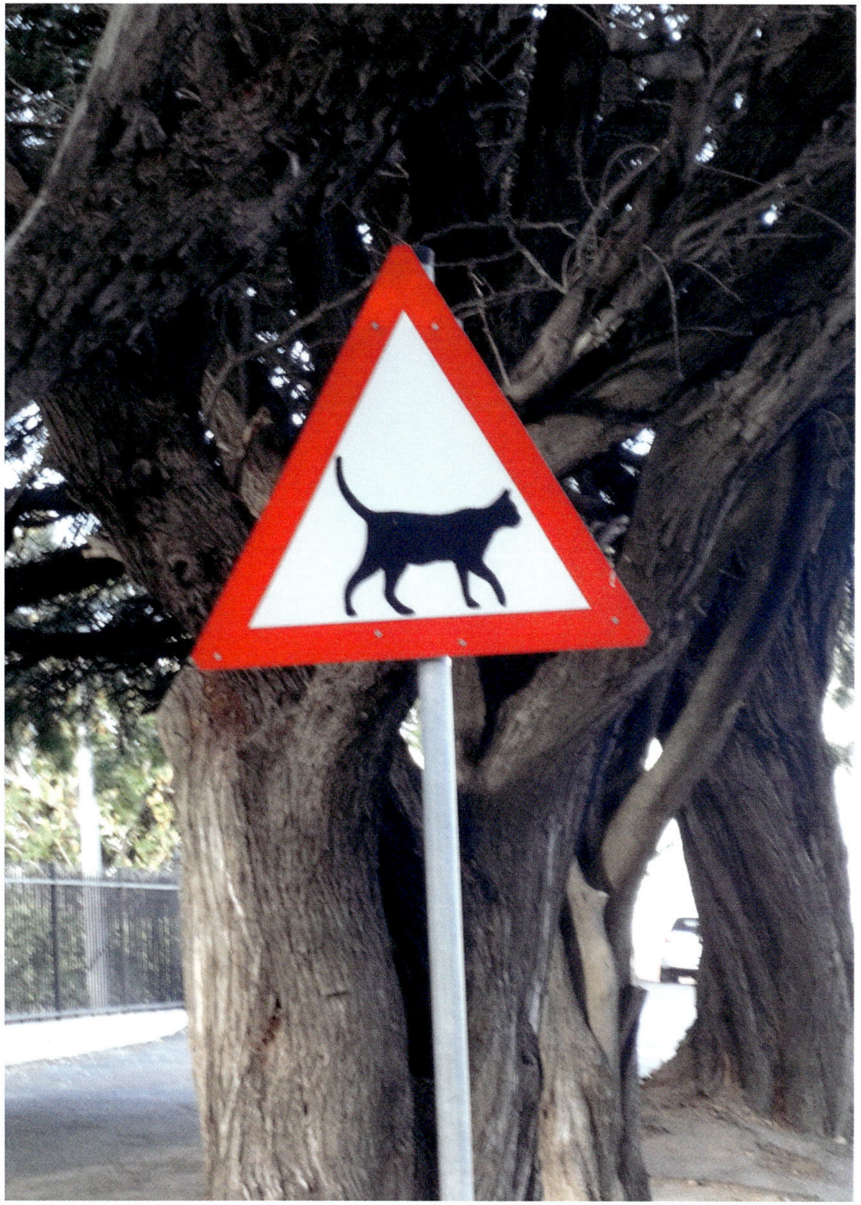

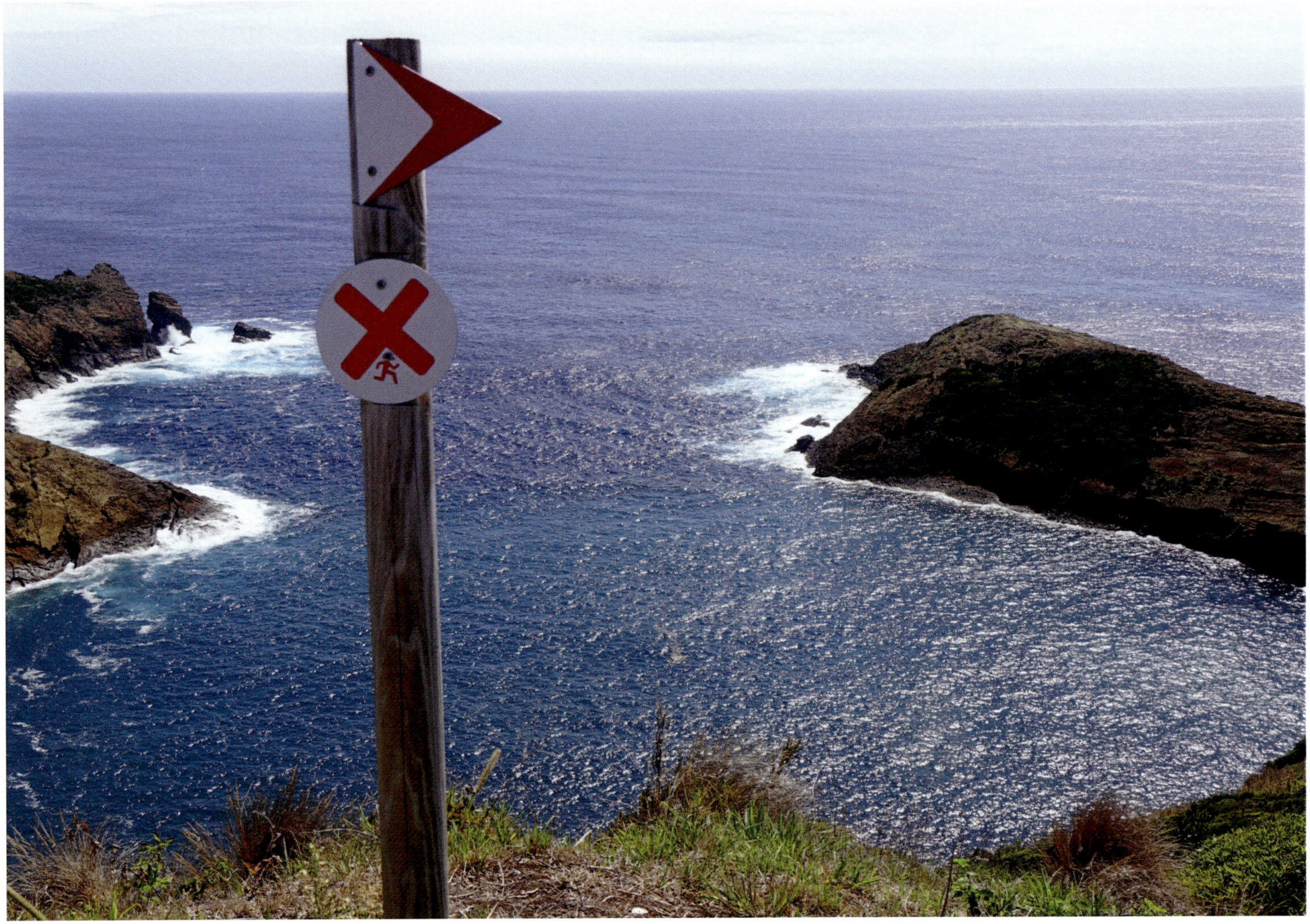

Menschliche Diversität auf individueller, institutioneller und struktureller Ebene sowie das Inkludieren aller Verhaltens-, Eigenschafts- und Charakter-Merkmale sind die neuen ethischen Grundpfeiler der azorischen Tourismusbehörde, was sich in einer neuen Signaletik bemerkbar macht.

(Oder mit anderen Worten an etwas Minderbemittelte gerichtet, die gelegentlich auf dem Schlauch stehen: Macht die Augen auf, Ihr Luschen!)

Schade eigentlich, – ich wollte schon immer mal beim Schwimmen eine rauchen …

(die Raucher-Hetze macht auch nicht vor dem tropischen Außenposten Bocas del Toro in Panama Halt)

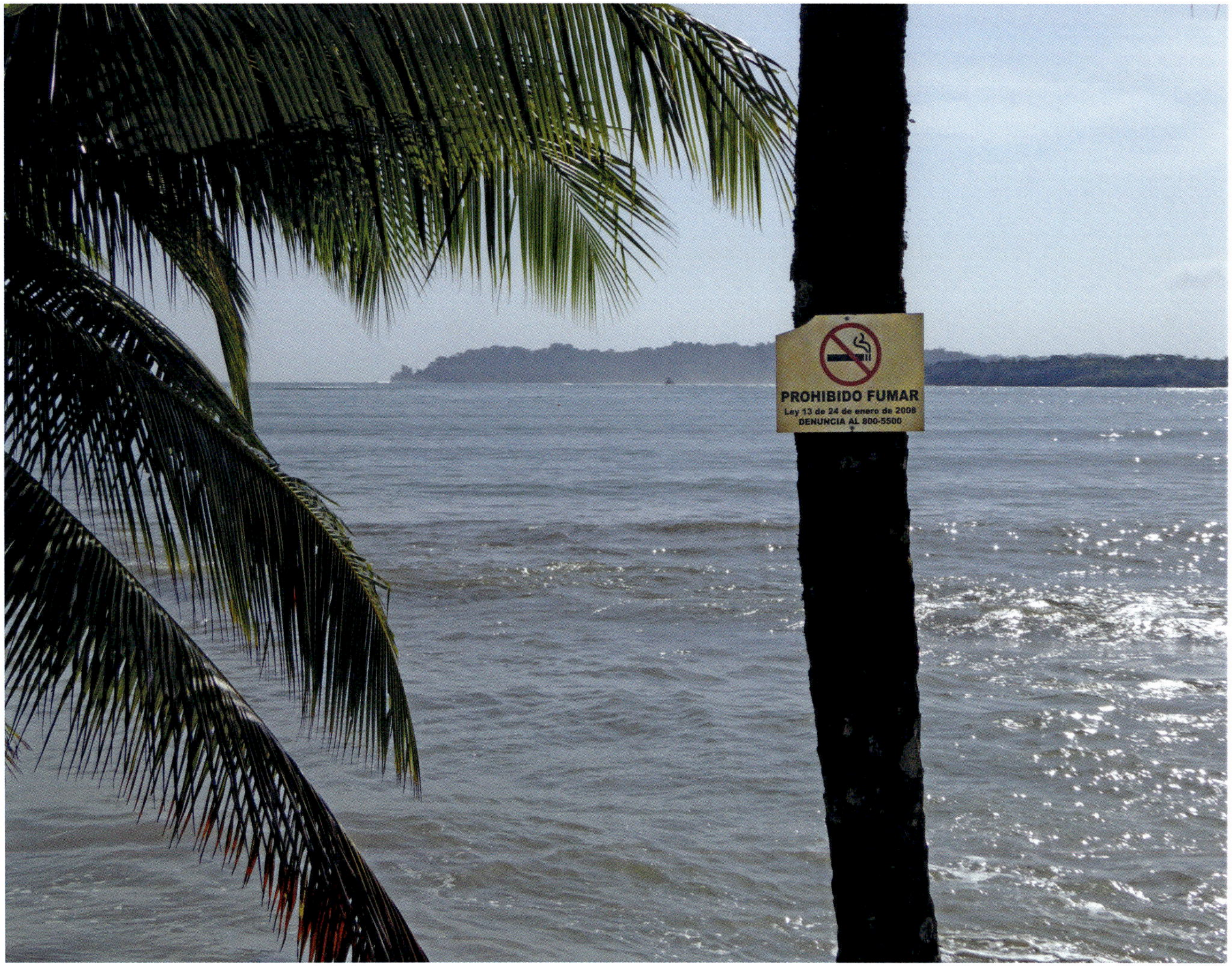

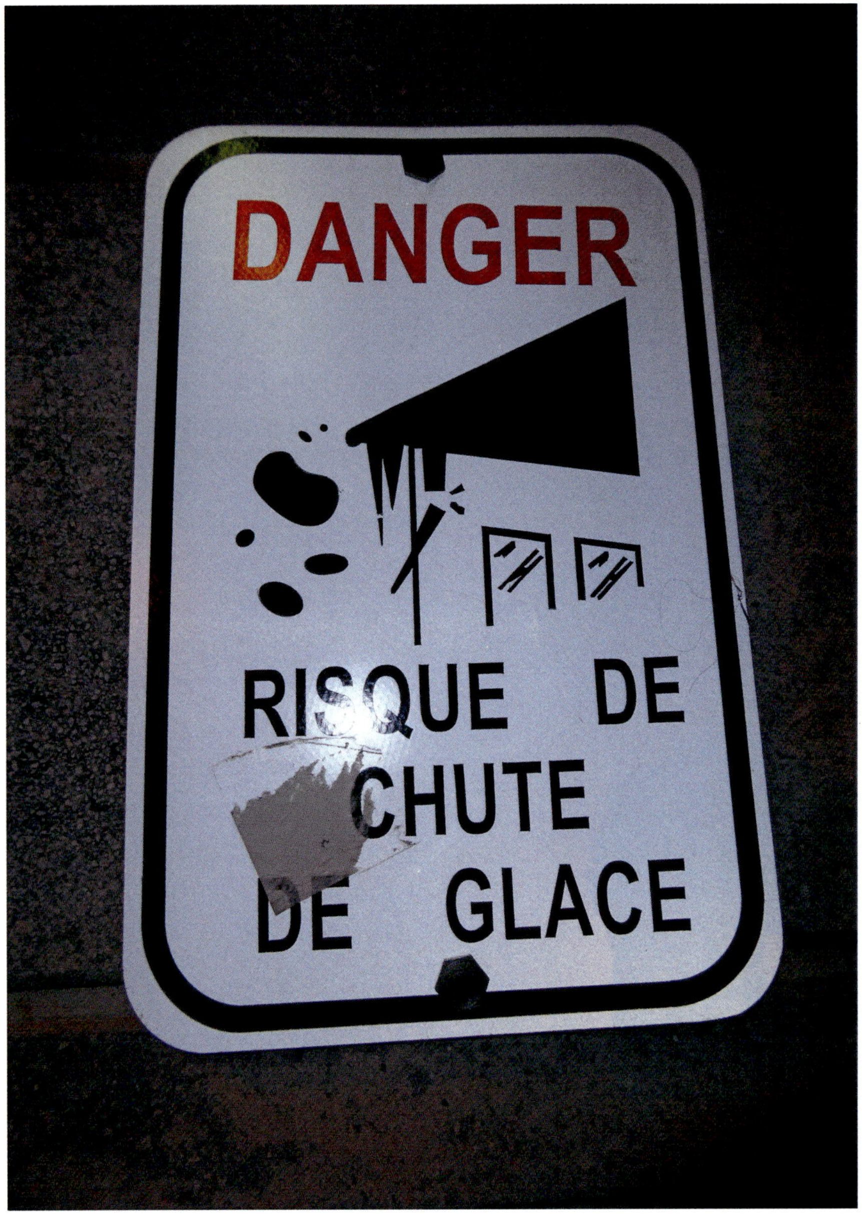

Während andere Groß-
städte mit Banden-
kriminalität, Luftver-
schmutzung und hoher
Arbeitslosigkeit zu
kämpfen haben, sind die
Probleme im kanadi-
schen Montreal zwar
witterungsbedingt über-
schaubar, dafür nicht
minder gefährlich …

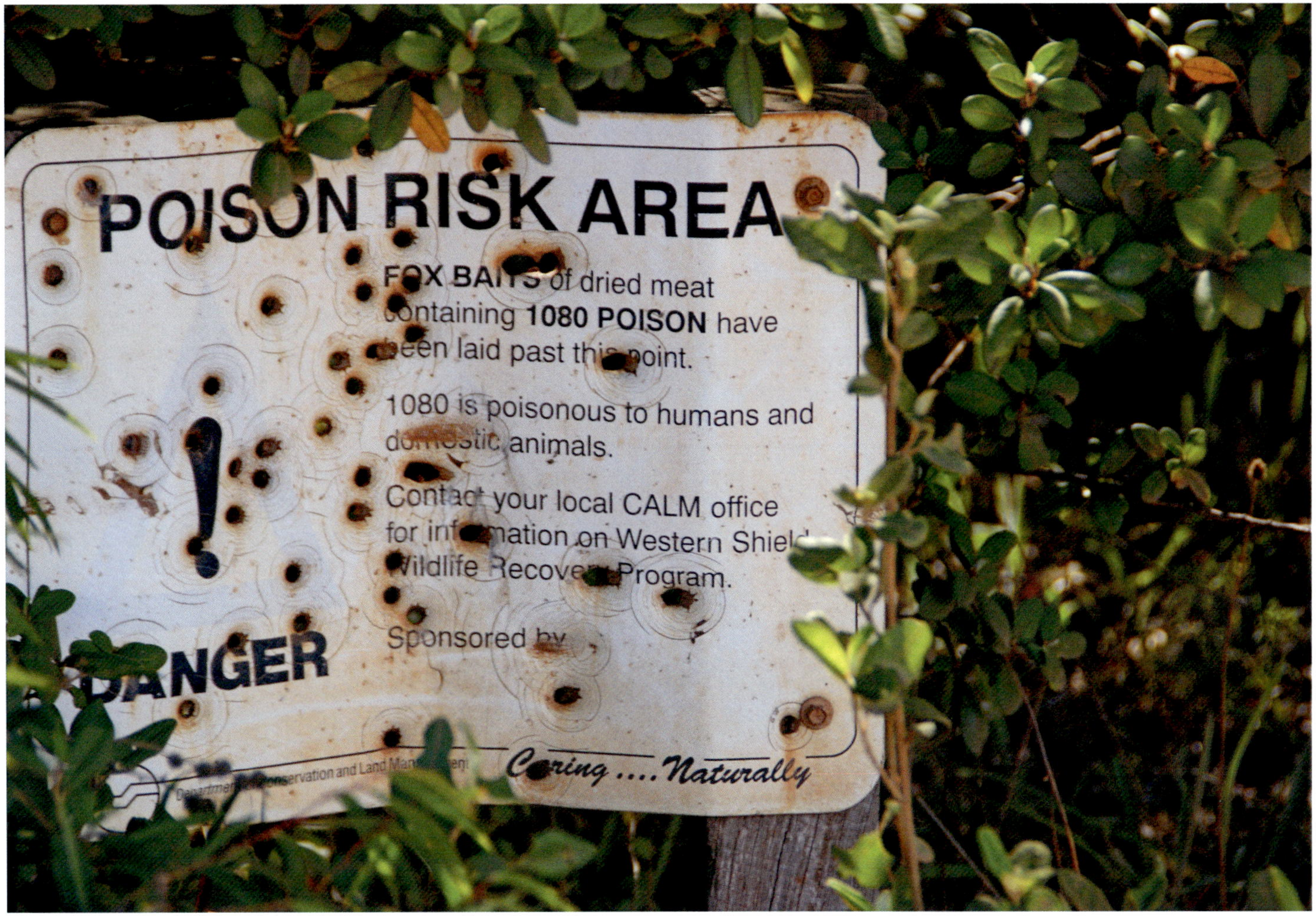

Der Warnhinweis liegt in einem beliebten Wandergebiet für Zwei- und domestizierte Vierbeiner im Blackwood River Valley im australischen Nannup. Wohl dem, der das etwa Doppelfaust große Schild inmitten des Heidelbeerstrauchs rechtzeitig sieht …

(Das Schildchen scheint da schon ziemlich lange rumzustehen, nimmt man den von Fuchsködern verursachte Lochfraß als Maßstab)

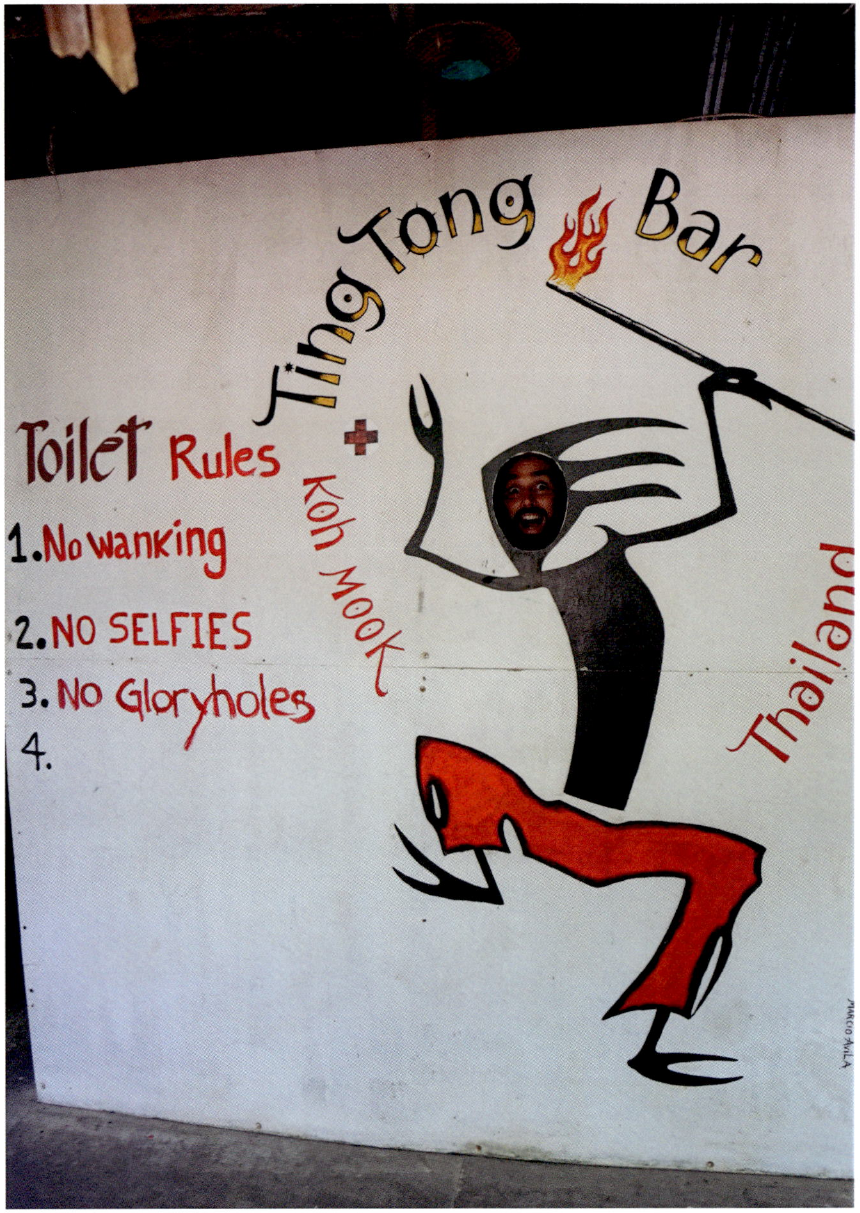
Ting Tong Bar
Toilet Rules
1. No wanking
2. NO SELFIES
3. No Gloryholes
4.
Koh Mook
Thailand

Ohne Worte.

Im schweizerischen Neuenburg am gleichnamigen See ist es Hunden vom 15. März bis 15. Oktober untersagt, im Wasser zu stehen und/oder halb im Wasser und halb unter einem Sonnenschirm zu stehen. Ja, das ergibt in der Tat Sinn …!

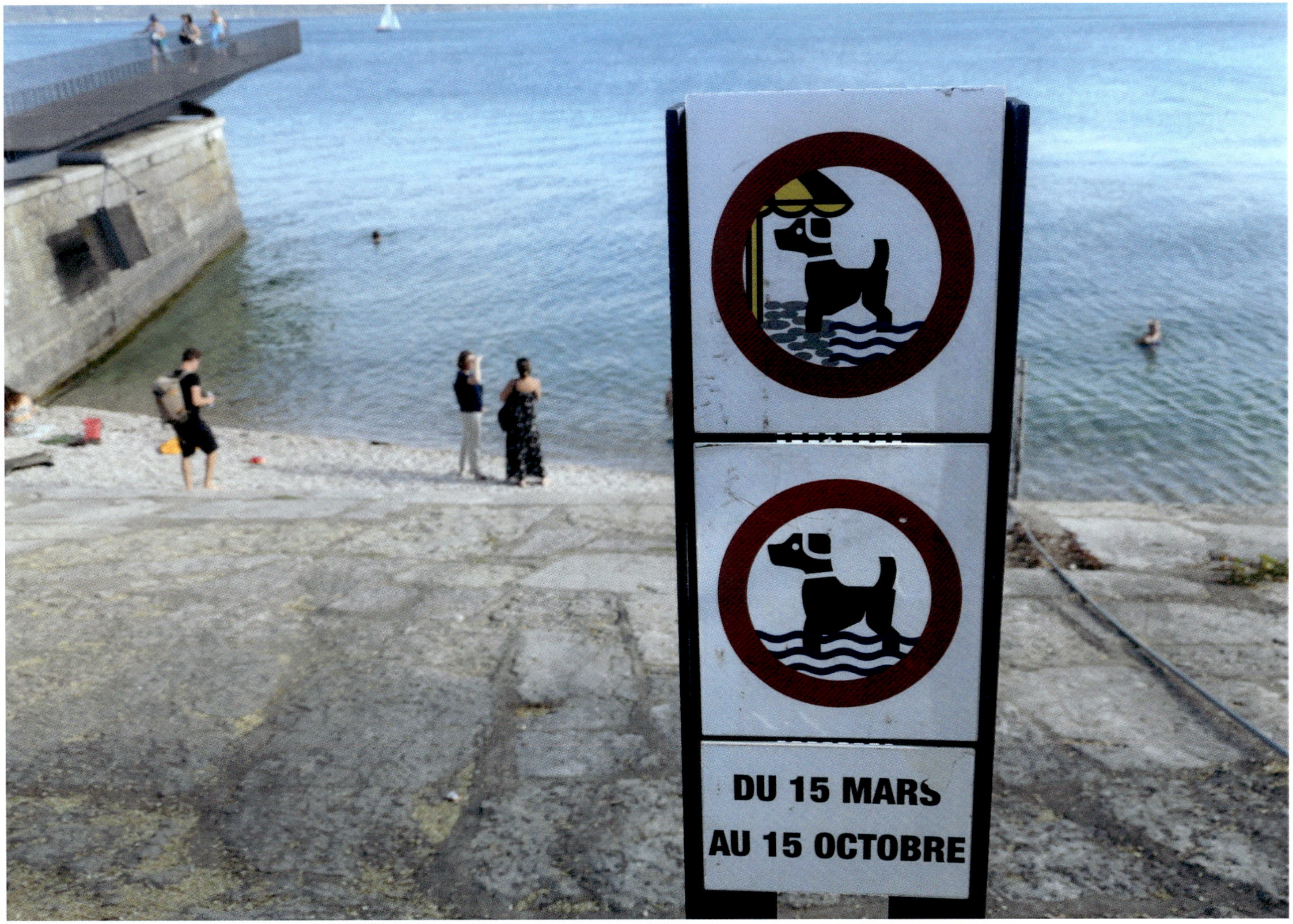

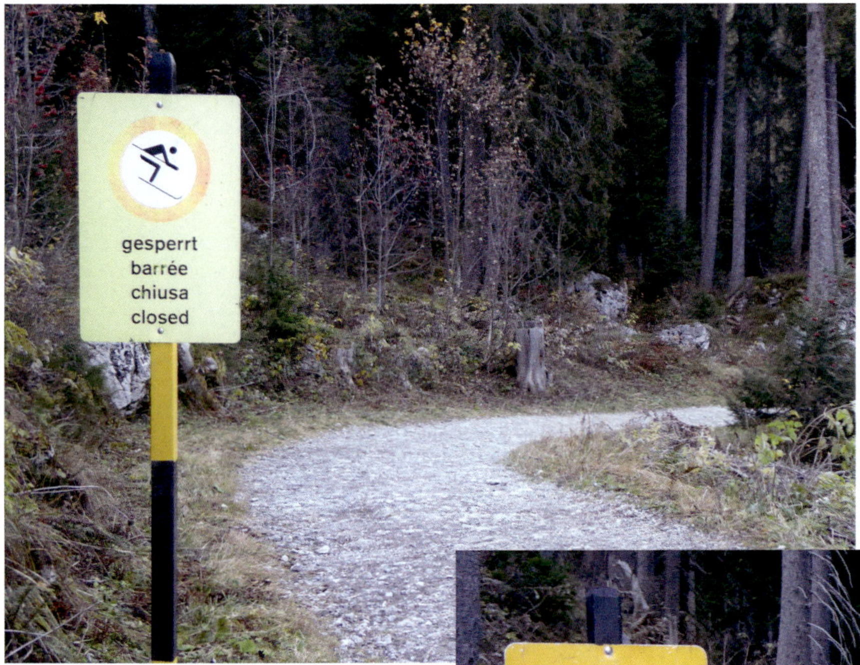

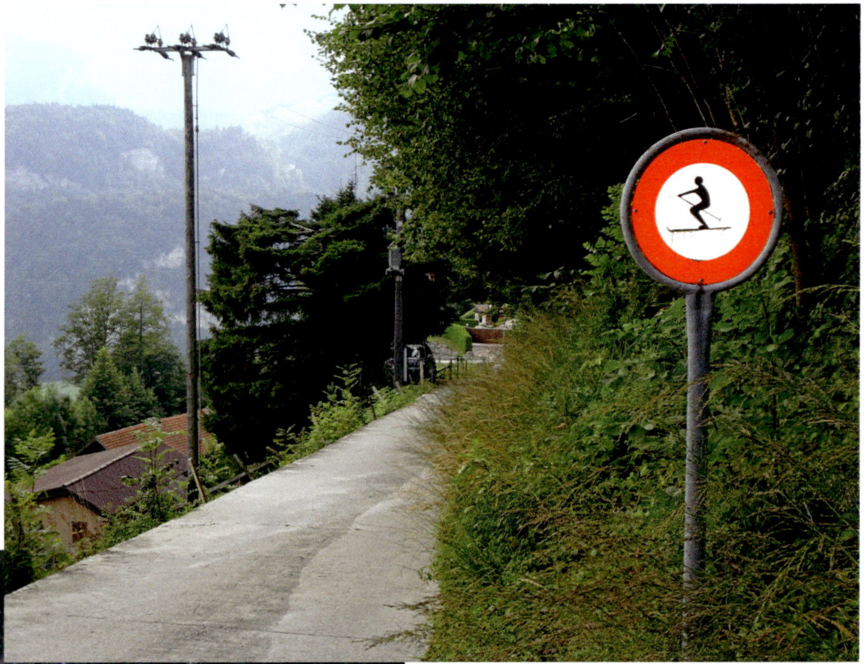

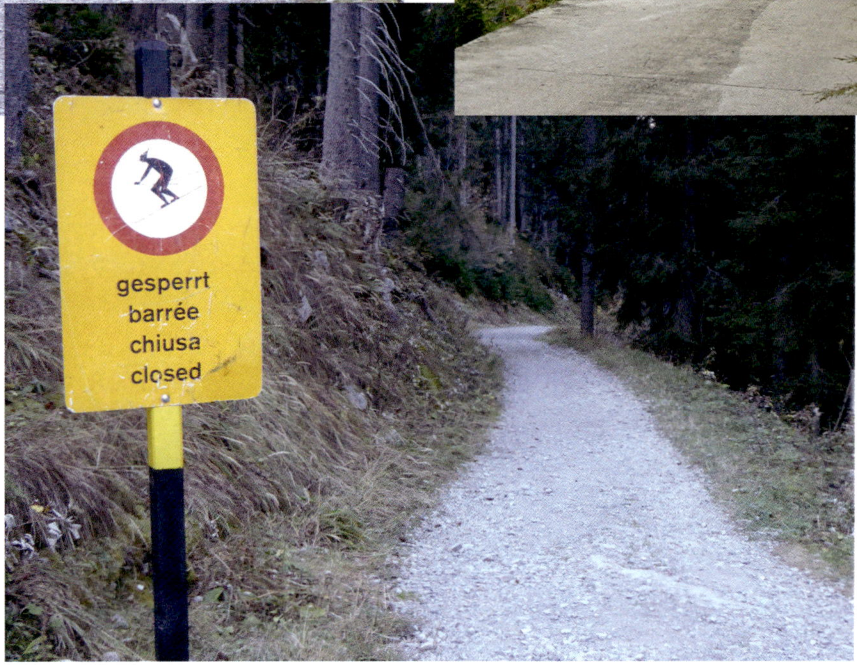

Der um sich greifende Klimawandel lässt viele Schilder in den Alpen zu reinem Altmetall verkommen …

Dank der universellen Sprache mit der Kombination von Zeichen, Text und Farbe werden am Noordhoek Beach in Südafrika auch keine Farbenblinde, Analphabeten oder jene, die weder der Englischen, noch der Afrikaans oder der isiXhosa Sprache mächtig sind, zu Haifisch-Futter.

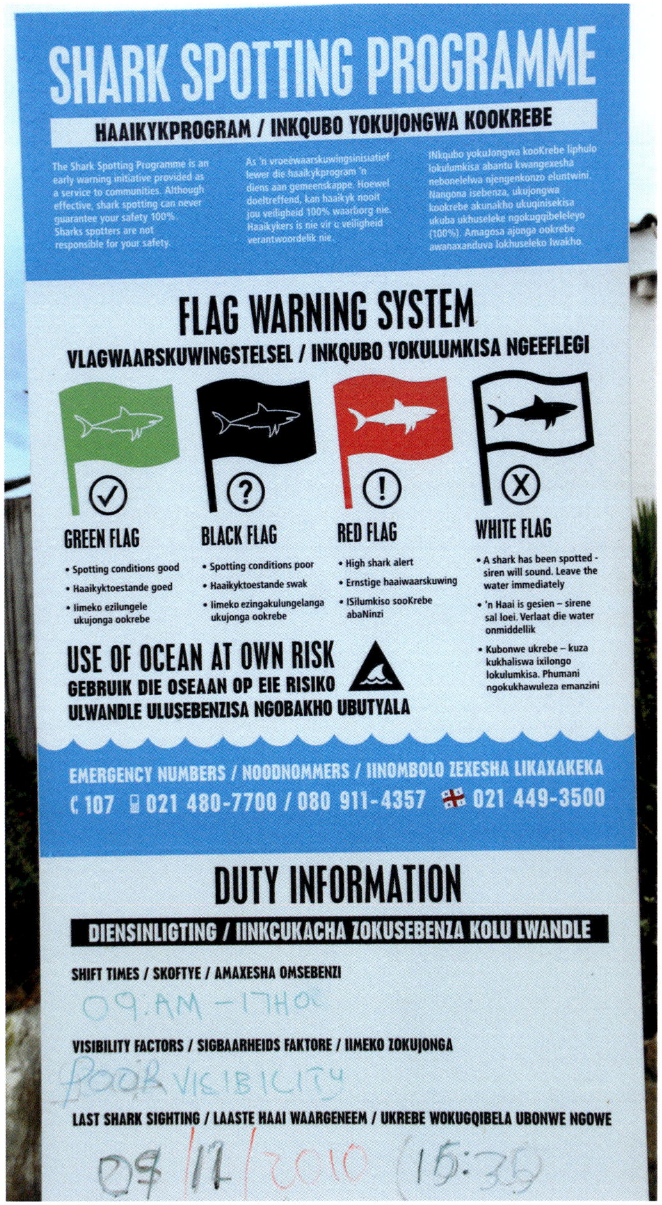

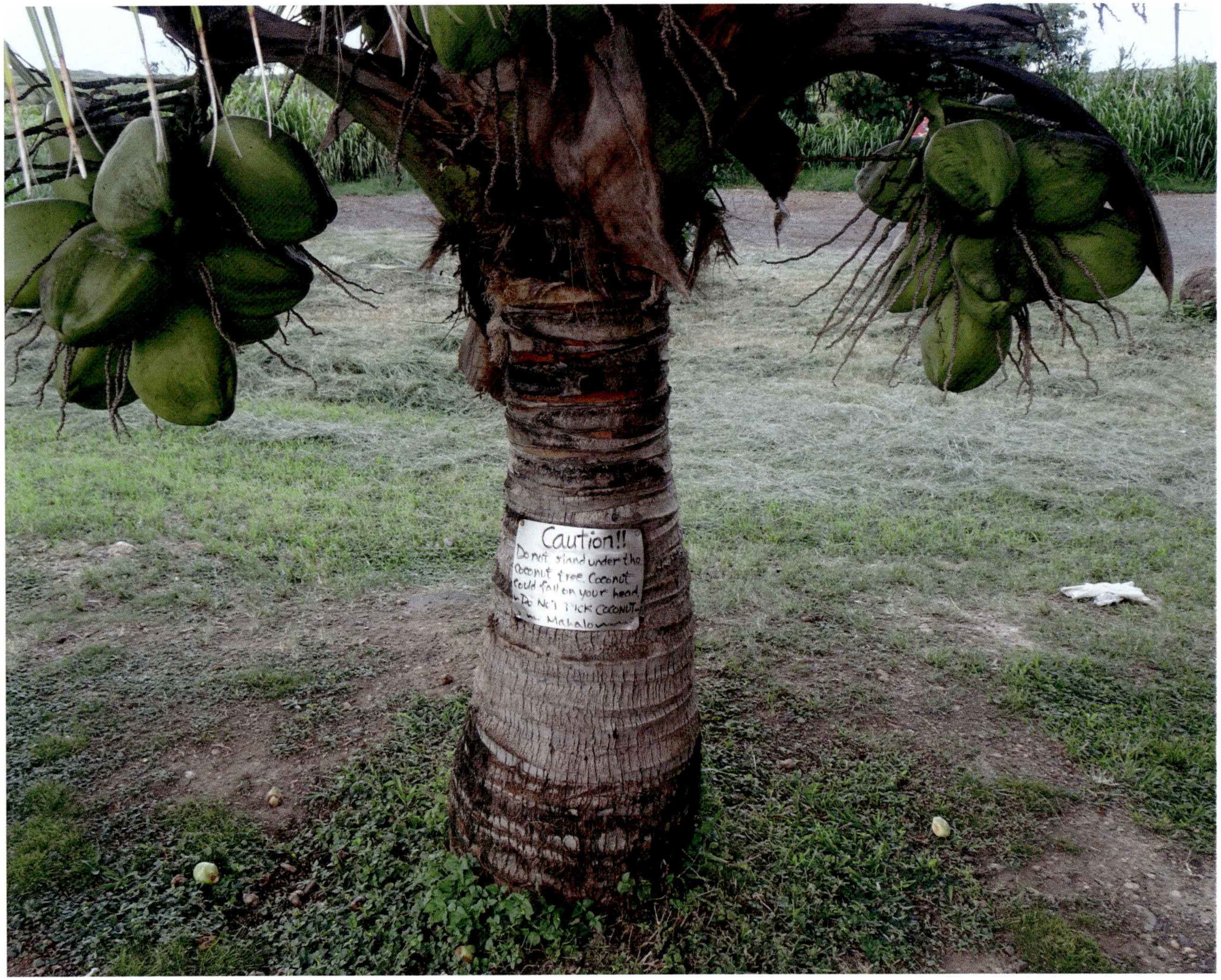

Was auf der Metall-Plakette fehlt, da es zu wenig Platz darauf hatte: Das gilt hier freilich nur für Zwerge, Kobolde, Wichte, Gnome, Erdtrolle, Elfen, Kinder und Kleinwüchsige.

(Pro Jahr sollen angeblich circa 150 Menschen wegen herabfallenden Kokosnüssen sterben. Bei dieser Zahl handelt es sich allerdings um eine bloße Schätzung, da sie statistisch nicht belegt ist)

Wer hier mit Schwimmflossen, Bikini und Taucherausrüstung aufkreuzt, hat sich wohl von einem Reisebüro-Hochglanzprospekt täuschen lassen.

(… und der Ausblick auf das Meer im schottischen Oban hält auch nicht, was er versprochen hat)

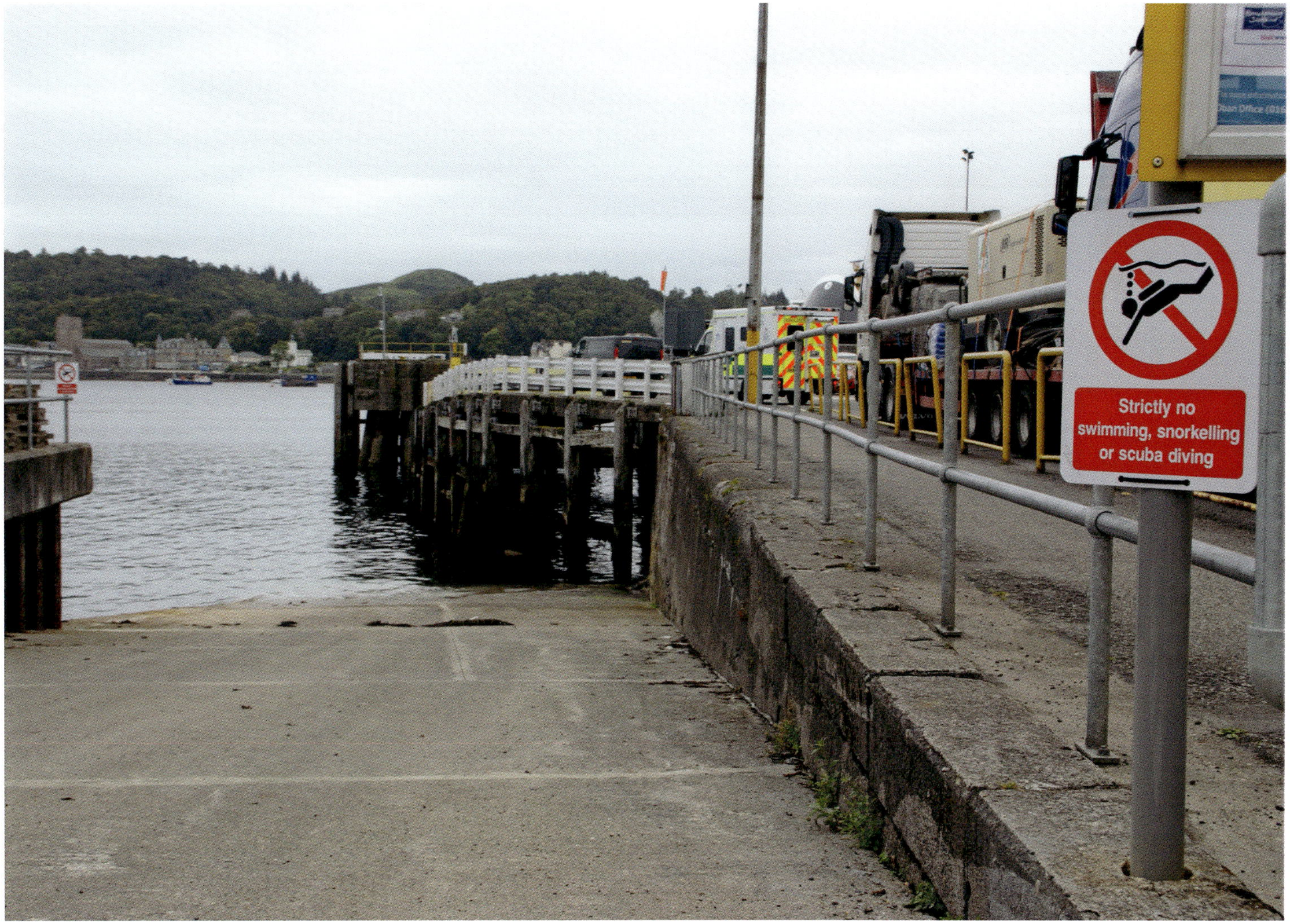

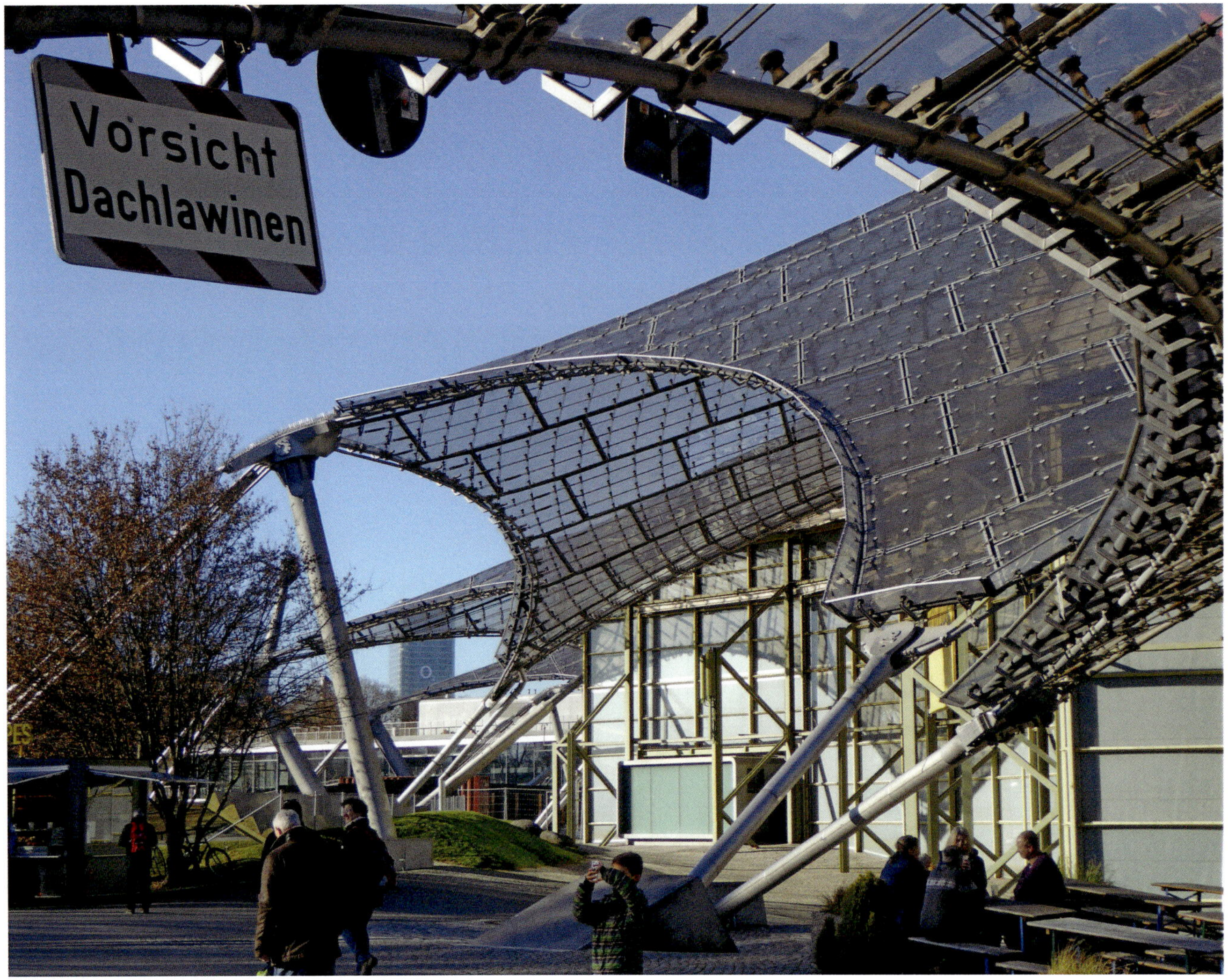

Besuchern wird deshalb empfohlen, das Münchner Olympiastadion im Winter nur in Ritterrüstung oder mit dem Raketenrucksack zu besuchen.

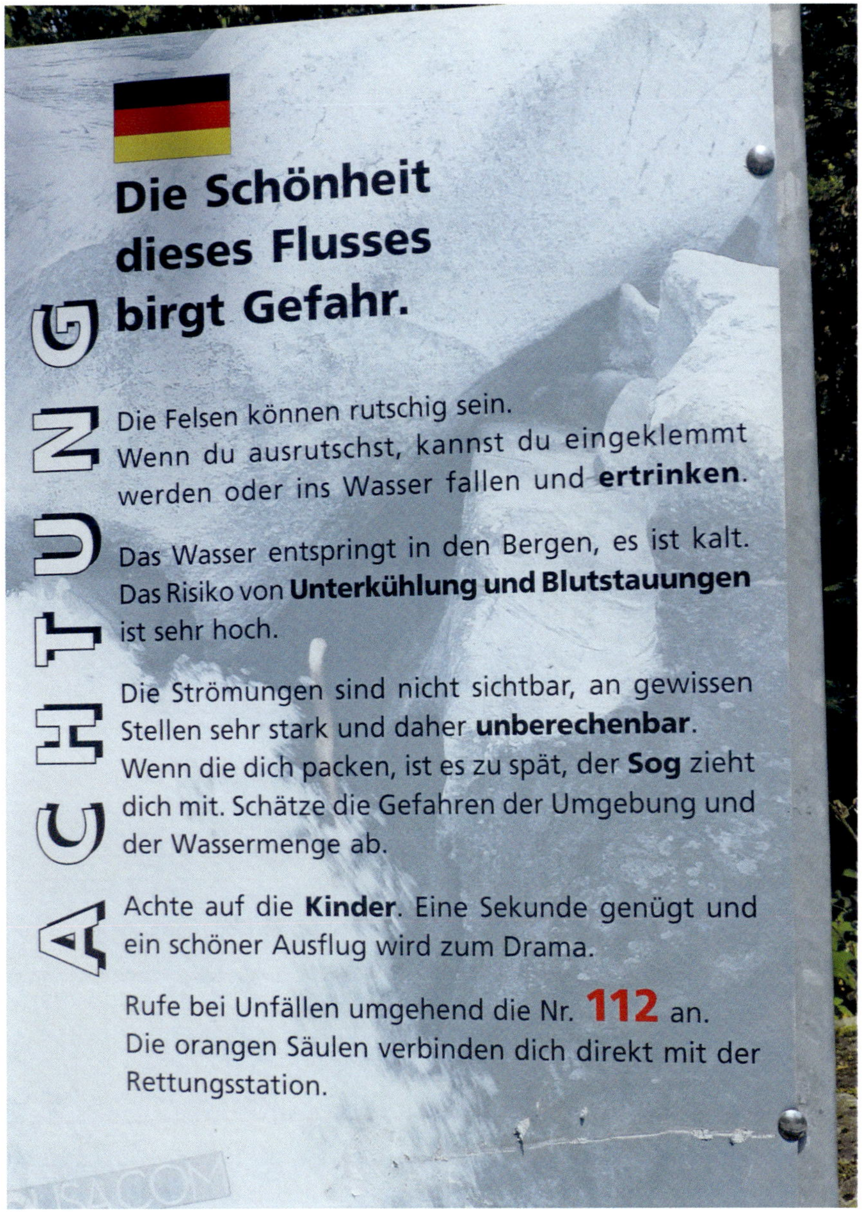

Die Warn-Stele im Tessiner Verzascatal (Schweiz) liest sich in etwa so, wie die Horrorfilm-Programmvorschau von Sat.1 und ProSieben.

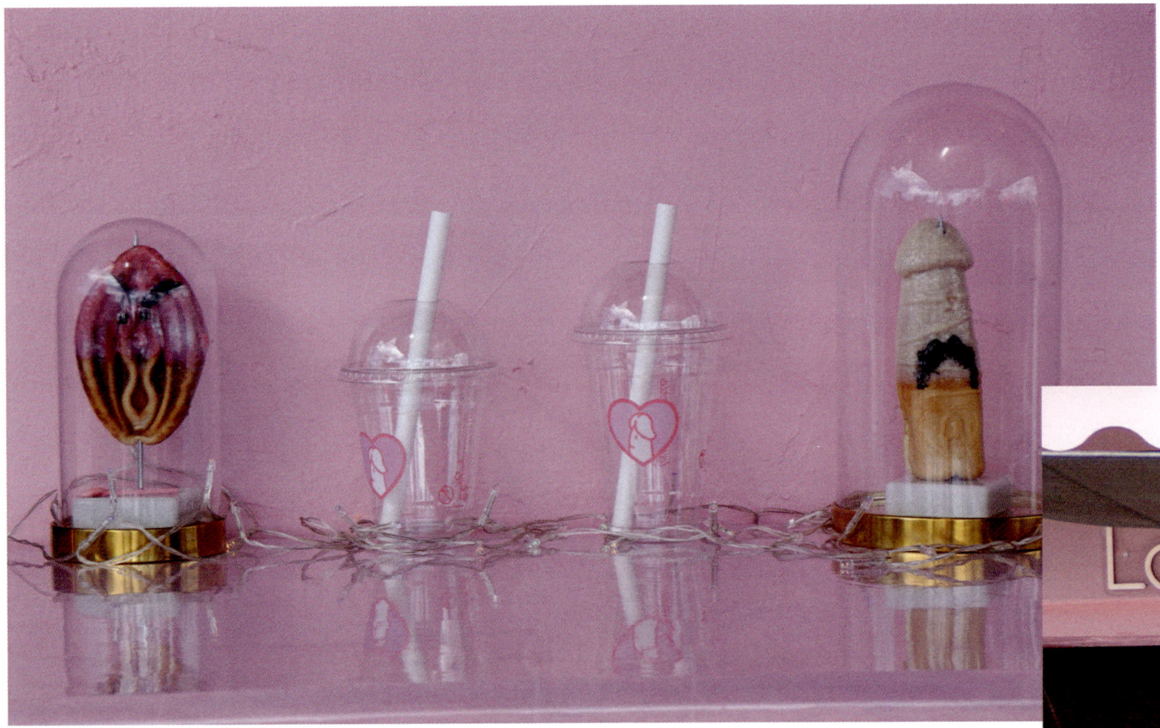

Wenn einem die Lust überkommt, an einem Stängel zu schlecken ...

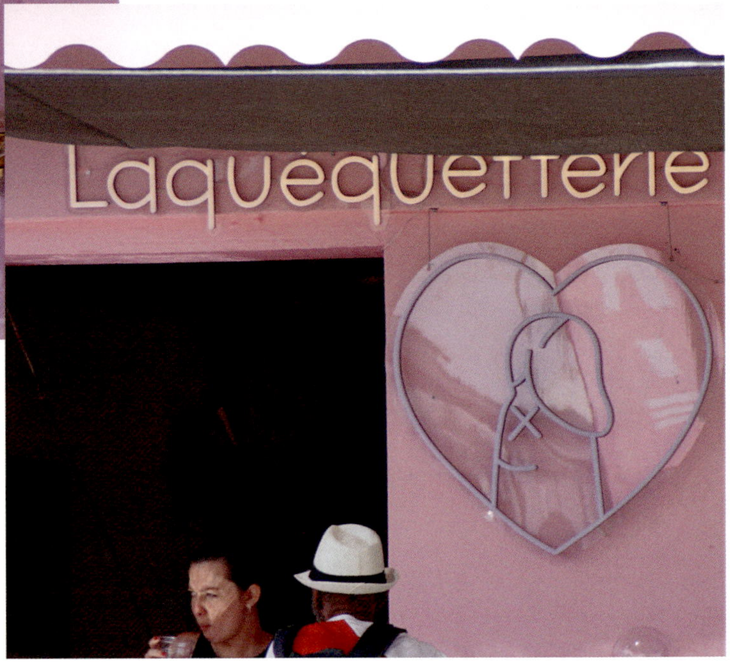

Wer immer noch nicht ganz begriffen hat, auf welche Lebensmittel sich dieser Laden in Fort-de-France auf der Karibikinsel Martinique spezialisiert haben mag – hier ein paar frei übersetzte Hinweise:

- Der Firmenname leitet sich ab von »la quéquette«, was so viel bedeutet wie »der Sch…z«
- Ihr Slogan lautet: »Ouvrez grand la bouche« (öffne deinen Mund weit)

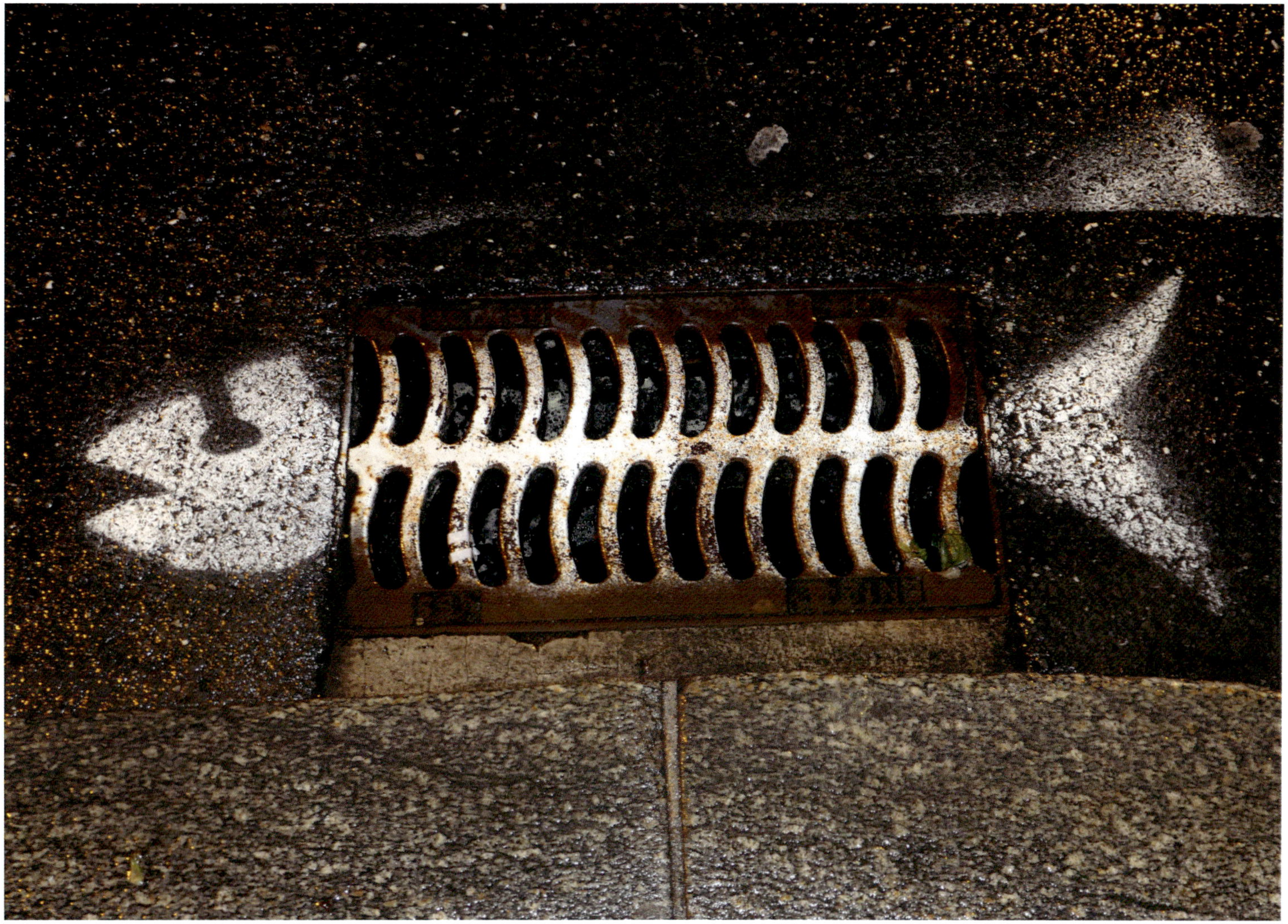

Kunst muss nicht immer abstrakt sein!
Auch hier will Angenehmes mit Nützlichem verbunden werden.

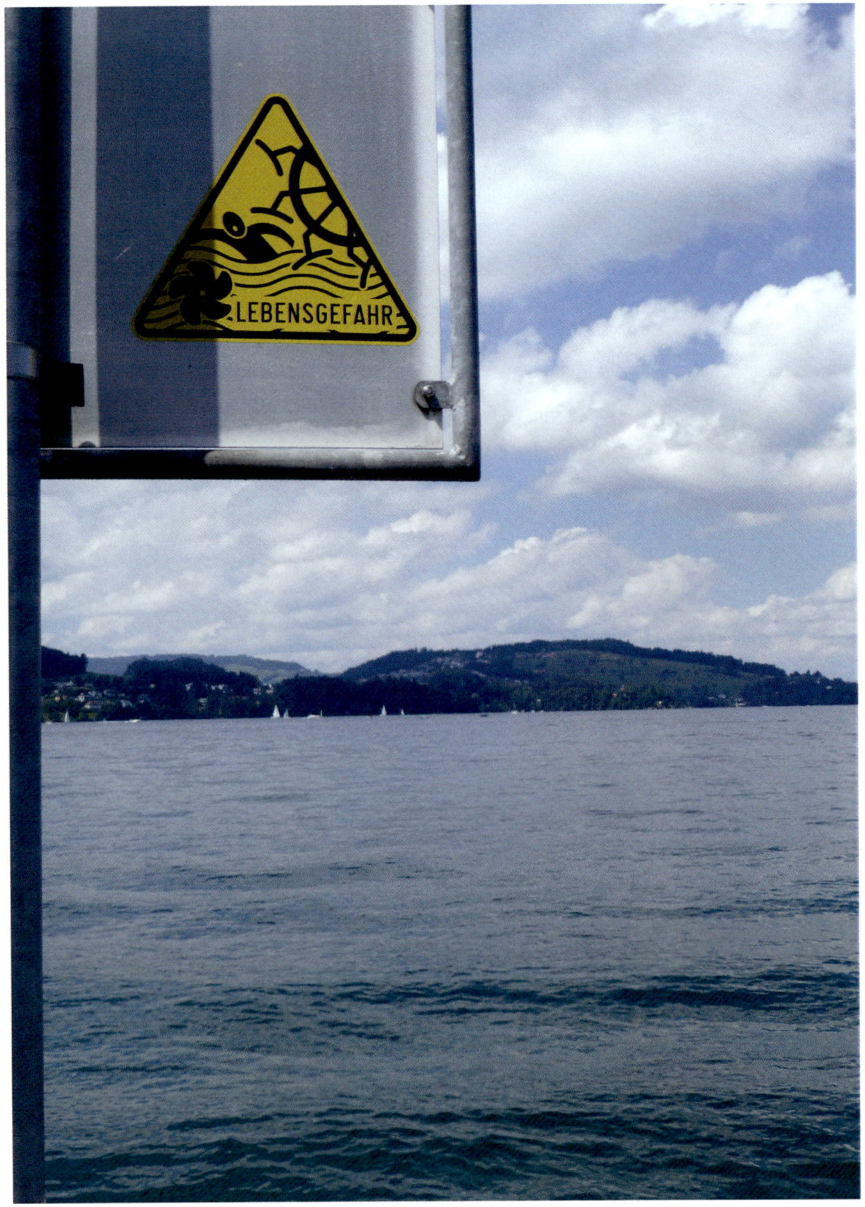

Das Gewässer des eigentlich idyllischen Vierwaldstättersees in der Schweiz ist heimtückisch. Äußerste Vorsicht ist geboten vor schwimmenden Turbinen, kraulenden Wurfsternen und durchs Wasser gleitenden Spinnrädern.

Nicht wenige sind überzeugt; würde man dieses Belohnungssystem auch bei Menschen einführen, würde dem In-der-Schlange-Stehen eine ganz andere Bedeutung beigemessen.

(Ja mehr noch, man würde sich über die gezogene Warte-Position 16 vor dem Postschalter sogar freuen …)

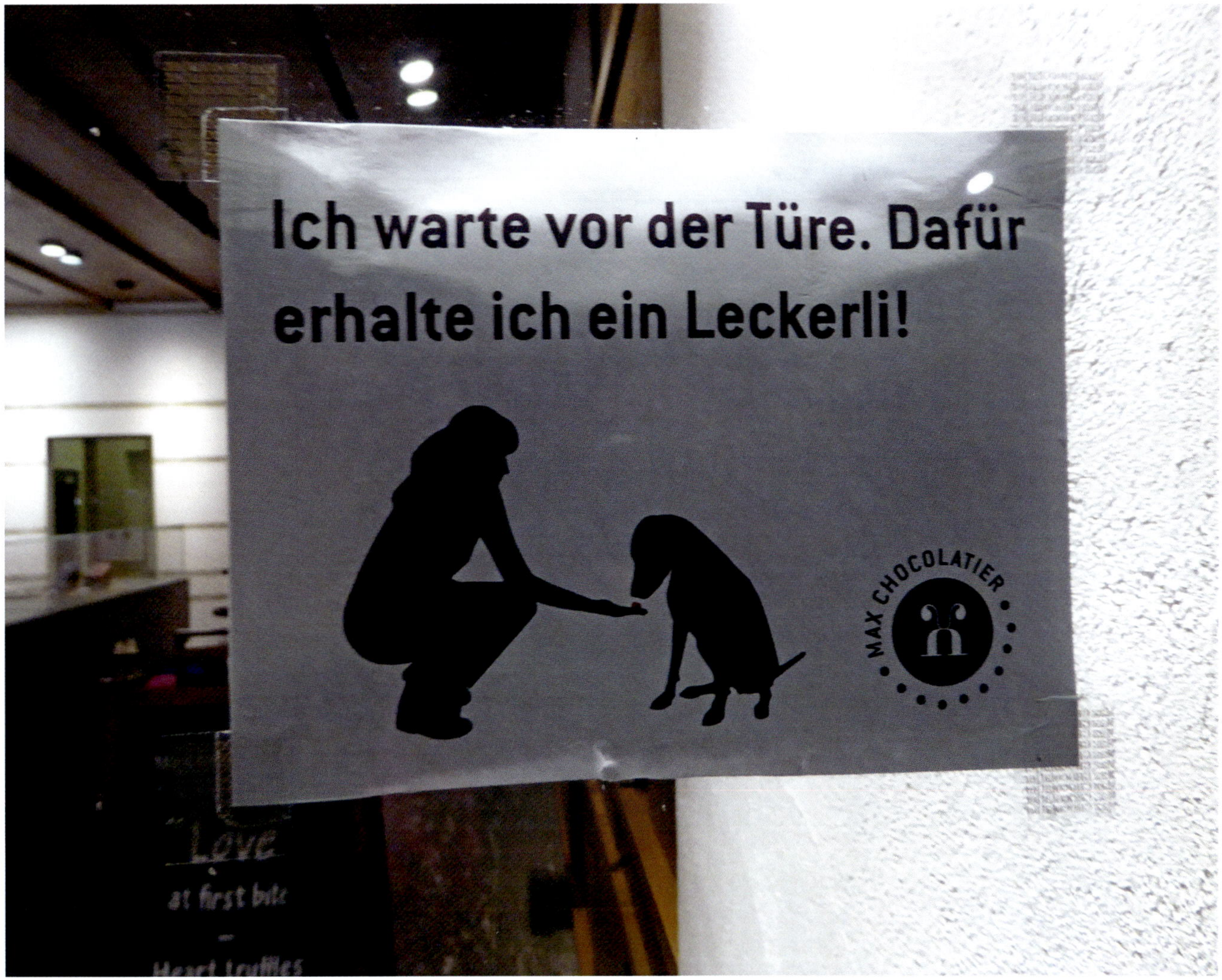

Manchmal lösen sich ganze Geröll-Massen oder Wald-Abschnitte von steil abfallenden Berghängen, daher die dringliche Bitte an wandernde Mütter mit Kleinkindern: Immer schön Händchen halten!

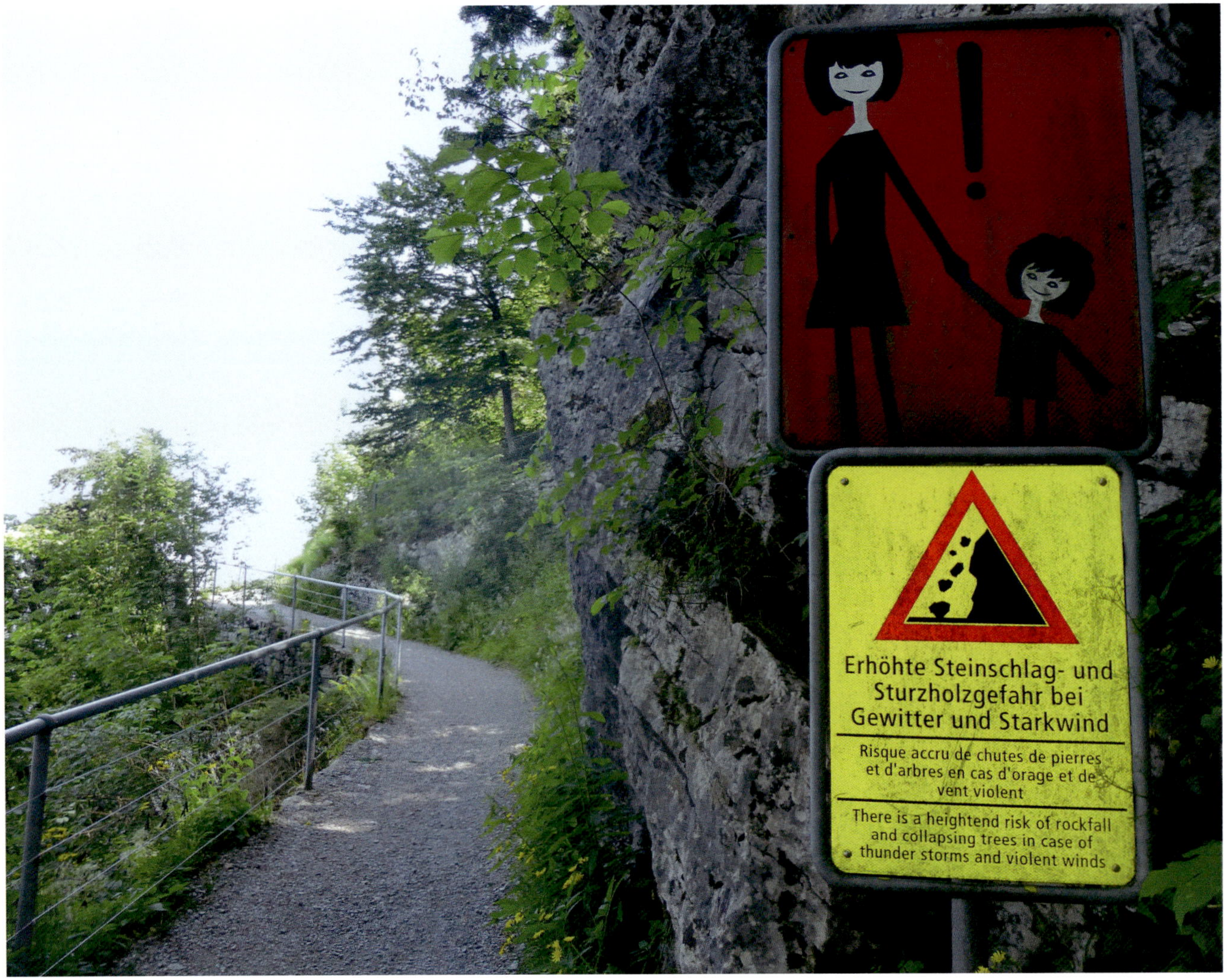

Nur eines von vielen
Beispielen, weshalb
Kleinwüchsige manch-
mal einfach besser
durchs Leben kommen …

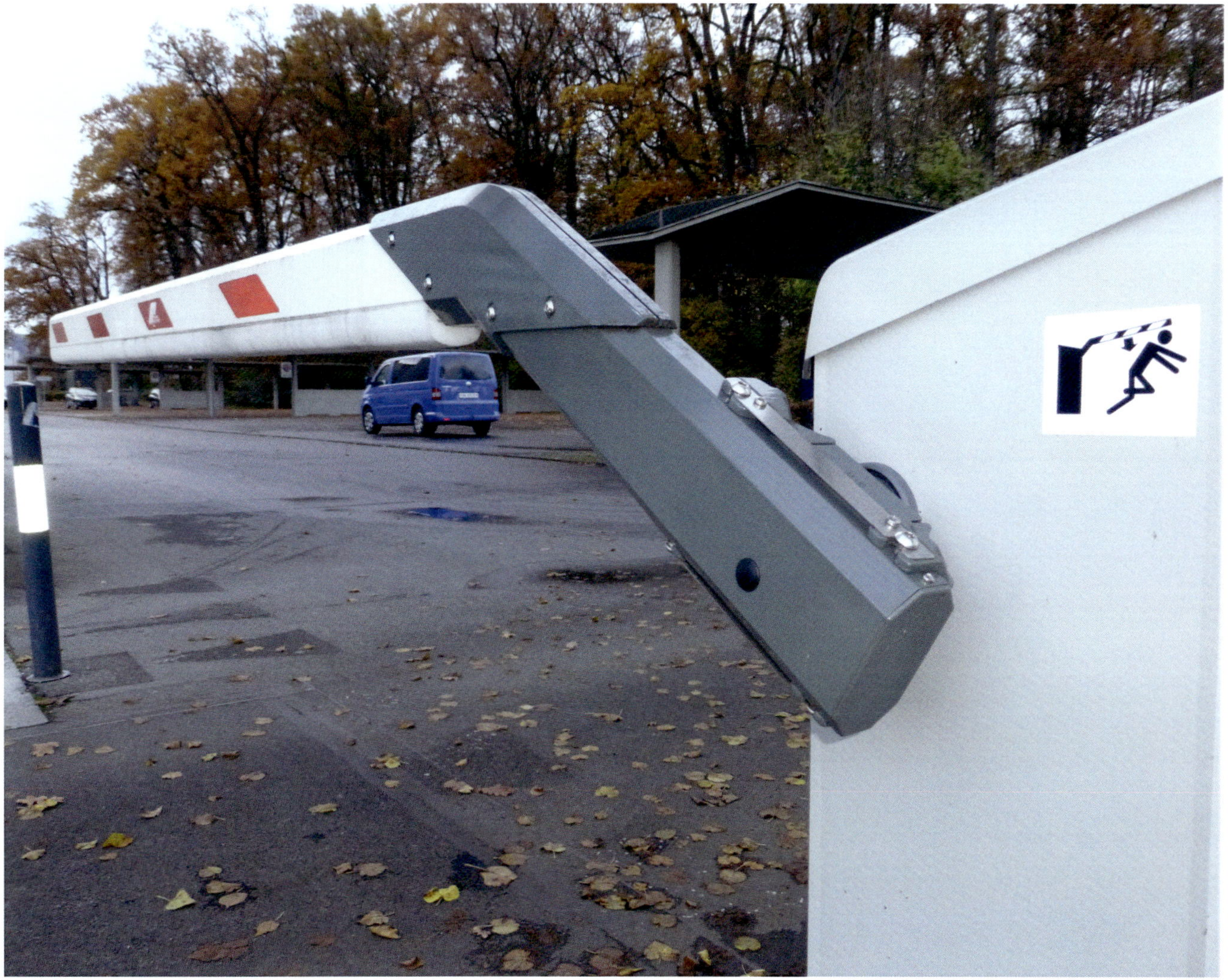

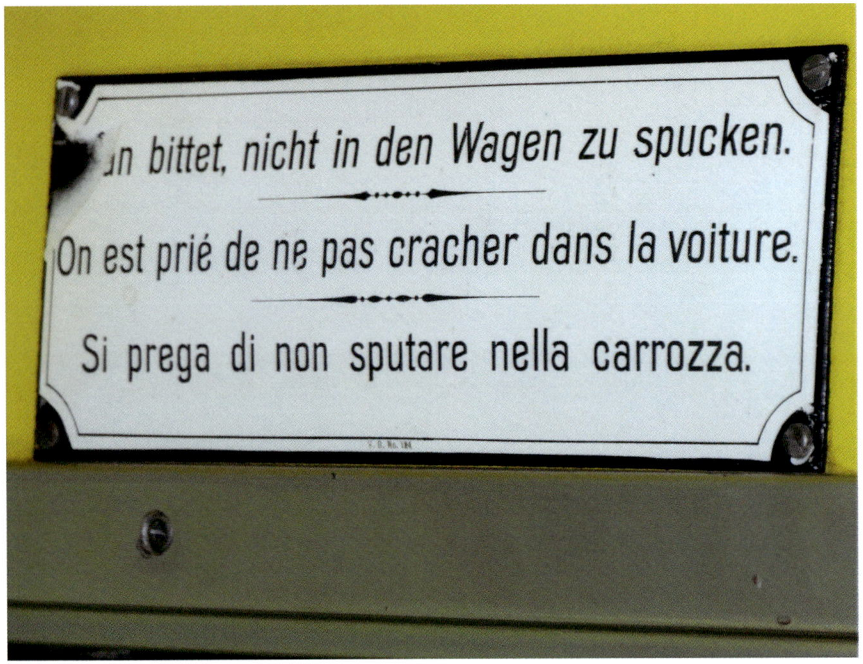

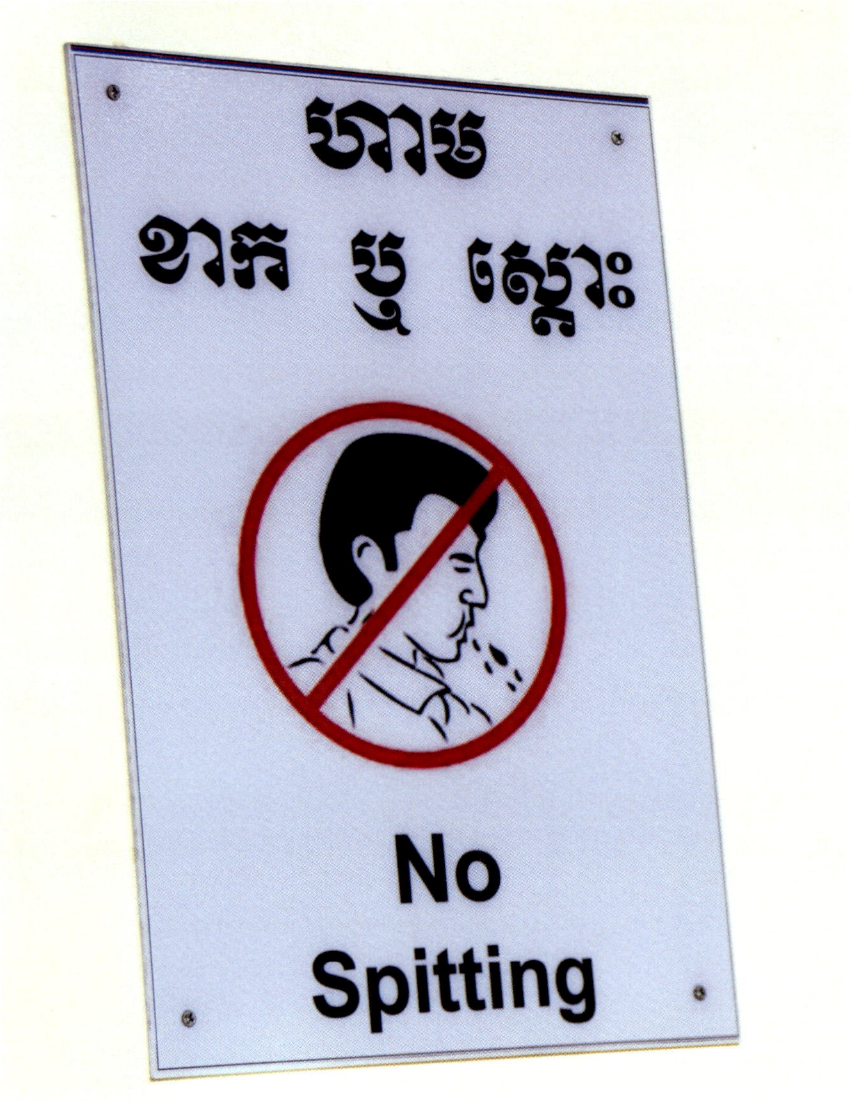

Was in der Standseilbahn auf dem Berg Niesen im Berner Oberland (Schweiz) zum geschichtsträchtigen, altehrwürdigen Inventar gehört, …
… ist im Sonja Kill Memorial Hospital in Kampot (Kambodscha) eine bitterernst gemeinte Vorschrift zur Hygiene-Erziehung des im Spital verkehrenden Klientel.

Als der testosteron-geschwängerte Kampf-Kater auch nachts Nichtsahnende zerfleischt hatte, wurde das Täfelchen über dem Türrahmen kurzerhand elektrifiziert.

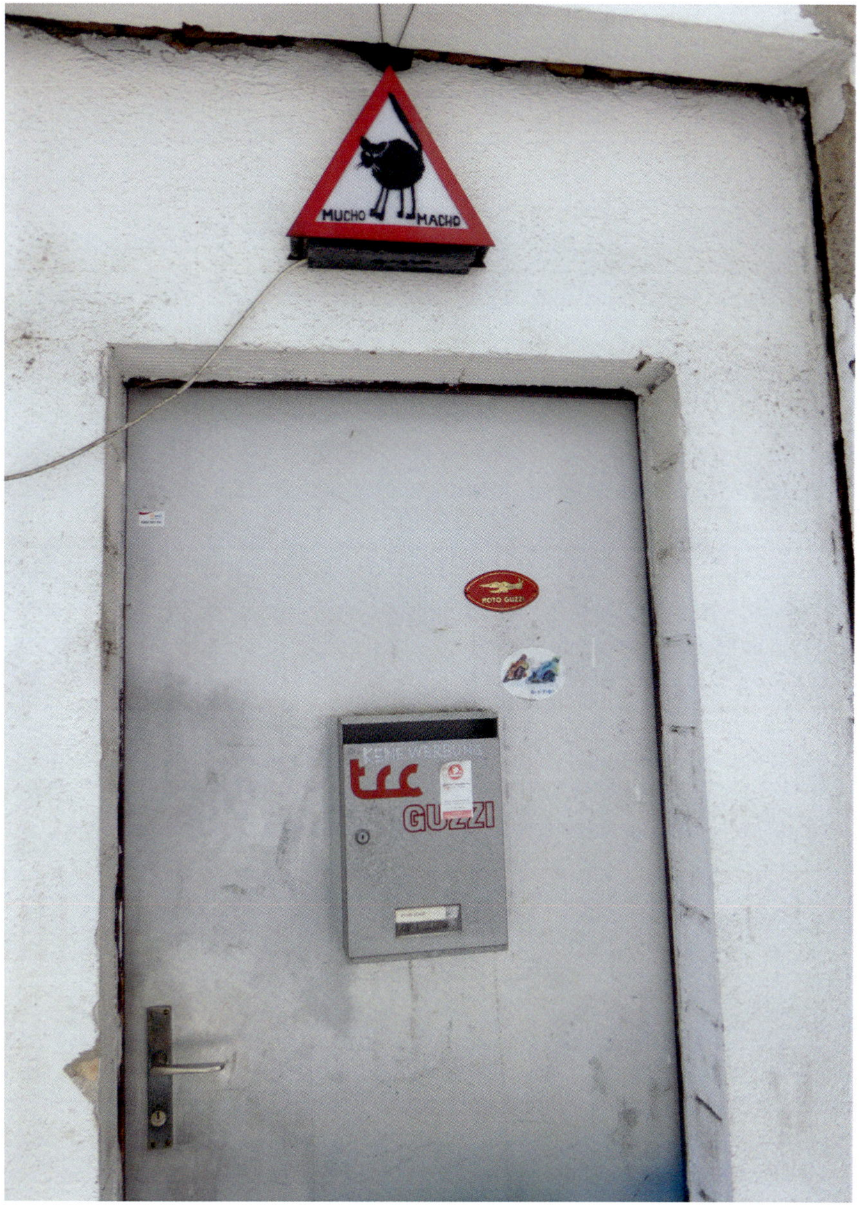

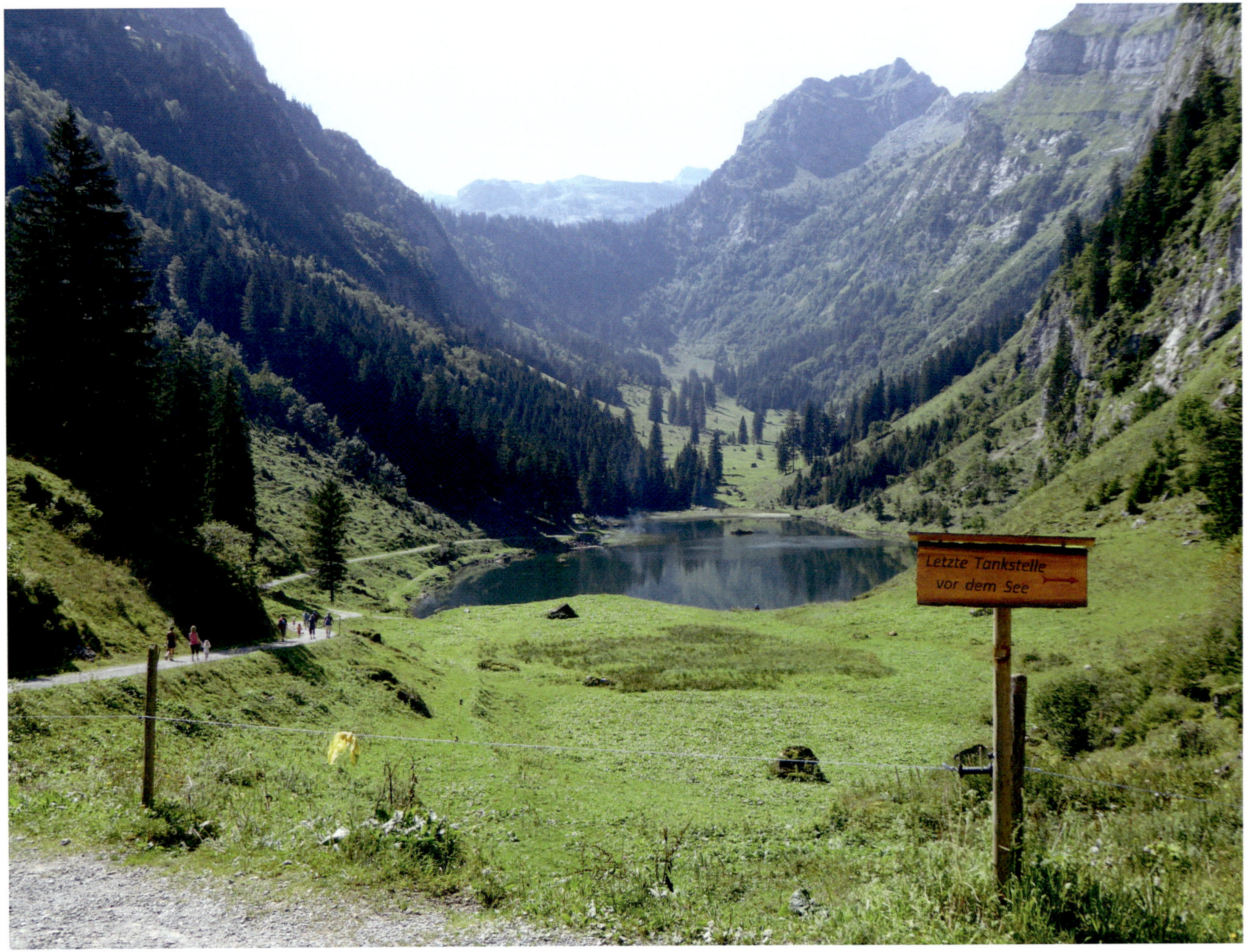

Dieses Tal im schweizerischen Kanton Glarus hat zwar noch nie ein motorenbetriebenes Fahrzeug gesehen, aber es könnte ja sein, dass mal ein Ufo baden geht …

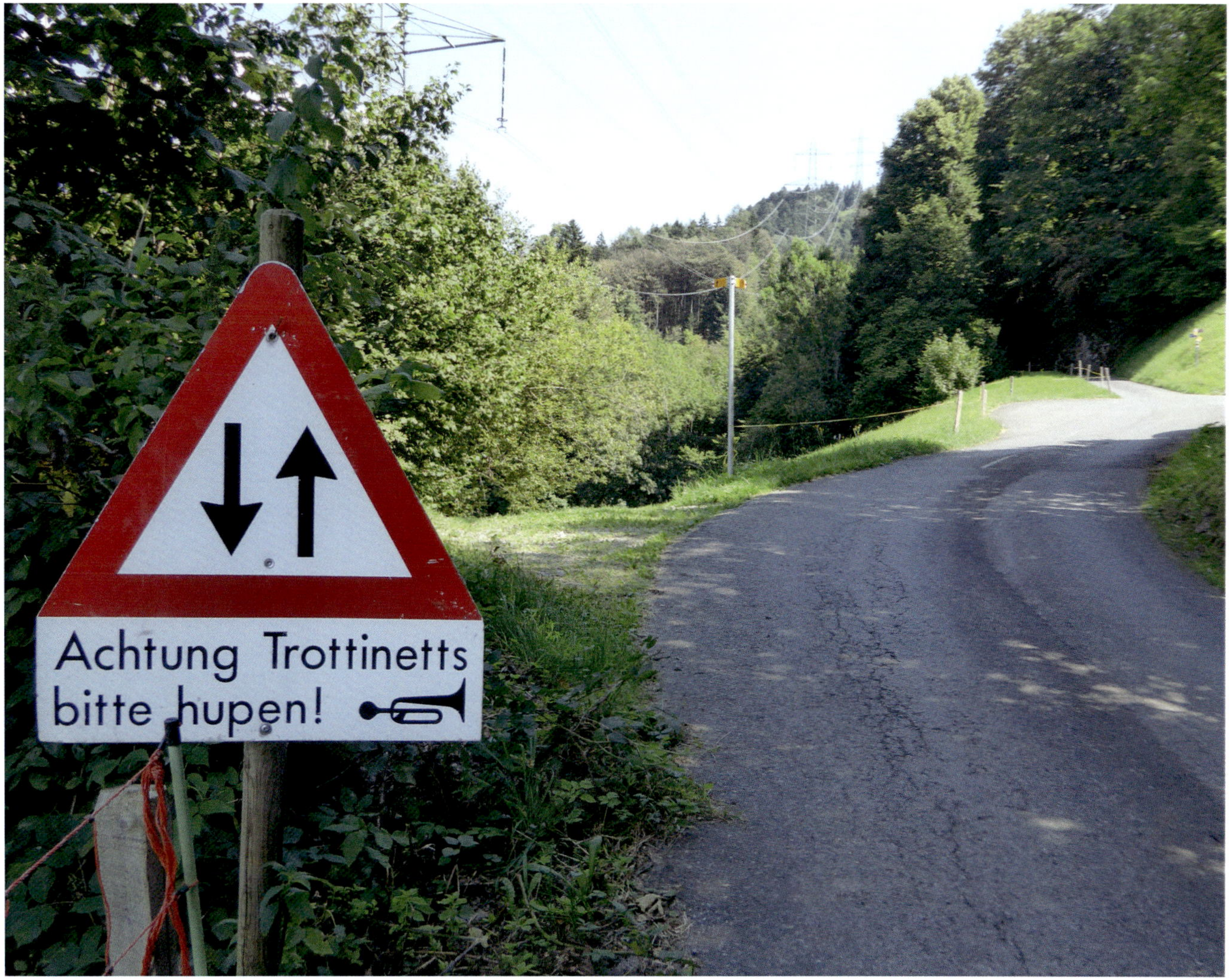

Seit Bauern bei der Heu-Ernte nicht mehr auf Mähwerke mit Verbrennungsmotoren sondern auf umweltschonende Trottinetts setzen, wird kein Feinstaub und auch kein Kohlendioxid mehr freigesetzt. Im Gegenzug hallt nun nimmermüdes Gehupe durchs Tal, was wiederum die Lärm-Emission ins Unermessliche treibt. Das nennt man in die Praxis umgesetzte Klimaneutralität.

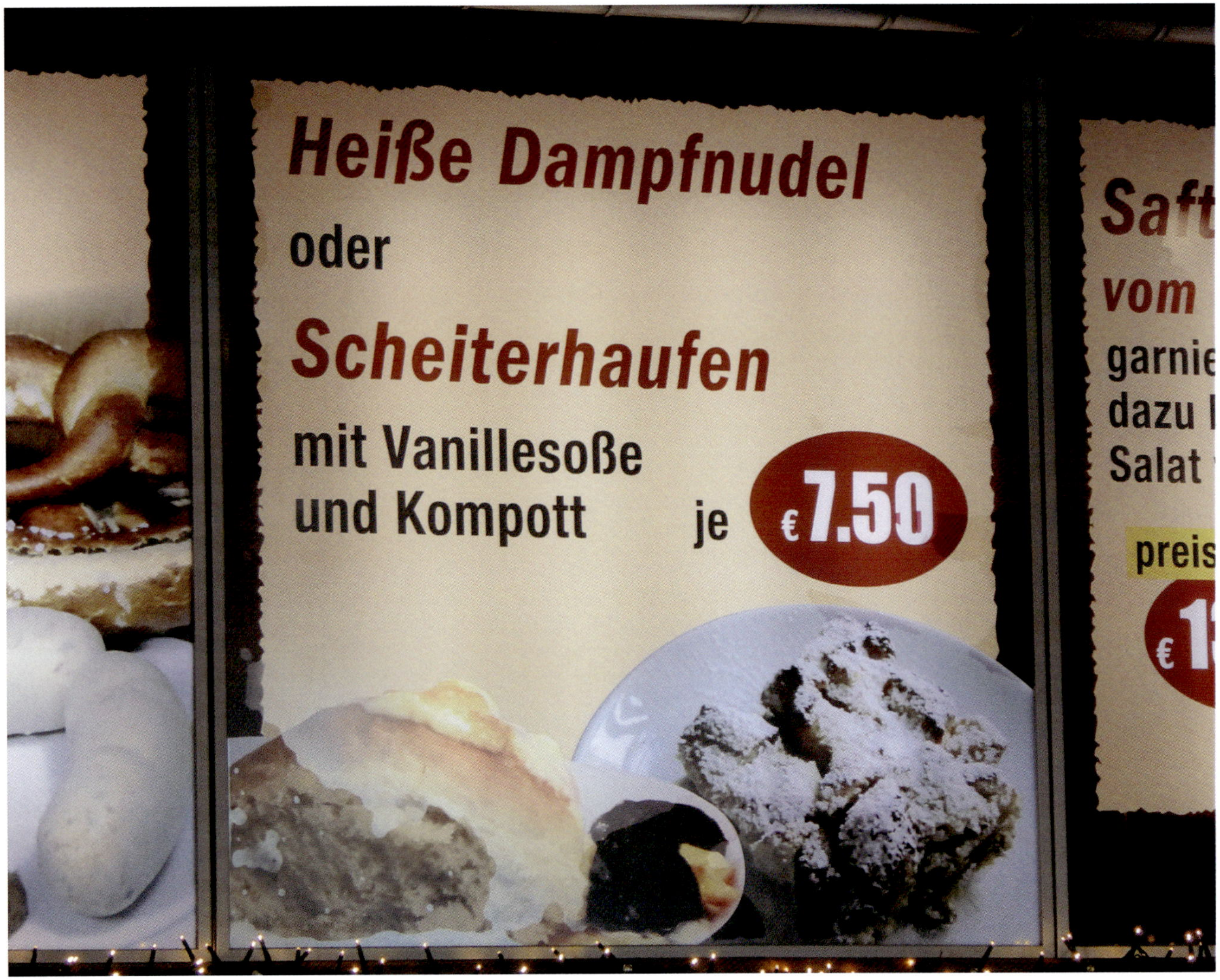

Immer diese Kriegs-Sprache!

(In München lieben sie es, Dinge sehr bildhaft nach ihrer schieren Optik zu benennen)

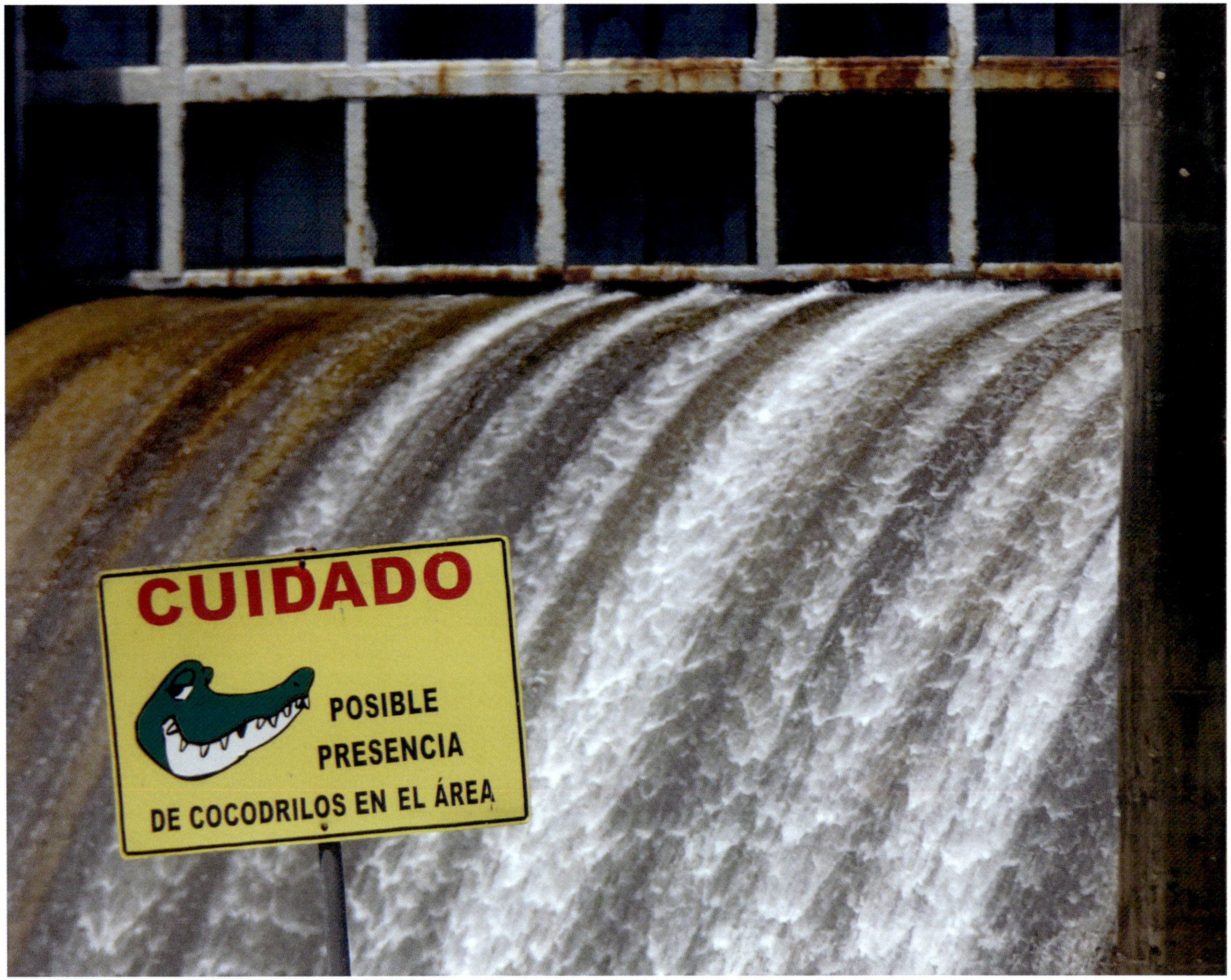

Ja genau, beim Wasserstrahl ganz links hat's grad eines zerhackt ...!

(Wer, wie hier an der Miraflores Schleuse am Panamakanal, den ganzen lieben Tag lang Schiffe ein- und ausfahren sieht, muss aufpassen, dass ihm die eigene Fantasie nicht plötzlich Streiche spielt)

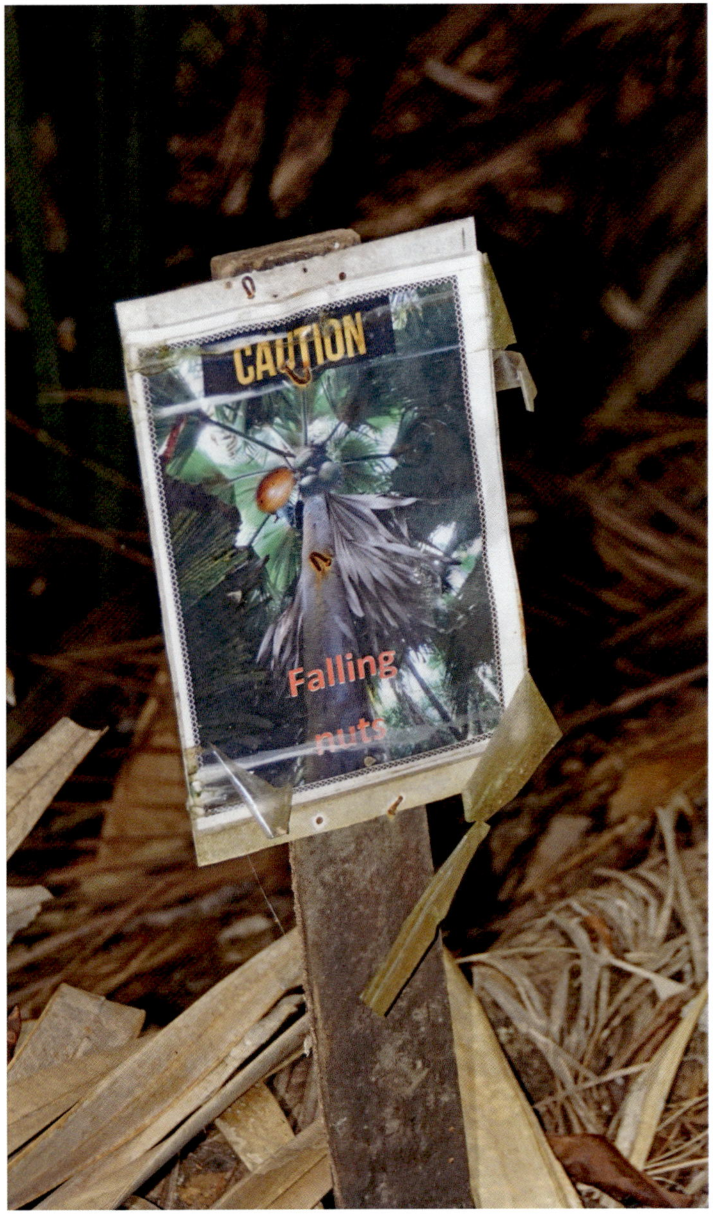

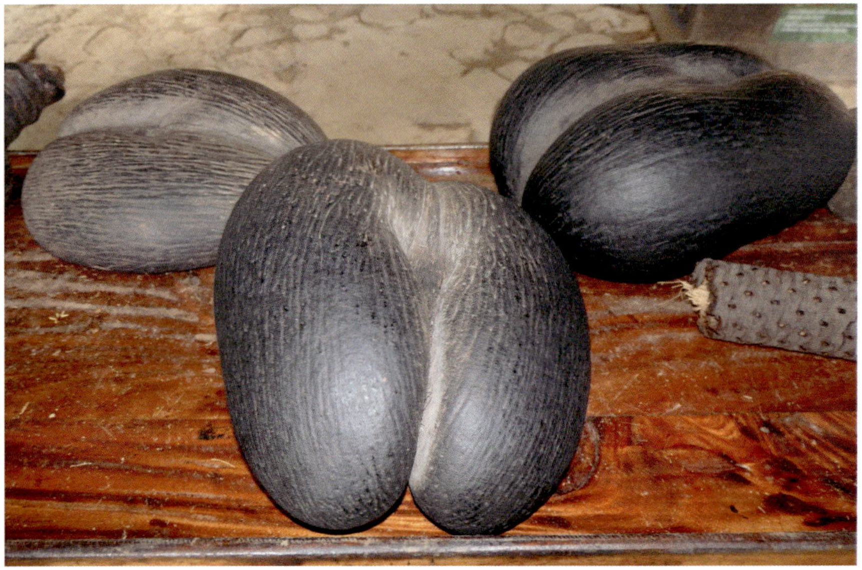

Eine Nuss, die hart zu knacken ist: Wer mit dem Samen der Seychellenpalme auf Tuchfühlung geht, kriegt es mit einem Kontrahenten der Superlative zu tun.

Hintergründiges …

Die Seychellennuss der Seychellenpalme wächst ausschliesslich auf den drei Seychellen-Inseln Praslin, Curieuse und Silhouette. Die Samen werden wegen ihrer an den Unterleib von Frauen erinnernden Form auch Coco Fesse (Gesäss-Kokosnuss) oder Coco de Mer (Meereskokosnuss) genannt. Letzteres ist eine Bezeichnung, die ihren Ursprung in einer Legende hat, denn die ersten Nüsse wurden an den Stränden der Seychellen gefunden, weshalb man früher irrigerweise annahm, dass sie im Meer wachsen würden. Die Samen sind regelrechte Rekordbrecher: Sie werden bis zu 50 Zentimeter lang und wiegen bis zu 25 Kilogramm, was sie zur grössten Nuss der Welt macht. Ein solch üppiges Wachstum braucht Zeit, denn bis so ein Samen im Erdreich zu keimen beginnt, vergehen Monate und es dauert ein ganzes Jahr, bis sich das erste Blatt zeigt. Jedes neue Blatt benötigt wiederum ein volles Jahr, bis es ganz ausgewachsen ist. Die Palme bildet in der Regel nur eine Frucht pro Jahr aus, die dann wiederum sieben Jahre braucht, bis sie selbst ausgereift ist. Was bei der Befruchtung genau passiert, darüber rätseln Forscherinnen und Forscher bis heute. Kein Wunder, sind solche Seychellenpalmen langlebig. Bis zu 800 Jahre alt sollen sie werden (nachgewiesen ist ein Alter von 300 Jahren). Und was lange währt, hat auch ihren Preis. Die Coco de Mer ist nicht nur die größte, sondern mit stolzen Preisen bis zu 1‘000 Euro wohl auch die teuerste Nuss der Welt.

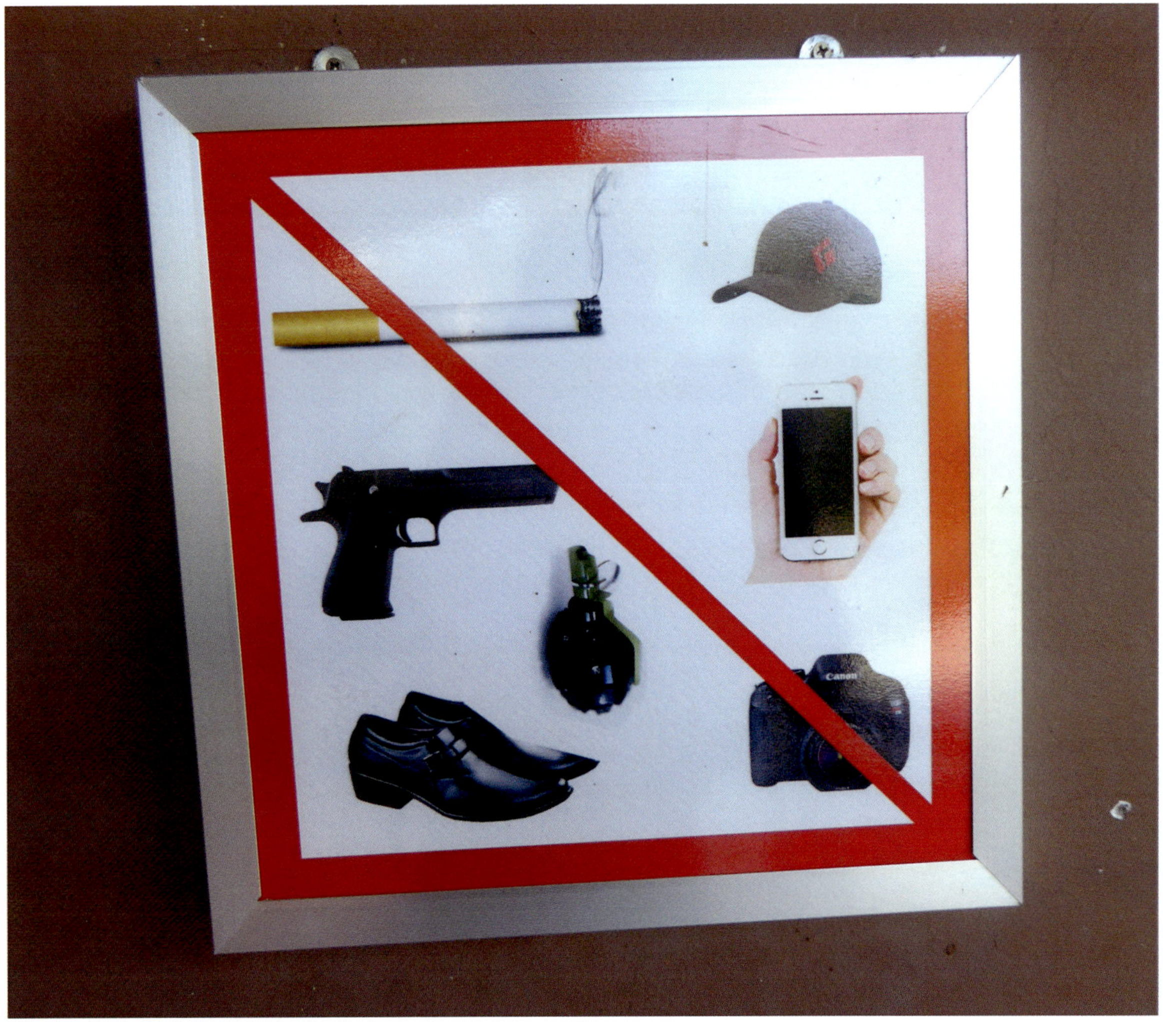

So sieht das in der kambodschanischen Hauptstadt Phnom Penh aus, wenn ganz alltägliche Gebrauchsgegenstände verboten sind …

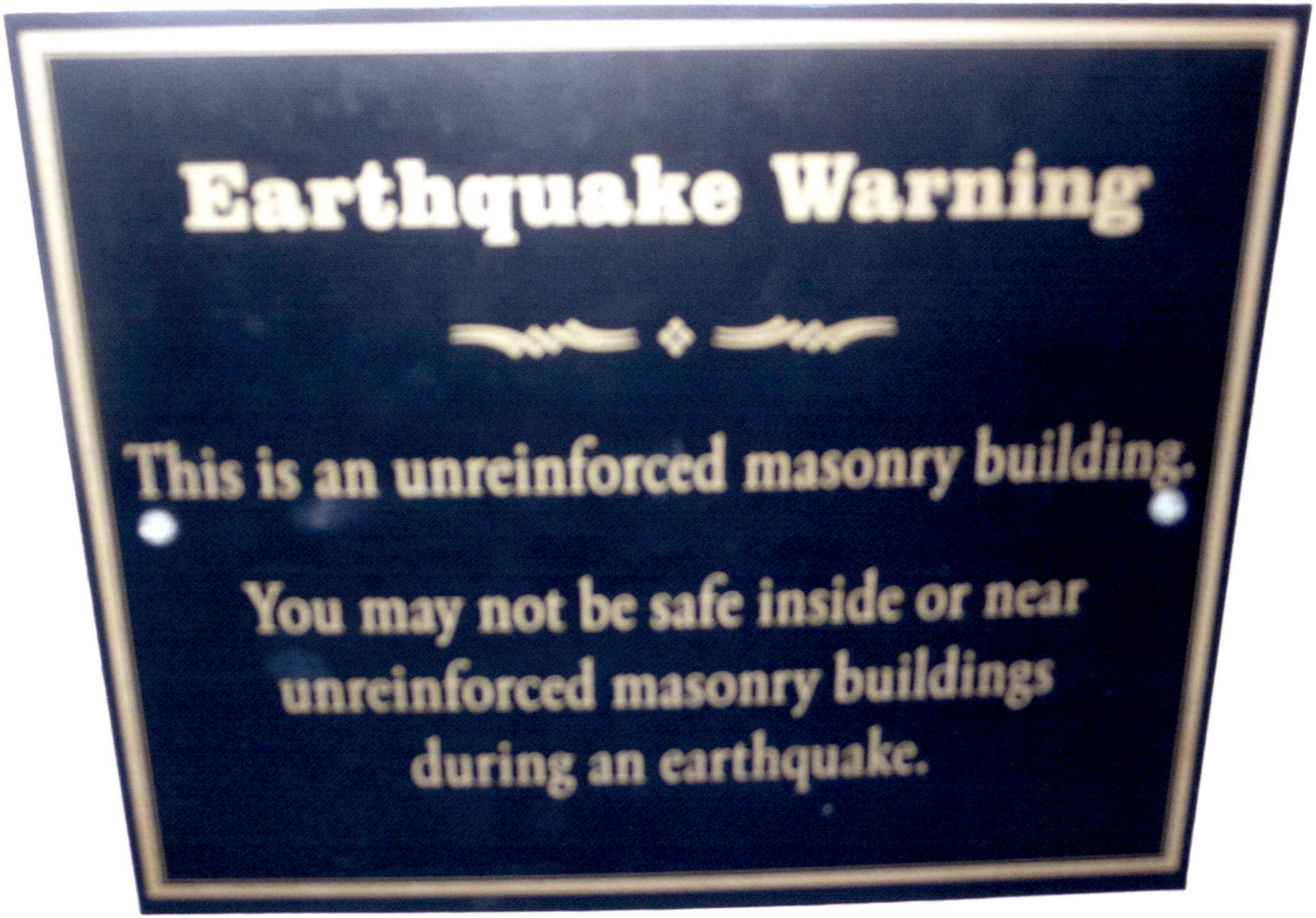

Wenn man das Schild in dieser Auflösung wahrnimmt, hat man a) im besten Fall ein Augen-Problem oder aber b) im schlimmsten Fall nie mehr ein Problem.

(Am Standort dieser Warnung, im US-Bundesstaat Kalifornien, werden jährlich etwa 10'000 Erdbeben registriert)

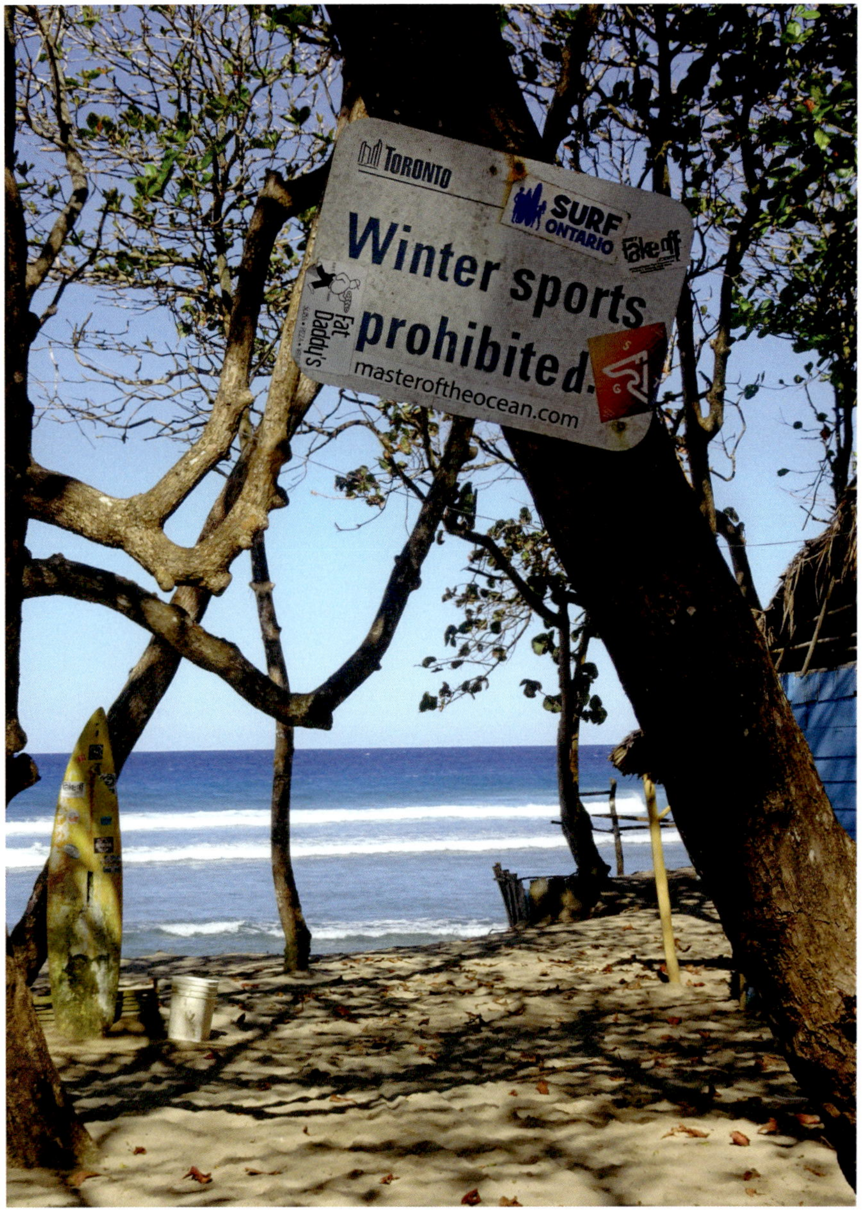

An der Playa Encuentra in der Dominikanischen Republik grenzen diese öffentlichen Anfeindungen gegen Touristen in Ski-Anzügen, Langlauf-Skiern und Helm auf dem Kopf schon fast an Mobbing.

(Gut, im Umkehrschluss kann man sich auch fragen, wer eigentlich Lust hat, sich gegen jemand aufzulehnen, der sich »Master of the Ocean« schimpft …)

Es gibt den optisch-visuellen Typ, der Lernen durch Sehen bzw. Beobachten bevorzugt, es gibt den kognitiv-intellektuellen Typ, der Lernen durch Lesen und Denken bevorzugt und es gibt – wie im vorliegenden Falle – den haptisch-kinästhetischen Typ, der Lernen durch Anfassen oder Fühlen bevorzugt. Der abgebildete Proband wird gleich eine Kostprobe von »Lernen durch Fühlen« abgeben …

(Warnung im Nationalpark Plitvicer Seen in Kroatien)

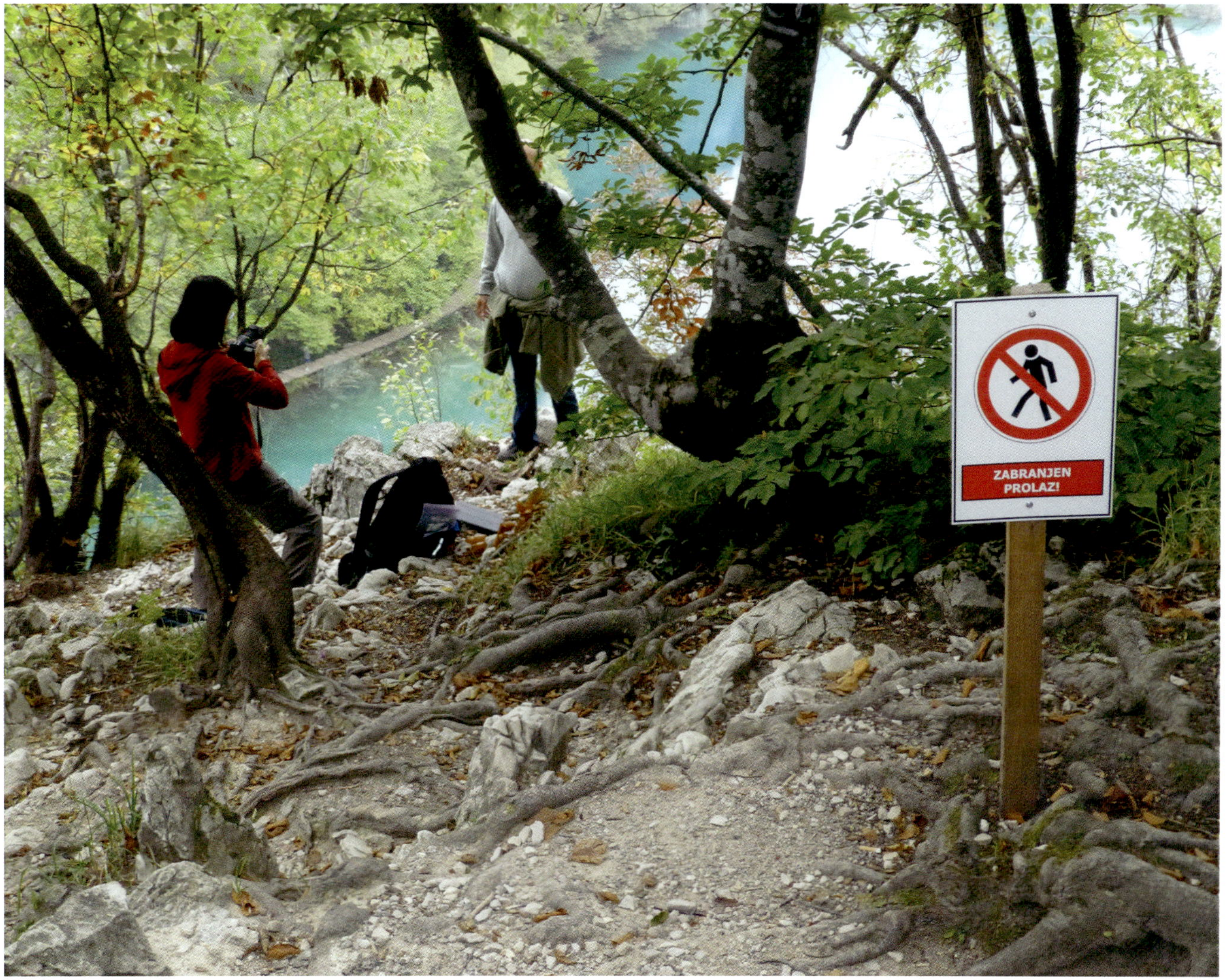

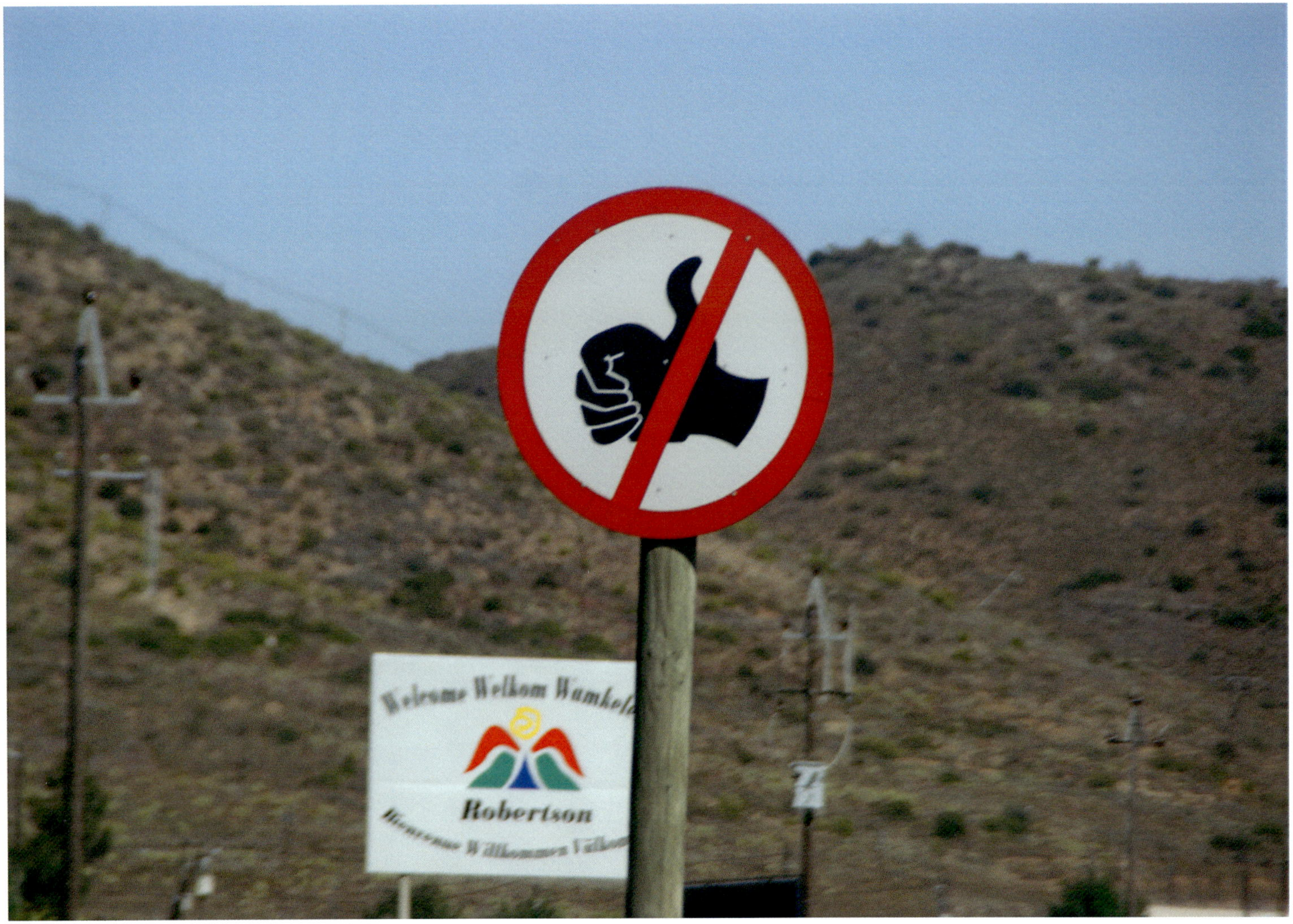

Auf der Fahrtstrecke zwischen Montagu und Franshook in Südafrika werden jugendliche Tramper bezüglich Verbote im Strassenverkehr mit zielgruppengerechten und Social-Media-konformen Mitteln abgeholt.

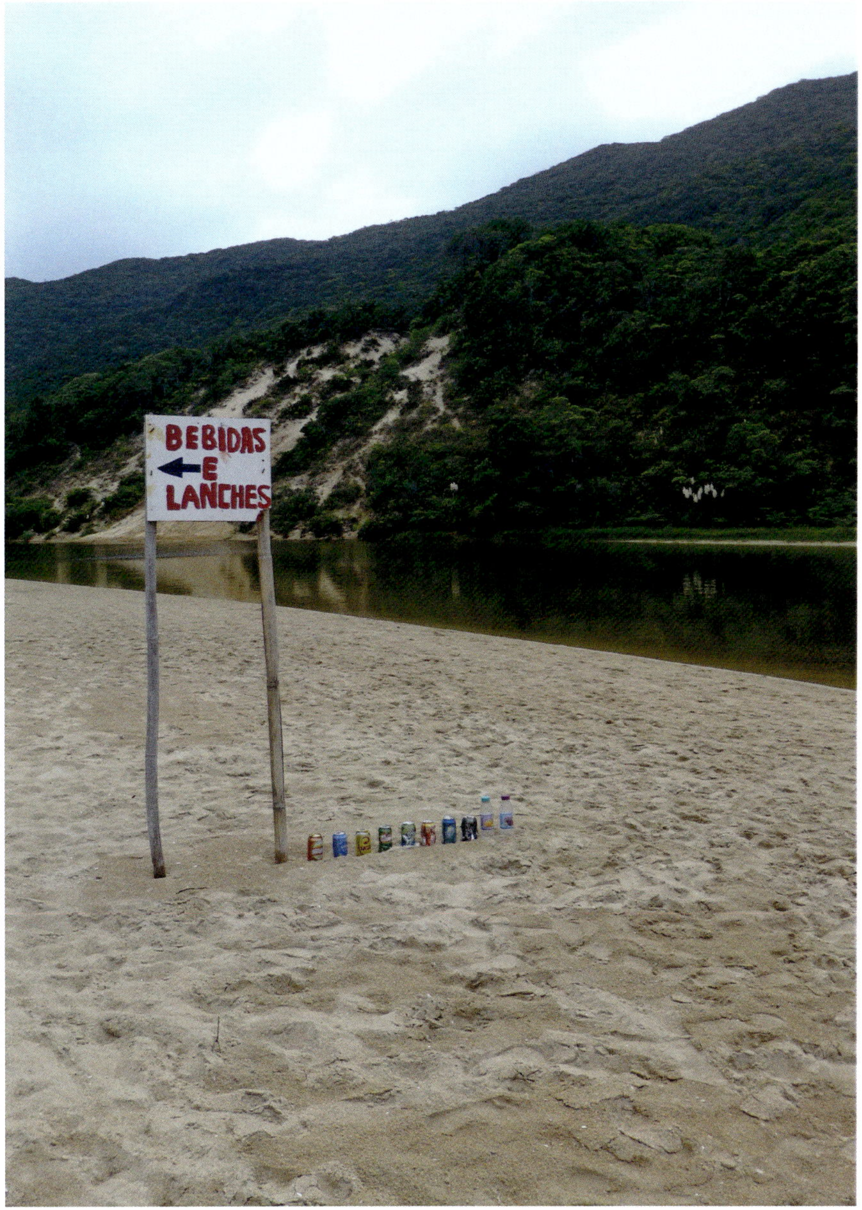

Visualisierung einer Fata Morgana am Strand Praia da Lagoinhas in Brasilien.

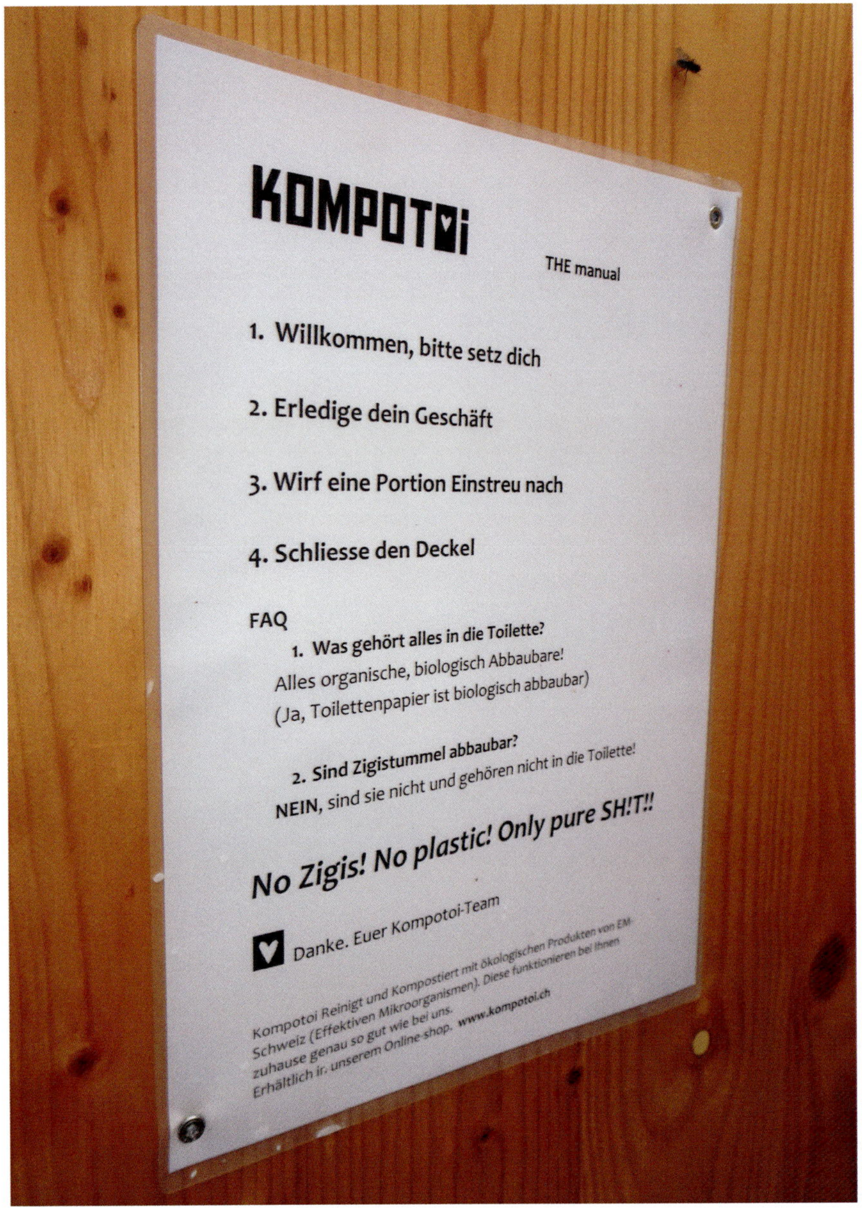

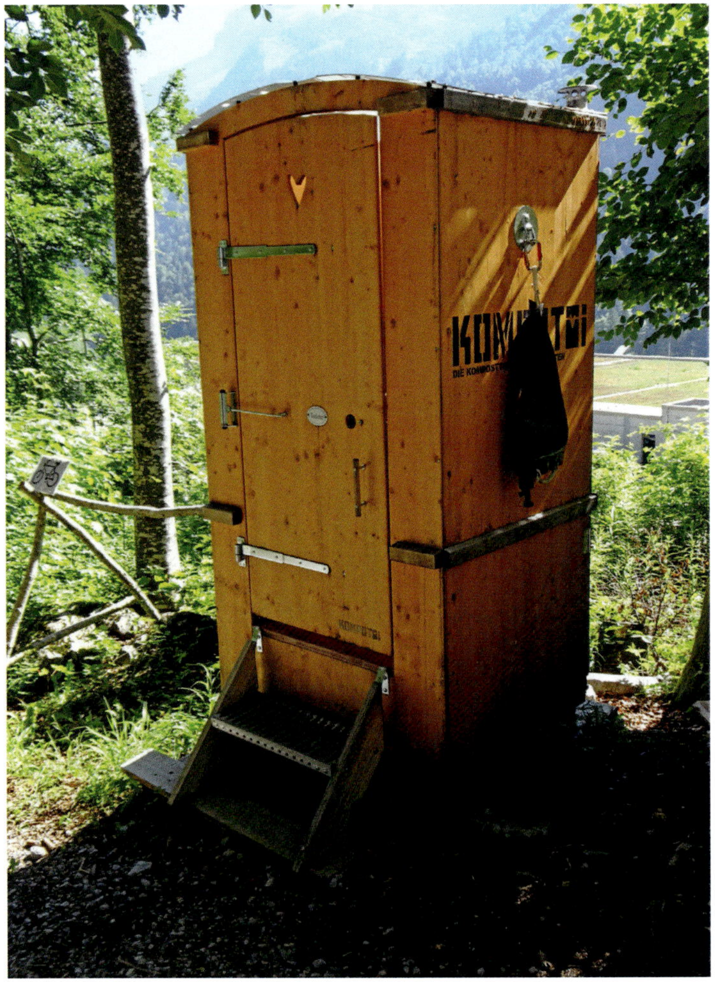

So in der Imperativ-Form geschrieben, passt sich das Geschriebene textlich ein wenig an ihren Slogan ganz zum Schluss an (»only pure shit«).

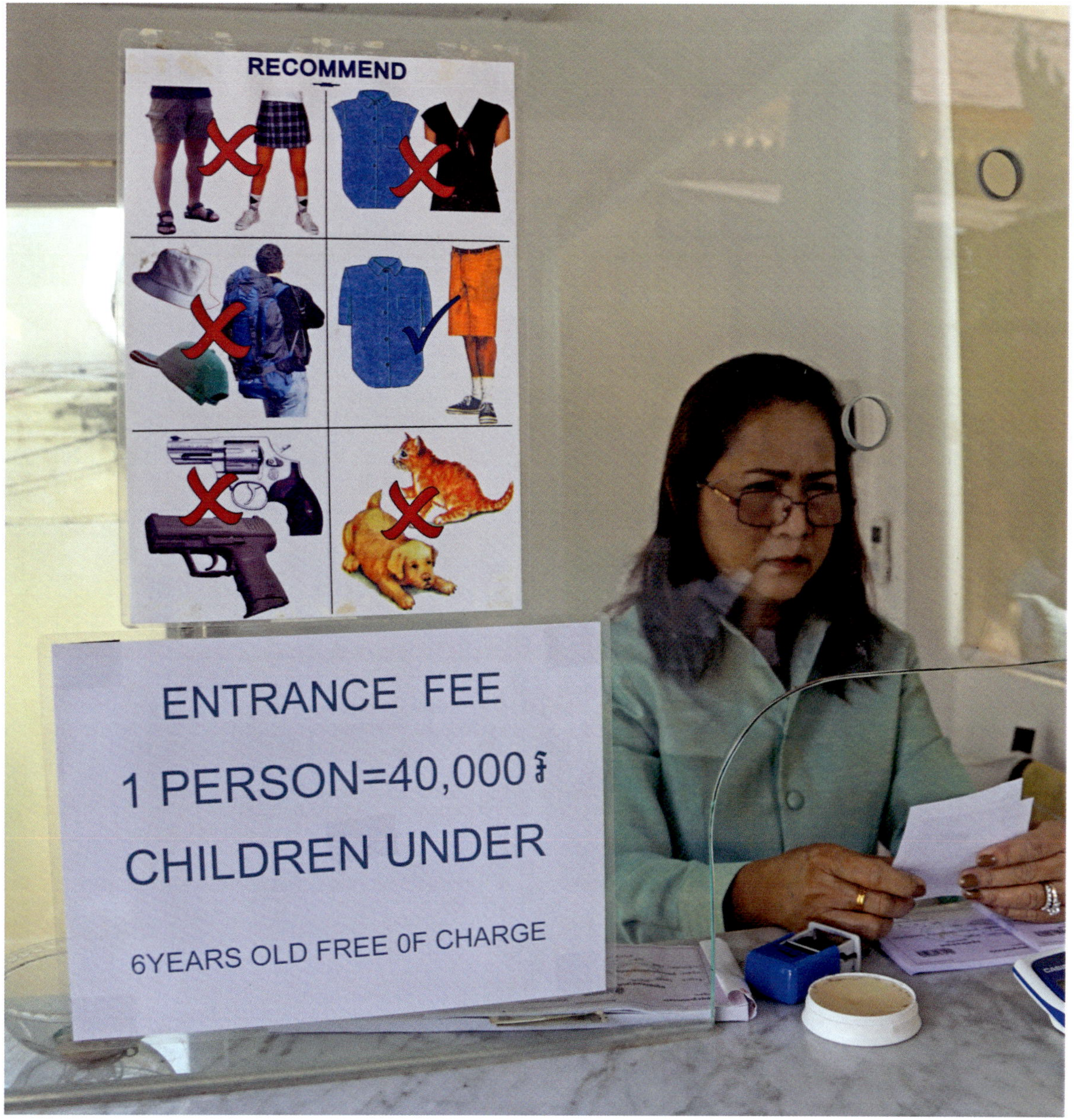

Also, der grimmig drein-schauenden Frau hinter dem Panzerglas würde ich meine Waffen oder meine Haustiere sowieso nicht anvertrauen …

(In den buddhistischen Tempel Wat Langka in Phnom Penh, Kambodscha, kommt nur, wer – sinnbildlich und buchstäblich – eine reine Weste hat.)

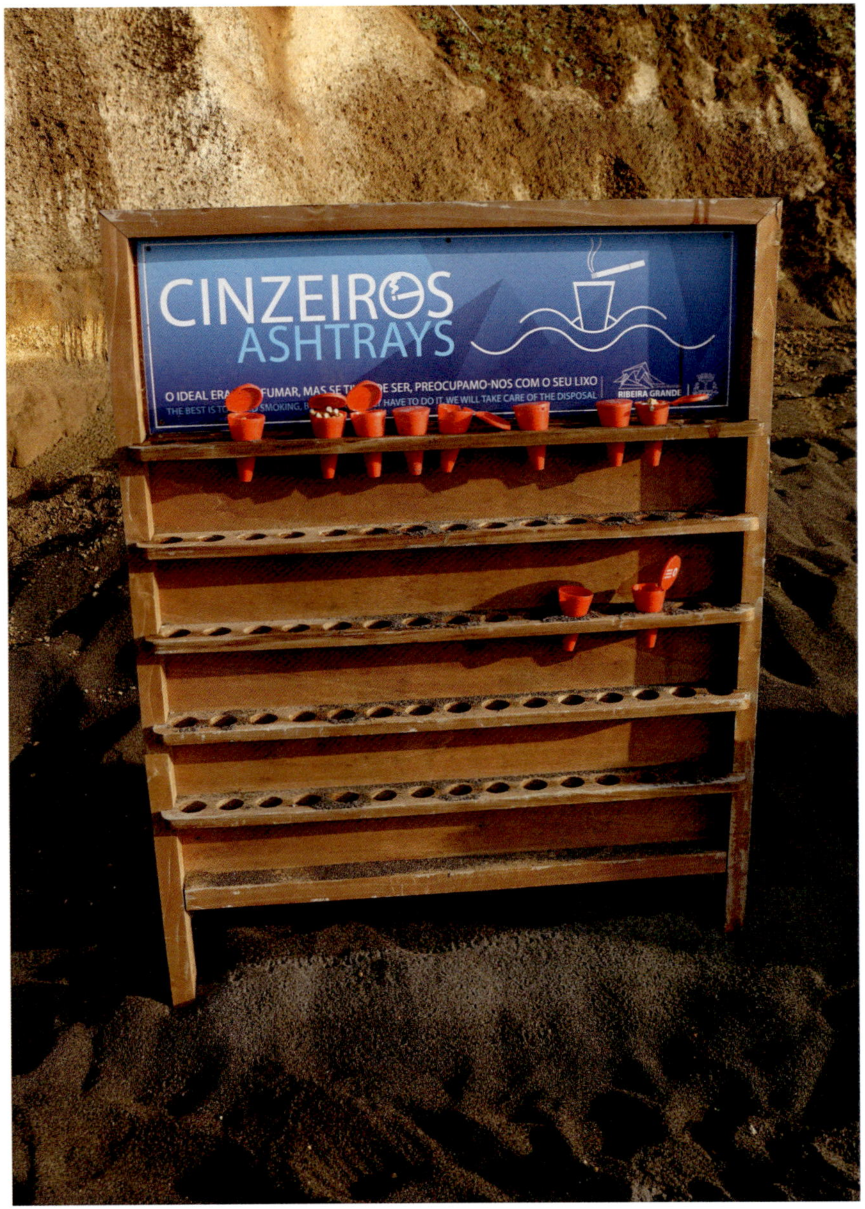

Am Raucher-Strand Praia do Areal de Santa Bárbara auf der Azoren-Insel Ilha de São Miguel haben sie ein eigenes Personen-Zählsystem entwickelt, das Sicherheit ganz ohne Kameras, Laser, Lichtschranken, elektronische Kundenzähler oder 3D-Sensoren gewährt.

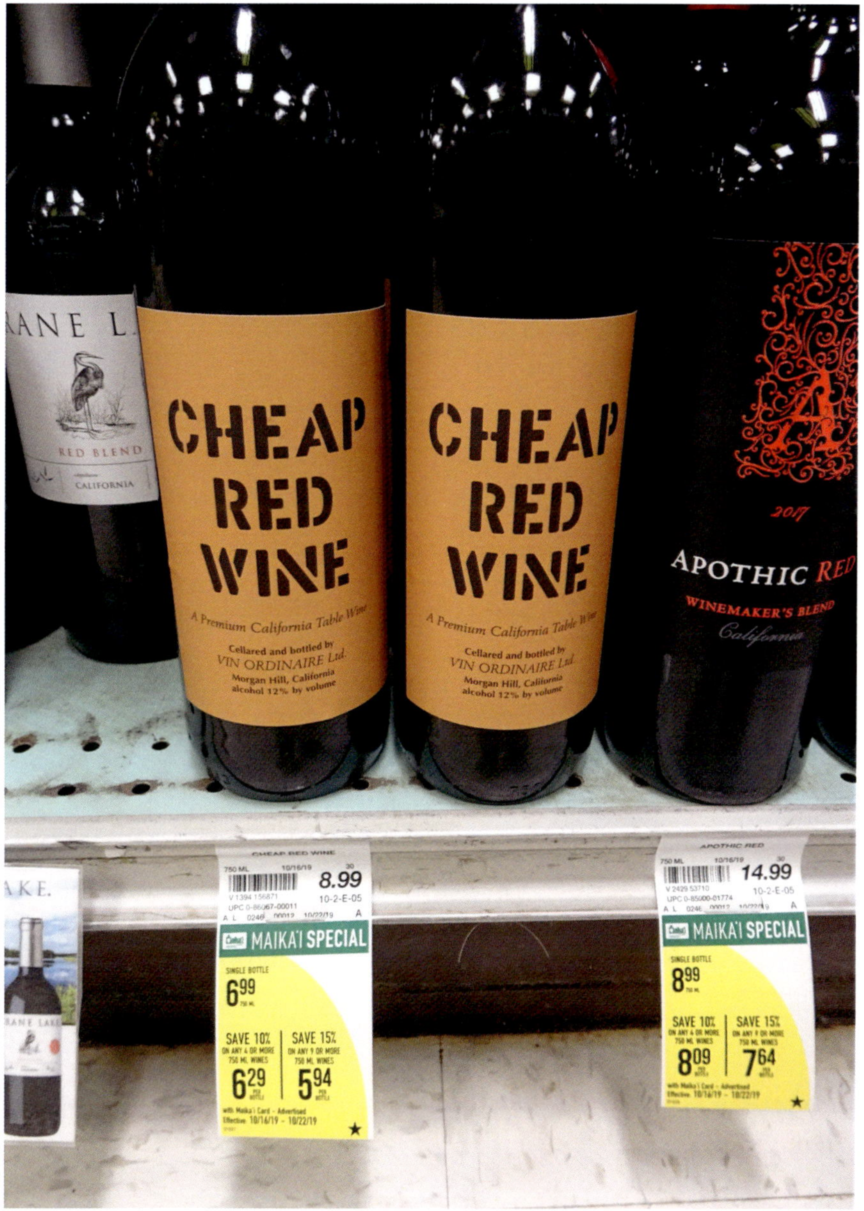

Drei Vorteile in einer Flasche: Plakette mit Werbe-Spruch gespart, es musste keine kreative Idee für die Wein-Etikette umgesetzt werden und der Kunde ist mit einem Blick informiert.

(Die USA – oder in diesem Fall Hawaii – war schon immer ein sprudelnder Quell für neue Trends)

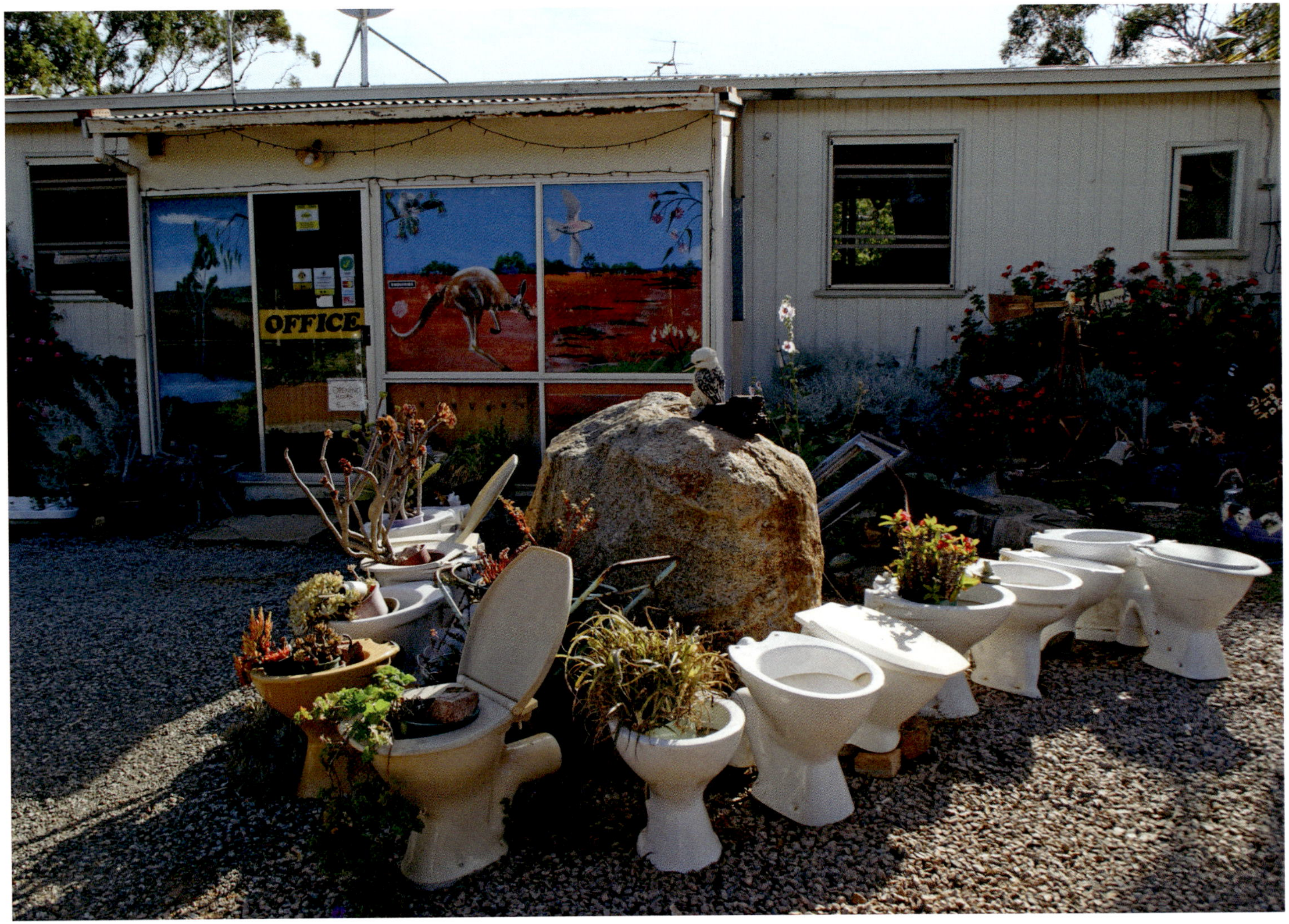

Wenn Kunst »beschissene« Zeiten suggeriert …

(Auf dem Ravensthorpe Caravan Park in Australien kann es eigentlich nur noch aufwärts gehen …)

Kein Wunder, stehen da so viele Autos rum …

(Das Yin und Yang des Alkohol-Konsums: Vormals unrühmliches Verhalten mit nachträglich vorbildlicher Geste wettgemacht)

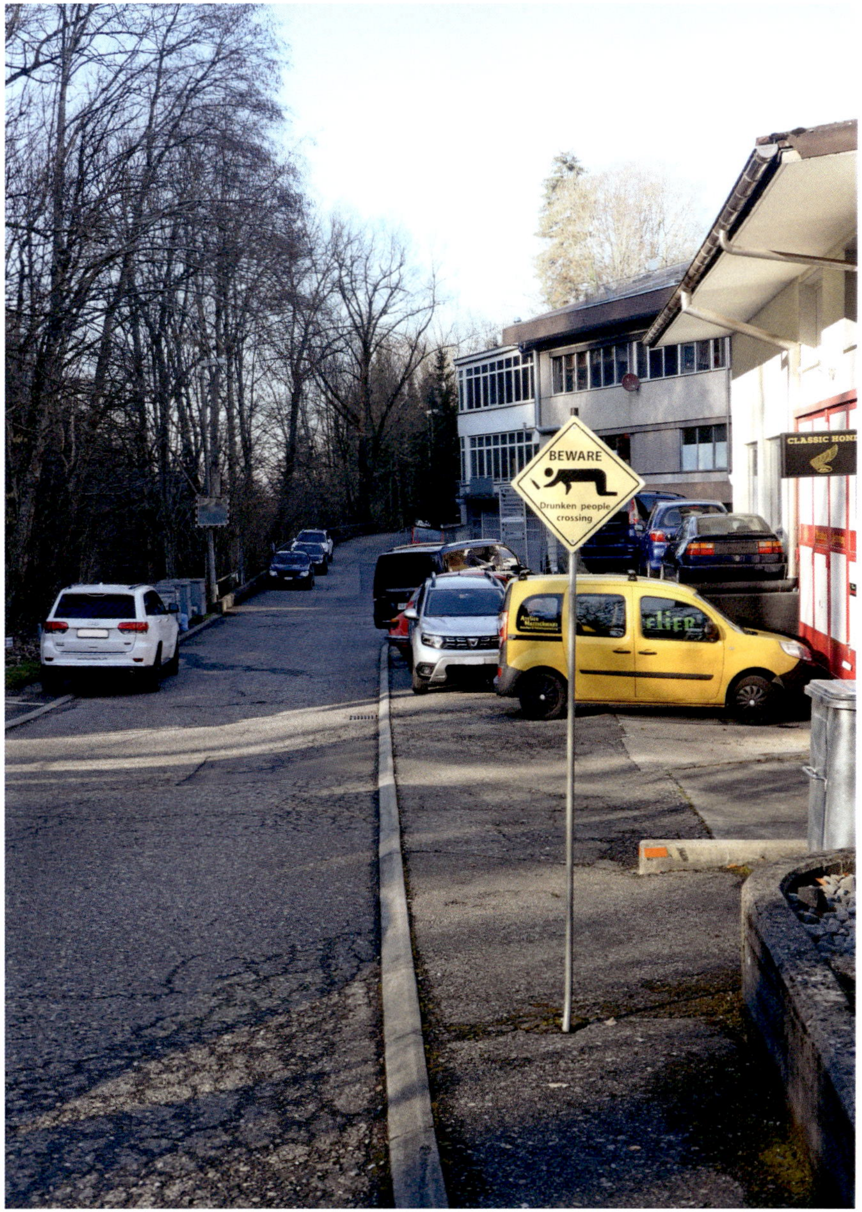

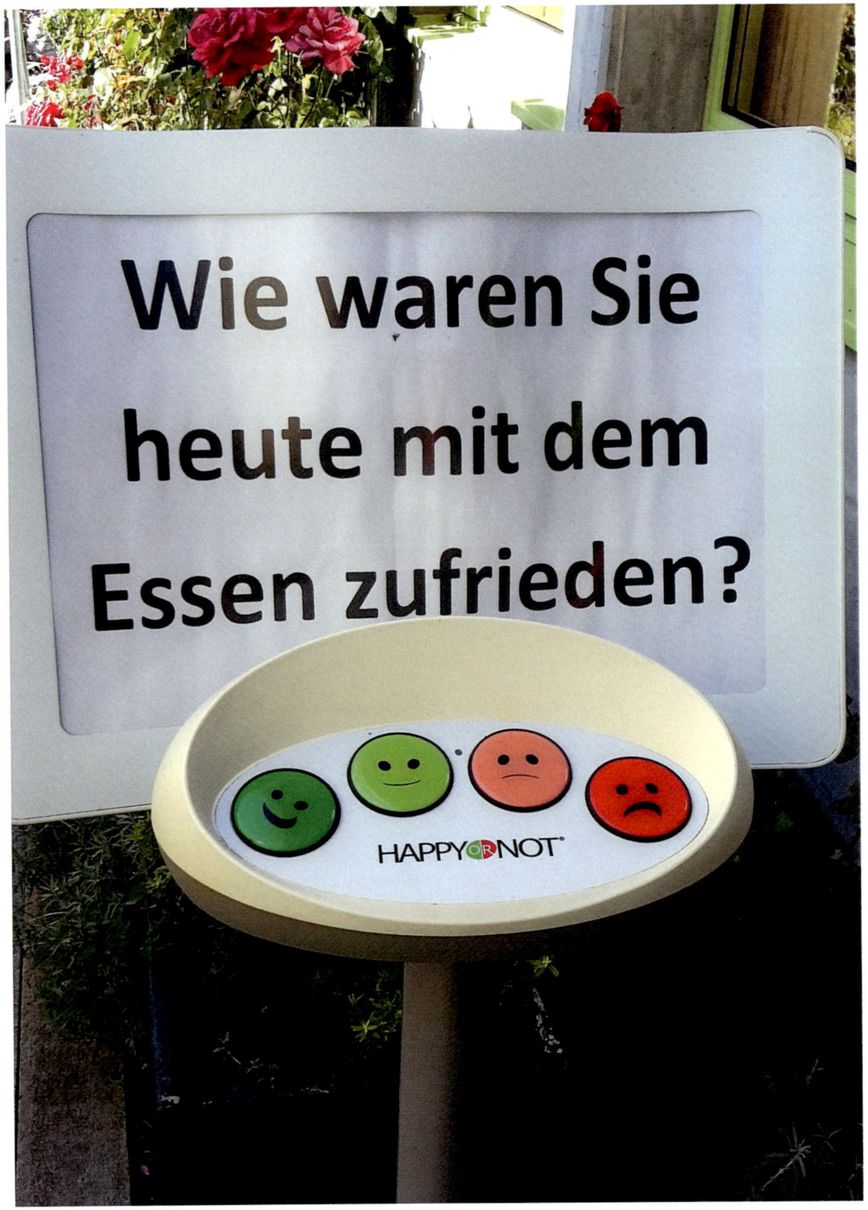

Gelebte direkte Demokratie in der Gastwirtschaft mit schnellem, unbürokratischem und anonymem Impact ohne Unterjochung durch die Digitalisierung.

(Wobei die obige Beschreibung wesentlich komplizierter ist, als der eigentliche Akt ...)

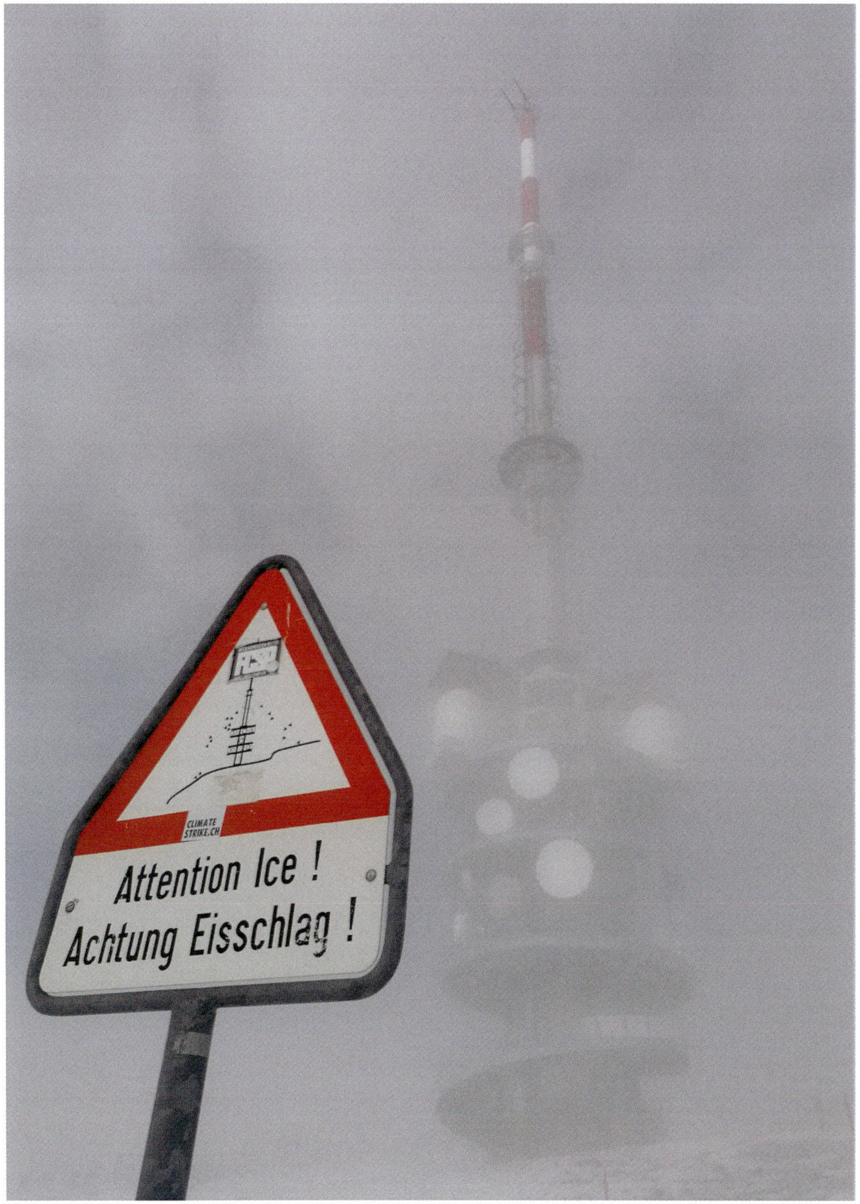

Diese Warnung wurde nötig, seit die Antenne auf dem Schweizer Berg Rigi ein Eigenleben entwickelt hat und zuweilen im Winter mit aggressivem Macht-Gebaren aufwartet.

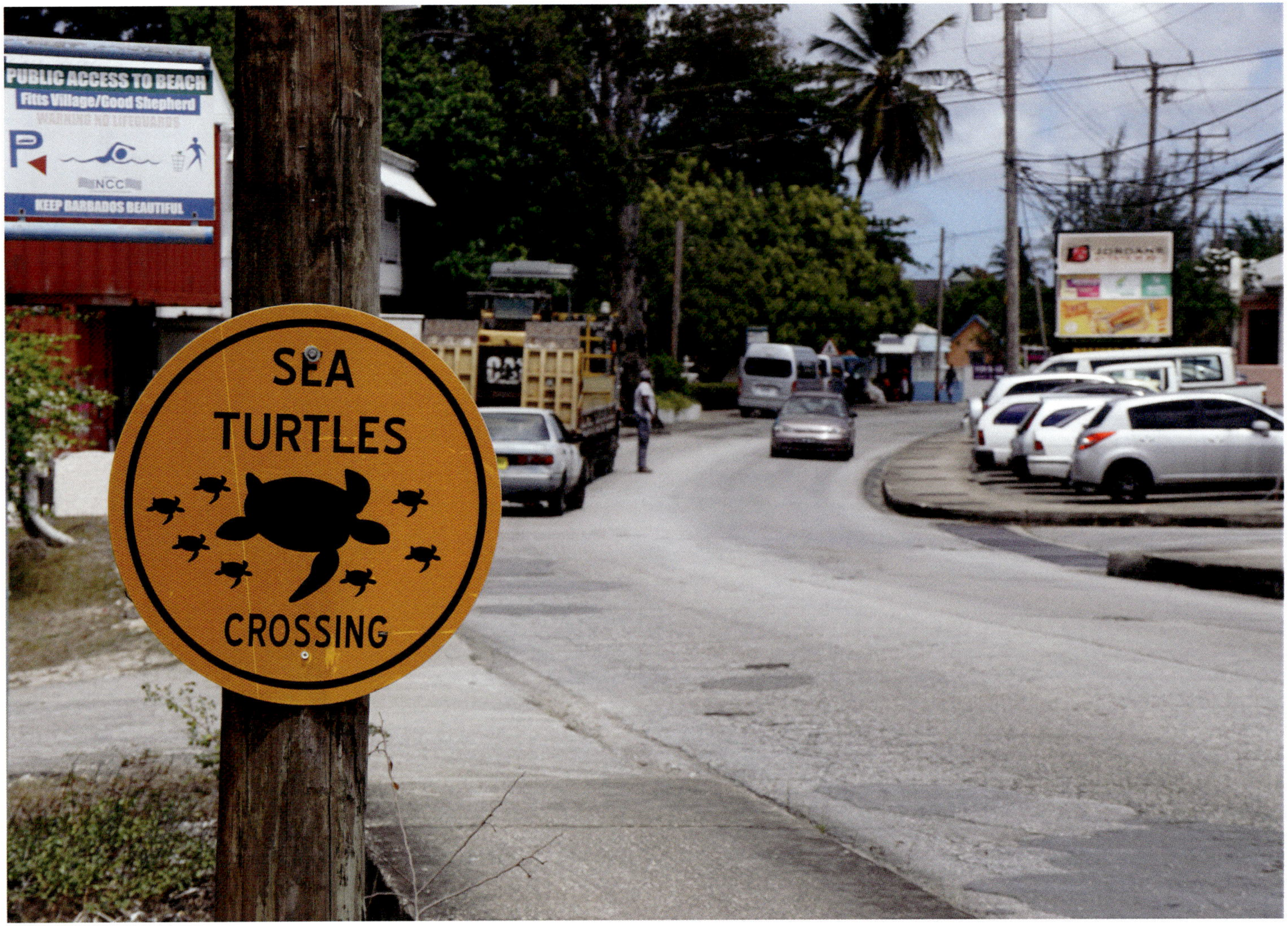

Beim Rockley Beach auf der Karibik-Insel Barbados können Verkehrsteilnehmer in mannigfaltiger Form auftreten.

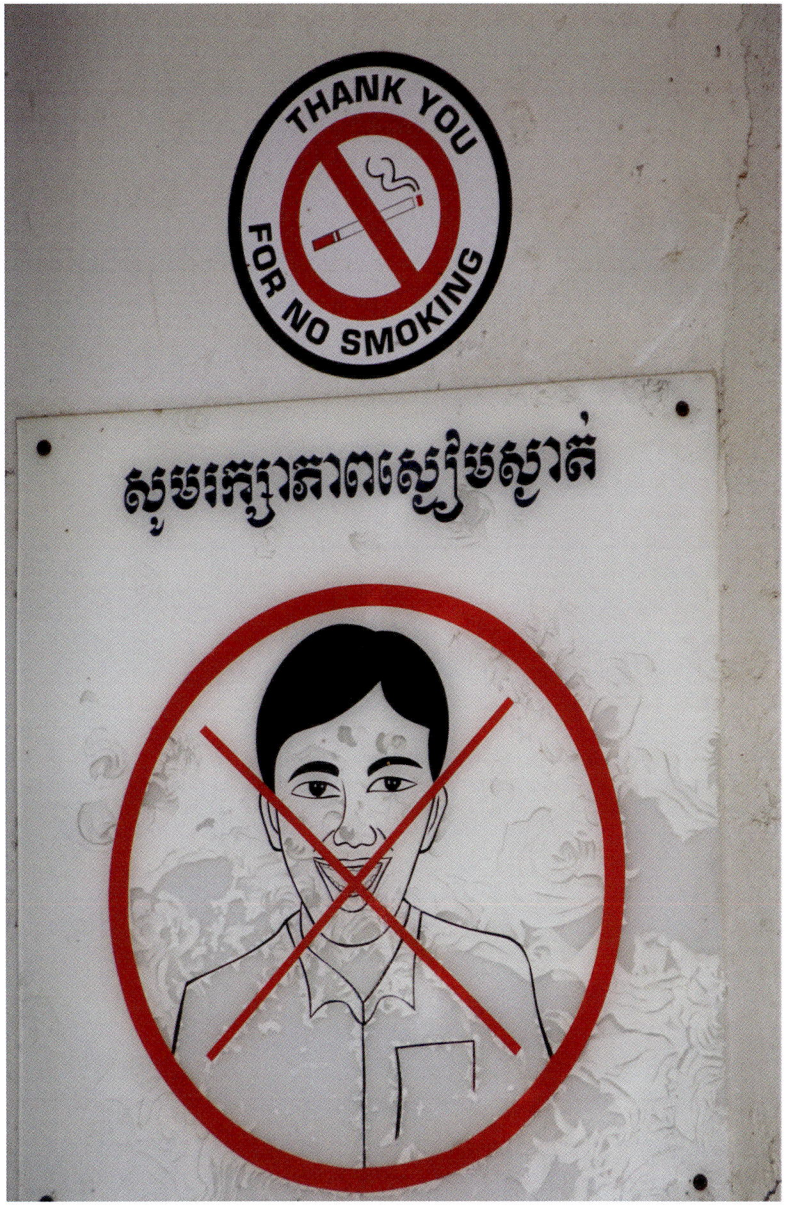

Im Tuol-Sleng-Genozid-Museum in der kambodschanischen Hauptstadt Phnom Penh wird so viel geplappert, dass vonseiten der Leitung Überlegungen angestellt werden, das Rauchverbot im Sinne einer allgemeinen Verstummung aufzuheben.

Da nun die Bevölkerung von Santo Domingo (Dominikanische Republik) vollständig über das Vorhandensein von Bremsen in ihren Fahrzeugen unterrichtet ist, wagen sich immer mehr Menschen wieder auf die Straße und Gastronomen atmen erleichtert aus.

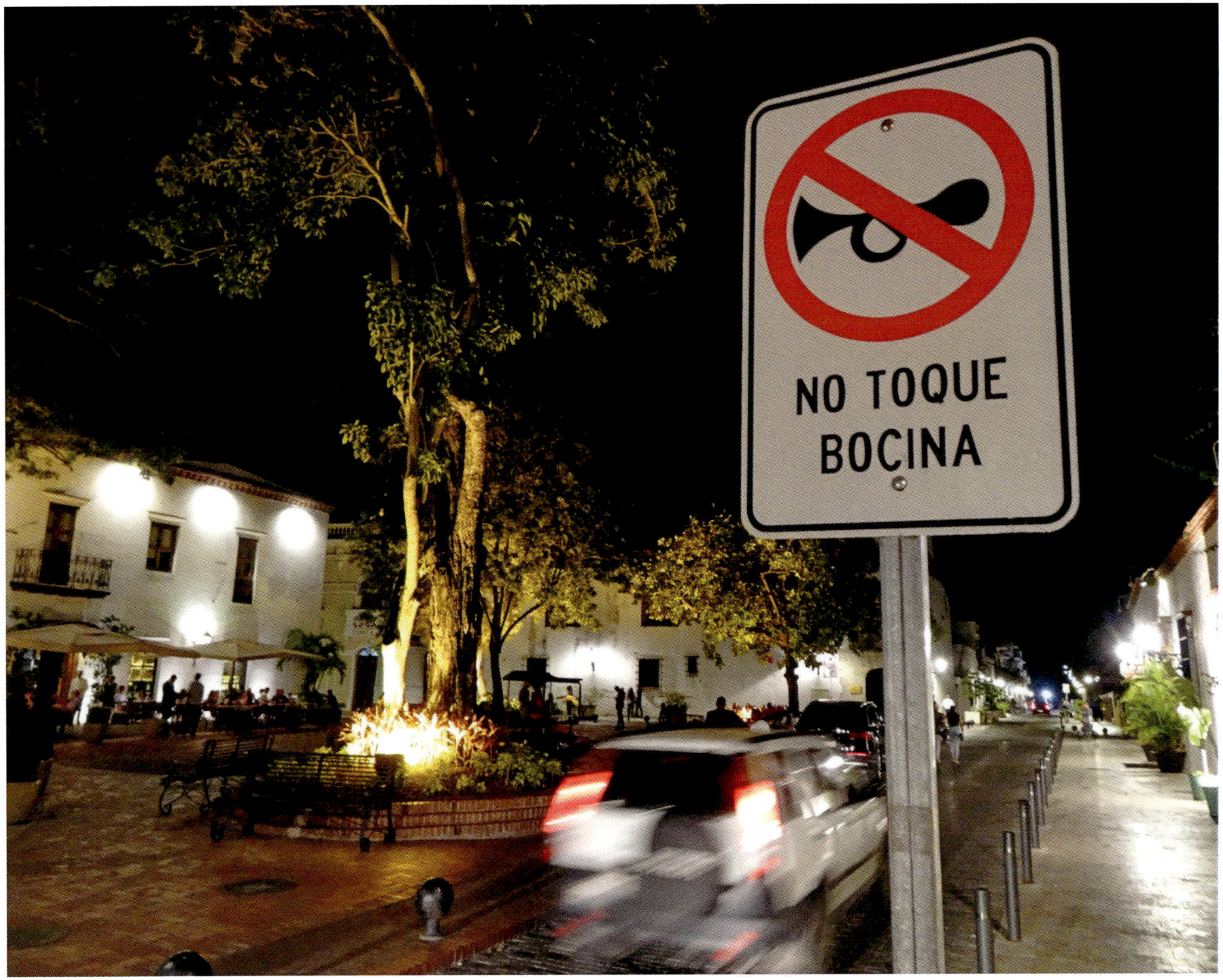

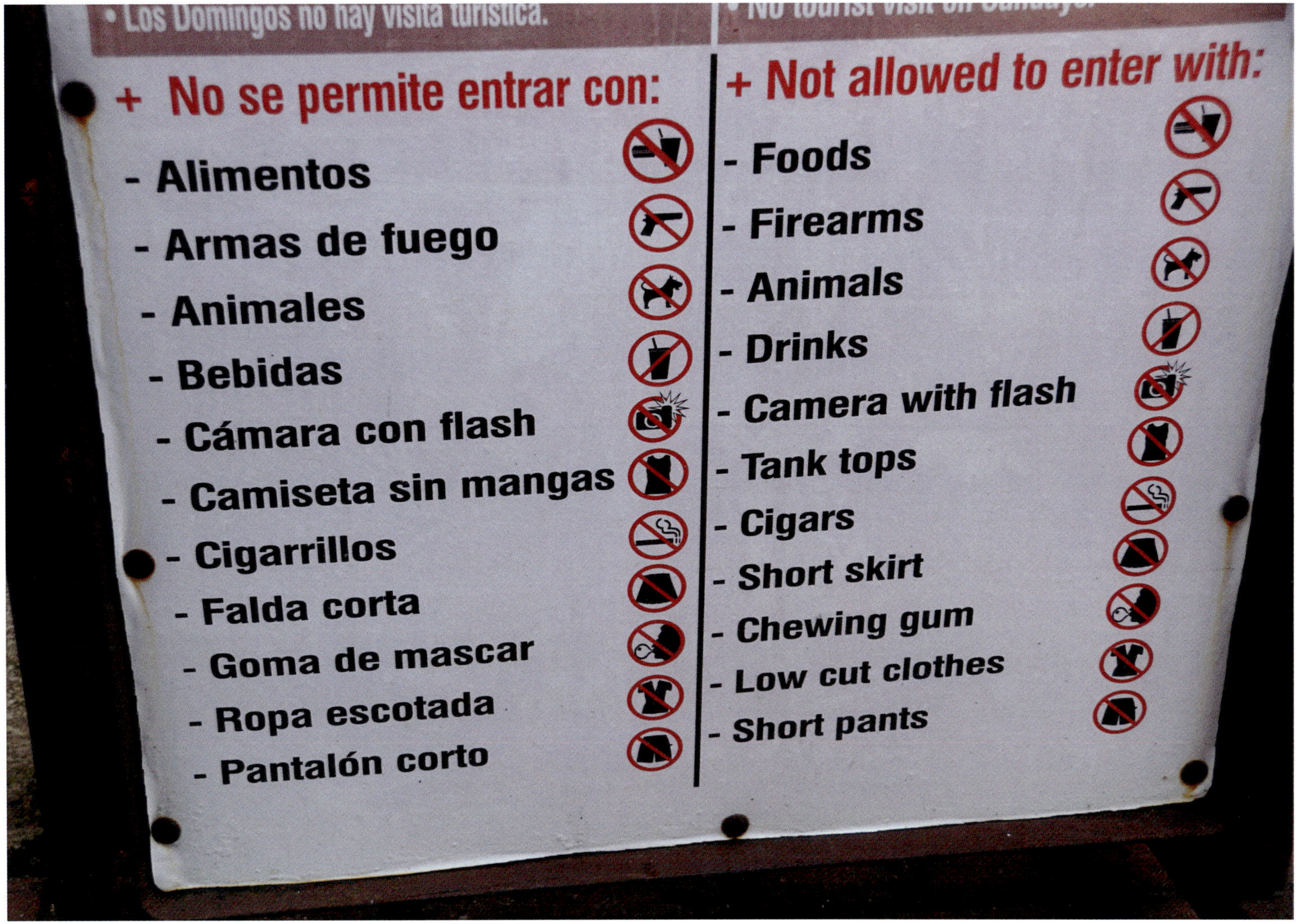

Wenn wieder einmal von gelangweilten Sesselpupsern gemachte Überreglementierungen bunte Blüten treiben …

In der Not und bei heftigem Blasendruck frisst nicht nur der Teufel Fliegen …

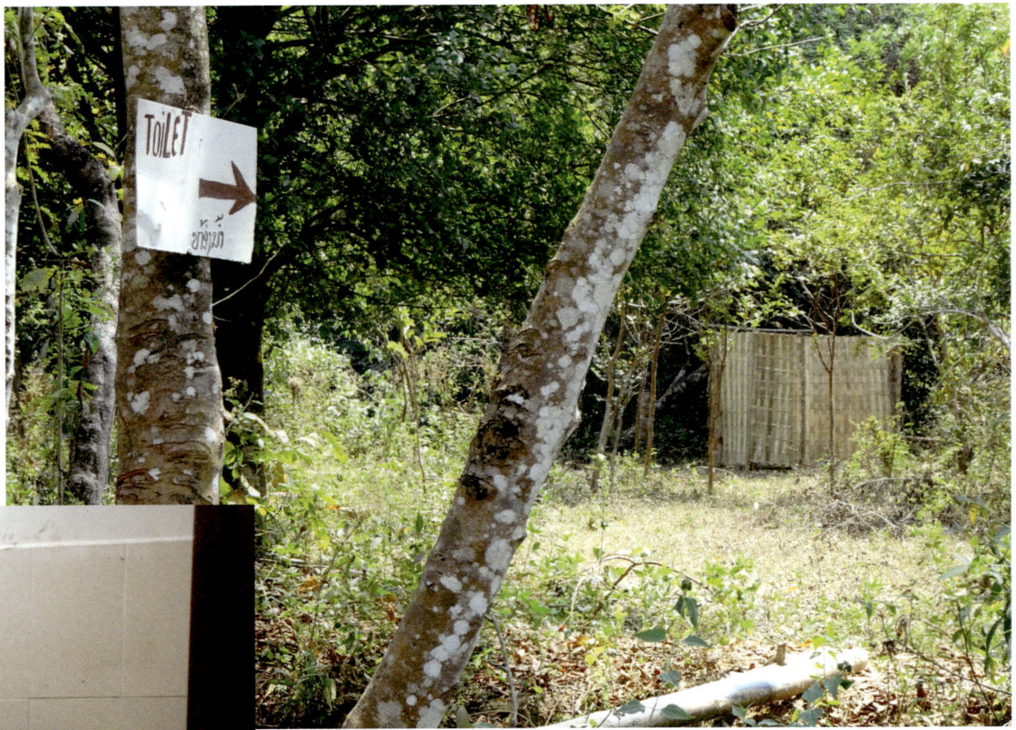

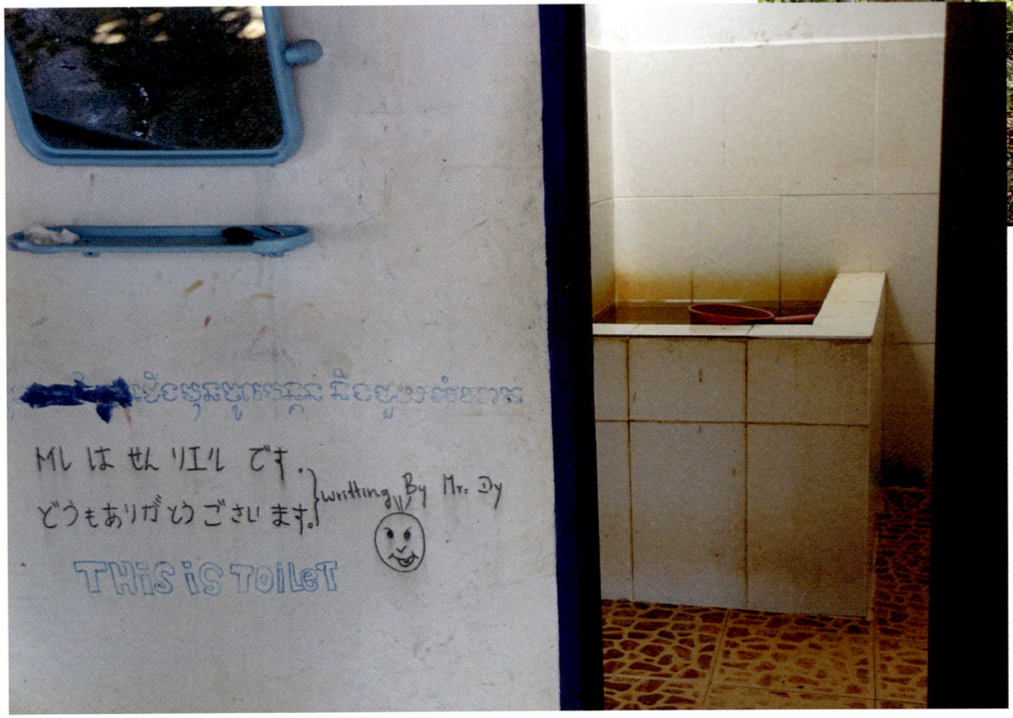

(Bei beiden gilt: zum Glück wurden die Urinale als solche gekennzeichnet. Besonderen Dank gebührt Mr. Dy, der das unkenntliche Irgendetwas entsprechend beschriftete …)

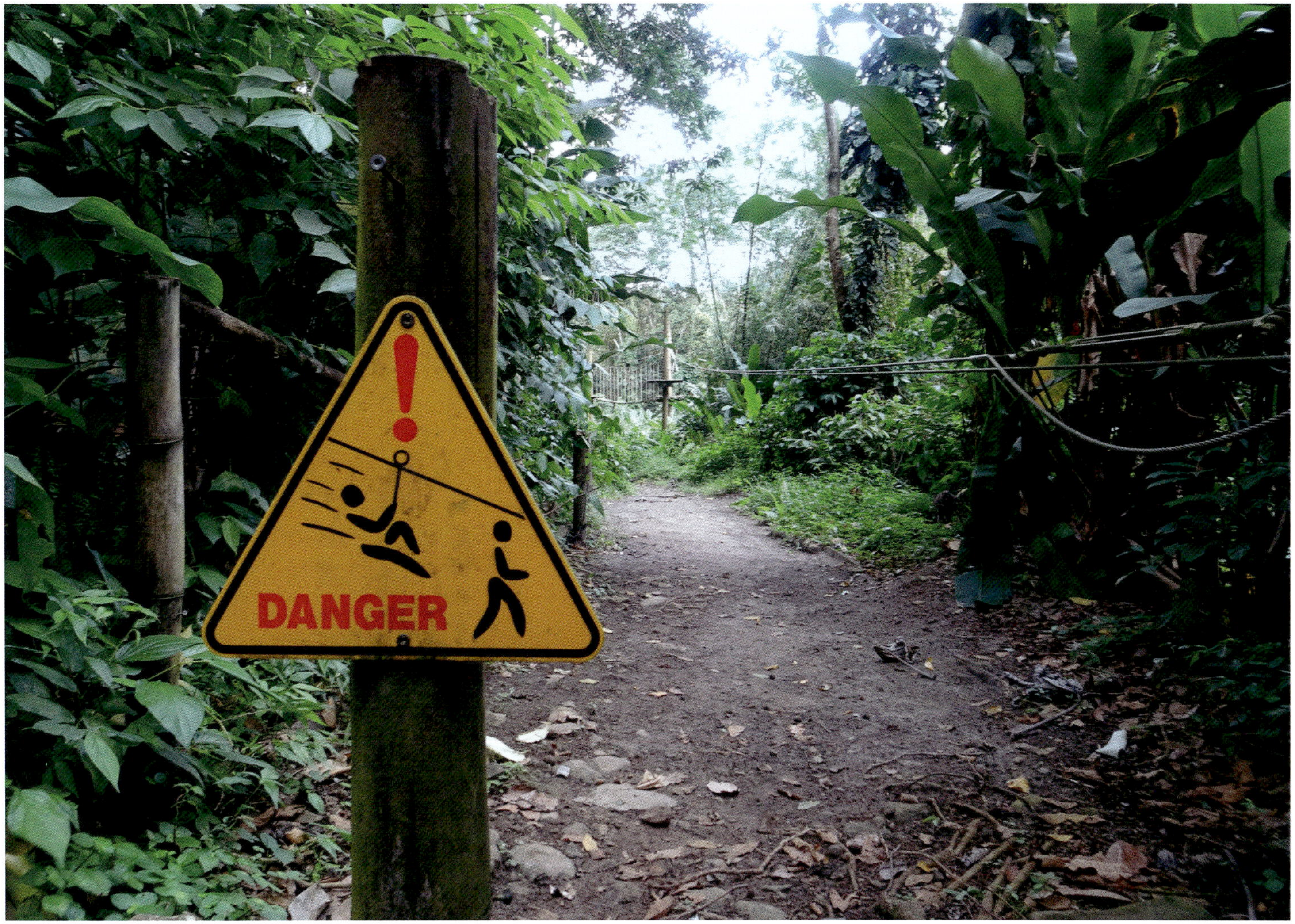

Alles Gute kommt von oben? Nicht in jedem Fall …

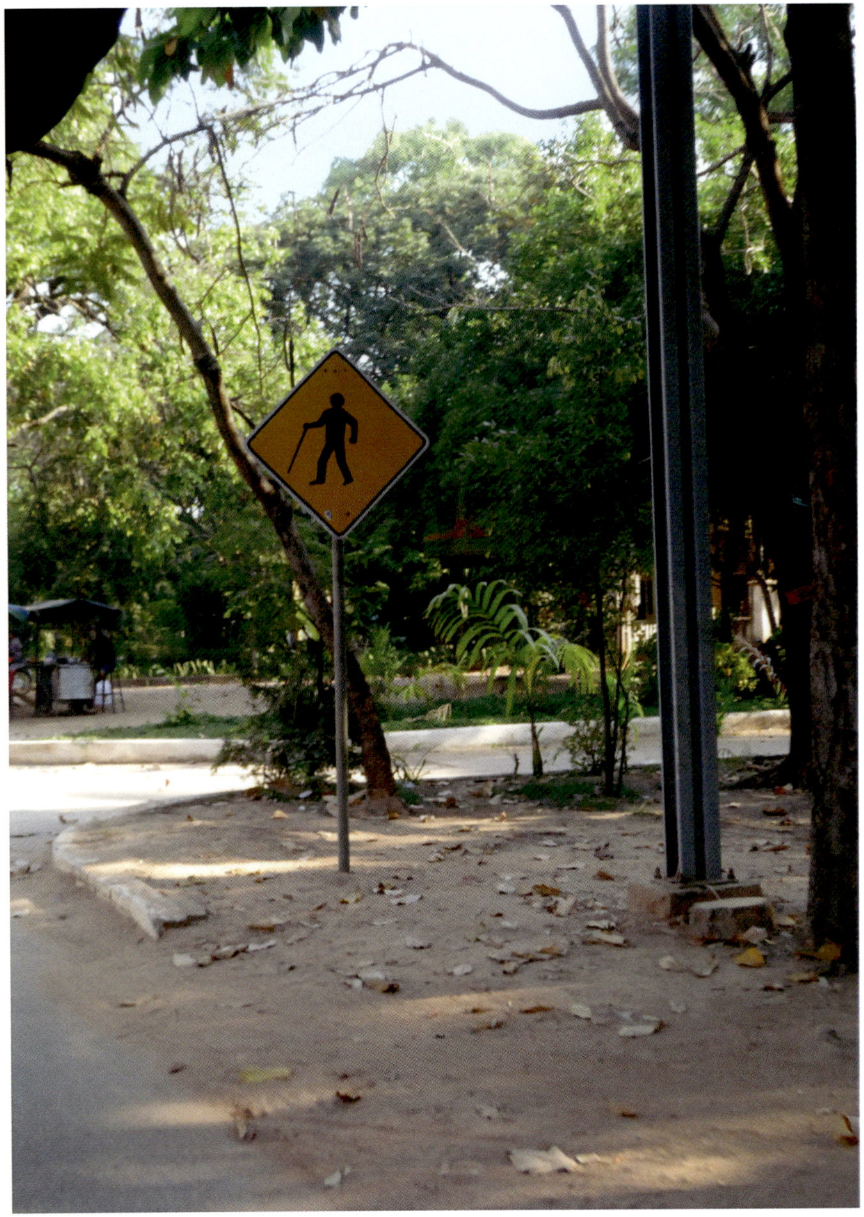

Vorsicht, hinter der nächsten Biegung könnte ein wildgewordener Opi die Lichtung kreuzen.

(Grund für dieses Warnschild: Kambodschanisches Hauptverkehrsmittel (Tuk Tuk) + Fahrweise der Einheimischen (verwegen bis gemeingefährlich) = ultralanger Bremsweg)

Aha, so so! Das wusste man gar nicht. Wieder was gelernt heute …

(Da sich die Besucher bei der Besteigung des 200 Meter hohen Sigiriya-Monolithen in Sri Lanka immer so trottelig anstellen, gehen die Anlagen-Verwalter grundsätzlich vom schlimmsten anzunehmenden Fall aus)

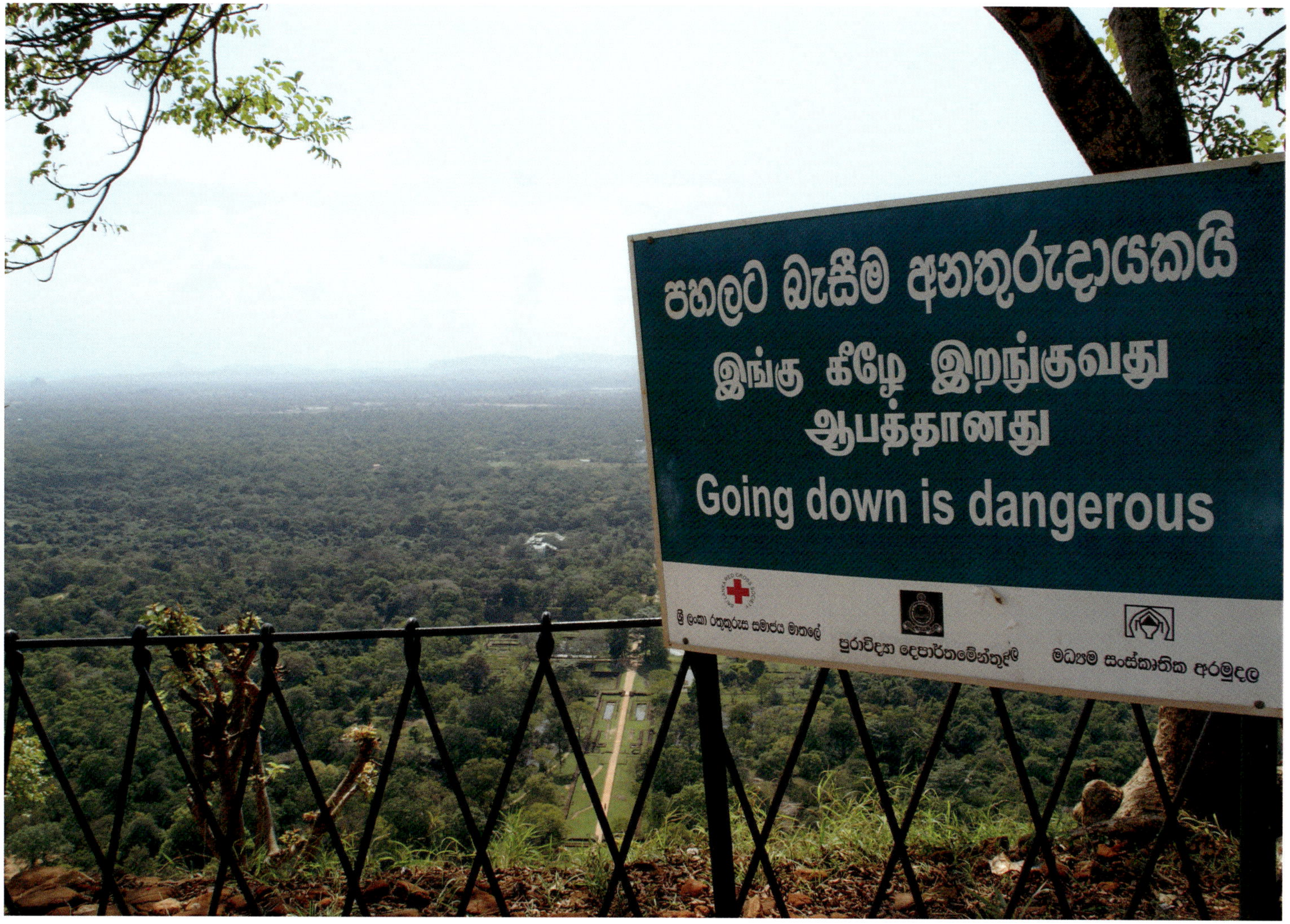

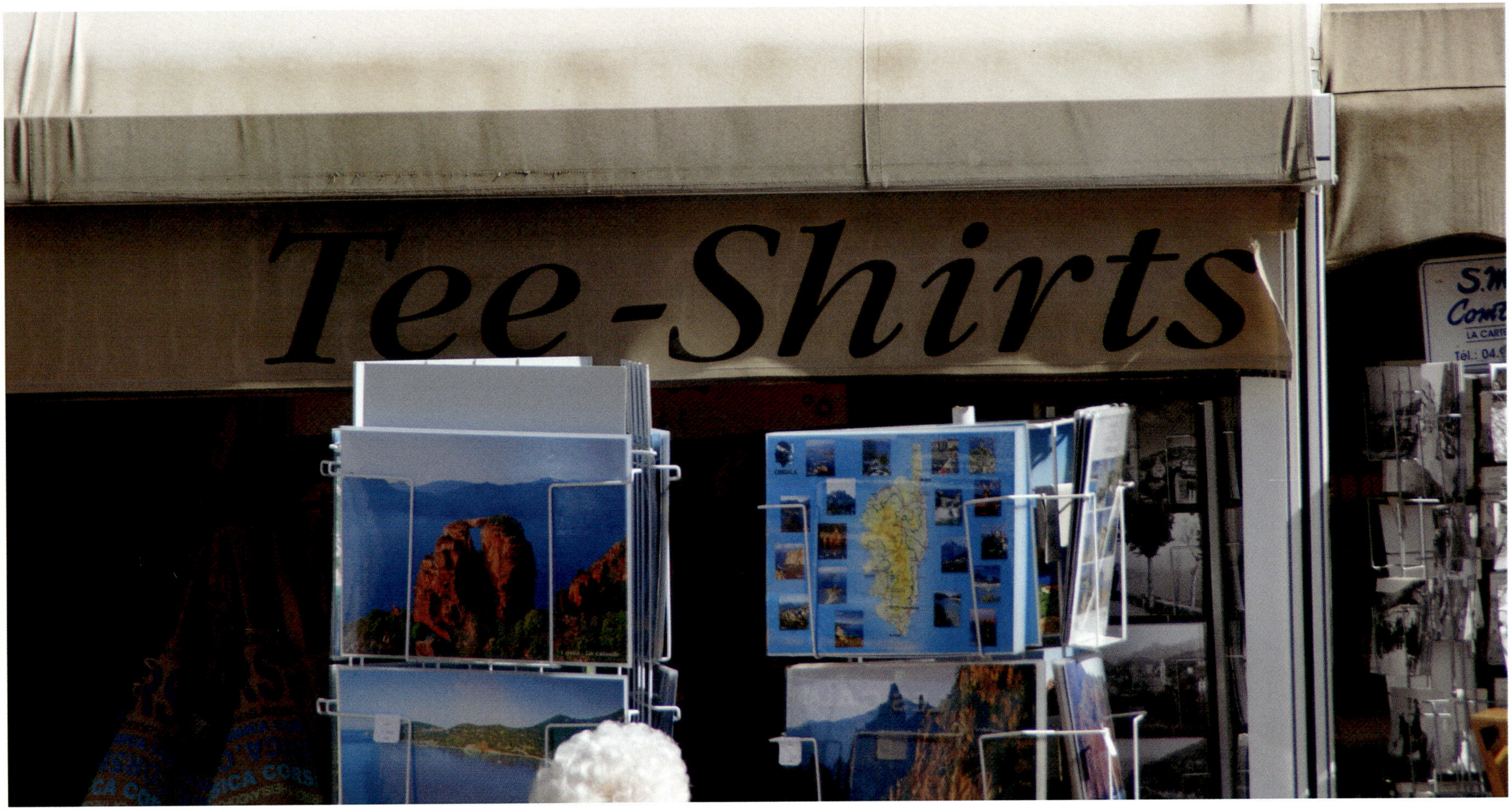

Tee-Kräuter sind die neue Baumwolle!

(Wenn schon organisch, dann richtig, dachte dieser innovative Souvenirs-Verkäufer in St. Florent, Korsika)

Die Betreiber dieses Shops in Siem Reap, Kambodscha, hatten nie Probleme, dieses Verbot durchzuziehen, bis die Corona-Pandemie kam und eine verhängnisvolle Kettenreaktion auslöste …

(Aufgebrachte Kundschaft konnte – was Verbot 2 betrifft – nur noch mit Pistolen oder Handgranaten zur Räson gebracht werden, was diese wiederum veranlasste, sich vor Laden-Eintritt mit Helmen zu schützen …)

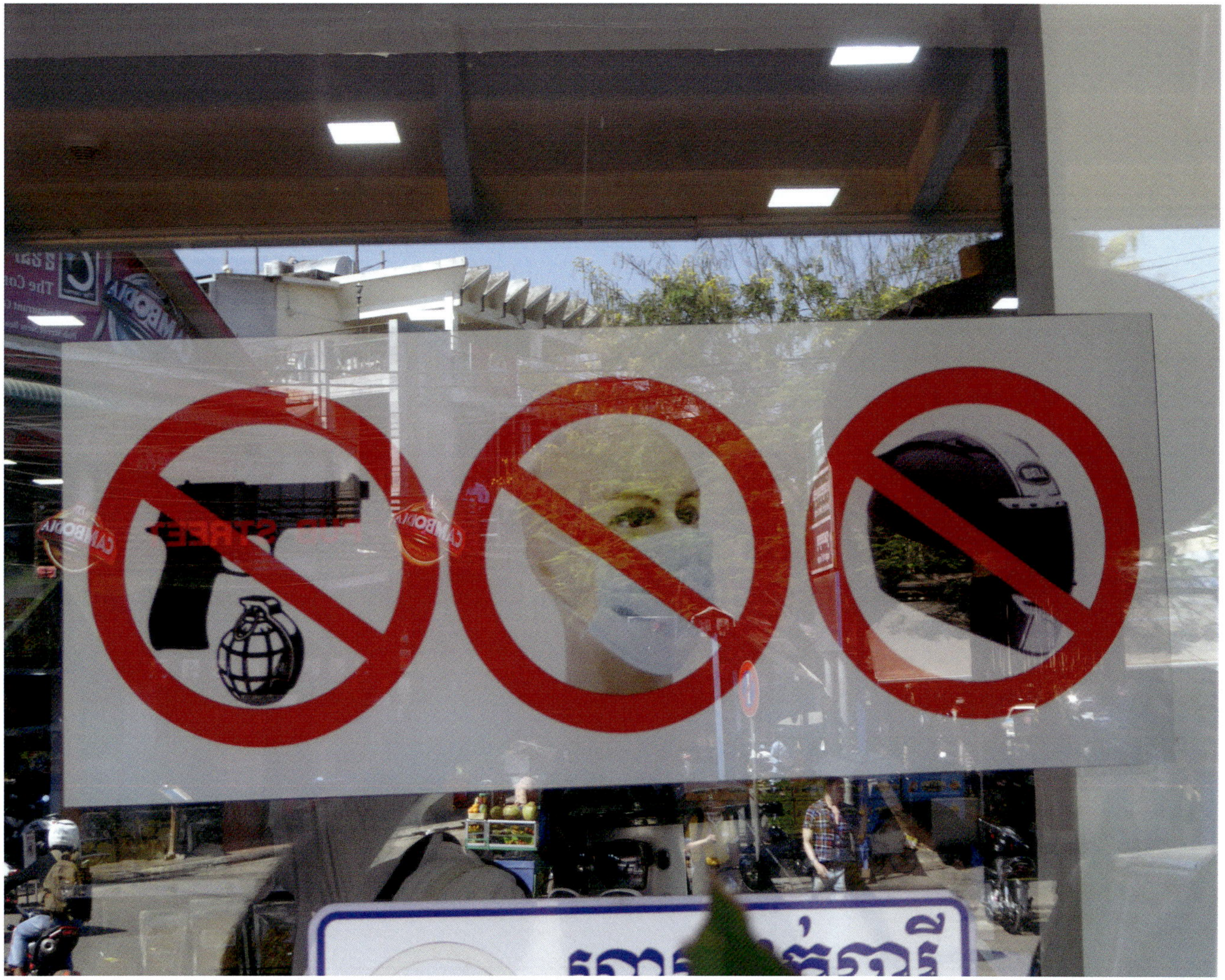

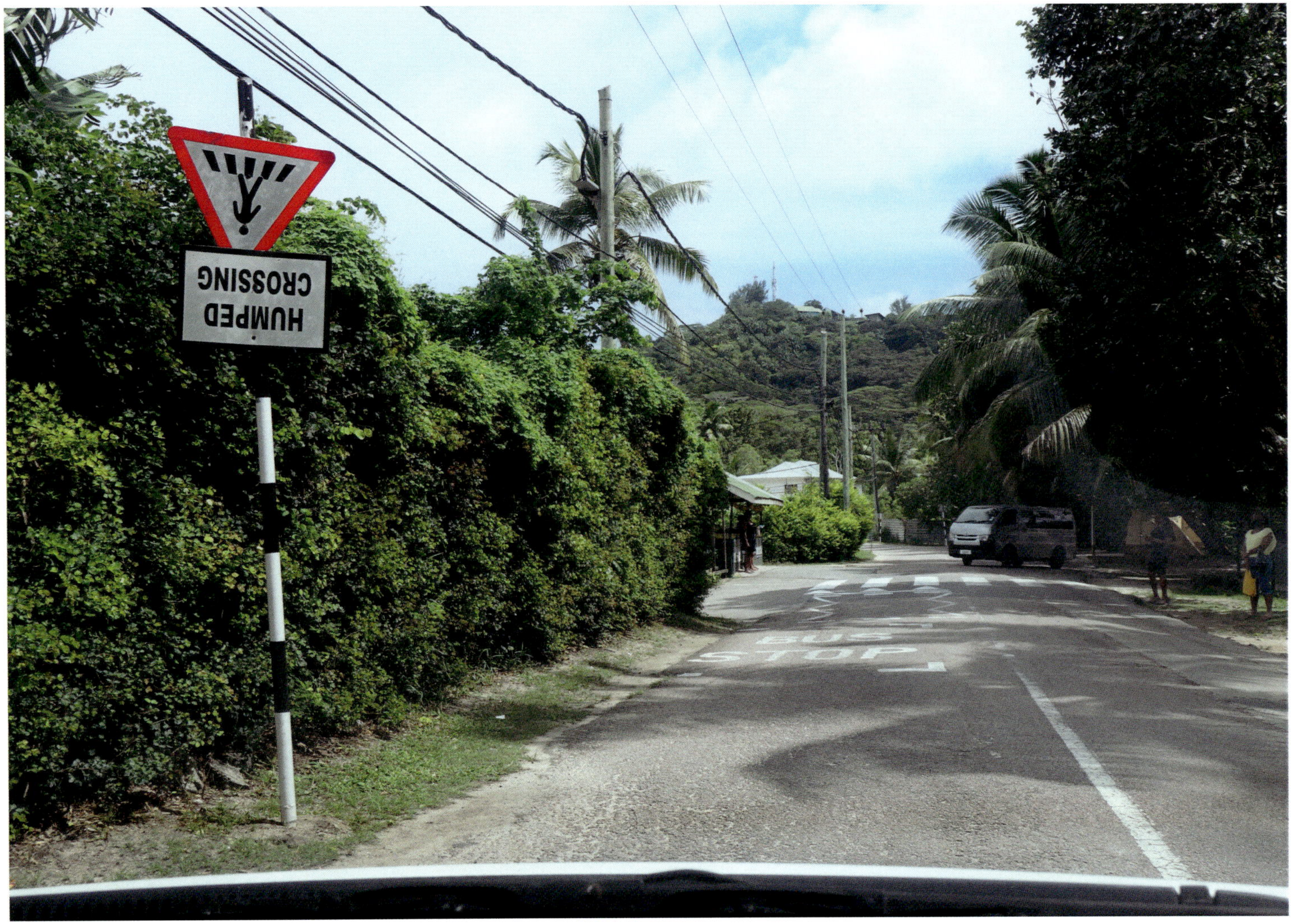

»Humped crossing« (bucklige Überquerung) vortrefflich dargestellt!

(an einer Straße auf der seychellischen Insel Mahé)

So, zuerst mal richtig einen hinter die Binde kippen, wegen der Sprung-Angst …

(Man hätte es auch mit Hieroglyphen, der Brailleschrift oder mit Maya-Zeichen hinschreiben können, bei der Blue Lagoon in Laos wäre es im wahrsten Sinne des Wortes »gehupft, wie gesprungen« …)

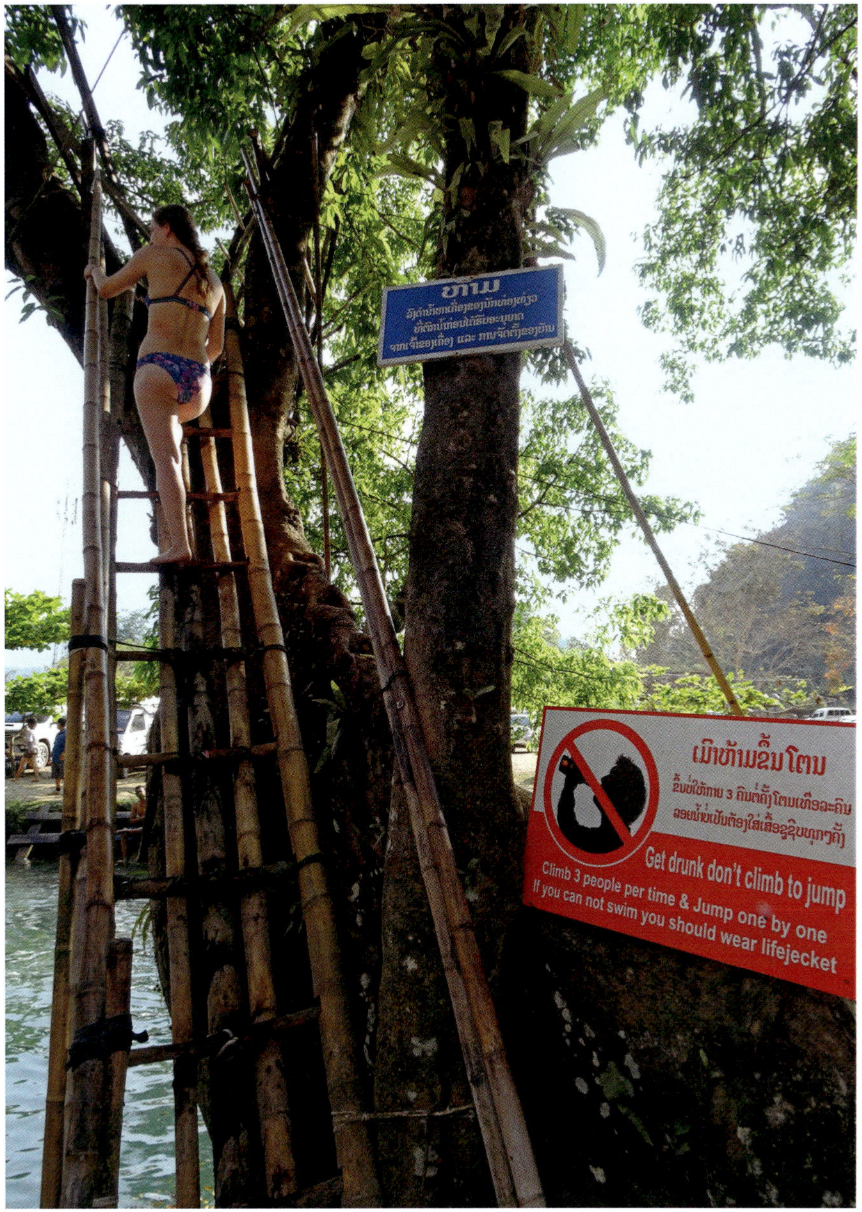

Ein Genuss für Kunstschaffende, ein Rätsel für Normalos.

(Achtung Steinschlag? Steine werfen verboten? Keine Steine mitnehmen? Vorsicht vor Tomahawks? Wir werden es wohl nie erfahren ...)

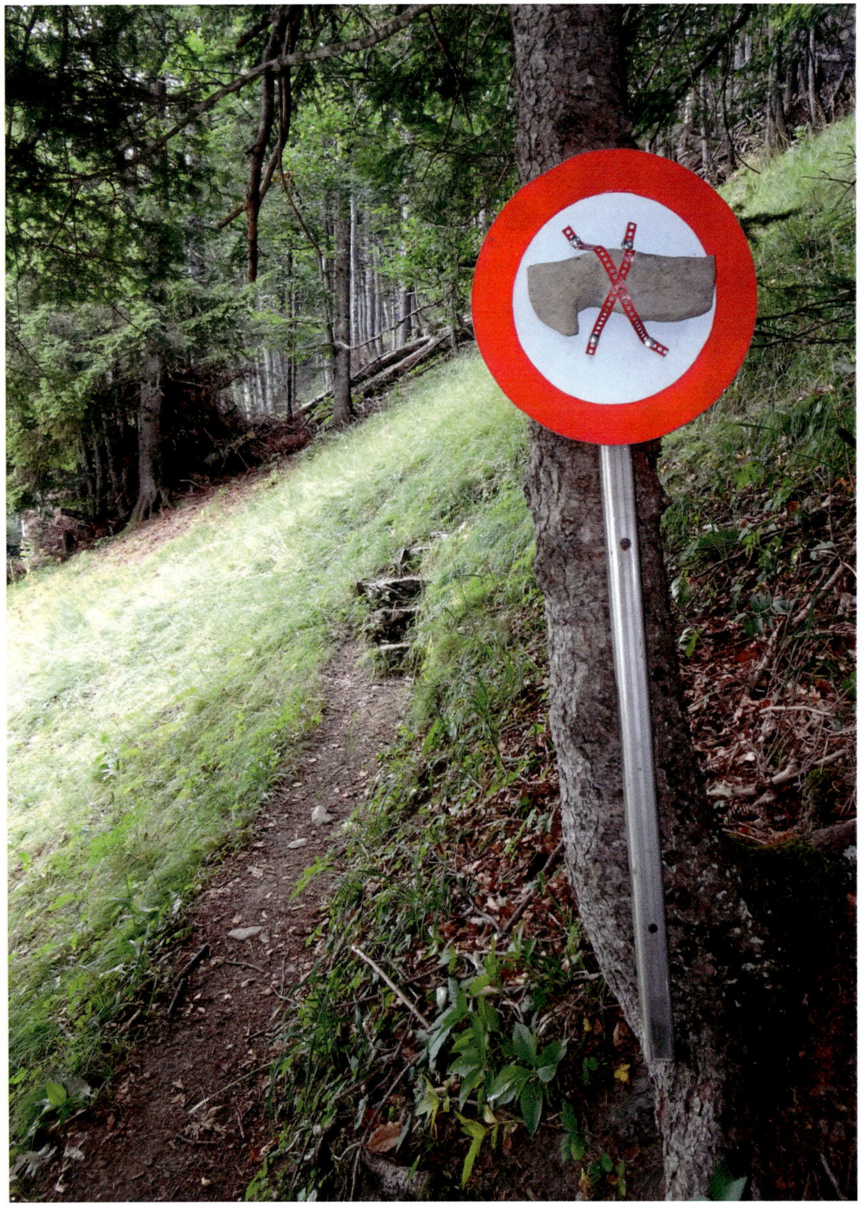

Das braucht's heute bei diesen jungen Dingern … immer nur Kopfhörer in den Ohren …!

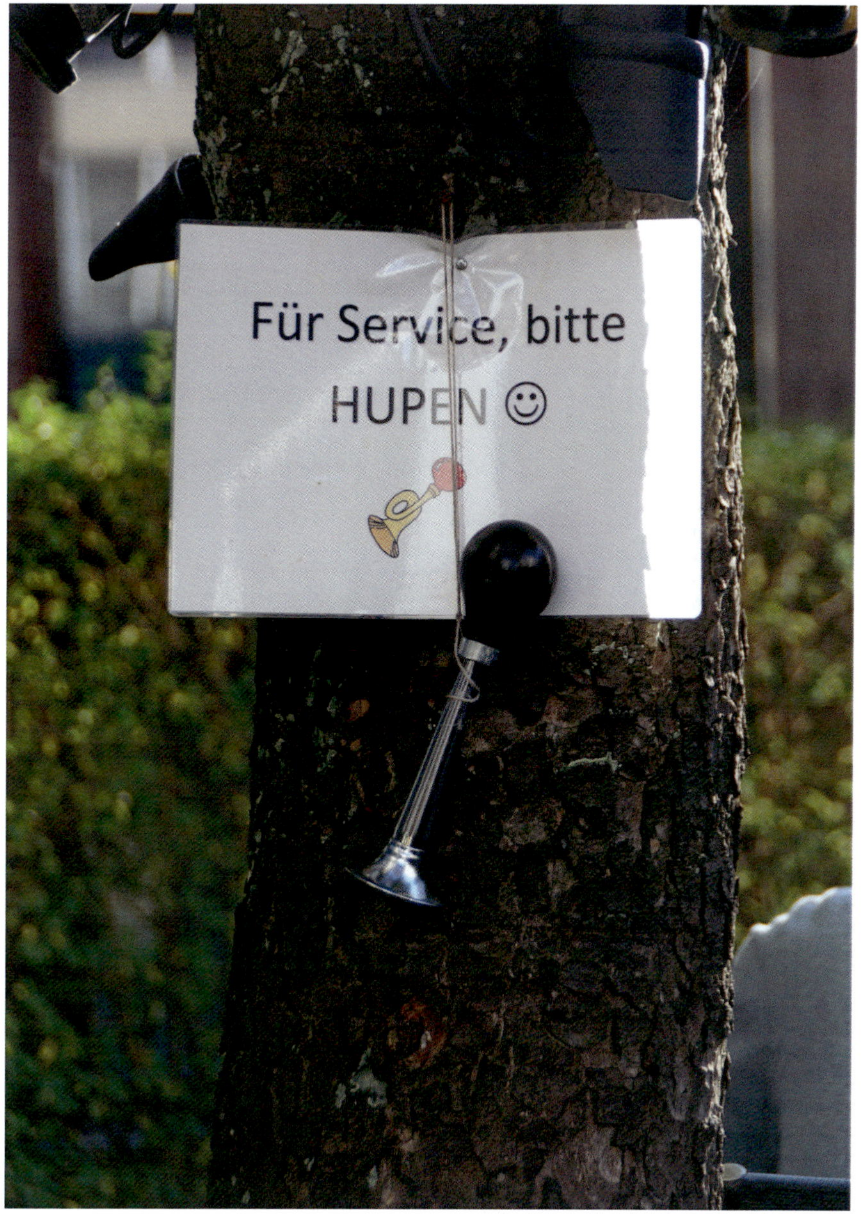

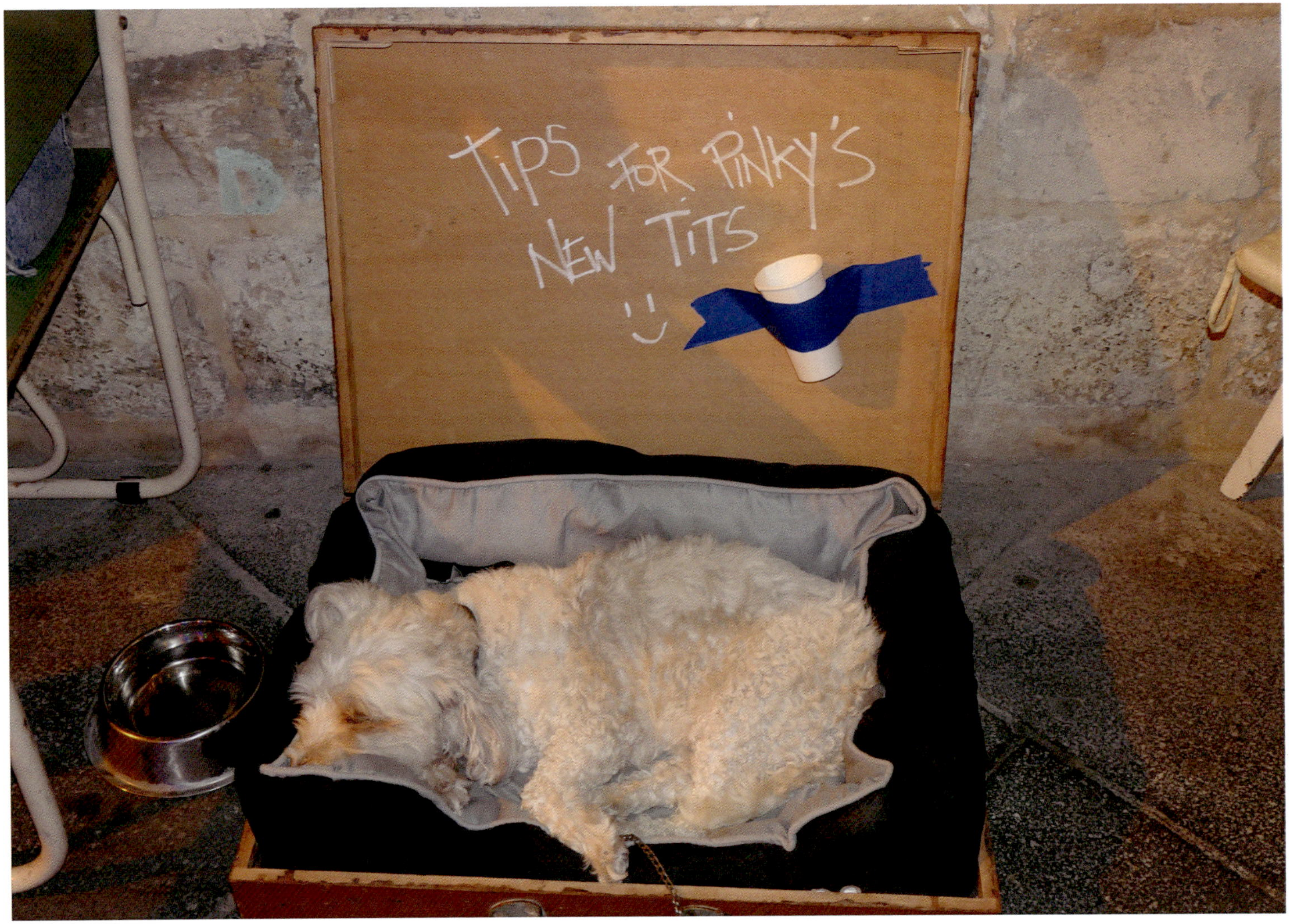

Es ist zu befürchten, dass es bei dem kleinen Münz-Becherlein nur für die kleinste Körbchen-Größe reichen wird.

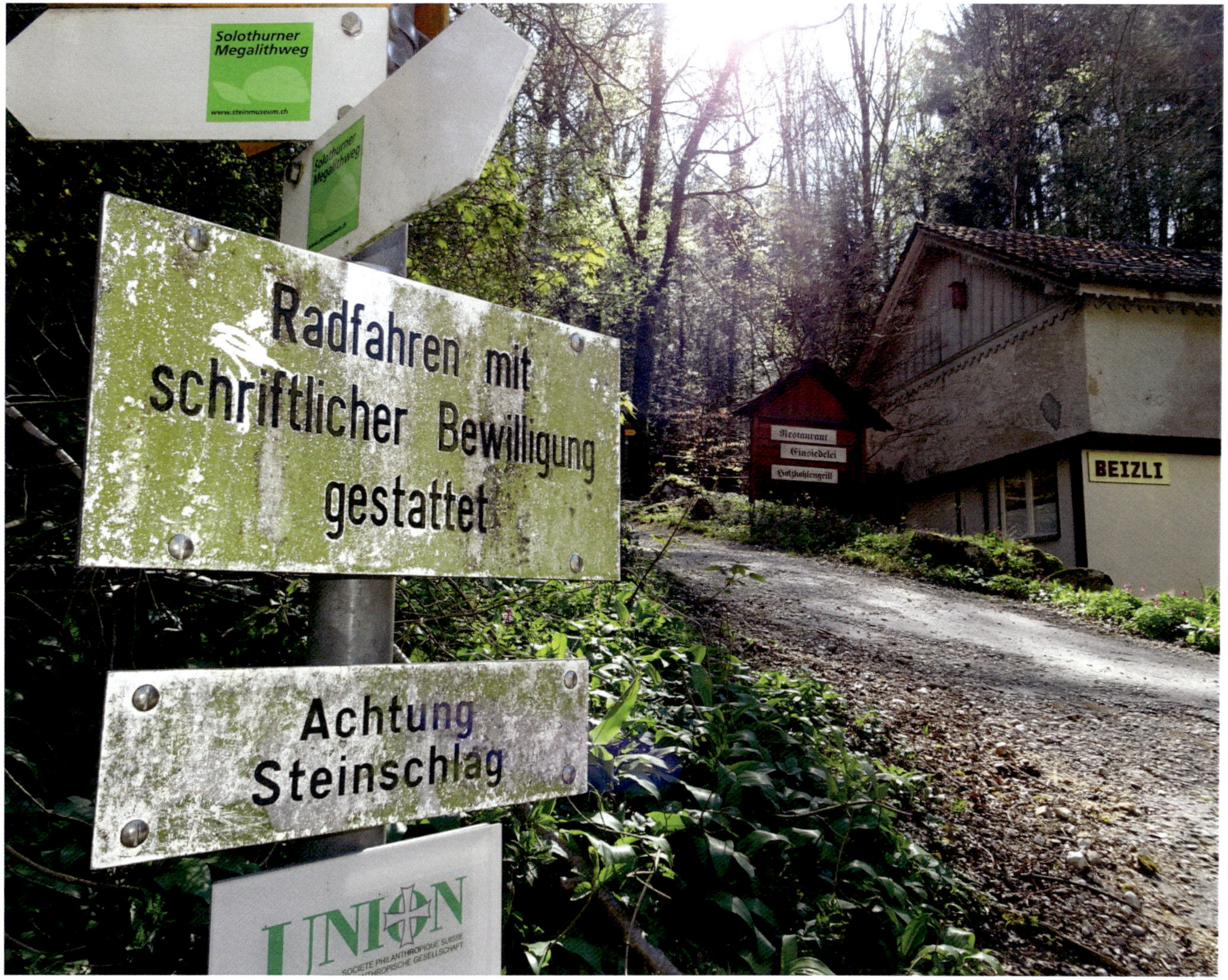

Hier sind rigorose Beamte am Werk! Wenn jetzt jemand dumm kommt, dann setzt es noch ein weiteres Schild ab: »Sprechen nur auf Anfrage erlaubt«.

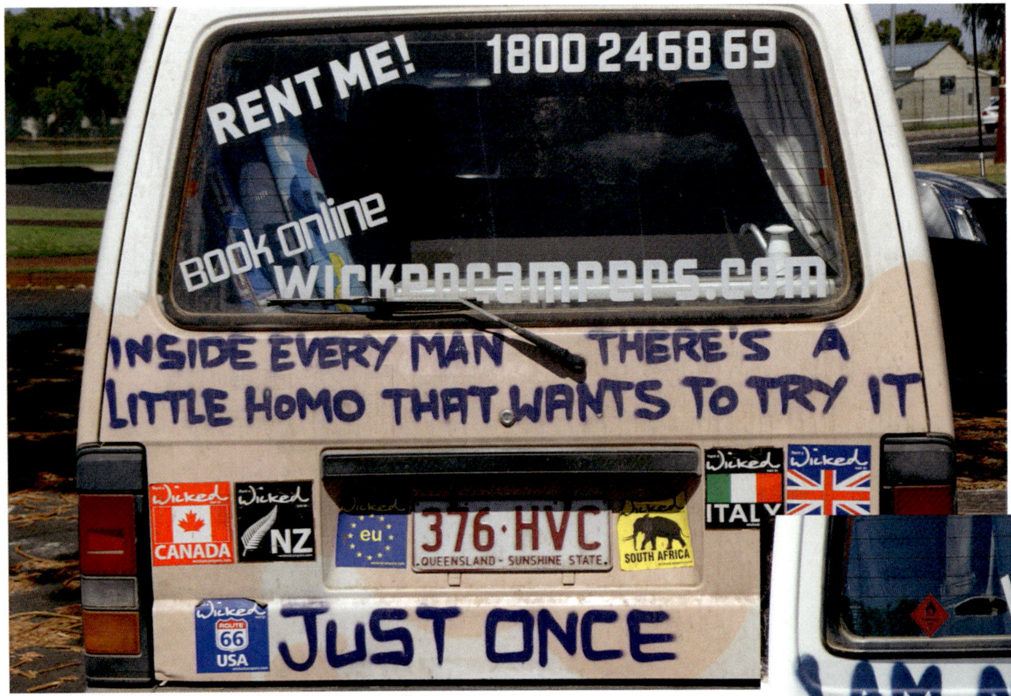

Eine kleine florierende Tourismusindustrie hält sich immer noch wacker gegen das allgemein grassierende Culture Canceling der Woke-Gemeinschaft …

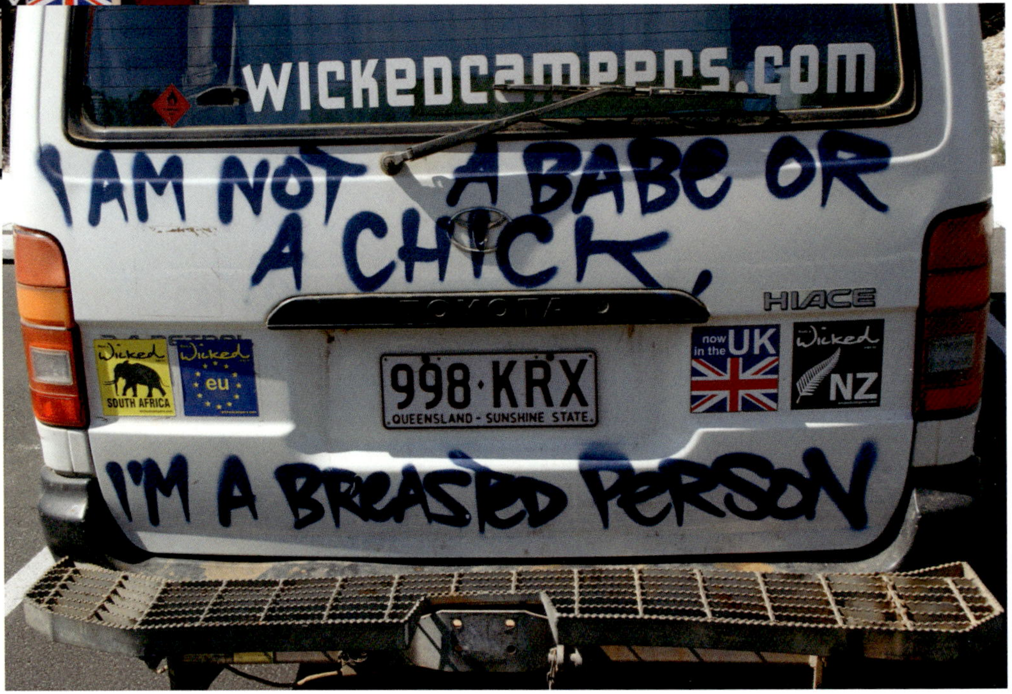

(Man kann die »Wicked Camper« (»böse« australische Campervans für Sparfüchse) mögen oder nicht, aber das Fahr-Feeling ist definitiv besser, als die Sprüche auf der Carrosserie)

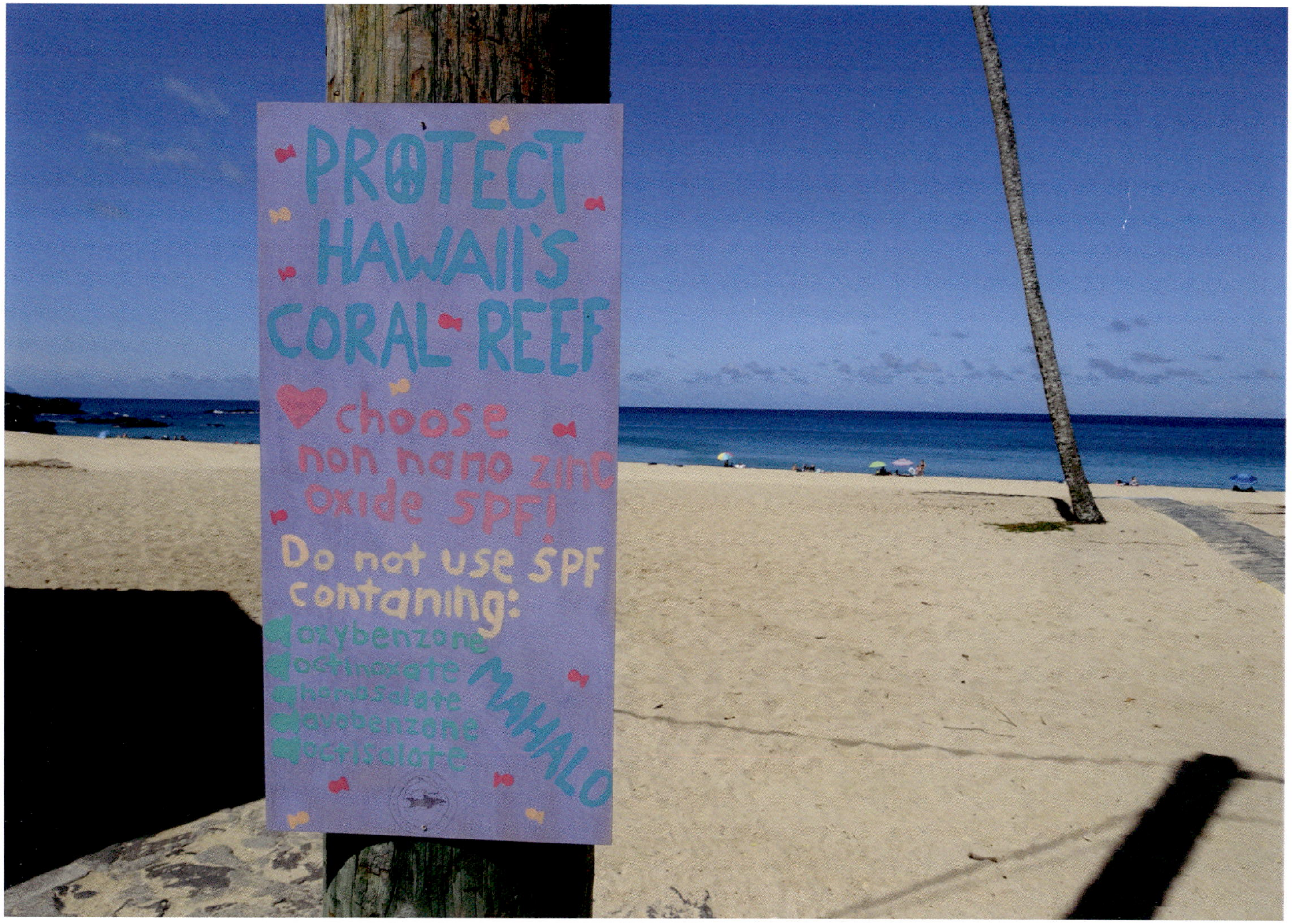

Damit ein gutes Gefühl bleibt, auch bei allfälligen DNA-Schäden durch UV-Strahlung …

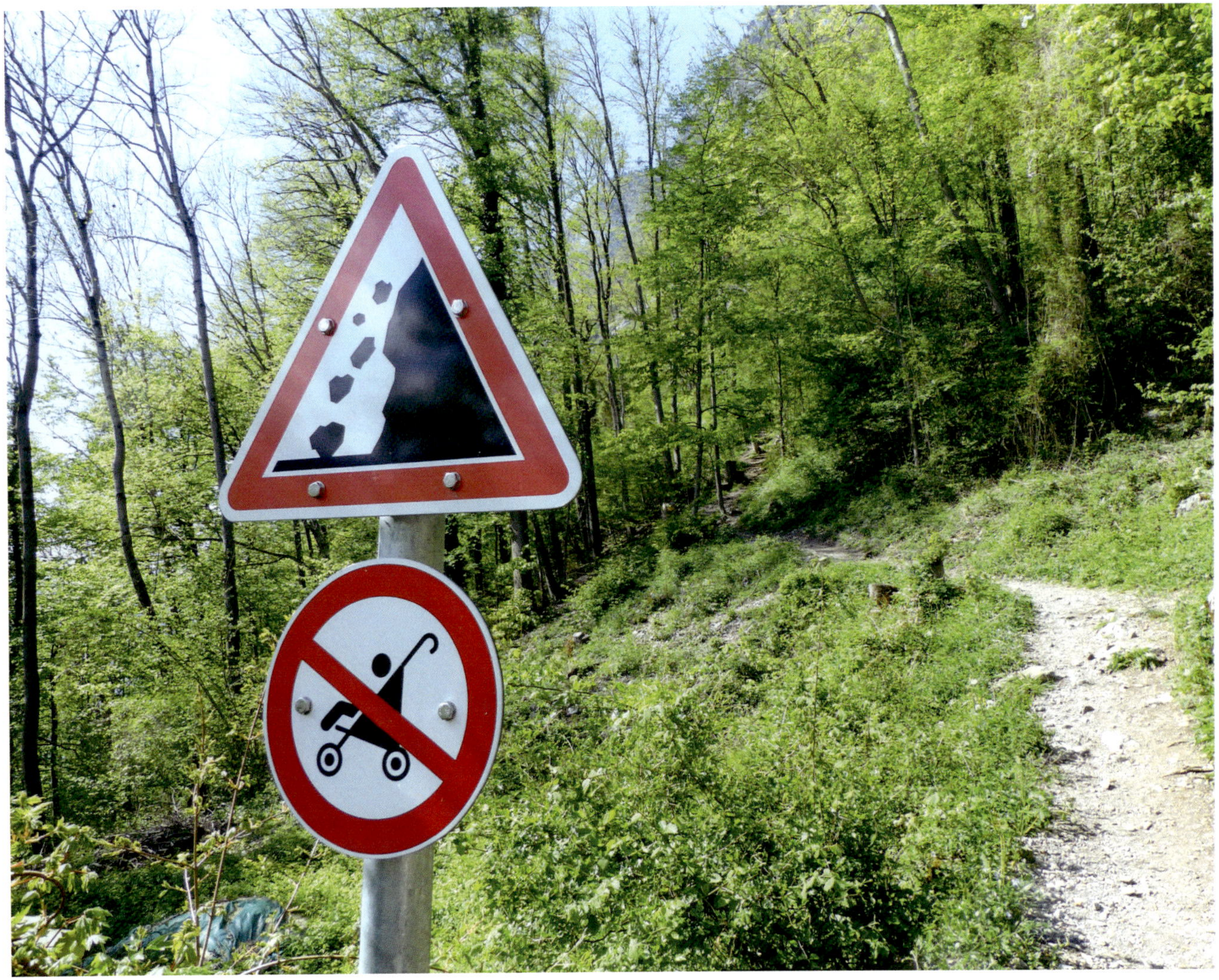

Kindern gehört die Welt von morgen! Wenn's die Alten trifft, ist's halb so wild …

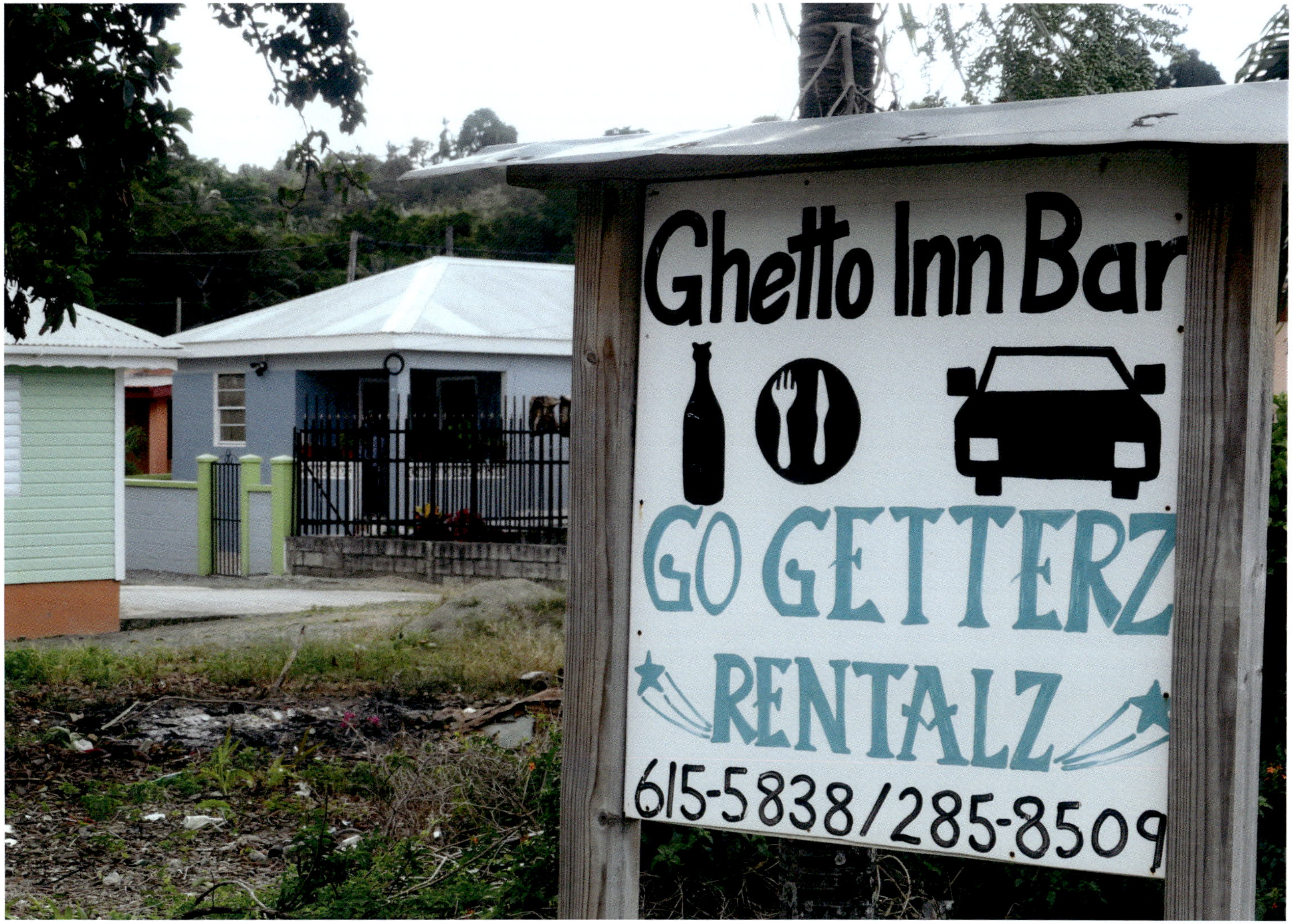

Im Sinne einer gewinnbringenden Bewirtschaftung kann man nur hoffen, dass dem Barbetreiber mit dem Anbieten der zusätzlichen Dienstleistung des Autovermietens die Kompensation der unvorteilhaften Namensgebung geglückt ist.

Seit Wintereinbruch und der damit einhergehenden Versiegung der zusätzlichen Nahrungsmittelquelle ist es landauf, landab nur bekannt als der halbstarke Rüpel vom Ponyhof.

(Man darf gespannt sein, ob im Sommer die Rück-Metamorphose vom Wutbürger zum Hängebauchschwein gelingt ...)

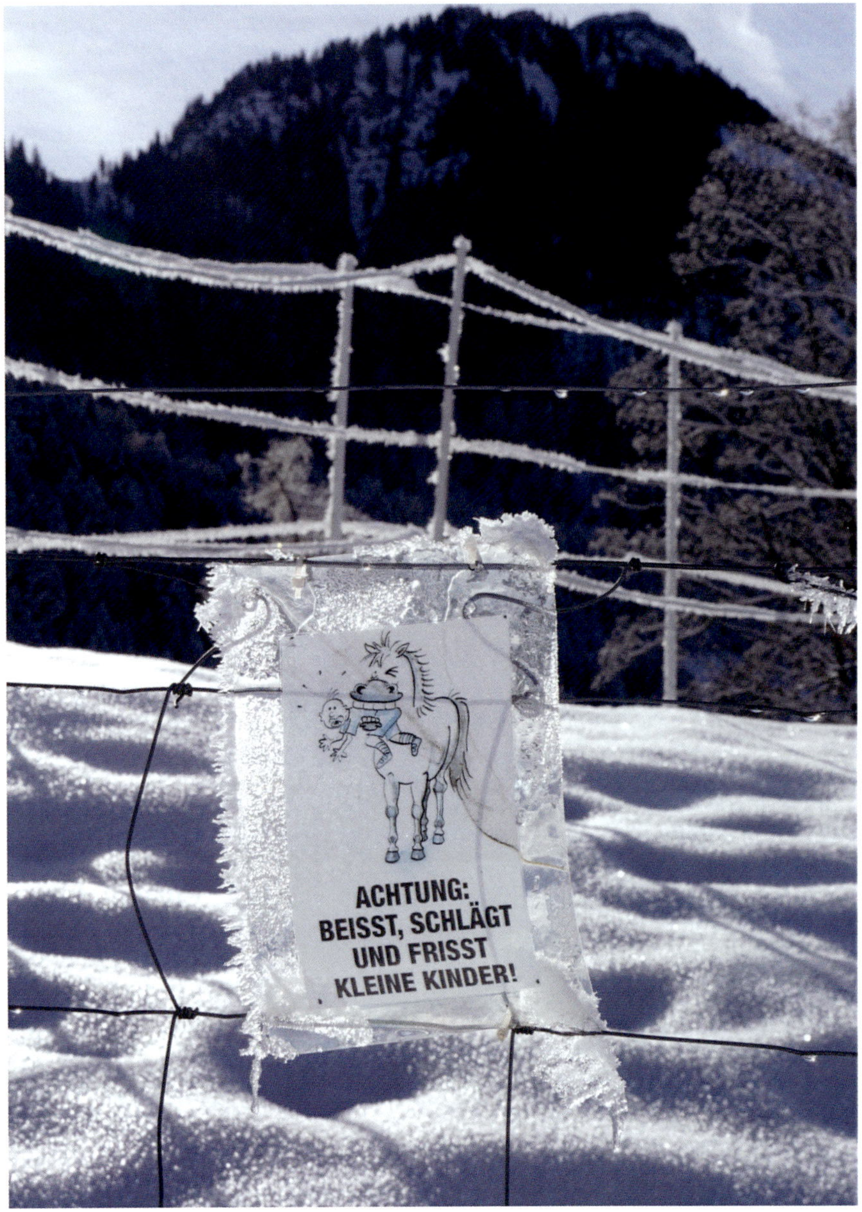

Danksagung

Wie immer bei solchen Buch-Mammutprojekten, die wahre Zeitfresser sind, gilt mein ganzer Dank meiner Freundin Liane, die mit einer Geduld und Nachsicht gesegnet ist, die ihresgleichen sucht. Sie zuckte mit keiner Wimper, als ich ihr verkündete, dass ich gedenke, ein drittes Buch auf den Markt zu bringen. Auch dann nicht, als ich ihr eröffnete, dass es sich dieses Mal um ein bildgewaltiges Epos handelt, das mich Monate auf Trab halten wird. Es kam, was kommen musste, – ich igelte mich in meinem kleinen Büro-Kabuff ein und wollte nur dann gestört werden, wenn in meiner unmittelbaren Nähe ein Großbrand ausbrechen oder jemand im Sterben liegen und um Hilfe winseln würde. Beides traf glücklicherweise nicht ein und so konnte ich ausgiebig und gewissenhaft meiner Passion frönen. In der Zeit musste meine Freundin gänzlich auf meine Gesellschaft verzichten, was ihr – wie ich etwas neidvoll anerkennen musste – besser behagte, als mir lieb wäre. Die Zeit nutzte sie, um genüsslich zwischen ihren favorisierten TV-Formaten hin und her zu zappen, die sie – laut ihren eigenen Aussagen – in meiner Anwesenheit viel seltener zu Gesicht bekäme. Nun gut, so hatten wir trotz allem beide etwas von meiner freiwillig verordneten Auszeit. Natürlich warf sie – als ich mich in den Schlusszügen befand (in Bezug auf das Buch; nicht persönlich) – ihr Adlerauge auf die Zeilen und versäumte es nicht, in strenger Manier den Rotstift anzusetzen, wo nötig oder gar gewisse Fotos ganz aus dem Manuskript zu kippen. Letztlich genügte das hier Vorliegende ihren hohen Ansprüchen, was mich hoffnungsvoll stimmt in Bezug auf Ihre Meinung, werte Leserinnen und Leser. Auf jeden Fall läuft jetzt in unserer Glotze wieder vermehrt Fussball, weshalb kürzlich von ihrer Seite der Wunsch geäußert wurde, es doch mit einem 4. Buchprojekt zu versuchen …

Lust auf weitere Bücher von Stefan Kämpfen?

Alle nachfolgend aufgeführten Werke sind im Buchhandel (stationär und online) oder auf www.stefan-kaempfen.jimdo.com erhältlich.

Flucht aus Babylon

Eine irrwitzige Odyssee eines Antihelden auf der Suche nach sich selbst!

Der dreißigjährige Eddie Springer hat in seinem Leben noch nichts erreicht, außer in möglichst viele Fettnäpfchen zu treten. Die einzige Konstante in seinem Leben ist sein Arbeitgeber, der ihm seit der Lehrzeit in regelmäßigen Abständen kräftig in den Hintern tritt. Eines Morgens hat Eddi die glorreiche Idee, mit einem Weltrekord im Dauerfernsehen endlich durchzustarten. Aber statt Berühmtheit zu erlangen, wird er von seinem Chef auf die Straße gesetzt. Zusammen mit »Puppe«, seiner besseren Hälfte, entschließt Eddie sich daraufhin zu einer Weltreise, auf der er Kraft für ein neues, besseres Leben schöpfen will. Sie starten in Mexiko und finden sich in einer surrealen Welt wieder, die mit verqueren Deperados, korrupten Gesetzeshütern und gruseligen Hotels nur so gespickt ist. Das alles wäre ja noch recht amüsant, doch dann wird Eddie plötzlich ernsthaft krank ...

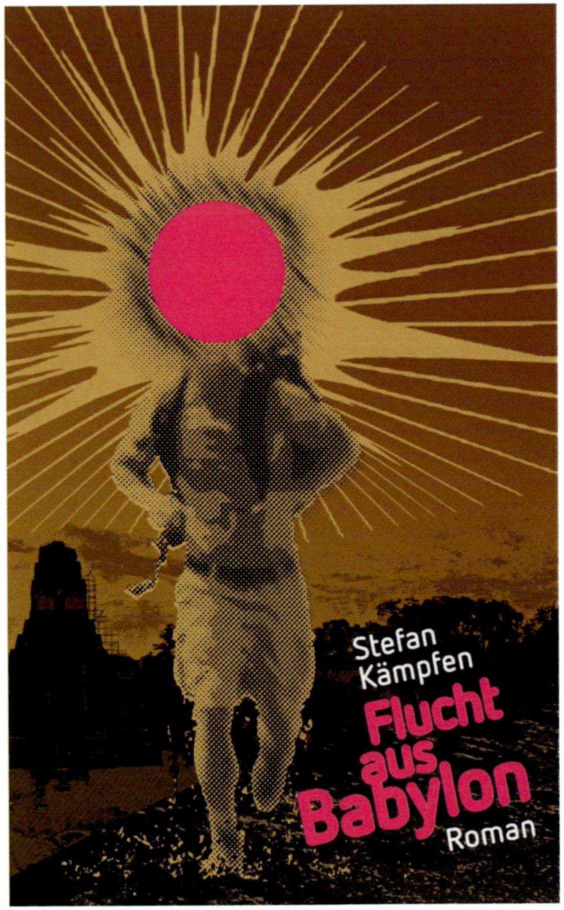

»Das sind Kleinode der Comedy, meisterhaft abgebrannte Joke-Feuerwerke. Und gleichzeitig auch Essaykunst vom Schlage eines B. Traven oder Egon Erwin Kisch.«

Stefan Wimmer, Autor von »Der König von Mexiko«, »Die 120 Tage von Tulúm«

Machos, Macheten & Mojitos

Zwei Gringos, ein Trampelpfad, sechs Bananenrepubliken

Zentralamerika, den schmalen Korridor zwischen zwei Weltmeeren, besuchen nur eine Handvoll tollkühner Draufgänger und verwegener Hasardeure. Darunter befinden sich auch Julia und Eddie, nur mit einem Rucksack, viel Wagemut und einer großen Portion Naivität bewaffnet. Es beginnt eine Reise, bei der kein Auge trocken bleibt, – und dabei sind septische Unterkünfte in Costa Rica und fast explodierende Toilettenschüsseln in Nicaragua noch das kleinste Übel. Sie lernen heimtückische Vulkane und lausige Krankenhäuser kennen, treffen auf korrupte Grenzbeamte und heiratswillige Kubaner, machen Bekanntschaft mit wildgewordenen Gäulen und lebensgefährlichen Bootsfahrten und werden selbst von Absurditäten wie viereckigen Bäumen und goldigen Fröschen nicht verschont. Am Schluss landen die beiden Abenteurer im kommunistischen Kuba und da läuft der wahnwitzige Roadtrip vollends aus dem Ruder …

»Saulustig, voller Tempo, Verve und Leben.
Ich schätze Stefan Kämpfen weitaus höher als
Helge Timmerberg.«

Stefan Wimmer, Autor von »Der König von Mexiko«,
»Die 12 Leidensstationen nach Pasing«

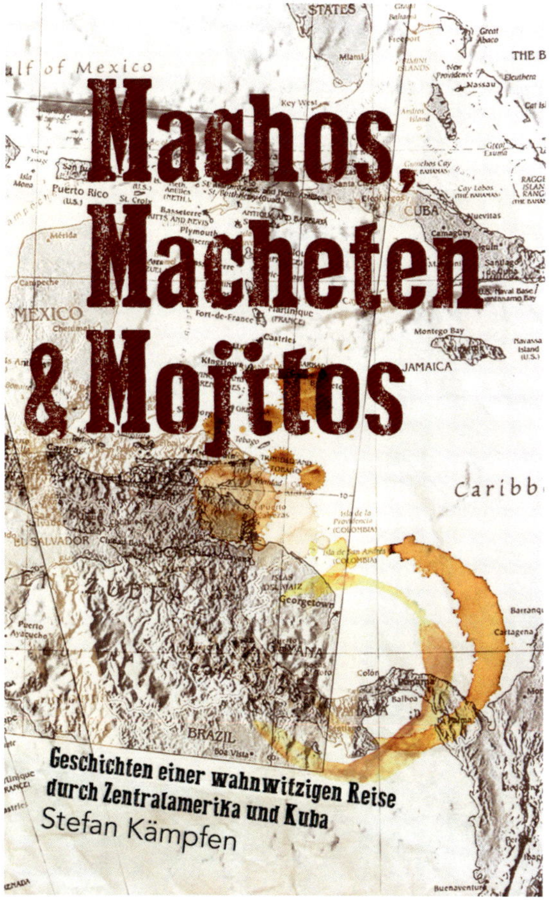

verlag am park – eine Marke der
edition ost Verlag und Agentur GmbH

ISBN 978-3-89793-363-7

1. Auflage 2023

Umschlaggestaltung und Satz: verlag am park
Druck: Sowa Druk, Warschau

30,00 € [D]

www.eulenspiegel.com